Leidenschaft
zur praktischen Vernunft

Leidenschaft zur praktischen Vernunft

Helmut Schmidt zum Siebzigsten

Herausgegeben
von Manfred Lahnstein
und Hans Matthöfer

im Siedler Verlag

Inhalt

Helmut Schmidt
zum Siebzigsten

Vorwort der Herausgeber

Helmut Schmidt will und braucht keinen Glorienschein. Was er uns zu sagen hat, ist allemal bedeutender als das, was wir über ihn sagen könnten. Der Politiker und Staatsmann Helmut Schmidt entzieht sich zudem jeder Schablone, er paßt gewiß nicht in die üblichen Kategorien. Wer erinnert sich nicht an die sympathisch-respektvolle Metapher »Schmidt-Schnauze« oder an die des »Machers«? Unterschiedlichste Assoziationen verbinden sich in der öffentlichen Meinung mit seinem Namen: Der junge Offizier, der Innensenator während der Flutkatastrophe, der praktizierende Musikliebhaber und Kenner moderner Malerei, der pflichtbewußte Hanseat, der um Präzision und Detailgenauigkeit ringende, unermüdlich und bis an den Rand der physischen Erschöpfung Arbeitende, der schlagfertige und kenntnisreiche Debattierer, der um Friedenspolitik bemühte Verteidigungsminister und Militärstratege, der um Konsens bemühte Fraktionsvorsitzende, der um seine Positionen kämpfende Parteipolitiker, der unvergleichlich populäre Wahlkämpfer, der Gewerkschaftsfreund und Kämpfer für mehr Mitbestimmung, der Amerika freundschaftlich verbundene, konkrete Fortschritte bewirkende, überzeugte Europäer, der um Vollbeschäftigung besorgte »Weltökonom«, der das internationale Ansehen der Bundesrepublik mehrende Bundeskanzler, der Autor vieler erfolgreicher Bücher, der weltweit angesehene und international geschätzte Ratgeber und so weiter.

Viel wurde bei der Beurteilung seines Wirkens von Freund und Feind über den angeblichen Gegensatz zwischen längerfristiger oder gar utopischer Vision und kurzfristiger Krisenbewältigung, zwischen grundsätzlichem Denken und praktischem Machen spekuliert, aber solche Klischees werden weder der Einstellung Helmut Schmidts noch seinem politischen Handeln gerecht.

Und wer ist nun Helmut Schmidt, der private Mensch hinter diesem facettenreichen öffentlichen Bild? Das ist noch schwieriger in Worte zu fassen und zu beschreiben. Freundliche, aber stets bestimmte Distanz bestimmt sein Verhältnis selbst zu denen, die ihm nahestehen; und doch ist er der beste, verschwiegenste, zuverlässigste, besorgteste und treueste Freund, den man sich vorstellen kann.

So mußten wir als Herausgeber eine Entscheidung treffen. Zeugnisse, »testimonials« zu und über Helmut Schmidt? Das würde ihm nicht gerecht werden, müßte zwangsläufig blaß bleiben, würde ihm wohl auch wenig gefallen. Allerdings – es gibt Ausnahmen. Wer zum Beispiel könnte Ida Ehre den Wunsch abschlagen, anstatt über das »Theater in Deutschland nach 1945« zu erzählen, einen »Liebesbrief« an Helmut Schmidt zu schreiben?

Im übrigen haben wir Weggefährten aus der Bundesrepublik und aus anderen Ländern gebeten, sich mit Fragen auseinanderzusetzen, denen sich Helmut Schmidt gestellt hat und immer wieder stellt. Das Ergebnis ist vielfältig und in der Unterschiedlichkeit der Gedanken hoffentlich interessant.

Wie hat der sich mit diesen Fragen auseinandersetzende Helmut Schmidt gehandelt? Eigenschaften wie Effizienz und Durchsetzungsfähigkeit fallen einem ein. Leistung als Bereitschaft zu rückhaltlosem, auch die eigene Gesundheit nicht schonenden Einsatz für das angestrebte Gute, geboren aus der schmerzlichen Einsicht, wie knapp die Zeit ist für den verantwortlich Handelnden. Lerneifer und Neugierde fallen einem ein; Wißbegierde als innere, stete Offenheit für neue Argumente und Fragestellungen. Aufgeschlossenheit auch, die ruhig zuhören kann und Widerspruch sucht und verträgt.

Mut wäre zu nennen, zuweilen auch als Reaktion auf Unsicherheit, auf Unzulänglichkeit und manchmal auf Angst. Ein Streben nach gedanklicher Klarheit und Genauigkeit fällt an ihm auf, das sich auf die Lösung praktischer Probleme richtet und keinem geschlossenen ideologischen Gesamtgebäude entspringt. Ein unbändiger Gestaltungswille und schließlich die Fähigkeit, umfassende, ja globale strategische Konzepte zu entwickeln bei gleichzeitiger disziplinierter Anstrengung, sich mit enormer Detailbesessenheit Kenntnis aller relevanten Einzelheiten zu verschaffen.

Helmut Schmidt hat seine geistigen Wurzeln in einer Wertordnung, in der Kants Philosophie, evangelisches Christentum und hanseatische Sozialdemokratie ineinanderfließen. Von ihm können wir zweierlei lernen:

- Handeln ohne sittliche Begründung verkommt zur kalten Sozial- und Machttechnik.
- Rückzug auf die bloße bessere Gesinnung wird zur bewußten Ohnmacht, die das Gesetz des Handelns und die Veränderung der Wirklichkeit – im Gefühl der eigenen inneren Überlegenheit – anderen Kräften überläßt.

Deshalb trägt die Festschrift zu seinem siebzigsten Geburtstag den Titel »Leidenschaft zur praktischen Vernunft«.

Die Herausgeber entschuldigen sich für eine bewußt in Kauf genommene Unzulänglichkeit. Die Beiträge zur Festschrift sind über einen längeren Zeitraum hinweg entstanden. Ihre Themen ordnen sich nicht der Tagesaktualität unter, sind aber auch nicht frei von aktuellen Bezügen, die hier und dort überholt sein mögen. Hierfür bitten wir um Nachsicht. Es lag uns daran, wichtige Zeitzeugen zu Wort kommen zu lassen. Das Beispiel des unvergessenen Franz Josef Strauß, der der Festschrift und damit Helmut Schmidt einen seiner letzten großen Beiträge gewidmet hat, mag unsere Absicht versinnbildlichen.

Wir danken allen denen, die zur Festschrift beigetragen haben. Wir danken Jens Fischer, Gisela Maria Nicklaus, Peter Männing, Birgit Vinnemeier und dem Siedler Verlag für unschätzbare Mithilfe.

Vor allem danken wir unserem Freund Helmut Schmidt, dem wir viel verdanken und von dem wir uns noch viel erhoffen. Ad multos annos!

Manfred Lahnstein *Hans Matthöfer*

Hannes Androsch

Ein öffentliches Gut besonderer Art

Man sagt, daß Nachdenken über drei Dinge einen Menschen um den Verstand bringen könne, nämlich Nachdenken über Gott, die Liebe und das Geld.

Was ist nun eigentlich Geld? Eine sehr prägnante Umschreibung dieses Begriffes bietet Lord Lever: »Money is a fiction – an abstract construction of the mind – though it can be given symbolic expression in a piece of gold, a piece of paper or a book entry. The concept of money is one of the great feats of man's imagination which has proved to be as central to the development of economic life as the wheel was for transport.«

Eine der wesentlichsten Phasen in der Entwicklung des Geldwesens, einem Quantensprung vergleichbar, war zweifellos die Standardisierung der Geldeinheiten durch die Prägung von Münzen, was erstmals um 650 v. Chr. in Lydien geschah, dessen Beispiel dann rasch auch die griechischen Stadtstaaten folgten.

Die Ausdehnung des Geltungsbereiches der einzelnen Arten von Münzgeld war dann mit der Entstehung politischer und wirtschaftlicher Zentren verbunden, die ihren Einfluß und ihre Handelsbeziehungen über ihre Grenzen hinaus ausweiteten. Als Beispiele hierfür dienen die Phönizier und nach den Perserkriegen auch Athen, nachdem es zur führenden See- und Handelsmacht aufgestiegen war. Rom, das vorerst die Ptolemäerwährung übernahm, führte erst nach Besiegung Karthagos eine eigene Münze, den Denar, ein, der für ein halbes Jahrtausend die Reichswährung blieb, bis dann der Untergang des Römischen Reiches auch vom Verfall der Währung begleitet war.

Die im 8. Jahrhundert von Pippin und Karl dem Großen vorgenommene Zentralisierung des Münzwesens konnte in den Nachfolgestaaten des Karolingerreiches zwar nicht erhalten werden, das Karolingische Münzsystem blieb aber nichtsdestoweniger für ein halbes Jahrtausend in Europa vorherrschend. Im 13. Jahrhundert wurden dann Florine und Dukaten, die in den damals dominierenden Handelszentren Florenz und Venedig geprägt wurden, zu den meistbegehrten Handelsmünzen. Welche Bedeutung der Florin für das Münzwesen in Europa hatte, kommt allein darin zum Ausdruck, daß später sowohl der österreichische als auch der holländische Gulden ihre Kurzbezeichnung ›fl‹ bzw. ›hfl‹ vom Florin übernahmen.

Frankreich begann seit dem 14. Jahrhundert mit der Prägung des Ecu (»Schild«), der bis zum 17. Jahrhundert dort Hauptgoldmünze blieb; in Spanien brachte das Vereinigte Königreich Kastilien und Aragon den goldenen Escudo (»Schild«) in den Verkehr. Der besonders schwere Doppel-Escudo (Spanish doubloon) erfreute sich in ganz Europa großer Beliebtheit und wurde in allen europäischen Staaten nachgeprägt. England, das vorerst den Florin eingeführt hatte, begann Ende des 15. Jahrhunderts mit der Prägung des goldenen Sovereign, an dessen Stelle im 17. Jahrhundert dann die schwerere Guinea trat, die ihrerseits sukzessive die Silbermünzen verdrängte, bis dann 1774 Goldmünzen zum einzigen unbeschränkt zugelassenen Zahlungsmittel erklärt wurden.

Während es in England, Frankreich und Spanien gelungen war, die Zentralisierung des Münzwesens durchzusetzen, blieb im Heiligen Römischen Reich Deutscher Nation die Geldprägung auf zahlreiche Münzstände zersplittert. Um wenigstens eine teilweise Ordnung im Geldwesen herzustellen, wurden regionale Münzverträge geschlossen; einheitliche Reichsmünzen wurden aber erst durch die Reichsmünzordnung von 1551 geschaffen.

Zutiefst erschüttert wurde das deutsche Münzwesen während des Dreißigjährigen Krieges durch die unkontrollierte Verringerung des Silbergehaltes der Münzen. Da Kaiser und Reich nicht imstande waren, Abhilfe zu schaffen, schlossen die Kurfürsten von Brandenburg und von Sachsen die Münzkonvention von Zinna (1667), die den Münzfuß des alten Reichstalers bestätigte, darüber hinaus aber auch eine leichtere Münze einführte.

Zu einer monetären Teilung des Heiligen Römischen Reiches in zwei große Währungsgebiete, ein österreichisches und ein preußisches, kam es, als Friedrich der Große durch die Graumannsche Münzreform Preußen im Geldwesen unabhängig machen wollte und Österreich darauf mit einer Münzkonvention mit Bayern reagierte, der sich dann die meisten süd- und mitteldeutschen Staaten anschlossen. Den Impuls zu einer Vereinheitlichung des deutschen Münzwesens gab erst der Vertrag über den Deutschen Zollverein (1833), der alle Mitgliedsstaaten verpflichtete, für ein einheitliches Münz-, Maß- und Gewichtssystem zu sorgen. Eine solche, wenn auch unvollständige Münzordnung kam in der Dresdner Konvention von 1838 zustande: In Norddeutschland galt nun die Talerwährung und in Süddeutschland die Guldenwährung.

Ein einheitliches Währungsgebiet wurde in Deutschland nach dem siegreichen Krieg mit Frankreich und der Gründung des Deutschen Reiches durch das Münzgesetz vom Juli 1873 geschaffen. Zur Reichswährung wurde die Mark erklärt, wobei die Namensgebung zweifellos eine Geste gegenüber der Hansestadt Hamburg war. Die Einführung einer Goldwährung wurde wesentlich durch die französischen Reparationszahlungen erleichtert, von denen 5 Milliarden Franc in Goldmünzen oder in Wechseln, die in Gold einlösbar waren, bezahlt wurden. Kaufkraftmäßig entspricht der gegenwärtige Wert dieser Reparation einem Betrag von nicht ganz 40 Milliarden DM, also etwas mehr als der Hälfte der heutigen Devisenreserven der Deutschen Bundesbank.

Österreich, das bereits bei dem Abschluß des Zoll- und Handelsabkommens mit Ungarn im Jahre 1867 die Einführung einer Goldwährung vorsah, verwirklichte diese Absicht erst im Jahre 1892.

Die wachsenden wirtschaftlichen Verflechtungen führten auch im übrigen Europa zur Entstehung größerer Währungsräume: 1865 gründeten Frankreich, Italien, die Schweiz und Belgien die Lateinische Münzunion, und 1872 schlossen Schweden, Norwegen und Dänemark die Skandinavische Münzunion.

Mit Beginn des 20. Jahrhunderts hatten alle europäischen Länder sowie die USA und Japan eine Goldwährung und gestalteten ihre Währungspolitik nach den Regeln des Goldstandards, womit zwar nicht auf vertraglicher Basis, aber via facti das erste internationale Währungssystem zustande kam.

Bereits als Geld ausschließlich in Form von Münzen auftrat, zeigte sich, daß es seinem Wesen nach etwas anderes ist als nur eine standardisierte Ware. Deutlich kam das in Zeiten von Geldverschlechterungen zum Ausdruck, als der Nominalwert der Münzen ihren Warenwert überstieg. Noch deutlicher wurde die Verselbständigung – John K. Galbraith spricht von einer »separate personality of money« – des Geldes, als neben Münzen auch Banknoten in Umlauf kamen und Banken die Möglichkeit erhielten, die in einem Land umlaufende Geldmenge von sich aus zu beeinflussen. Eine absolute Trennung von Geld und Ware fand bei der Herausgabe von Papiergeld statt, das keinerlei Deckung in Metall hatte. Eine Pionierrolle spielte dabei, historisch gesehen, China.

Die Möglichkeit, Geld unabhängig von seinem Stoffwert zu schaffen, mußte verständlicherweise das öffentliche Interesse wecken, die Geldversorgung den Bedürfnissen der Volkswirtschaft anzupassen. Im Vordergrund stand zweifellos der Wunsch nach der Stabilität des Geldes. Die Aufrechterhaltung des Nominalwertprinzips, nach dem »Mark gleich Mark« ist, wurde als notwendig erachtet, damit Geld als Orientierungshilfe und Entscheidungsgrundlage für die Vielfalt der wirtschaftlichen Betätigungen dienen kann und es seinen Wert, als Anweisung auf das Sozialprodukt eines Landes und bei Konvertibilität der Währungen auch auf das Weltsozialprodukt, möglichst unverändert aufrechterhält.

Die Rolle des Geldes erschöpfte sich jedoch nicht darin, als Stabilitätsmaßstab zu dienen. Geld stellt nämlich in einer arbeitsteiligen Wirtschaft auch eine wesentliche wirtschaftsfördernde Kraft dar, es spielt eine ähnliche Rolle wie Blutkörper im Blutkreislauf eines lebenden Organismus. Die Wirtschaft kann nur dann funktionieren, wenn Geldströme Güter- und Dienstleistungsströme ständig in Gang halten; eine Unterbrechung dieser Kreisläufe kann bei den vorhandenen Interdependenzen zu einem Kollaps des gesamten Systems führen. Dies gilt sowohl für die einzelne Volkswirtschaft als auch für die gesamte Weltwirtschaft und das um so mehr, je enger diese verflochten ist.

Die umfassende Bedeutung des Geldwesens kommt wohl am besten in den Schriften Joseph A. Schumpeters zum Ausdruck. Nach Schumpeter spiegelt sich im Geldwesen eines Volkes wider, »was dieses Volk will, tut, erleidet, ist«, und »Der Zustand des Geldwesens eines Volkes ist das Symptom aller seiner Zustände.«

Währungspolitik betrachtet Schumpeter als Politik, denn »... von der Währungspolitik und dem jeweiligen Zustand der Währung geht grundsätzlich stets ein wichtiger Einfluß auf alles das aus, was ein Volk will oder tut, und auf alle Elemente seines sozialen und wirtschaftlichen Befindens. Das gilt sowohl in dem Sinne, daß Währungspolitik und Währungszustand jede andere Politik und jede andere Art von Zustand sachlich mitbedingen, als auch in dem Sinn, daß die Rücksicht auf Währungspolitik und Währungszustand das Verhalten auch auf scheinbar ganz abliegenden Gebieten mitbestimmen und Zustände, die scheinbar mit der Währung nichts zu tun haben, miterklären.«

Auch im internationalen Bereich gab es seit je einen Zusammenhang zwischen Währung und Politik, was Norman A. Bailey zu der Aussage veranlaßte: »Commercial dominance in the international arena has usually been accompanied by monetary dominance as well as naval power (to which air and space power should now be added).«

Bei Berücksichtigung aller genannten Funktionen geht die Bedeutung des Geldes weit über seine Rolle als Recheneinheit (numéraire) sowie Zahlungs- und Wertaufbewahrungsmittel hinaus. Als organisierender und integrierender Faktor der Wirtschaft kann Geld mit der Verfassung in der Rechtsordnung verglichen und als ein öffentliches Gut besonderer Art betrachtet werden.

Als solches muß es aber auch einer öffentlichen Ordnung unterstehen. Schon Walter Bagehot machte 1873 die treffende Bemerkung: »Money does not manage itself.« Er bezog sich damals auf das Geldwesen in einem einzelnen Land; sinnvoller Weise kann jedoch dieser Ausspruch, wenn auch in etwas abgeschwächter Form, ebenso auf den internationalen Bereich angewendet werden. Währung, die früher einmal als Landeswährung nur ein Symbol staatlicher Integration und Eigenständigkeit war, sollte nämlich mit den zunehmenden internationalen Interdependenzen auch auf weltweiter Basis als Integrationsinstrument dienen.

Die Idee eines »Universal Money« wurde bereits im 19. Jahrhundert diskutiert. Auf der Internationalen Währungskonferenz, die 1867 in Paris stattfand, befürwortete der Vertreter Frankreichs, Esquirou de Parieu, die Schaffung einer Weltwährung durch Koordination der bestehenden Währungssysteme. In England befaßte sich Walter Bagehot mit dem Thema »Universal Money«.

Eine gewisse Annäherung in Richtung einer einheitlichen Weltwährung bedeutete der Goldstandard und später dann das System fester Wechselkurse in der Vereinbarung von Bretton Woods. Es entstand damals zwar keine Weltzentralbank, wie sie Keynes vorgeschlagen hatte, aber doch ein akkordiertes Währungssystem mit dem Dollar als Leitwährung. Der Umstand, daß es sich dabei um eine Hegemonialordnung unter der Dominanz der USA handelte, die zu diesem Zeitpunkt fast die Hälfte des Weltsozialproduktes hervorbrachte, wirkte sich vorerst nicht nachteilig aus, da der Dollar bei der in den Nachkriegsjahren bestehenden »Dollarlücke« die begehrteste Währung der Welt war. Das amerikanische Notenbanksystem fungierte damals als Zentralbank der westlichen Welt.

Die Schwachstellen des Systems von Bretton Woods begannen sich zu zeigen, als die »dollar gap« sich mit der Zeit in einen »dollar glut« verwandelte und die Goldkonvertibilität des Dollars in Frage gestellt wurde, was erstmals Robert Triffin tat. Ein weiterer gewichtiger Nachteil des Systems von Bretton Woods bestand darin, daß nicht klar festgelegt war, inwieweit die bei anhaltenden Zahlungsbilanzungleichgewichten ausdrücklich vorgesehenen Paritätsänderungen von Defizitländern und inwieweit von Überschußländern vorgenommen werden sollen. In der Praxis erfolgten Paritätsänderungen zu spät, da Abwertungskandidaten solche Entscheidungen aus Prestigegründen und wohl auch, um die mit einer Abwertung verbundenen terms-of-trade-Nachteile zu vermeiden, hinauszögerten, Überschußländer wiederum auf Wettbewerbsvorteile, die sich aus einer unterbewerteten Währung ergaben, nicht verzichten wollten. Währungspolitik wurde als Instrument des Wettbewerbs eingesetzt.

Bei allen diesen Nachteilen enthielt das Wechselkurssystem von Bretton Woods doch ein sehr vernünftiges Prinzip, das, nach John Williamson, auch gegenwärtig Anwendung finden könnte, nämlich daß Wechselkursveränderungen nur bei anhaltenden Zahlungsbilanzungleichgewichten vorgenommen werden sollten, bei kurzfristigen Ungleichgewichten dagegen binnenwirtschaftliche Anpassungsmaßnahmen am Platz wären, wobei internationale Kreditmechanismen die Last der Anpassung in den Defizitländern mindern könnten.

Der Zusammenbruch des Wechselkurssystems von Bretton Woods wurde unmittelbar durch die gewaltigen Dollarströme verursacht, die sich aus den USA ins Ausland ergossen und die großen Industrieländer mit stabileren Währungen ernsten Inflationsgefahren aussetzten. Die amerikanischen Zahlungsbilanzdefizite, die diesen Dollarabfluß verursachten, waren das Ergebnis einer expansiven Wirtschaftspolitik, die im Kreditwege die »Great Society«, das Mondprogramm und den Vietnamkrieg finanzierte.

Hinzu kam, daß die Verteilung der Wirtschaftsgewichte in der Welt sich wesentlich veränderte. Die relative Bedeutung der Wirtschaftskraft der USA ging inzwischen auf knapp ein Viertel zurück, während andere Volkswirtschaften, vor allem Japan und die Bundesrepublik Deutschland mit zusammen fast einem Fünftel des Weltsozialprodukts, an Bedeutung gewannen. Die Überbewertung des Dollars, die bei diesen fundamentalen Ungleichgewichten seit den 60er Jahren evident war, konnte durch unzureichende und in der Regel zu spät vorgenommene Aufwertungen anderer Währungen nicht beseitigt werden. In Erwartung weiterer Aufwertungen kam es immer wieder zu spekulativen Kapitalbewegungen, die bei dem vorhandenen Wechselkurssystem praktisch risikofrei waren.

Der Übergang zum Floaten schien in dieser Situation der einzige Ausweg zu sein. Erst mit der Zeit setzte sich die Erkenntnis durch, daß dieses »Un-system«, wie Robert Triffin es nannte, nur als Übergangslösung, nicht aber als dauerhafte Grundlage für das internationale Währungssystem in Frage kommt.

Als Illusion erwies sich die Hoffnung, daß flexible Wechselkurse angesichts der zunehmenden wirtschaftlichen Verflechtungen die wirtschaftspolitische Souveränität der großen Industrieländer garantieren könnten. Hinzu kam, daß Geld nach dem Übergang zu flexiblen Wechselkursen seiner Aufgabe als öffentliches Gut besonderer Art nicht mehr gerecht werden konnte. Statt im internationalen Verkehr als Ordnungsfaktor aufzutreten und als Maßstab zu dienen, nach dem sich die Wirtschaft richten könnte, wurden die Wechselkurse der größten Währungen maßgebend durch internationale Kapitalbewegungen beeinflußt, die größtenteils in keinem Zusammenhang mit Handelsströmen standen, sondern reine Finanztransaktionen darstellten. Es kam zu einer Entkoppelung zwischen der realen und monetären Sphäre der Wirtschaft, wobei Geldströme sich nicht, wie das Schumpeter sah, als wirtschaftsfördernde, sondern eher als wirtschaftshemmende Kraft bemerkbar machten.

Unter dem Einfluß von Kapitalbewegungen, die vor allem von

Erwartungen hinsichtlich des künftigen Kurses der Wirtschaftspolitik der wichtigsten Industrieländer gesteuert wurden, kam es zu anhaltenden Wechselkursverzerrungen (misalignments), die ihrerseits Leistungsbilanzungleichgewichte sowie eine Fehlallokation von Ressourcen und protektionistische Tendenzen nach sich zogen.

Die Vorschläge für eine Verbesserung der Funktionsweise des internationalen Währungssystems gehen nun in erster Linie in Richtung einer besseren internationalen Abstimmung der Wirtschaftspolitiken der größten Industrieländer. Nicht einig ist man sich allerdings darüber, wieweit dabei auch die Wechselkurse zu stabilisieren wären.

Am weitestgehenden in Richtung einer Stabilisierung der Wechselkurse weist der Vorschlag McKinnons. Danach sollten die Wechselkurse zwischen Dollar, Yen und D-Mark, also derjenigen Währungen, von denen das Funktionieren des internationalen Währungssystems in erster Linie abhängt, auf einem Niveau festgelegt werden, das der Kaufkraftparität dieser Währungen entspricht. Die Geldpolitik der betreffenden Länder müßte dann darauf gerichtet werden, diese Wechselkursrelationen einzuhalten. Um eine weltweite Inflation oder Deflation zu vermeiden, müßte das aggregierte Geldmengenwachstum der drei Länder so gesteuert werden, daß das Preisniveau der international gehandelten Güter in der jeweiligen Währung möglichst stabil bleibt.

Der Gedanke, daß es notwendig sei, die Welt vor einer inflationären bzw. deflationären Entwicklung zu schützen – seit der Aufhebung der Goldkonvertibilität des Dollars haben Währungen der Welt keine feste Verankerung mehr in einem einheitlichen Stabilitätsstandard –, lag auch dem Vorschlag Finanzminister Bakers zugrunde, einen Rohstoffpreisindex als »objektiven« Indikator zu verwenden, um festzustellen, welchen Kurs die Geldpolitik weltweit einschlagen soll, damit Fehlentwicklungen vermieden werden. Von seiten der Fed unterstützte diesen Vorschlag Robert Heller.

Geringere Anforderungen an die Kooperationsbereitschaft der

großen Industrieländer als McKinnon stellen die Befürworter (Williamson, Bergsten) einer Stabilisierung der realen statt der nominellen Wechselkurse. Als Gleichgewichtswechselkurs wird dabei derjenige Kurs angesehen, bei dem die Zahlungsbilanz des betreffenden Landes auf mittlere Sicht im Gleichgewicht ist.

Die Notwendigkeit der Einführung von Zielzonen wurde damit begründet, daß eine wirksame Harmonisierung der Wirtschaftspolitiken der großen Industrieländer ohne ein solches Disziplinierungsinstrument nur schwer möglich wäre. Die Gegner der »target zones« argumentieren demgegenüber, daß es keine Möglichkeit gibt, die richtigen Gleichgewichtskurse festzustellen, und daß überdies Wechselkursrelationen das Ergebnis einer bestimmten Wirtschaftspolitik seien und nicht umgekehrt.

Prägnant formulierte das Jacob Frenkel: »The volatility and the misalignment of exchange rates may not be the source of the difficulties; but rather a manifestation of the prevailing package of macroeconomic policies. Fixing or manipulating the rate without introducing a significant change into the conduct of policies, may not improve matters at all. It may amount to breaking the thermometer of a patient suffering from high fever instead of providing him with proper medication.«

Einen ähnlichen Standpunkt vertritt Gottfried Haberler, der warnt: »The politicization of exchange rates, on both the national and international level, is a dangerous game.«

Ein eindringlicher Appell, weitere Schritte in Richtung einer neuen internationalen Währungsordnung zu setzen, kam in jüngster Zeit vom damaligen französischen Wirtschafts- und Finanzminister Balladur, der dabei drei Möglichkeiten aufzeigte. Einen bescheidenen Fortschritt würde eine Intensivierung der im Louvre-Abkommen vorgesehenen internationalen Zusammenarbeit zwischen den drei großen Industrieländern bedeuten. Es würde sich dabei allerdings nicht um eine echte Währungsordnung handeln, denn es fehlten bei diesen Vereinbarungen Mechanismen und Sanktionen, die in den betreffenden Ländern automatisch Anpassungsmaßnahmen erzwingen würden.

Eine zweite, weitergehende Möglichkeit bestünde darin, einen Wechselkursmechanismus, ähnlich dem EWS, zu schaffen. Statt des Ecu würde in diesem Fall das Sonderziehungsrecht, also ein Korb der fünf wichtigsten Währungen (Dollar, Yen, Pfund, Mark und Franc), als Referenzeinheit dienen. Gegenüber dem Louvre-Abkommen wäre ein solches System zwar ein Fortschritt, aber noch keine optimale Lösung.

Bedeutend mehr Vorteile hätte ein System, das ähnlich dem Goldstandard organisiert und an einem einheitlichen Maßstab orientiert wäre. Als solcher Maßstab könnte entweder ein Warenbündel inklusive Gold, wie das Finanzminister Baker vorgeschlagen hat, dienen oder eine als Währungskorb konzipierte Weltwährung, in die auch Gold einbezogen werden könnte. Da jede Währung in einer fixen Relation zu dieser Weltwährung stehen würde (Parität), ergäbe sich automatisch ein Zwang, die Wirtschaftspolitik der einzelnen Länder an die außenwirtschaftlichen Erfordernisse anzupassen. Falls dies in manchen Fällen übermäßige Belastungen mit sich bringen würde, wären auch im gegenseitigen Einvernehmen vorgenommene Paritätsänderungen zulässig.

Welche der aufgezeigten Möglichkeiten, von denen übrigens keine als endgültiger Plan für eine internationale Währungsordnung angesehen werden sollte, verwirklicht werden kann, wird, nach Balladur, davon abhängen, wieweit die großen Industrieländer bereit sein werden, auf nationale Eigeninteressen zugunsten einer kooperativen Lösung zu verzichten.

Die Vorschläge Balladurs zielen darauf hin, verbindliche Spielregeln zu schaffen, deren Aufgabe es wäre, die erwünschte internationale Koordinierung der Wirtschaftspolitiken sicherzustellen. Vor dem Hintergrund der vielfältigen Meinungen stellt sich die Frage, in welche Richtung das internationale Währungssystem sich tatsächlich bewegen sollte.

Als Endziel kann zweifellos die Schaffung einer einheitlichen Weltwährung angesehen werden, die durch eine Weltzentralbank gesteuert würde und bei der sich Wechselkursprobleme erübrigen würden. Da eine solche optimale Lösung derzeit nicht in Sichtweite ist, muß man sich darauf beschränken, nach zweit- oder drittbesten Lösungen zu suchen. Angestrebt werden sollte vor allem eine Wechselkursordnung, die der Weltwirtschaft ein Mindestmaß an Verläßlichkeit und Orientierung bietet. Wechselkurse müßten in einem solchen System stabil, aber keineswegs starr sein, in Analogie zu einem Automotor, der bei notwendiger Verankerung doch einen entsprechenden Vibrationsspielraum braucht.

Um eine solche Stabilisierung der Wechselkurse zu erreichen, werden weniger quasi automatisch funktionierende Mechanismen benötigt als vielmehr der politische Wille, dieses Ziel zu realisieren. Bereits Bagehot hat mit seiner These »money does not manage itself« auf die entscheidende Rolle der Politik bei der Gestaltung des Geldwesens hingewiesen. Es muß daher nach Wegen gesucht werden, eine währungspolitische Kooperation herbeizuführen, die eine befriedigende Funktionsweise des internationalen Währungssystems gewährleistet. Die institutionellen Rahmen dafür sind gegeben: sowohl der IWF als auch die OECD wären imstande, die entsprechenden Aufgaben zu übernehmen.

Bei den gegebenen wirtschaftlichen Kräfteverhältnissen ist eine Lösung der internationalen Währungsprobleme im Sinne der »Pax Britannica« oder »Pax Americana« nicht möglich, wohl aber eine Konsenslösung zwischen den drei dominierenden Wirtschaftsmächten, wie das McKinnon aufgezeigt hat. Mit der Zeit wird es dann vielleicht möglich werden, auch die Währungen anderer wichtiger Wirtschaftsmächte, wie z.B. den Rubel und eventuell auch den Cruzeiro, in diese währungspolitische Kooperation einzubeziehen. Damit wären die Eckpfeiler geschaffen, auf denen zu Beginn des nächsten Jahrhunderts, bei vorhandener politischer Bereitschaft, eine Weltzentralbank aufgebaut werden könnte.

Bevor diese Zukunftsvisionen in die Tat umgesetzt werden, steht Europa vor der lebenswichtigen Aufgabe, seine Position als gleichwertiger Partner im Dialog mit den USA und Japan zu festigen. Voraussetzung hierfür ist nicht nur die Stärkung seines wirtschaftlichen Potentials durch die Schaffung eines einheitlichen Binnenmarktes, sondern auch eine monetäre Integration, die so weit gehen müßte, daß Europa einen ähnlich einheitlichen Währungsraum darstellt wie die USA. »A unified European market without a European currency would be like a building without foundations«, warnt Samuel Brittan.

Eine solche regionale Integration würde weitergehenden Plänen für eine weltweite währungsmäßige Integration nicht widersprechen, sondern könnte vielmehr, wie Robert Triffin bemerkte, »as a steppingstone towards a world cooperation« betrachtet werden.

In Europa ist mit der Errichtung des EWS, das der Initiative von Helmut Schmidt und Valerie Giscard d'Estaing zu verdanken ist, im wesentlichen die Schaffung einer »Clearing Union«, wie sie von Keynes bei den Bretton-Woods-Verhandlungen vorgeschlagen wurde, gelungen. Um das europäische Wirtschaftspotential in einem Gemeinsamen Markt voll nutzen zu können, wird es nun notwendig sein, den entscheidenden Schritt zu einer einheitlichen Währungsordnung zu tun.

Der Hinweis auf die Bedeutung des monetären Faktors im Integrationsprozeß hat nicht nur für die EG Gültigkeit. Auch der RGW-Raum konnte seine wirtschaftlichen Möglichkeiten bei fehlender Multilateralität und Konvertibilität seiner Währungen bisher nur in begrenztem Umfang ausschöpfen; es gelang auch bis heute nicht, das monetäre Perspektivprogramm des RGW von 1971 zu verwirklichen.

Die Meinungen, auf welchem Weg die monetäre Integration der EG erreicht werden soll, waren von Anfang an geteilt: während die »Ökonomisten« eine schrittweise Vorgehensweise und parallele Fortschritte auf dem Gebiet der Währung und Wirtschaft befürworten, stellen die Verfechter der »Integrationstheorie« die Integrationseffekte der monetären Zusammenarbeit in den Vordergrund.

Die Deutsche Bundesbank vertritt ausdrücklich die erste Richtung. Bundesbankpräsident Pöhl betrachtet die Gründung einer europäischen Zentralbank als »krönenden Abschluß eines langen und schwierigen Prozesses«. Er stimmt dabei mit dem »Werner-Bericht« überein, in dem die stufenweise Schaffung der Währungsunion mit ausreichenden Fortschritten in der Konvergenz und später mit der Vereinheitlichung der Wirtschaftspolitiken in Verbindung gebracht wird. Parallel zur Einschränkung der wirtschaftspolitischen Autonomie der Mitgliedsstaaten sollten dann entsprechende Kompetenzen auf Gemeinschaftsebene aufgebaut werden.

In letzter Zeit wurde besonders von seiten der Deutschen Bundesbank darauf hingewiesen, daß eine Fortentwicklung des Europäischen Währungssystems erst dann in Frage kommt, wenn alle EG-Länder, insbesondere aber Großbritannien, an dem EWS-Wechselkurssystem teilnehmen, Belgien anstatt der bestehenden zwei Wechselkurse einen einheitlichen einführt, Italien auf eine erweiterte Bandbreite für die Lira verzichtet und eine vollständige Liberalisierung der europäischen Kapitalmärkte verwirklicht wird.

Die Erfüllung der Vorbedingungen, die nach der »Krönungstheorie« notwendig wäre, bevor es zur Errichtung einer europäischen Zentralbank kommt, würde nach dem gegenwärtigen Stand der Dinge mit der Verwirklichung einer ganzen Reihe von Vorbedingungen verbunden sein, was eine unverhältnismäßig lange Zeit beanspruchen würde. Nicht abzusehen ist vor allem, ob und wann Großbritannien dem EWS beitritt.

Die Geschichte der europäischen Integration zeigt, daß die bisher im Integrationsprozeß erreichten Fortschritte durch äußere Umstände hervorgerufen, aber letztlich im Wege politischer Entscheidungen realisiert wurden. Obwohl bereits seit der Gründung der EWG besonders die deutsche Regierung auf eine Integration der Mitgliedsstaaten gedrängt hat, beschloß der EG-Ministerrat erst

1971, also zu einer Zeit, als Europa mit Dollars überschwemmt wurde, die europäische Währungsintegration gemäß dem 1970 erstellten Werner-Plan in die Wege zu leiten. Der Anlauf hierzu kam aber erst mit einer beachtlichen Verzögerung, nämlich 1979, unter dem Eindruck der damaligen Dollarkrise.

Während bisher die monetäre Integration in Europa unter dem Druck von äußeren Umständen nach dem Motto »keine Reform ohne Krise« (Eduard Heimann) beschleunigt wurde, sollte nun angesichts der bevorstehenden Verwirklichung des europäischen Binnenmarktes die These von der integrierenden und wachstumsfördernden Kraft der Währungsordnung, auf die schon Schumpeter so eindrucksvoll hingewiesen hat, die Politik zur Tat motivieren.

Bemerkenswert ist, daß sich gerade in letzter Zeit Initiativen mehren, die für eine Errichtung einer europäischen Zentralbank eintreten. Finanzminister Balladur wandte sich in dieser Angelegenheit an den EG-Währungsausschuß und Außenminister Genscher sprach darüber vor dem Europäischen Parlament. Auch von seiten der Unternehmer und Banken wurde der Wunsch geäußert, die monetäre Integration Europas in diesem Sinn voranzutreiben. Konkrete Vorschläge kamen von den Vätern des EWS, Helmut Schmidt und Valéry Giscard d'Estaing: eine europäische Zentralbank nach dem Muster des US Federal Reserve System sollte bis 1992 verwirklicht werden und alle zwölf EG-Mitgliedsstaaten umfassen. Die gemeinsame Währung Ecu könnte dann als Parallelwährung neben den nationalen Währungen auftreten.

Den Vorschlägen zur Errichtung eines gemeinsamen europäischen Währungsgebietes zum frühestmöglichen Zeitpunkt ist voll beizupflichten. Der Einwand, daß ein einheitliches Währungsgebiet bei unterschiedlichen Entwicklungsverhältnissen der einzelnen Regionen nicht verwirklicht werden könne, ist durch praktische Erfahrungen in den einzelnen Volkswirtschaften (London im Verhältnis zu Schottland, Südengland zu Wales, Stuttgart zu Schleswig-Holstein, Bayrischer Wald zu München) widerlegt.

Die Schaffung einheitlicher Währungsräume war immer die Folge politischer Überlegungen und nicht einer wirtschaftlichen Angleichung einzelner Regionen. Deutlich wurde dies bei der Errichtung des einheitlichen deutschen Währungsgebietes im 19. Jahrhundert, das ohne Rücksicht auf den unterschiedlichen Entwicklungsstand der einzelnen Regionen zustande kam. Eine ähnliche Entwicklung war in den USA festzustellen.

Die Errichtung eines einheitlichen europäischen Währungsraumes würde qualitativ etwas ganz anderes bedeuten als ein System fester Wechselkurse. Den Unterschied zwischen diesen beiden Integrationsformen hat Robert Mundell folgendermaßen dargelegt: »A single currency implies a single central bank (with note-issuing powers) and therefore a potentially elastic supply of interregional means of payment. But in a currency area comprising more than one currency, the supply of international means of payment is conditional upon the cooperation of many central banks without losing reserves and impairing convertibility.«

Bei einer einheitlichen Währung entfielen die politischen Schwierigkeiten bei der Koordination der nationalen Geldpolitiken sowie die Gefahr, sich auf eine durchschnittliche Inflationsrate zu einigen, nur um das Fixkurssystem aufrechtzuerhalten. Es entfiele auch der Druck auf die nationalen Notenbanken, die Geldpolitik an die finanzpolitischen Erfordernisse der betreffenden Länder anzupassen.

Der Zusammenschluß nationaler Währungsräume würde aber noch weitere Vorteile bringen, auf die Wilhelm Nölling aufmerksam machte. Erspart werden könnten im einheitlichen Währungsraum die Kosten des Geldumtausches, und auch das europäische Sparkapital könnte effizienter eingesetzt werden. Eine Währungsunion könnte überdies mit weniger Währungsreserven auskommen, da nur der Saldo im Leistungsverkehr der Mitgliedstaaten mit der übrigen Welt durch Reserven abgedeckt werden müßte. Bei Vorhandensein einer einheitlichen europäischen Währung würden auch spekulative

Kapitalbewegungen in einzelne europäische Währungen ausbleiben, die bei einem Wechselkursverbund mit fixen Wechselkursrelationen nicht auszuschließen sind.

Die Errichtung einer unabhängigen und mit allen Rechten und Pflichten ausgestatteten europäischen Zentralbank, die die Aufgabe hätte, die europäische Währung zu emittieren und ihre Stabilität zu garantieren, müßte nicht mit einer Abschaffung der nationalen Notenbanken verbunden sein. Diese könnten in einem zweistufigen Notenbanksystem, ähnlich wie in den USA, weiterhin eine wichtige Rolle spielen.

Die Einführung einer gemeinsamen Währung wäre jedoch nicht möglich, wenn die in den Währungsbereich einbezogenen Länder nicht auf einen wesentlichen Teil ihrer wirtschaftspolitischen Autonomie verzichteten. Um nun den unterschiedlichen Interessenlagen der einzelnen Länder Rechnung zu tragen, müßten entsprechende Vorkehrungen getroffen werden.

Bereits im Werner-Bericht wurde darauf hingewiesen, daß die Verwirklichung eines gesamtwirtschaftlichen Gleichgewichts der Gemeinschaft durch strukturelle Unterschiede zwischen den einzelnen Staaten ernsthaft gefährdet werden könnte und daß daher struktur- und regionalpolitische Maßnahmen, insbesondere finanzielle Ausgleichszahlungen, die von der Gemeinschaft getragen werden müßten, notwendig wären.

Nationale Haushalte könnten weiter bestehenbleiben, müßten aber aufeinander abgestimmt werden und einen Teil ihrer Mittel auf den Gemeinschaftshaushalt übertragen. Die Gefahr einer Sprengung der Gemeinschaft durch unterschiedliche Fiskalpolitiken wäre bei einer einheitlichen Währung nicht gegeben, da die einzelnen Staatshaushalte gezwungen wären, sich an die einheitliche Geldpolitik anzupassen. Die Steuerpolitik müßte nur insofern harmonisiert werden, als dies im Hinblick auf den zwischenstaatlichen Waren-, Dienstleistungs- und Kapitalverkehr notwendig ist.

Bereits bei der Errichtung des Europäischen Währungssystems

wurde ausdrücklich erwähnt, daß europäische Länder mit besonders engen wirtschaftlichen und finanziellen Bindungen zur Europäischen Gemeinschaft die Möglichkeit haben sollten, sich an dem Wechselkurs- und Interventionsmechanismus zu beteiligen.

Es wäre zu überlegen, wieweit der Appell des Präsidenten der Niederländischen Notenbank, W.F. Duisenberg, an die EFTA-Länder, dem Europäischen Währungssystem beizutreten, nicht auch im Hinblick auf eine eventuelle Teilnahme bzw. eine engere Kooperation der EFTA-Länder mit einem gemeinsamen europäischen Währungsraum erörtert werden sollte.

Für Österreich, das an einer künftigen EG-Mitgliedschaft interessiert ist, wäre das eine naheliegende Überlegung. Der Schilling hat sich schon seit Beginn der monetären Integration in Europa, also seit 1973, an den wertbeständigen EG-Währungen, insbesondere aber an der D-Mark, orientiert, und eine weitere Annäherung an den europäischen Währungsblock würde keine Änderung der österreichischen Hartwährungspolitik notwendig machen.

Der innereuropäische Handel der EG- und EFTA-Länder macht schon derzeit beinahe 70% ihres gesamten Außenhandels aus. Hinzu kommen die engen Verbindungen im Bereich des Fremdenverkehrs. Wenn es in Zukunft gelänge, eine wirtschaftliche Annäherung der RWG-Staaten an die EG zu erreichen, könnte möglicherweise auch an eine monetäre Kooperation im weiteren europäischen Rahmen gedacht werden.

Im Sinne Schumpeters ist es die politische Aufgabe, gemeinsam eine Geldordnung zu schaffen und eine Geldpolitik zu verfolgen, mit der der Wohlstand der internationalen Gemeinschaft, vor allem auch in Europa, am besten gefördert und gesteigert werden könnte. Auf diesem Weg gilt es, noch manche Hindernisse nationalstaatlicher Souveränitätsillusion zu überwinden: Aufgabe und Herausforderung zugleich.

Wolf Graf Baudissin

Abschreckung mit Kernwaffen?

Die Militärstrategie der Abschreckung und der Besitz von Kernwaffen sind mehr und mehr ins Gerede gekommen, nachdem sie lange Zeit »Privatangelegenheit« einer kleinen »strategic community« waren. Obwohl der Nato-Doppelbeschluß ein konsequenter und, wie wir heute wissen, sogar sehr erfolgreicher Anstoß zur kooperativen Rüstungssteuerung (KRSt) war, wird die Legitimität der geltenden Sicherheitspolitik, ihrer Strategien und ihres Instrumentariums heftig debattiert.

Daran zeigt sich einmal mehr, wie stark die Versuchung ist, sich beim Angebot eigener politischer Konzepte von höchst optimistischen Erwartungen über Einsicht, Absichten und Möglichkeiten der Mitmenschen leiten zu lassen, bei der Einschätzung andersartiger Vorschläge jedoch genüßlich dem »worst case thinking« zu huldigen.

Häufig wird die prinzipielle sicherheitspolitische Frage offengelassen, ob es heute primär um Verhütung jeder Art von Krieg in Europa oder aber um Schadensbegrenzung in einem nach wie vor für möglich, ja für wahrscheinlich gehaltenen Kriege gehen müsse. Wer Kriegsverhütung für die Existenzfrage und auch für möglich hält, stützt sich auf die Zuversicht, daß zumindest die politischen Eliten des »Nordens« zwangsläufig konfliktfähiger werden, da sie im Bewußtsein heutiger Waffenwirkung und supranationaler Verflechtungen bereit sein müssen, die vielfältigen Konflikte zu ertragen und »nichtkriegerisch« nach vereinbarten Verfahren zu regeln.

Dem läßt sich ohne Zweifel entgegenhalten, daß Krieg jahrtausendelang als normales Mittel für den Umgang mit Feinden galt, von Dichtern verherrlicht und viel besungen, und daß sich diese Verhaltensmuster nicht plötzlich umkehren lassen. Ein Blick auf die

Dritte und Vierte Welt bestätigt solche Skepsis und mag empfehlen, sich auf weitere Katastrophen, auch in Europa, einzurichten.

Wie auch immer aber die sicherheitspolitischen Erwartungen gestimmt sein mögen: die Entscheidung für konsequente Kriegsverhütung oder weitestmögliche Schadensbegrenzung muß eindeutig getroffen werden. Von ihr hängt die Definition der Militärstrategie und auch die Einschätzung des sicherheitspolitischen Wertes der Kernwaffen ab. Das einfachste und überzeugendste Argument für den Erhalt von Kernwaffen ist die Tatsache ihrer Existenz. Genauer: das Wissen, das sie hervorgebracht hat, kann schwerlich wieder aus der Welt geschafft werden. Diese Waffen lassen sich nicht »hinwegerfinden«; es muß gelernt werden, mit ihnen angemessen umzugehen. Daß dieses schwierig ist, liegt auf der Hand.

Die rationale Diskussion dieser Themen wird durch einen bedauerlichen Trend erschwert. Die Positionen innerhalb des Bündnisses und seiner Mitgliedsstaaten werden immer seltener durch sachgerechte Überlegungen bestimmt. Viel häufiger geben interne Interessen der politischen Parteien und Gruppierungen den Ausschlag. Entscheidungen über komplizierte Probleme, die ein hohes Maß an Sachverstand und profunde Kenntnis der differenzierten Zusammenhänge erfordern, werden nach opportunistischen, oft sogar nach gefühlsbestimmten Gesichtspunkten getroffen.

Ein historisches Beispiel hierfür bietet die Mehrheitshaltung des amerikanischen Senats, der eine Ratifizierung des ausgiebig verhandelten und im Grunde ausgewogenen SALT-II-Vertrages ablehnte. Man mißgönnte dem Präsidenten diesen außenpolitischen Erfolg, der seine Wiederwahl vermutlich begünstigt hätte. Die voraussehbaren negativen Auswirkungen auf den Entspannungs- und Rüstungssteuerungsprozeß nahm man in Kauf.

Ähnlich steht es mit den mancherlei Versuchen diesseits und jenseits des Atlantiks, die andere Seite zu erhöhten Bündnisleistungen zu drängen. Auch hier spielen interne Gesichtspunkte häufig die ausschlaggebende Rolle, wenngleich die sicherheitspolitischen Interessen der einzelnen Staaten bei der Zahl der Mitglieder, ihrem unterschiedlichen politischen Gewicht sowie ihrer verschiedenen geostrategischen Lage in mancher Hinsicht tatsächlich widersprüchlich sind und durch Kompromisse ausgeglichen werden müssen. Einigkeit herrscht allerdings in der zentralen Frage der Kriegsverhütung. Wie dieses Ziel erreicht werden kann, steht allerdings oftmals zur Diskussion.

Zu den Opfern dieser Dispute gehören das Bündnisklima und die Glaubhaftigkeit der Bündnistreue bzw. der Bündnisstrategie. Dabei hat sich gerade letztere als kriegsverhütend bewährt. Sie hat weder zum kriegerischen Austrag der ideologischen, ordnungs- und machtpolitischen Konflikte eingeladen noch Krieg als möglich erscheinen lassen. Bisher wirkte die »flexible response« sicherheitspolitisch jedenfalls stabilisierender als die Verteidigungsdoktrin des Warschauer Paktes.

Dort ist – bei gleichzeitiger Versicherung, es handle sich »selbstverständlich« um Verteidigungspolitik – offensichtlich eine möglichst präemptive Gegenoffensive bis zum Atlantik und Mittelmeer vorgesehen, um die UdSSR vor unmittelbaren Kriegseinwirkungen zu schützen. Bei dieser operativen Planung handelt es sich um eine historisch verständliche, aber durch und durch klassische, pränukleare »Vorwärtsverteidigung«. Unter diesem Zeichen können politische Krisen schnell in die militärische Dimension eskalieren.

Diese sicherheitspolitische Gefahr wird offenbar im Rahmen des »Neuen Denkens« auch in Moskau erkannt. Allerdings wird die Militärstrategie Abschreckung nach wie vor als »Drohpolitik« abgelehnt, weil sie ein grelles Feindbild verlange, das Existenzrecht der anderen Seite negiere und zum Wettrüsten anreize. Die Abschreckungsdoktrin sei unsittlich, rechtswidrig und verbrecherisch.

Die Gründe für diese Denunzierung bzw. Überhöhung einer rein militärstrategischen Konzeption zu einer politischen Doktrin lassen sich unschwer erklären; auch sie haben ihre ideologischen wie politischen Wurzeln. Zuzustimmen ist dagegen der bisher noch etwas vage formulierten Vision: »Die Doktrin der Abschreckung muß durch eine Doktrin allumfassender und gegenseitiger Sicherheit ersetzt werden.« In diesen gedanklichen Zusammenhang gehört auch die Ablehnung der Kernwaffen, die »mit der Vernichtung der Menschen und des Lebens auf der Erde« drohen; »sie führen zum destabilisierenden Wettrüsten, das die Menschheit gefährdet.«

Der Vorschlag eines weltweiten Verzichts auf Kernwaffen bis Ende dieses Jahrhunderts steht, bei Licht besehen, im Gegensatz zu Grundthesen des »Neuen Denkens«. Dort wird gerade in der klaren Unterscheidung zwischen vornuklearen und nuklearzeitlichen Erfordernissen und Konzepten ein neues Verhältnis zum Krieg, zu den nichtkommunistischen Staaten und zu den Entwicklungsländern postuliert. Die »friedliche Koexistenz« verliert ihren weltrevolutionären, klassenkämpferischen Charakter; sie setzt auf weitgehende Kooperation zum Nutzen der gesellschaftlichen und wirtschaftlichen Reformen. »Die Realität des Atom- und Weltraumzeitalters« verlangt »eine Revision solcher grundlegenden Begriffe wie Stärke, Überlegenheit, Sieg, Sicherheit in bezug auf sich selbst und die anderen.«

Das ist wirklich realistisches und ernst zu nehmendes neues Denken. Freilich ist zu fragen, ob und wieweit sich eine so tiefgreifende Wandlung gegen alle Widerstände durchsetzen läßt. Noch fraglicher ist es, ob, weltweit gesehen, die kaum 50 Jahre direkten oder indirekten Kernwaffenbesitzes denn tatsächlich genügt haben, um postnukleares Denken gegen den Rückfall in pränukleare Geleise immun zu machen.

Die blutigen Erfahrungen im Süden der Erde, d.h. in Regionen außerhalb des Kernwaffenschirms, stimmen nicht optimistisch. Auch dort haben sich Strukturen kollektiver Sicherheit als wenig wirksam erwiesen. Überdies setzt eine Abschaffung der Kernwaffen effiziente Methoden voraus, die es ermöglichen, die Verzichtstreue auch in Regionen zu verifizieren, in denen bereits heute 30 bis 40 Schwellenmächte und Hunderte von Kernkraftanlagen existieren.

Es sind zu einem erheblichen Teil akute oder potentielle Krisengebiete, in denen schwelende Konflikte in kürzester Zeit zu kriegerischen Konfrontationen eskalieren können.

In solcher Situation kann der Wunsch nach Kernwaffenbesitz übermächtig werden, zumal bereits wenige, technisch primitive, allerdings höchst verwundbare und damit destabilisierende Waffen entscheidende Überlegenheit gegenüber konventionell gerüsteten Staaten versprechen. In einer Welt ohne die etablierten, sich gegenseitig im Zaun haltenden Nuklearmächte ist die Versuchung, an Kernwaffen zu gelangen, besonders groß. Bereits der Argwohn, der Antagonist entwickle oder verschaffe sich derartige Waffen, destabilisiert und reizt zur Prävention.

So scheint – bei allem Verständnis für diesen Wunsch – der Gedanke, die Kernwaffen ein für allemal abzuschaffen, zumindest verfrüht. Ehe ein wirksames kollektives Sicherheitssystem funktioniert, das weltweit sorgfältig verifiziert und in der Lage ist, Vertragsbrüchige schnellstens und eindrücklichst zu maßregeln, schaffte ein derartiger Verzicht mehr Unsicherheit als Stabilität.

Etwas anderes wären Abkommen der Nuklearmächte über die Reduzierung ihrer Potentiale auf klare Zweitschlagfähigkeit unter Inspektion etwa der IAEA (International Atomic Energy Agency). Der Verzicht auf Kriegführungsoptionen erhöhte die eigene und damit die gemeinsame Sicherheit und zügelte die qualitative wie quantitative nukleare Rüstungsdynamik. Damit würde auch der konventionelle Rüstungsprozeß nicht aufgeheizt, der bekanntlich erheblich kostspieliger, personalaufwendiger und schwieriger zu steuern ist. Nicht zuletzt entspräche eine derartige Maßnahme dem Geist des Nichtverbreitungs-Vertrages, dessen selbstverständliche Klassifizierung der Staaten in Kernwaffenberechtigte und Nichtberechtigte von den Schwellenmächten verständlicherweise in Frage gestellt wird.

Die Bündnisse sollten bei Angleichung ihrer konventionellen Kräfte zwischen Ural und Atlantik auf alle Gefechtsfeld- und Kurzstreckenwaffen verzichten und ihre »dual-purpose«-Systeme abschaffen. Der Gedanke war stets fragwürdig, die taktische Verteidigung durch Eskalation in eine andere Kriegskategorie zu »verstärken«. Er wurde in der Epoche der »massive retaliation« geboren, als die Westeuropäer meinten, die vereinbarte Erhöhung der konventionellen Stärken nicht leisten zu können, und als die USA entsprechende Waffen entwickelt hatte, die nur auf europäischem Boden eingesetzt werden konnten.

In der westlichen Diskussion werden neben diesen auch andere, zum Teil sogar moralisch-religiöse Bedenken gegen den Besitz von Kernwaffen bzw. gegenüber der Ersteinsatzandrohung für den Fall einer sich abzeichnenden Niederlage erhoben, Mitteleuropa gar zum »Schießplatz der Siegermächte« erklärt. Anstelle der gegenseitigen Abschreckung, die treffender als beiderseitige Selbstabschreckung bezeichnet würde, werden die unterschiedlichsten Verteidigungskonzepte vorgeschlagen; sie reichen vom gewaltfreien Widerstand mit seiner ungeheuerlichen Belastung für die Bürger über klassische Tiefenverteidigung bis hin zur »non-provocative defense«.

Genau wie die Abschreckung schließen auch diese Modelle eine Aggression nicht aus; sie wollen ihr durch vorbereitete Kriegführungsmaßnahmen den Erfolg verwehren. Im Gegensatz zur konsequenten Abschreckung eröffnen sie jedoch eine Reihe von Angriffsoptionen, aus denen sich der Aggressor die für den Verteidiger ungünstigste auswählen kann.

Zudem wird oft übersehen, daß sich hochentwickelte und dichtbesiedelte Industriegesellschaften kaum mehr schützen, d.h. verteidigen lassen. Darüber hinaus greifen Verteidigungsvorbereitungen tief in die Friedensstrukturen der Wirtschaft und Gesellschaft ein; sie sind im Zweifelsfall erheblich kostspieliger als die primär militärischen Abschreckungsmaßnahmen, schon weil sie auf verschiedene Aggressionsformen und längere Kriegsdauer eingestellt sein müssen. Besondere finanzielle und psychologische Probleme stellt der für dieses Konzept unerläßliche Zivilschutz, der von der Gegenseite in aller Regel als Kriegsvorbereitung ausgelegt wird.

Das provokative Element eines Militärpotentials liegt in seiner quantitativen bzw. qualitativen Überlegenheit bzw. im Feindbild des Provozierten. Gilt der andere als aggressiv-expansiv, provoziert er Wettrüsten, schlimmstenfalls einen Präventivkrieg. Die Beurteilung des Charakters einer Verteidigung ist also zunächst eine psychologisch-politische Frage; der militärische Aspekt liegt auf der strategisch-operativen Ebene; die Suche nach taktischen Konzessionen geht an der Sache vorbei und schwächt in aller Regel den Verteidiger, erleichtert also den Entschluß zur Offensive.

Tatsächlich sollte es um strategische Stabilität gehen, die beiden Seiten eine Aggression, vor allem aus dem Stand, verwehrt. Ihr zuliebe müssen beide Seiten mit den Verfahren der KRSt auf die Möglichkeiten einer Überraschungsoffensive mit weitgesteckten Zielen sowie auf »Siege« taktischer wie operativer Kategorie verzichten; sie müssen sich auf »hinlänglichen« Kräftebedarf einigen und nicht zuletzt ihre logistischen Strukturen auf Vorne- statt Vorwärtsverteidigung zuschneiden.

Denkt man an den Mittelabschnitt der NATO, also an das Gebiet der Bundesrepublik, so erfüllen die multinationale Struktur und das herrschende Kräfteverhältnis durchaus die Forderung nach Stabilität und Nichtprovokation. Sicherheitspolitisch gesehen gibt die Verflechtung von Verbänden verschiedener Nationalitäten unter integrierter politischer und militärischer Führung beiden Seiten ein hohes Maß an Sicherheit.

Einen Angriff auf Osteuropa verhindern die unterschiedlichen Interessen der Verbündeten; ein »revanchistischer« Alleingang Bonns verbietet sich von selbst. Ein Schritt über die bundesdeutsche, d.h. westeuropäische Grenze würde den dritten Weltkrieg eröffnen. Das operative Konzept der Vorneverteidigung zwingt zwar den potentiellen Angreifer zu enttarnendem Aufmarsch, verbietet dem Verteidiger jedoch selbst taktisches Überschreiten der Grenze. Der

Kräfteaufwand ist schon aus innenpolitischen Rücksichten begrenzt, die Möglichkeit einer operativen Offensive nicht gegeben.

Hinzu kommt, daß die westlichen Verbündeten bei einer Aggression des Warschauer Paktes nicht nach »Sieg«, sondern nach baldiger Wiederanerkennung des Status quo streben würden. Mit diesen Feststellungen soll in keiner Weise geleugnet werden, daß die Weltmächte und ihre Verbündeten in enger Kooperation mit den nichtnuklearen Staaten vordringlich um Abkommen bemüht sein müssen, welche die strategischen Planungen, die rüstungstechnischen Vorhaben und die Strukturen ihrer Streitkräfte so transparent wie möglich werden lassen.

Eine heterogene sicherheitspolitische Debatte ist für eine pluralistische Gesellschaft normal. Man denke nur an die erregten Auseinandersetzungen der 50er Jahre um die Frage, ob die Bundesrepublik in ihrer geostrategischen Lage und nach allem, was mit deutschen Waffen und in ihrem Schutz gerade erst geschehen war, wiederbewaffnet werden solle.

Nicht wenigen Planern des deutschen Beitrages für eine westliche Verteidigungsgemeinschaft fiel es wiederum schwer einzusehen, warum die Kernwaffenpotentiale sowie die Bündniszugehörigkeit erhebliche politische und militärische Konsequenzen nach sich ziehen sollten. In Erinnerung an die Anfangserfolge im Rußlandfeldzug plädierten sie für eine mobil-operative Kriegführung. Daß auch die Bundeswehr wie die Streitkräfte der Verbündeten eine grundsätzlich neue sicherheitspolitische Funktion, nämlich die der Kriegsverhütung, akzeptieren müsse, wurde für mehr als fragwürdig gehalten. Der grundsätzliche Verzicht gar auf den taktischen Sieg als friedenserschwerenden Faktor erschien so manchem vollends unzumutbar, widersprach er doch jeglicher bisher gepflegter Tradition.

Daran hat sich auch im Zeitalter des vielzitierten Overkills nur wenig geändert. Noch immer postulieren »Sicherheitsexperten« den Sieg – selbst im nuklearen Schlagabtausch. Sowohl Befürworter als auch Kritiker der Abschreckung argumentieren eben gern pränuklear, sobald es ihre Vorschläge stützt.

Nachdem man sich gegen Ende der 50er Jahre gerade an die im Grunde unpolitische und noch weitgehend vornukleare »massive retaliation« gewöhnt hatte, erregte die »flexible response« mit ihrem Gebot peinlicher Unterordnung der taktisch-operativen Reaktionen unter die bündnispolitische Kontrolle erst recht Argwohn. Zweifel an der Zuverlässigkeit der Führungsmacht USA kamen auf. So wurde befürchtet, die Planung begrenzter, lediglich konventionell geführter Kriege schmälere die Glaubwürdigkeit der Abschreckung, ja lasse bereits eine Relativierung des amerikanischen »commitment« erkennen.

Ein Thema, welches das Dilemma heutiger Sicherheitspolitik mit aller Schärfe aufzeigt, ist die »extended deterrence« als sicherheitspolitische Antwort auf das Ende nationaler Selbständigkeit. Sie entspringt der Erkenntnis, daß die stetig wachsende Zahl der vielfältigen Konflikte, die wir als Folge wie Ursprung der sich überstürzenden Veränderungen weltweit erleben, in nationalstaatlichem Alleingang nicht mehr zu meistern ist. Das trifft insbesondere für die ursprüngliche nationalstaatliche Aufgabe zu: den Schutz des heimatlichen Territoriums und seiner Bevölkerung. Hiervon sind im besonderen Maße die zahlreichen Spannungs- und Krisengebiete betroffen, für deren innere Stabilität ein hoher Grad an äußerer Sicherheit Voraussetzung ist; sie läßt sich heute nur noch in festen, schon im Frieden funktionierenden Bündnissen bzw. regionalen Zusammenschlüssen erreichen.

Es liegt auf der Hand, daß der Schutz, den ein Bündnis seinen Mitgliedern bietet, nicht umsonst zu haben ist. Die Partner zahlen mit gewissem Verzicht auf Souveränität, einem ohnehin immer irrelevanter werdenden Relikt vergangener Herrlichkeit. Sie haben zudem erhöhte Mitverantwortung für die Politik der verbündeten Regierungen zu tragen.

So setzen die USA im Falle einer kriegerischen Auseinandersetzung in Europa nicht nur ihre hier stationierten Truppen aufs Spiel, sondern sind bei etwaiger Eskalation eines nur noch begrenzt kontrollierbaren Nuklearkrieges durch strategische Systeme verschiedenster Art und Wirkung selbst unmittelbar bedroht. Das träfe im umgekehrten Falle genauso auf die Europäer in einem Weltkriege zwischen den Führungsmächten zu, wo immer auch seine Gründe und Anlässe zu suchen wären.

Als die UdSSR Ende der 50er Jahre die Fähigkeit zu einem wenn auch zunächst nur rudimentären Gegenschlag erlangte, bezweifelten viele Westeuropäer, daß ein amerikanischer Präsident zur Abwehr einer begrenzten, aber erfolgreichen Aggression Nuklearwaffen auf osteuropäische oder sowjetische Ziele freigeben würde. Ergo: schon damals bestand eine gewisse strategische Stabilität, wenn auch, was gern verwechselt wird, keine zahlenmäßige Parität. Eine solche ist im Gegensatz zu einer Parität der strategischen und operativen Optionen sicherheitspolitisch uninteressant, wenn sie auch Vereinbarungen im Rahmen der KRSt erleichtert.

Seit Mitte der 60er Jahre besteht beiderseitige Selbstabschreckung. Anders ausgedrückt: Im Zeichen gesicherter wechselseitiger Zerstörungsfähigkeit (MAD) hat keine der Weltmächte mehr Aussicht, bilaterale Konflikte mit kriegerischen Mitteln einseitig zu regeln. Die Wahrscheinlichkeit einer für beide Seiten katastrophalen Vergeltung hat jeden Gedanken an Kriegführung ad absurdum geführt.

Folgt man Clausewitz, der Krieg nur für gerechtfertigt hielt, falls er dem politischen Frieden diene, so ist bereits eine Auseinandersetzung mit konventionellen Waffen zwischen hochentwickelten Industriestaaten sinnwidrig. Sind aber Kernwaffen im Spiel, sollte schon ein minimaler Grad an Einsatzwahrscheinlichkeit genügen, um das Risiko für alle Beteiligten untragbar erscheinen zu lassen – insbesondere für den Aggressor, der von einer Kosten-Nutzen-Rechnung ausgeht.

Mithin herrscht eine strategische Stabilität, wie es sie in pränuklearen Zeiten niemals gab. Das liegt nicht zuletzt an der weit größeren Schwierigkeit, konventionelle Kräfteverhältnisse präzise zu definieren und zu verifizieren. Bei ihrer Beurteilung spielen unwägbare Faktoren wie die Geschlossenheit der Gesellschaft, Kampfkraft und »Geist« der Truppe, aber auch die Führungsqualitäten der politischen wie militärischen Eliten eine nicht unerhebliche Rolle. Selbst über den Wert von Fakten wie Verbands- oder Systemzahlen, von Bereitschaftsgraden, Dislozierung und logistischen Strukturen kann man sehr unterschiedlicher Meinung sein. Demgegenüber besteht über die Fähigkeit zum Zweitschlag kaum ein Zweifel.

Unter diesen strategischen Bedingungen erhält Sicherheitspolitik mehr und mehr die Funktion einer Sicherung der Gesamtpolitik auch und gerade mit nichtmilitärischen Mitteln. Es wird auch weiterhin darauf ankommen, die strategische Stabilität trotz politischer Veränderungen und qualitativer Waffeninnovationen, wenn möglich mit geringerem Aufwand, zu festigen. Doch sollte die militärstrategische Stabilität mehr und mehr als Basis für den Ausbau einer politischen Stabilität genutzt werden. Allseitig anerkannte Krisenmanagement- und Konfliktregelungsstrukturen, die eine intensive Kooperation auf möglichst vielen Sachgebieten und Ebenen gestatten, wären dafür beste Voraussetzung.

Mit dem Bewußtsein, daß eine gewisse Stabilität auf der nuklear-strategischen Ebene herrsche, wuchs in Westeuropa die Sorge, die konventionelle Überlegenheit des Warschauer Paktes werde nunmehr politisch wie militärisch nutzbar. An diesen Ängsten entzündete sich die Diskussion über Ab- und Ankopplung, über strategische Stabilität und Selbstabschreckung, d.h. über die Glaubwürdigkeit der erweiterten Abschreckung. Im Banne dieser Atmosphäre wurde die »flexible response« definiert und beschlossen. Sie soll dem Bündnis ermöglichen, auf jeder Stufe des Gesamtspektrums denkbarer Bedrohungen angemessen zu reagieren, d.h. gegen alle Formen und Intensitäten kriegerischer Einwirkung überzeugend abschrecken.

Es ist der schwierige Versuch, die Erfordernisse und Gegebenheiten nuklearer Abschreckung mit denen klassischer Verteidigung zu verbinden. Ihm liegt der Gedanke zugrunde, den Einsatz von Kernwaffen so lange wie irgend möglich zu vermeiden, in der Hoffnung, daß bereits die Abwehrkraft der konventionellen Komponente bzw. die Drohung mit Eskalation kriegsverhütend wirke. Die »flexible response« ist also ein bündnispolitischer Kompromiß, der interpretierbar bleibt; sie ist sowohl ein konzeptueller Mittelweg zwischen klassischen und nuklearzeitlichen Denkkategorien, aber auch zwischen den Interessen der Weltmacht und denen der mit ihr verbündeten Klein- und Mittelstaaten eines anderen Kontinents.

Für Westeuropäer ist jede Form einer kriegerischen Auseinandersetzung ein unakzeptables Szenario. Die Vorsorge für begrenzte Kriegführung entspricht zwar den Interessen der beiden Führungsmächte; sie bedroht jedoch die Existenz der Europäer, sofern sie zu relativ risikolosen, weil begrenzbaren Operationen einladen sollte. Allerdings kann es auch nicht im westeuropäischen Interesse liegen, jeder Art von Aggression im Sinne der zum Glück überholten »massive retaliation« mit einer politisch unkontrollierten Überreaktion entgegenzutreten; doch hat hier die Kriegsverhütung Vorrang vor einer Eskalationsbegrenzung.

Mit anderen Worten: während man sich diesseits des Atlantiks im Interesse der Abschreckungswirkung eine möglichst lückenlose Verbindung zwischen dem konventionellen Potential der NATO in Europa und den strategischen Systemen der USA wünscht, betont man in Washington verständlicherweise den Aspekt eines »firebreak«.

Im Zeichen dieses Dilemmas wurden im Bündnis Optionen entwickelt, die einerseits glaubwürdig abzuschrecken versprachen, andererseits keine sowjetischen Vergeltungsschläge gegen Ziele auf amerikanischem Territorium unmittelbar herausfordern. Dieses bündnispolitische Problem wird zusätzlich dadurch belastet, daß Washington in seinem verständlichen Streben nach Konfliktbegrenzung auch den Einsatz strategischer Waffen einschränken möchte, während die Verbündeten, psychologisch ebenfalls verständlich, doch sachlich fragwürdig, auf handfeste Beweise einer glaubwürdigen Schutzgarantie drängen.

Hierbei gerät häufig ein wesentliches Element der Abschreckung in Vergessenheit, das der französische Begriff »dissuasion« präziser ausdrückt. Hier soll nämlich »abgeraten«, also davon überzeugt werden, daß keiner der zwischenstaatlichen Konflikte mehr kriegerisch gelöst oder auch nur geregelt werden kann, weil jeder derartige Versuch Schäden verursacht, die in keinem verantwortbaren Verhältnis zu irgendeinem politischen Ziel stehen. Letzten Endes entscheidet also die Lagebeurteilung bzw. die Risikobereitschaft eines potentiellen Aggressors über die Glaubwürdigkeit einer Strategie. In unserem Falle geht es also nicht darum, ob Washington heute oder in absehbarer Zukunft bzw. unter allen Umständen bereit sein wird und kann, auch die strategischen Waffen in einem europäischen Kriege einzusetzen. Der Ruf nach einer Garantie hierfür ist unsinnig, weil jeder potentielle Aggressor mit ihrem möglichen Einsatz rechnen muß.

Anders ausgedrückt: Wer meint, daß in den sicherheitspolitischen Entscheidungsfunktionen verantwortungsbewußte Menschen sitzen, die sich von einem Minimum an politischer Rationalität leiten lassen, und nicht Alles-oder-Nichts-Politiker, wird an der kriegsverhütenden Wirkung dieser Strategie kaum zweifeln können. Dennoch sollte es das gemeinsame Ziel aller Nachdenklichen bleiben, einem Klima vorzubeugen, das fundamentalistische Politik begünstigt.

Unter diesem Gesichtspunkt ist die Suche nach »limited nuclear options«, wie sie die amerikanische Strategie seit den 50er Jahren kennzeichnet, konzeptwidrig, überflüssig, ja sicherheitsgefährdend. So verständlich der Wunsch nach Alternativen ist, die den Sturz in die totale Katastrophe hinausschieben bzw. eine letzte Möglichkeit politischer Konfliktregelung offenhalten, sosehr werden Eindeutigkeit und Glaubwürdigkeit der Abschreckung durch eine derartige Aufweichung beeinträchtigt.

Nicht weniger destabilisierend wirkt der Wunsch nach einer Vielfalt optionsgerechter Waffen, welche die nunmehr primär militärischen Ziele mit erhöhter Treffgenauigkeit, bei möglichster Schadensbegrenzung und mit verkürzten Vorwarnzeiten bekämpfen sollen. Durch diesen Rückfall in die Kategorien einer »deterrence by denial« wird eine qualitative Rüstungsdynamik in Gang gesetzt, die gerade durch ihre ständige Suche nach Perfektion Mißtrauen stimuliert und zum »Vorhalten« anreizt. Sie beflügelt auch die Sorge, die Gegenseite glaube wieder an einen Sieg und bereite einen Erstschlag vor.

Wie auch immer, das stabilisierende Moment der beiderseitigen Zweitschlagfähigkeit wird ausgehöhlt, wofür die SDI-Planung ein warnendes Beispiel bietet. Auch hier verursacht der Rückfall in vornukleare Verteidigungskategorien immense Kosten, die zu Lasten anderer sicherheitspolitischer Ausgaben gehen; durch den Versuch, die eigene Verwundbarkeit aufzuheben, werden beide Seiten verunsichert und der mühsam in Gang gekommene KRSt-Prozeß gebremst, da eines der wichtigsten Abkommen, der ABM-Vertrag, annulliert bzw. geändert werden muß. Und endlich steht zu befürchten, daß hier wie bei allen Kriegführungskonzepten, die klassische Sehnsucht nach Nichttransparenz und zumindest partiellen Überlegenheiten wieder erwacht.

Diese Rückkehr zu einer Kriegführungsplanung soll sicher der Kriegsverhütung dienen; doch müssen die Gefahren dieses Ansatzes gesehen werden. So verständlich es ist, bei der MAD primär an die Zerstörungsmöglichkeiten der Gegenseite, d.h. an die eigene Vernichtung zu denken und nach strategischen Alternativen zum gemeinsamen Untergang zu suchen, so dürfte doch die eindeutige beiderseitige Zweitschlagfähigkeit am besten dem Prinzip nur noch gemeinsam zu wahrender Sicherheit entsprechen. MAD ist zugleich Kehrseite wie Voraussetzung.

Sich mit klaren Zweitschlagfähigkeiten zu begnügen, ebnet den Weg zu konsequenter Rüstungssteuerung. Vor allem wird es möglich, den qualitativen Aufwuchs präventiv zu begrenzen und dafür Einblicke in die rüstungstechnologische Forschung und Entwicklung zu geben. Das trifft für nukleare wie konventionelle Bewaffnung zu.

Es ist dringend zu wünschen, daß die Atlantische Allianz baldigst versucht, sich zu einer gemeinsamen Beurteilung der politischen wie militärischen Bedeutung der Kernwaffen und zu einer verbindlichen Definition der Risikobereitschaft durchzuringen. Ohne einen Konsens in diesen zentralen Fragen verliert das Bündnis die erforderliche politische Kohäsion, die Militärstrategie ihre Glaubwürdigkeit, büßen die Rüstungsanstrengungen ihren politischen Sinn ein.

Ohne Zweifel wird ein derartiger Prozeß scharfe Kontroversen auslösen. Doch steht zu hoffen, daß eine sachbezogene Diskussion zur Klärung dieser komplizierten Fragen beiträgt. Diese Hoffnung ist um so begründeter, als das »Neue Denken« auch in Moskau zur klaren Definition westlicher Sicherheitserfordernisse und zu vergleichenden Sachgesprächen mit den Mitgliedern des Warschauer Paktes über Bedrohungsängste und gemeinsame Sicherheitsvorkehrungen einlädt.

Der leider etwas in Vergessenheit geratene Harmel-Bericht hat wieder höchst aktuelle Bedeutung gewonnen. Er empfiehlt dem Bündnis eine Gesamtstrategie, die auf Kriegsverhütung durch ausgewogene Potentiale und auf Entspannung durch vielfältige Kooperation gerichtet ist. Diese Empfehlung basierte auf der Anerkennung der UdSSR als gleichberechtigte Weltmacht bzw. der MAD als militärstrategisches Faktum.

Die Bundesrepublik leistete seinerzeit wertvolle Beiträge zum Bericht und konnte auf der Grundlage dieser Empfehlung ihre erfolgreiche Ost- und Berlinpolitik betreiben. Weder SALT I und der ABM-Vertrag noch die KSZE wären ohne dieses NATO-Konzept zustande gekommen. Es bietet eine ausgezeichnete Grundlage für Zukunftsüberlegungen über blockübergreifendes Krisenmanagement, gemeinsame Transferbeschränkungen in den »Süden« und bilaterale präventive Rüstungssteuerung nach Stabilitätskriterien.

Der weitgespannte Rahmen des Berichtes reicht über das rein Militärische mit seinen konfrontativen Fußangeln hinaus und ruft zum Wagnis kooperativer Interdependenzen auf. Damit wird kriegerischer Konfliktaustrag in höchstem Grade unwahrscheinlich.

Karl-Wilhelm Berkhan

Streitkräfte in der Demokratie

Das Bild vom Militär wird bei vielen unserer Mitbürger immer noch von Vorstellungen aus vergangenen Zeiten beeinflußt. Ferner ist das Wissen über die gesetzliche Einbindung unserer Bundeswehr und über ihren Auftrag leider immer noch ziemlich unzureichend. Das Interesse an diesen Grundlagen ist im allgemeinen weniger lebhaft als für die meisten anderen öffentlichen Aufgaben. Dies hängt u.a. damit zusammen, daß die Strukturen demokratischer Entscheidungen in wesentlichen Punkten verschieden von denen des Militärs sind.

In der Demokratie setzt sich der politische Wille durch Diskussion, Wahl, Abstimmung in verschiedenen Organisationen und Gremien bis hin zu den Parlamenten von unten nach oben durch – zumindest sollte es so sein. Im Ergebnis obsiegt auf diesem Weg selten ein einseitiges Interesse; auch einer Mehrheitsentscheidung liegt fast immer bereits ein Kompromiß zugrunde. Soll dagegen eine Armee ein wirksames Instrument in der Hand der Regierung sein, so funktioniert sie nach dem Prinzip »Befehl und Gehorsam«. Der Wille der politisch Verantwortlichen muß durch die militärische Führung in Befehle umgesetzt werden. Diese Befehle erfahren nicht von unten nach oben ihre Ausformung. In einer Armee – insbesondere in Aktion – gilt für alle Bereiche und Kommandoebenen der Wille der militärischen Führung. Und in ruhigen Zeiten muß dieses Verfahren eingeübt werden.

Nimmt es wunder, wenn viele Bürger unserer Republik den Unterschied dieser Entscheidungs- und Handlungsstrukturen als einen unüberbrückbaren Gegensatz ansehen? Streitkräfte mit ihrer straffen hierarchischen Ordnung und dem Prinzip von Befehl und

Gehorsam sind für sie nahezu demokratiefeindlich. Es fällt manchem Deutschen – insbesondere vielen Jüngeren mit wenig historischen Vergleichsmöglichkeiten – schwer, sich zu vergegenwärtigen, daß es alten und angesehenen Demokratien recht gut gelungen ist, ihre Streitkräfte in das gesellschaftliche, politische und rechtliche Gefüge ihres Staates zu integrieren.

Sieht man sich in dem freien Teil unserer Welt um, so entdeckt man Staaten, denen es bei unterschiedlicher demokratischer Verfassung durchaus gelungen ist, ihre Streitkräfte in die Staats- und in die gesetzliche Ordnung, aber auch in die Gesellschaft fest einzubinden. Die Streitkräfte dieser Staaten sind funktionsfähig, sie werden politisch geführt und kontrolliert. Sollte es dennoch hier oder dort zu Fehlentwicklungen kommen, so sind politische und rechtliche Verfahren entwickelt, die Fehlverhalten und Fehlentwicklungen aufhellen, sie öffentlich machen und gleichzeitig Wege aufzeigen, die die gewünschte Ordnung wiederherstellen sollen. Zuständig hierfür sind Regierung, Parlament und Justiz. Zu nennen wären z. B. die Schweiz oder Norwegen, Großbritannien oder Frankreich, aber auch die Weltmacht USA zählt zu diesen Staaten.

Alle haben sie eine demokratische Verfassung, sie haben aber auch funktionierende Streitkräfte, die in Staat und Gesellschaft eingegliedert sind und politischer Kontrolle unterliegen. In der englischsprechenden Welt wird dies »civil control« genannt. Das bedeutet jedoch nicht, daß Bürger und Soldat als etwas Gegensätzliches gelten. Auch in Uniform bleibt der Soldat Bürger; so kann man auf dem Soldatenfriedhof Arlington bei Washington neben dem Grabmal des Unbekannten Soldaten im Amphitheater lesen: »When we assumed the soldier, we did not lay aside the citizen.«

Demokratische Streitkräfte hingegen, in denen Handlungsvorgaben durch Diskussion und Abstimmung gefunden werden sollen, sind als wirksames Instrument kaum vorstellbar. Jede Staatsführung muß sich darauf verlassen können, daß ihr politischer Wille durch ihre Streitkräfte – wenn sie eingesetzt werden – gehorsam und unverzüglich durchgeführt wird, d. h., sowohl die militärische Führung wie auch der einfache Soldat müssen gehorsam sein.

So außergewöhnlich, wie mancher meint, ist die Forderung nach Gehorsam allerdings nicht. Dort wo gehandelt werden muß, gilt das Prinzip Befehl und Gehorsam zumeist auch dann, wenn es sich um zivile Einrichtungen handelt. Z. B. gilt es auf der Brücke eines Handelsschiffes, aber auch im Cockpit eines Verkehrsflugzeuges. In unserer arbeitsteiligen Welt sind manche Arbeitsvorgänge nur durch strikte Einhaltung von Vorschriften, d. h. »auf Befehl« möglich.

In Streitkräften findet das Prinzip höchste Ausformung. Aber es gibt vor dem Befehl und neben ihm und auch in der Zeit nach ihm Bereiche in den Streitkräften, in denen Mitwirkung bis zur Mitbestimmung nicht nur möglich, sondern geradezu wünschenswert ist. Die Auftragstaktik ist ein Stück davon, und insbesondere im »inneren Dienst« regelt sich manches ohne Befehl besser als mit ihm.

Im Laufe ihrer Geschichte haben die genannten und auch andere demokratische Staaten es verstanden, ihre Armeen – sowohl die Führung als auch den einzelnen Soldaten – so zu motivieren und zu erziehen, daß nur selten grundlegende Gegensätze zwischen der politischen Führung des Staates und der Armee aufgekommen sind.

Bei uns in Deutschland hingegen hat es länger gedauert, bis wir diesen wünschenswerten Zustand erreichten. Wir mußten erst durch das Inferno des Nationalsozialismus hindurch, bis der Gedanke des Satzes von Arlington, der Gedanke »des Bürgers in Uniform« als Ziel von der breiten Mehrheit in Parlament, Bundeswehr und insbesondere im Volk erkannt und anerkannt wurde.

Demokratie wurde bei uns sehr spät zur Staatsform. Sie wurde auch nicht, wie z. B. in Frankreich, von den Bürgern erstritten. Sie wurde überhaupt nicht erstritten, sondern war die innenpolitische Folge verlorener Kriege.

Bei uns herrschten länger als in anderen europäischen Staaten absolutistische Zustände. Absolutistische Verfassungen haben in der

Regel auch absolutistische Heeresverfassungen zur Folge. So wurde in den europäischen Heeren zur Zeit Friedrichs II. von Preußen nur dem Offizier Ehrgefühl zuerkannt. Dies folgte daraus, daß den Offizieren ihrem Stande gemäße Rechte und Privilegien zustanden. Die einfachen Soldaten hatten den Befehlen ihrer Offiziere hingegen blind zu gehorchen – »Kadavergehorsam«. Von ihnen wurden ohne Widerspruch Zucht und Ordnung gefordert. Notfalls wurden ihnen diese »Tugenden« eingeprügelt.

Erst unter dem Druck der napoleonischen Fremdherrschaft zu Beginn des 19. Jahrhunderts erfaßte der patriotische Gedanke breitere Schichten des Volkes und beeinflußte auch die Grundsätze der militärischen Führung und der Rekrutierung. »Die allgemeine Not und das allgemeine Gefühl der Schmach ergriff die Nation als etwas Dämonisches«, so beschreibt Goethe diese Situation.

Aus diesem Geist konnte sich das dynastische Heer des Absolutismus mit seinem blinden und unbedingten Gehorsam zu einem Volksheer wandeln. Die Opferbereitschaft für die Befreiung von der französischen Hegemonie wurde zur hervorstechenden Soldatentugend, die alle anderen Tugenden einschloß. Ein Soldat war nun gefordert und angestrebt, der Gehorsam als seine freiwillig übernommene staatsbürgerliche Pflicht ansah.

Scharnhorst beendete im April 1806 seine Denkschrift mit dem Absatz: ». . . aber in einem Krieg, wo ein jeder einen großen Anteil an dem glücklichen Ausgang desselben hat, wo die Nation für ihre Freiheit oder Unabhängigkeit ficht, wo sie mit Unterjochung oder Beraubung bedroht wird – da vertritt der allgemeine Wille das, wozu unter anderen Umständen die größte Weisheit erfordert wird.«

Scharnhorst wollte den politischen Soldaten in einer tragfähigen militärischen Ordnung: Er wollte die Abschaffung der entehrenden Strafen mit Spießrutenlaufen und Prügeln, er wollte die Hebung des Soldatenstandes zumindest auf eine Stufe der Ehre, wie sie in den Handwerkerzünften selbstverständlich war.

Noch einmal Scharnhorst: »Wir haben angefangen, die Kunst

des Krieges höher als die militärischen Tugenden zu schätzen – dies war der Untergang der Völker aller Zeiten. Tapferkeit, Aufopferung, Standhaftigkeit sind die Grundpfeiler der Unabhängigkeit eines Volkes; wenn für diese unser Herz nicht mehr schlägt, so sind wir schon verloren, auch selbst in dem Laufe der großen Siege.«

Mit seinen Auffassungen stand Scharnhorst nicht allein; ähnlich wie er dachten Gneisenau und mancher andere der damaligen Soldaten.

In der Staatsführung waren es vor allem Stein und Hardenberg, die die Anteilnahme vieler am staatlichen Geschehen fördern wollten. Dazu erachteten sie für erforderlich die »Belebung des Gemeingeistes und Bürgersinns, die Benutzung der schlafenden oder falschgeleiteten Kräfte und der zerstreut liegenden Kenntnisse«, so schrieben sie in einer Denkschrift 1807. Freiheit, Recht, Ehre und Würde des einzelnen waren für sie eine unabdingbare Voraussetzung des menschlichen Lebens.

Die dauerhafte Durchsetzung dieser Ideen jedoch gelang weder im preußischen Staat noch im Heer. Auch außerhalb Preußens fanden diese Ideen nur wenig Gegenliebe; die Bereitschaft der Bürger zum Kampf für ihre Freiheitsrechte war in den einzelnen deutschen Ländern sehr unterschiedlich und zum Teil nur mangelhaft entwickelt. Auch die deutsche Kleinstaaterei war ein großes Hindernis. Als dann 1848 im Rahmen der allgemeinen europäischen Unruhen auch in Preußen idealistisch und freiheitlich gesinnte Bürger aufstanden und verfassungsmäßig festgelegte Rechte für sich forderten, zeigte es sich, wie sehr die Versuche von Scharnhorst und Gneisenau, Freiheit und Soldatentum zu versöhnen, versandet waren. Das Heer stand in blindem Gehorsam zum Absolutismus, und für die freiheitlichen Bürger symbolisierte die Uniform wieder Unterdrückung und Rückschritt.

So siegte über den ersten Versuch zur Demokratie in Deutschland die Reaktion, sie war zu mächtig. Im Laufe der Zeit wurden die Reformer zu »Jakobinern« erklärt, später, nach 1848, die Liberalen und Demokraten zu »Staatsfeinden«; dabei waren sie die wahren Patrioten. Die wenigen Reformer, die im Dienst verblieben, wurden auf bedeutungslose Posten versetzt, die anderen verabschiedet oder gar aus Deutschland vertrieben. Die Vorstellung von einem seiner Moral folgenden Soldaten war nicht mehr gefragt. Nach dem Konzept der Reaktionäre sollten keinesfalls alle Stände als Soldaten in der Armee gleiche Aufstiegschancen haben. Die Furcht vor der Strafe sollte den Soldaten wieder blind gehorsam machen.

Prinz Wilhelm, der spätere Kaiser Wilhelm I., betonte: »... das wahre Militärische ... das soldatische Wesen in seiner Totalität« würde aus der Armee verschwinden, wenn man auf die dem Menschen innewohnenden Kräfte vertraute. Und: »... die Disziplin, der blinde Gehorsam sind Dinge, die nur durch lange Gewohnheit erzeugt werden und Bestand haben ... damit im Augenblick der Gefahr der Monarch sicher auf die Truppe rechnen könne. Dieser blinde Gehorsam ist es aber gerade, was den Revolutionären am störendsten entgegentritt.«

So äußerte sich der spätere Souverän des deutschen Reiches. Grundsätze wie Bürgersinn und wehrhafte Bürger bedeuteten dieser Denkrichtung Gefahr für die Monarchie. Dennoch stammt aus dieser Zeit jener Satz, den man in der Kadettenanstalt Lichterfelde lesen konnte: »Der preußische Gehorsam ist der einer freien Entscheidung, nicht der einer unterwürfigen Dienstwilligkeit.«

Der Ort Kadettenanstalt weist freilich darauf hin, daß die freie Entscheidung für den Dienst unter dem König nur für Offiziere galt und nicht für den einfachen Soldaten. Der Gehorsam der Offiziere war nicht absolut, sondern bedingt; Bindungen an höhere Werte klingen in diesem Satz an. Auch der Monarch blieb an Religion, Vernunft und Sittengesetz gebunden, wenn im übrigen seine Herrschaft nicht durch öffentliche Mitwirkung oder Kontrollorgane eingeschränkt wurde. Dieser Zustand kennzeichnete bis zum Ende des Ersten Weltkrieges die deutsche Wehrverfassung.

Der zweite Ansatz zur Demokratie fand 1918/19 zwar in dem

1870/71 geeinten Deutschen Reich statt, war aber das Ergebnis des verlorenen Ersten Weltkriegs. Die Versuche, noch während des Krieges demokratische Elemente in die Verfassung einzubauen, kamen zu spät und scheiterten. Der Kaiser mußte abdanken und die Ordnung im Reich schien zu zerbrechen, als der Reichskanzler Max von Baden sein Amt auf den Sozialdemokraten Friedrich Ebert übertrug. Staatssekretär von Hintze hat dies »die Revolution von oben« genannt.

Die neue Regierung mußte nicht nur den Krieg beenden, sondern hatte es – insbesondere in den Ballungsgebieten – mit großer Not und mit Unruhen aller Art zu tun. So ließ sie manche tragende soziale Struktur unangetastet und entschloß sich, die Beamten und vor allem die Armee des Kaiserreiches zu übernehmen. Die Armee, insbesondere ihre Führungskader existierten also, als die Republik erst geschaffen werden sollte. Zwar wurde die Republik bereits am 9. November 1918 von Philipp Scheidemann ausgerufen, aber mit dieser Proklamation war sie ganz gewiß noch kein sicheres, verfaßtes Staatswesen, in dem die Bürger in Ruhe und Frieden ihrer Arbeit nachgehen konnten.

Im Laufe der Friedensverhandlungen legten die Siegermächte die Stärke der Reichswehr auf 100 000 Mann fest, aber die Struktur der Reichswehr blieb die des Kaiserreiches. Keiner hat es besser als Kurt Tucholsky in einem Satz zusammengefaßt: »Der Kaiser ging, die Generäle blieben.« Für die Mehrheit der Generäle waren die Republik und deren Verfassung keine Werte, die Achtung und Anerkennung verdienten. Sie sprachen lieber vom Reich.

»Das Heer ist das erste Machtmittel des Reiches. Jeder Angehörige muß sich bewußt sein, daß er in und außer Dienst Vertreter und Mitträger der Reichsgewalt ist.« So formulierte es 1921 von Seeckt als Chef der Heeresleitung in seinem Geheimerlaß »Die Grundlagen der Erziehung des Heeres«. In diesem Erlaß liest man an keiner Stelle das Wort »Verfassung«, erst recht nicht das Wort »Republik«.

Nicht exekutives, also ausführendes Organ war das Heer für von Seeckt, sondern Vertreter der Reichsgewalt im und sogar außer Dienst. Man blickte zurück in die Vergangenheit, und gleichzeitig wartete man dabei auf eine neue Epoche soldatischer Auferstehung. Es wurde gar nicht versucht, einen Bezug zur Republik, zur demokratischen Staatsform zu gewinnen. Die Republik von Weimar war für die entscheidenden Kräfte der Reichswehr vielmehr ein unvermeindliches Übel, und es galt, dieses Übel möglichst bald zu überwinden. Adolf Hitler erfüllte dann diese Sehnsucht nach soldatischer Wiederauferstehung.

In einem geheimen Erlaß des Generalobersten von Blomberg vom 16. April 1935 ist zu lesen: »Mit der Einführung der allgemeinen Wehrpflicht wird die Wehrmacht wieder zur großen Erziehungsschule der Nation.« Und ein paar Absätze weiter: »Übrigens hat auch diese Erziehung unter dem Gesichtspunkt der Rasse ihre letzte Vollendung im Heeresdienst zu erhalten.« Diesen Satz hat von Blomberg wörtlich aus Adolf Hitlers »Mein Kampf« entnommen.

Er beschreibt dann, welcher Art die jungen Männer sein sollen, die nun als Wehrpflichtige einrücken müssen:

»Die deutsche Jugend bringt im allgemeinen der Wehrmacht unbegrenztes Vertrauen entgegen. Sie erwartet Härte, aber auch Menschlichkeit, Drill, aber auch Erziehung, Befehle und Kommandos, denen blindlings zu folgen ist, aber auch ein offenes Herz, Rat und lebendige Kameradschaft.«

Hier wird die alte Forderung nach blindem Gehorsam der Untergebenen, mit scheinbar humanen Zügen garniert, als Erwartung der Wehrpflichtigen ausgegeben. Es ist der alte Geist aus absolutistischer Zeit. Aber er erhält sehr bald eine radikale Zuspitzung.

Bereits am 18. Dezember 1938 gipfelt der geheime Erlaß des Oberbefehlshabers des Heeres, von Brauchitsch, in der zentralen Aussage: »Wehrmacht und Nationalsozialismus sind desselben geistigen Stammes.«

Am Schluß dieses Erlasses weist von Brauchitsch auf einige

Punkte hin, die »zwar oft ausgesprochen«, aber »gegen die leider immer wieder verstoßen« würde. Da heißt es u.a.: »In der Reinheit und Echtheit nationalsozialistischer Weltanschauung darf sich das Offizierskorps von niemandem übertreffen lassen ... Es ist selbstverständlich, daß der Offizier in jeder Lage den Anschauungen des Dritten Reiches gemäß handelt, auch dann, wenn solche Anschauungen nicht in gesetzlichen Bestimmungen, Verordnungen oder dienstlichen Befehlen festgelegt sind.«

Blinder Gehorsam und absolute Unterwerfung unter die Weltanschauung des Nationalsozialismus, dem Führer Adolf Hitler blind und bedingungslos folgen, das sind nun die Forderungen der Wehrmachtsführung, hierzu sollte der Mann, insbesondere der Offizier erzogen werden.

»Es heißt in der Eidesformel von damals: »... daß ich dem Führer des Deutschen Reiches und Volkes, Adolf Hitler, unbedingten Gehorsam leiste ...« Nicht Recht und Gesetz, geschweige denn Verfassung waren gefordert, sondern blindes Folgen und militärischer Gehorsam auch dann, wenn in Gesetzen oder Vorschriften anderes geboten war.

1945 war die Situation grundlegend anders. Die militärische Niederlage war vollkommen. Das Deutsche Reich wurde durch die Siegermächte besetzt und in vier Zonen aufgeteilt. Erst nach Jahren wurden drei dieser Zonen durch die Westmächte zur Bundesrepublik Deutschland zusammengefaßt. Die Bundesrepublik schuf sich durch den Parlamentarischen Rat ein Grundgesetz, das am 23. Mai 1949 in Kraft trat. Dieses Grundgesetz in seiner Verfassung kennt zwar keine Artikel, die sich zu einer Wehrverfassung zusammenfassen lassen könnten. Dennoch wird im Artikel 4 (3) vom »Kriegsdienst mit der Waffe« gesprochen, zu dem keiner gegen sein Gewissen gezwungen werden darf. Der Artikel 26 verbietet die Vorbereitung eines Angriffskrieges und legt fest, »zur Kriegführung bestimmte Waffen dürfen nur mit Genehmigung der Bundesregierung hergestellt, befördert und in Verkehr gebracht werden«.

Das Grundgesetz ist bereits in den fünfziger Jahren mehrfach geändert worden und enthält heute in verschiedenen Artikeln Hinweise auf die Verteidigung. So regelt z. B. der Artikel 112 a) die Wehr- und Dienstpflicht. Und der Artikel 115 in a) und b) regelt die Feststellung des Verteidigungsfalles und die Befehlsgewalt über die Streitkräfte für diesen Fall. Der Artikel 87 a) gibt der Bundeswehr Verfassungsrang. Alle diese Artikel und Bestimmungen entstanden nach dem Zerfall der Koalition der Sieger des Zweiten Weltkrieges im Zusammenhang mit der Einbindung der Bundesrepublik Deutschland in die westliche Staatengemeinschaft. Faßt man diese Artikel zusammen, so kann man durchaus heute von einer Wehrverfassung sprechen.

Im Mai 1952 wurde zwischen den drei westlichen Mächten und der Bundesrepublik Deutschland ein Vertrag geschlossen, der die Besatzung beenden und die Souveränität der Bundesrepublik Deutschland herstellen sollte. In diesem »Deutschland-Vertrag« verpflichtet sich die Bundesrepublik Deutschland in Artikel 3, ». . . ihre Politik im Einklang mit den Prinzipien der Satzung der Vereinten Nationen und mit den im Statut des Europa-Rates aufgestellten Zielen . . .« zu halten.

In Artikel 4 (1) wird von einem deutschen Verteidigungsbeitrag gesprochen, allerdings hatten die Verhandlungen bis dahin noch kein Ergebnis gezeitigt. Dieser Vertragstext war noch an die Europäische Verteidigungsgemeinschaft (EVG) geknüpft. Nach dem Scheitern der EVG trat er erst 1955 in veränderter Form mit den Pariser Verträgen in Kraft.

Die Wehrhoheit der jungen Bundesrepublik Deutschland wurde in den Jahren 1954-1956 unter heftigen innenpolitischen Auseinandersetzungen geschaffen. Große Teile der Kriegsgeneration vertraten zunächst gegenüber der Aufstellung von Streitkräften den Grundsatz »ohne mich«.

Zwar gibt es in der Geschichte keine Stunde Null, aber der staatliche Aufbau der Bundesrepublik Deutschland konnte nur ohne Übernahme der Einrichtungen des Dritten Reiches angepackt werden. Es war indessen immer noch dasselbe Volk; viele mußten aus der Not des Tages heraus ihre Arbeit in Staat und Gesellschaft dort fortsetzen, wo sie sie vor dem 8. Mai 1945 auch getan hatten. Die große Zahl der Soldaten – insbesondere der Berufssoldaten – mußte sehen, wie sie ihr Schicksal in die eigenen Hände nehmen konnte, denn eine Armee gab es nicht mehr.

Während die politisch Verantwortlichen zur Zeit der Gründung der Weimarer Republik eine in ihrer Spitze antidemokratische Armee vorfanden, hatten die Politiker der Zweiten Republik bei funktionierender Staatlichkeit die Chance, diesen Zweig des öffentlichen Dienstes weitgehend neu nach ihren eigenen Vorstellungen zu gestalten. Sie mußten zwar aus der großen Zahl der Soldaten der ehemaligen Wehrmacht Fachleute gewinnen, konnten aber die Wehrgesetze und andere Bedingungen der Verteidigungsstruktur nach eigener Auffassung gestalten.

Die für den Aufbau der Bundeswehr ausgewählten Offiziere und Unteroffiziere hatten inzwischen zum großen Teil zehn Jahre im zivilen Leben verbracht. Sie hatten ihr Brot in ganz verschiedenen Berufen verdienen müssen; so waren sie den zivilen Lebensformen der Gesellschaft eng verbunden. Sie waren bereits in sie integriert, als sie sich zu einem neuen Anfang in ihrem alten Beruf entschlossen. In Staat und Wirtschaft waren sie mit demokratischen Gepflogenheiten vertraut gemacht worden. Sie hatten als Bürger an Wahlen teilgenommen, waren zum Teil in Parteien und Organisationen aktiv geworden und hatten im wirtschaftlichen Bereich die Formen der Mitbestimmung kennengelernt.

Die Abgeordneten des Deutschen Bundestages – Frauen und Männer – hatten die Schrecken des Krieges am eigenen Leibe erfahren und erlitten. Sie kannten die Auswüchse, die entstanden waren – die entstehen müssen –, wenn Regeln und Grundsätze des militärischen Denkens als Maximen der Politik übernommen werden. Sie wußten, daß Militarismus herauskommen mußte, wenn Befehl und

Gehorsam zu tragenden Prinzipien der Politik erhoben werden. Den Führer-Staat kannten sie aus eigenem Erleben. Für sie kam es darauf an, den Streitkräften der Bundesrepublik Deutschland Regeln und Gesetze zu geben, die klar den Vorrang des politischen Willens herausstellten, und zwar in jeder Lage.

Es kam zu dem Konzept des »Staatsbürgers in Uniform«. Dabei ist nicht von Bedeutung, ob die Frauen und Männer im Parlament den bereits zitierten Satz von Arlington »When we assumed the soldier, we did not lay aside the citizen« kannten oder nicht. Dieser Satz steht gewissermaßen als Überschrift über dem Bild vom »Staatsbürger in Uniform«. Dieses Konzept galt von Beginn an und gilt auch heute noch. Es gründet auf der Vorstellung: Der Soldat hat die gleichen staatsbürgerlichen Rechte wie jeder andere Staatsbürger auch. Die Grundrechte, an die dabei in erster Linie zu denken ist, sind in den Artikeln 1 bis 19 unseres Grundgesetzes niedergeschrieben.

Für den Soldaten hat der Artikel 17 a) besondere Bedeutung, denn hier wird bestimmt, welche Grundrechte zum Zwecke der Verteidigung durch Gesetze eingeschränkt werden dürfen. Es ist nicht in das Belieben der Regierenden, erst recht nicht in das der militärischen Führung gestellt, welche Grundrechte während des Wehrdienstes eingeschränkt werden dürfen. Es bedarf dazu besonderer Gesetze. Das Parlament hat darüber zu entscheiden und übernimmt damit auch die Pflicht, über die sorgfältige Einhaltung dieser Einschränkungen zu wachen.

Nach Artikel 17 a) (1) können folgende Rechte eingeschränkt werden:

Artikel 5 Abs. 1, Satz 1, erster Halbsatz: »Jeder hat das Recht, seine Meinung in Wort, Schrift und Bild zu verbreiten.«

Artikel 8 (1): »Alle Deutschen haben das Recht, sich ohne Anmeldung oder Erlaubnis friedlich und ohne Waffen zu versammeln.«

Artikel 8 (2): »Für Versammlungen unter freiem Himmel kann

dieses Recht durch Gesetz oder aufgrund eines Gesetzes beschränkt werden.«

Artikel 17: »Jeder hat das Recht, sich einzeln oder in Gemeinschaft mit anderen schriftlich mit Bitten oder Beschwerden an die zuständigen Stellen und an die Volksvertretung zu wenden.« Dieses Recht kann nur eingeschränkt werden, soweit es Bitten oder Beschwerden in Gemeinschaft mit anderen betrifft, die Einzelbeschwerde bleibt in jedem Fall für Soldaten erhalten.

Artikel 17 a (2): »Gesetze, die der Verteidigung einschließlich des Schutzes der Zivilbevölkerung dienen, können bestimmen, daß die Grundrechte der Freizügigkeit (Artikel 11) und der Unverletzlichkeit der Wohnung (Artikel 13) eingeschränkt werden.«

Einschränkungen dieser Art gelten generell über den Wehrdienst hinaus und für jedermann.

Das Parlament hat von den Möglichkeiten des Grundgesetzes bei der Schaffung des Soldatengesetzes und der Wehrbeschwerdeordnung Gebrauch gemacht und in den Paragraphen 15 und 17 des Soldatengesetzes festgelegt, welche Grenzen dem Soldaten z. B. bei der politischen Betätigung gezogen sind, insbesondere wie der Soldat sich im Dienst, aber auch außer Dienst zu verhalten hat. So darf er sich im Dienst nicht zugunsten oder zuungunsten einer bestimmten politischen Richtung betätigen. Im Gespräch mit Kameraden darf er zwar seine Meinung äußern; als Werber hingegen darf er innerhalb dienstlicher Anlagen und Unterkünfte nicht auftreten. Gemeint ist damit, daß er kein Werbematerial verteilen und keine parteipolitischen Reden halten darf.

Er muß sich dazu stets so verhalten, daß die Gemeinsamkeit des Dienstes nicht gestört wird, er muß also den Grundsatz der Kameradschaft beachten. Als Vorgesetzter darf er seine Untergebenen nicht für oder gegen eine politische Meinung beeinflussen. Nimmt ein Soldat außerhalb des Unterkunftsbereiches an einer politischen Veranstaltung teil, so darf er keine Uniform tragen. Ferner hat er sich außerhalb der Unterkunft so zu verhalten, daß er das Ansehen der Bundeswehr oder die Achtung oder das Vertrauen, die seine dienstliche Stellung erfordern, nicht beeinträchtigt. Selbstverständlich nennt das Soldatengesetz noch andere Pflichten, z.B. lautet §7: »Der Soldat hat die Pflicht, der Bundesrepublik Deutschland treu zu dienen und das Recht und die Freiheit des deutschen Volkes tapfer zu verteidigen.«

Nach §9 Soldatengesetz bekräftigt der Zeit- oder Berufssoldat seine Pflichten durch einen Eid, der Wehrpflichtige durch ein Gelöbnis. Die Formel des Eides oder Gelöbnisses entspricht fast wörtlich dem Inhalt des §7 Soldatengesetz. Während der Eid Voraussetzung für die Übernahme in das Verhältnis eines Zeit- oder Berufssoldaten ist, dient das Gelöbnis des jungen wehrpflichtigen Soldaten nur der feierlichen Bekräftigung seines Willens, die gesetzlich vorgegebenen Pflichten getreu zu erfüllen. Rechtliche Folgen entstehen ihm allerdings nicht, wenn er das Gelöbnis verweigert. Er bleibt auch dann Soldat und ist wie seine Kameraden an Recht und Gesetz gebunden.

Unsere Geschichte, insbesondere die Geschichte des Dritten Reiches, hat den Gesetzgeber veranlaßt, sich ganz besonders intensiv mit der Gehorsamspflicht des Soldaten zu befassen. Zwar war mit den Abgeordneten die Notwendigkeit von Befehl und Gehorsam für die Funktionsfähigkeit der Bundeswehr von Anfang an einsichtig. Es ging aber darum, keinesfalls wieder den blinden, unabdingbaren Gehorsam möglich zu machen. Das Grundgesetz, die Bundesgesetze und das Völkerrecht setzen den Befehlsgebern und -empfängern Grenzen, die sie gehorsam zu beachten haben.

So darf nach §10 (4) des Soldatengesetzes ein Befehl nur zu dienstlichen Zwecken und nur unter Beachtung der Regeln des Völkerrechts, der Gesetze und der Dienstvorschriften erteilt werden. Zwar muß der Untergebene die Befehle gehorsam und nach besten Kräften ausführen. Doch muß er das nicht, wenn der Befehl nicht zu dienstlichen Zwecken erteilt worden ist. Erst recht dann nicht, wenn der Befehl die Menschenwürde verletzt. Dies folgt aus §11 Soldatengesetz. Der Untergebene darf sogar einen Befehl nicht befolgen, wenn dadurch ein Vergehen oder ein Verbrechen begangen würde.

Von unseren Soldaten wird nicht mehr blinder, unbedingter Gehorsam gefordert. Auch der bedingte Gehorsam der Offiziere des Kaiserreichs ist Geschichte. Heute erwarten wir einen mitdenkenden Gehorsam aus Einsicht. Die Befehlenden sind wie alle Soldaten und Bürger an die Werte unseres Grundgesetzes und an die Gesetze gebunden.

Es mag sein, daß diese Art von Gehorsam in der Praxis für manchen schwieriger erscheint als blinder Befehlsgehorsam. Freiheit als ein hohes Gut ist eben nicht billig zu haben; wer Freiheit will, muß Verantwortung übernehmen; das erfordert den denkenden Menschen, den »Bürger in Uniform«.

Unsere Politiker, aber auch die öffentliche Meinung hatten es nicht leicht, den ethisch-politisch richtigen Ort unserer Streitkräfte zu bestimmen bzw. diesen überhaupt erst zu erkennen. Auch wurde es andererseits den Streitkräften nicht bequem gemacht, diesen Ort selbstbewußt und gehorsam einzunehmen. Heute sind sie eingebunden in die Verfassung und in die Gesetze, die Vorschriften, das Völkerrecht und in das große, sechzehn Staaten umfassende Verteidigungsbündnis, die Nordatlantische Allianz. Gleichzeitig haben unsere Soldaten es verstanden, ein auf dem Fundament der Demokratie erwachsenes Selbstverständnis zu entwickeln.

An der Einbindung unserer Bundeswehr in unser Grundgesetz und an den Wehrgesetzen hatte der Abgeordnete Adolf Arndt wesentlichen Anteil. In einer Festschrift zu dessen 65. Geburtstag schrieb damals der Abgeordnete Helmut Schmidt: »Zum ersten Mal in einer deutschen Verfassung waren Streitkräfte keine extrakonstitutionelle Größe mehr, sondern in die Verfassung eingebaut, der politischen Führung unterstellt und vom Parlament kontrolliert ... Es gibt keinen militärischen Bereich, der von Verfassung wegen der Weisungsbefugnis des Bundesministers für Verteidigung entzogen wäre. Ausnahmen sind jene Inhalte ..., die der Verfassungsgesetzgeber der »Befehls- und Kommandogewalt« nicht zugeordnet hat; dazu gehören die Befugnisse der NATO, die sich aus der Bündnisverpflichtung der Bundesrepublik Deutschland ergeben, . . .«

Im gleichen Jahr wurde die Befehls- und Kommandogewalt auf Helmut Schmidt übertragen; er wurde am 22. Oktober 1969 Bundesminister der Verteidigung. In diesem Amt hat er sich große Verdienste um die Bundeswehr erworben.

Jahre später bereits in seiner Amtszeit als Bundeskanzler endete seine Wehrpflicht als Hauptmann der Reserve; am 31. Dezember 1978 erreichte er die Altersgrenze von 60 Jahren. Aus diesem Anlaß schrieb er an den damaligen Generalinspekteur Jürgen Brandt am 2. Januar 1979 u. a.: »Ich halte die Bundeswehr übrigens nicht nur militärisch für eine ausgezeichnete Armee, sondern darüber hinaus staatspolitisch für die beste Armee, die Deutschland in diesem Jahrhundert gehabt hat.«

Er blieb auch als Bundeskanzler unseren Streitkräften eng verbunden und stets an ihrer Entwicklung interessiert. Einen Tag vor dem konstruktiven Mißtrauensvotum, am 30. September 1982, schrieb er nochmals an den Generalinspekteur Jürgen Brandt: »Der Tag ist gekommen, von der Bundeswehr Abschied zu nehmen. Gerade in unserem Land, mit seiner leidvollen Geschichte und exponierten geographischen Lage, muß jeder Bürger wissen und fühlen: Die Bundeswehr ist unsere Bundeswehr. Lebendige Klammer zwischen Armee und Bevölkerung ist die Wehrpflicht. Die Bundeswehr ist heute eine Armee, auf die wir Deutsche stolz sein können. Die deutsche Wehrverfassung von 1956 hat sich bewährt . . . Das ist das Verdienst von Politikern und Soldaten; wir haben gemeinsam unsere Lektion aus früheren Epochen deutscher Geschichte gelernt.«

Dieser Brief endet mit dem Satz: »Ich weiß, daß unsere Soldaten auch in Zukunft an der Seite der Verbündeten an ihrer treuen Pflichterfüllung festhalten, damit auch weiterhin Friede herrsche und Freiheit für unser Land.«

Als Abgeordneter hat sich Helmut Schmidt bereits in den Jahren 1953-1957 an den Grundgesetzänderungen und an der Wehrgesetzgebung aktiv beteiligt. Als Innensenator der Freien und Hansestadt Hamburg hat er in schwierigen Stunden in seiner Vaterstadt gezeigt, wie ein Landesminister die Hilfe der Bundeswehr zur Eindämmung der Folgen von Naturkatastrophen einsetzen kann und dabei durchaus stets Herr des Geschehens bleibt.

1961 nahm er in seinem Buch »Verteidigung oder Vergeltung« manches vorweg, was Jahre später in die Strategie der NATO einfloß. Seine Verdienste als Verteidigungsminister sind so bekannt, daß hier darüber nicht berichtet zu werden braucht, sonst würde auch der Rahmen gesprengt. Wenn aber richtig ist, was Helmut Schmidt über die Bundeswehr an den ehemaligen Generalinspekteur geschrieben hat, so ist das u. a. auch sein Verdienst. Dafür gebühren ihm Dank und Anerkennung.

LEONARD BERNSTEIN

This single sentence – short of writing a whole book of my own about my admiration for Helmut Schmidt – should serve to indicate that we are two persons, widely separated geographically, socio-philosophically, etc. etc., who, by some magic of mental-spiritual-phenomenal elements, simply "turn each other on," as we say over here – (perhaps even over there, who knows?) We are some kind of brothers, probably illegitimate.

Leonard Bernstein

New York, 1987

Leonard Bernstein

Some kind of brothers

This single sentence – short of writing a whole book of my own about my admiration for Helmut Schmidt – should serve to indicate that we are two persons, widely separated geographically, socio-philosophically, etc. etc., who, by some magic of mental-spiritual-phenomenal elements, simply "turn each other on", as we say over here – (perhaps even over *there*, who knows?) we are some kind of brothers, probably illegitimate.

Leonard Bernstein
New York, 1987

Klaus Bölling

Gute Zeit für Konformisten

Wer als politischer Führer in einer parlamentarischen Demokratie die Presse meint vernachlässigen zu können, muß darum nicht gleich als verkappter Bonapartist verdächtigt werden. Doch mit seinem Demokratieverständnis kann etwas nicht in Ordnung sein.

In der bald vierzigjährigen Geschichte unserer Republik mangelt es nicht an Belegen für die Beobachtung, daß sich viele der Regierenden trotz artiger Verbeugungen vor dem Grundgesetzartikel 5 schwergetan haben, die Presse in der Rolle einer die Politiker kontrollierenden Einrichtung zu sehen und das natürliche und zugleich unentbehrliche Spannungsverhältnis zwischen Medien und Exekutive anzuerkennen. Es wäre gewiß zu einfach, die Neigung zahlreicher Bonner Akteure zur Instrumentalisierung der Presse allein auf die Nachwirkungen des deutschen Obrigkeitsstaates zurückzuführen, wenngleich die vielfältigen Versuche von Politikern jedweder Couleur, der veröffentlichten Meinung »Nestbeschmutzung« vorzuhalten, auch und nicht zu knapp mit prädemokratischen Denkmustern zu tun haben.

Ein anderes Motiv, den sich kritisch äußernden Medien mit dem Verdacht zu antworten, sie mißbrauchten ihre Macht aus Sensationslust oder um hohe Auflagen zu machen, hat mit dem Wunsch nach Perpetuierung der Macht zu tun. Da in der Bundesrepublik häufiger als in anderen westlichen Demokratien regionale Wahlen stattfinden, möchten nicht wenige Politiker die Identifizierung von Konflikten in den eigenen Reihen oder die Dokumentation von Problemen, deren sie bislang nicht Herr geworden sind, am liebsten unterdrücken.

Eine solche Tendenz, das soll eingeräumt werden, charakterisiert Mitglieder der politischen Klasse nicht nur in unserem Land. Margaret Thatcher verstand es, mit mehr oder minder subtilem Druck nahezu die gesamte englische Presse für ihren Falkland-Krieg als beifallspendende Statisterie zu verpflichten. Mehrere amerikanische Präsidenten, Kennedy nicht ausgenommen, haben große Teile der amerikanischen Medien erfolgreich beim nationalen Portepee gefaßt, als sie das anfänglich begrenzte Engagement in Vietnam zu einem regelrechten Krieg mit einem von Jahr zu Jahr wachsenden Blutzoll ausweiteten. Die nur schlecht verhüllten Manipulationen des CIA gegen Allende fanden nur in wenigen amerikanischen Blättern offene Kritik. Wenn man von »Le Monde« und ein paar anderen französischen Zeitungen absieht, war das Verhalten der Pariser Zeitungen während des Algerienkrieges nicht besonders ruhmreich.

Die Macht der Presse wird von Mächtigen überzeichnet. Sie porträtieren sich gern als Opfer einer sich überhebenden, anmaßenden Presse, die sie gleichsam überwacht, die, im Unterschied zu ihnen, nicht demokratisch legitimiert ist, die Kampagnen gegen sie führt, nur dem Zweck dienend, einen redlichen Politiker »fertigzumachen«, seine Glaubwürdigkeit bei den Wählern zu erschüttern. Wir haben in den vergangenen Jahren Politiker über die ihnen unbequemen Medien als »Kloakenpresse« oder als »journalistische Todesschwadrone« reden hören. Das sollte dem Publikum suggerieren, daß einige Publikationen, die man meist in Hamburg ansiedelt, aus schierer Aversion gegen die Inhaber der Macht schreiben. Die Verhältnisse sind anders.

Der Einfluß wichtiger Zeitungen, die früher kraft der Urteilskompetenz ihrer Redakteure und Autoren auf den politischen Meinungsbildungsprozeß Einfluß nehmen konnten, scheint geringer, der Hang zur Resignation oder zum Konformismus scheint größer geworden zu sein. In der Hauptstadt der Republik findet man genug Journalisten, deren Sachverstand dem der Akteure in der Regierung oder im Parlament ebenbürtig ist, die sich auch in ihren analytischen Fähigkeiten mit den politisch Handelnden vergleichen können.

Manche von ihnen fühlen sich heute nicht mehr herausgefordert, beklagen die Abwesenheit jener intellektuellen Spannung, die das Verhältnis zwischen der Exekutive und der »Vierten Gewalt« von Adenauer bis Schmidt charakterisierte. Wird da etwas vergoldet?

Noch immer werden kritische Aufsätze gedruckt, Widersprüche aufgedeckt, Führungsschwächen identifiziert. Meist aber bleibt die Resonanz aus. Es scheint, daß sich die Regierenden – oder doch viele von ihnen – für gut begründete kritische Beiträge zur Politik allenfalls am Rande interessieren.

Zur Normalität einer funktionierenden Demokratie gehört das Zwiegespräch zwischen politischen Journalisten und politischen Tätern, nicht im Sinne der Komplizenschaft, sondern als ein Teil des dialektischen Prozesses, der dem Gemeinwesen zugute kommen soll. Davon ist kaum noch etwas wahrzunehmen. Gedankenreiche Analysen Bonner Journalisten, auch solche aus der Feder konservativer Leitartikler und Kommentatoren, finden bei den Adressaten kaum oder gar keinen Widerhall. Journalisten, die etwas bewegen möchten, stranden an der Bewegungslosigkeit derer, die sich in der Routine der Macht-Verwaltung wohl fühlen und denen die intellektuelle Dimension der Politik entbehrlich zu sein scheint.

Wenn zutrifft, was immer wieder erzählt wird, daß der sechste Kanzler damit zufrieden ist, daß eine große Boulevardzeitung und die von journalistischen Vertrauensleuten kommandierten Fernsehprogramme seiner Politik sekundieren, liefert er damit eine traurige Selbstauskunft. Wer die Presse nur noch zur Erzeugung oder zur Stabilisierung von Stimmungen glaubt nutzen zu sollen oder als Schlagstock gegen die Widersacher der eigenen Politik, mißachtet oder verkennt in fahrlässiger Weise die Funktion der Presse. Wer die Journalisten in »good guys« und »bad guys« sortiert, verzichtet auf eine der wichtigsten Möglichkeiten, seine Ideen von Problemlösungen oder – mindestens so wichtig – seine Vorstellungen von der Gestaltung der Zukunft in das Bewußtsein kritischer Bürger zu befördern.

Es ist eine ironische Pointe, daß ausgerechnet der Generalsekretär einer Partei, von der die Presse über fast sieben Jahrzehnte als Transmissionsriemen mißbraucht worden ist, einem kritischen Journalismus das Wort redet und augenscheinlich begreift, daß ein Politiker, der etwas verändern und verbessern will, bald allein auf weiter Flur steht, wenn er sich nicht der Mitwirkung unabhängiger, zu sachlichem Widerspruch befähigter Journalisten versichert. Natürlich möchte auch Gorbatschow die denk- und urteilsfähigen sowjetischen Journalisten als Parteigänger von Glasnost und Perestroika auf seine Seite bringen. Er will sie aber nicht als bloße Propagandisten abkommandieren. Er möchte ihnen einen Freiraum für die kritische Auseinandersetzung mit der amtlichen Politik sichern.

Was in der Sowjetunion einstweilen noch als ein Experiment zu gelten hat, ist in unseren Breiten ein gleichsam konstitutives Element der pluralen Gesellschaft. Zu den Voraussetzungen für ein dialogisches Verhältnis zwischen der politischen Klasse und den Medien gehört sicherlich auf der Seite einer Regierung die Einsicht, daß sie die Meinungsfreiheit auch als die Freiheit zur Durchleuchtung ihrer Handlungen gelten läßt und daß die Presse das Mandat, das sie von ihren Lesern, Hörern und Zuschauern erhält, mit Fairneß und Augenmaß nutzt. Wo sie aber die Regierenden auf Abwegen entdeckt, wo bei den Mächtigen Anspruch und Wirklichkeit auseinanderklaffen, muß sie mit aller Kraft angreifen dürfen.

Es offenbarte sich in den Tagen der Barschel-Affäre bei etlichen Politikern ein erschreckendes Unverständnis von der Aufgabe der Presse in der Demokratie. Man ereiferte sich über Fragen des Stils, beschuldigte den »Spiegel« der gnadenlosen Verfolgung eines vermeintlichen Unschuldigen und hoffte wohl darauf, daß man Rudolf Augsteins Magazin bei dieser Gelegenheit eines infamen Rufmordes wegen für lange Zeit diskreditieren und politisch demobilisieren könne. Man spürte damals überdeutlich, daß wichtige konservative Zeitungen nichts sehnlicher wünschten, als daß der »Spiegel« zum Outcast der Mediengesellschaft gestempelt werden könne.

Es kam ganz anders. Jene Blätter allerdings, die sich über den »investigative journalism« mokierten, haben sich nachher der selbstkritischen »Aufarbeitung« des Skandals feige entzogen. Sie lamentierten, bis auch sie die abgrundtiefe Tristesse des Falles nicht mehr verdrängen konnten, über das angemaßte Richteramt ihrer Hamburger Berufskollegen und demonstrierten, vielleicht ohne es sogleich selber zu bemerken, erschreckende Anpassung an jene unter den Machtinhabern, die den Fall Barschel als minderen Betriebsunfall beklagten.

Keiner jener Redakteure, die den schlimmsten Fall von Machtmißbrauch in der Geschichte der Bundesrepublik Deutschland bagatellisierten oder ungeniert manipulativ darüber berichteten, scheint auch nur die geringste Konsequenz für seine grundsätzliche Haltung gegenüber der staatlichen Obrigkeit erwogen zu haben. Es geht, wie Augstein richtig prognostiziert hat, alles so weiter, wie es vorher gegangen ist.

Das kritische Potential unserer Presse ist nicht imponierend. Statt dessen festigt sich jene »Kommunikationsgemeinschaft«, von der ein Bonner Minister augenzwinkernd zu sprechen pflegt. Dieser Begriff ist durchaus passend für den Umgang zwischen einer eher noch wachsenden Gruppe hauptstädtischer Journalisten und den Mächtigen. Man kennt einander seit Jahren, oft seit Jahrzehnten. Man bewegt sich tagaus, tagein an Bord des Bonner Raumschiffes und teilt die Isolierung von den Menschen, für die man doch Politik macht oder für die man zu schreiben vorgibt. Lange schon ist vielen die Distanz verlorengegangen. Man klebt aufeinander, man möchte sich nicht weh tun.

Es ist wahr, immer noch entziehen sich einige dem mächtigen Sog der Komplizenschaft. Vor denen sollte man den Hut ziehen. Andere aber, nicht die stärksten, lassen sich von den Regierenden willig umarmen. Sie reisen mit ihnen um die Welt, sitzen, schlecht plaziert, an ihren Tafeln, werden durch Einladungen zu Hintergrundgesprächen privilegiert, ins Vertrauen gezogen und dadurch gleichsam narkotisiert. Das Wort von der Hofberichterstattung ist nicht von der »TAZ« und anderen linken »Systemveränderern« erfunden worden.

Die Gefahr ist vielmehr ganz real, daß sich Journalisten, die Erfolg haben wollen, den Regeln dieser »Kommunikationsgemeinschaft« unterwerfen. Man kennt die Fragen, die man eigentlich stellen müßte, um Klarheit zu schaffen, die aber den Politiker in Bedrängnis bringen. Deshalb werden sie nicht gestellt. Es ist eine andere Form der Angst vor Nähe. Der Journalist begibt sich irgendwann in die Reihen des attischen Chores, der in den Dramen des Aischylos oder des Euripides die Aktionen der handelnden Personen nur noch mit Lautmalerei begleitet.

Die Tendenz, mit den Mächtigen in Harmonie zu leben, statt – wie es der seriöse politische Journalismus eigentlich gebietet – die argumentative Konfrontation zu suchen, ist den öffentlich-rechtlichen Anstalten nahezu täglich nachzuweisen. Das Fernsehen vernachlässigt mehr und mehr die Grundregeln kritischer Berichterstattung. Es entfernt sich mit seiner oft unerträglich konformistischen Berichterstattung auch von den Erwartungen vieler seiner Zuschauer, die endlich mal Reporter erleben möchten, die den Phrasenschwall eines zum Interview geladenen Politikers höflich, aber entschieden unterbrechen und sie zu klaren Auskünften nötigen.

Das aber wird von den meisten Politikern als Regelverstoß angesehen und bisweilen auch geahndet. Die vielfältigen, offenen und versteckten Pressionen auf eine Sendung wie »Monitor« illustrieren, daß Minister, Parteien und große Organisationen journalistische Kritik immer weniger zu ertragen oder gar als Hilfe zu verstehen bereit sind. Über die Gesinnungsfreunde in den Rundfunk- und Verwaltungsräten sucht man die wenigen Nonkonformen einzuschüchtern und kirre zu machen. Diese Strategie, wenn sie nur mit etwas Ausdauer angewendet wird, bringt, nicht bloß in Bonn, fast immer den gewünschten Effekt. Journalistische Querdenker werden bisweilen noch mit Preisen dekoriert. In den Programmen unseres Fernsehens befinden sie sich auf dem Rückzug.

Mehrere Kanzler dieser Republik haben sich aus den Reihen des Journalismus kritische Gesprächspartner gesucht. Es waren Redakteure mit hohem Sachverstand, mit Sympathie für die Akteure und deren politische Vorstellungen und doch das Gegenteil von liebedienerischen Nachbetern. Sie standen auf eigenen, unabhängigen Positionen und wußten sie auch dann mit Überzeugungsstärke zu vertreten, wenn es den Regierungschefs nicht gefiel. Das galt für Konrad Adenauer im Verhältnis zu Fred Luchsinger von der »Neuen Zürcher Zeitung«. Ähnlich war das enge Dialogverhältnis zwischen Ludwig Erhard und Rüdiger Altmann. Helmut Schmidt suchte das Gespräch mit Kurt Becker, auch um sich da und dort unter dem Eindruck von dessen Gedanken zu berichtigen. Willy Brandt fand in den letzten Jahren seiner Zeit als Parteivorsitzender der SPD in dem ZEIT-Redakteur Gunter Hofmann einen Journalisten, dem er aufmerksam zuhörte, dessen Ansichten zu bedenken er wichtig fand.

Journalisten dieser politischen und intellektuellen Konstitution sind offenkundig kaum noch gefragt. Gewünscht wird von den meisten Politikern der Journalist als Souffleur, als lebendes Tonband, als Transporteur der »message«. Vielleicht sind wir mit unserer Presse und ihrer Beziehung zur politischen Klasse auch nicht schlechter dran als andere. Das wäre ein kümmerlicher Trost. Allenthalben, bis in die Spalten der kleinsten Provinzzeitungen, liest man von »politischer Kultur«. Man redet tatsächlich gern und viel von dem, was man entbehrt.

Lord Callaghan of Cardiff

Far Cry from the Spirit of Rambouillet

A meeting of the seven nations who attend the Economic Summits is undoubtedly the least stuffy, the least confined by rigid agendas, the least bureaucratic, the most informal and personalised yet with the greatest potential to influence events and to exert pressure on those leaders who attend, of all the myriad of international gatherings which assemble from time to time.

At the start there was not even an agreed procedure for calling the leaders of the Western World together. A meeting depended upon one of them being willing to issue an invitation to the others and to act as host. With the passage of time there now exists a more formal arrangement, but there is still no constitution, no rules of procedure, no permanent secretariat, a revolving chairmanship and no fixed meeting place.

The name "Economic Summit" is itself a misnomer for nowadays the Heads of Government may spend much of their time discussing political issues like how to combat terrorism, the far-reaching consequences of the nuclear disaster at Chernobyl, or the means of figthing drug abuse on a worldwide scale.

How did these meetings with their ill-defined role and functions first come into being; why is it that overburdened Prime Ministers and Presidents are willing to set aside their other engagements to be present; what is their influence and effectiveness?

It was the oil crisis in the early seventies which finally brought home to the leaders of the major industrial countries the dangers which were confronting the stability and continued progress of the post-war economic system.

Before that happening, the rising strength of the European and

Japanese economies relative to that of the United States had led to the abandonment in 1971 of the agreement under which the dollar was freely convertible into gold, and two years later to the collapse of the Bretton Woods system of fixed exchange rates. This was followed by the huge many fold rise in oil prices by Middle East producers which threatened the Western World with both inflation and recession at the same time.

In the early 1970s there was a huge leap in unemployment and prices shot up three times higher than in the previous decade. Governments sat down to decide how to overcome these problems and found themselves concluding that national means and national policies were insufficient by themselves to overcome these deep-seated problems. International ills required multi-national remedies. This view was articulated by Henry Kissinger among others in his "Year of Europe" in 1973. But he ran up against traditional French suspicion and his effort foundered.

However, the idea did not die, and with changes of leadership in quick succession during 1974 in four major countries (Schmidt for Brandt, Ford for Nixon, Wilson for Heath, Giscard d'Estaing for Pompidou) the climate changed. President Giscard began to advocate "a serious conversation between a very few people and almost on a private level". He broached the idea to President Ford in December 1974 but, failing to elicit a direct response, he raised the matter shortly after with Chancellor Schmidt whom Giscard knew well as they had both served previously as Finance Ministers in their respective countries.

Giscard found the new Chancellor receptive although there was a difference of methods, Schmidt's preference being to bring together a group of five representatives from Germany, France, Britain, Japan and the United States to prepare reports and proposals on how to deal with the developing crisis. Such a group did in fact meet for that purpose during 1974/75, but as the economic situation worsened even NATO Ministers turned from discussing defence and foreign policy in order to voice their concern about the impact on Western Europe's defence, and the December 1974 meeting of foreign Defence Ministers was a sombre occasion.

There was general agreement that the economic prospects of every member State had worsened. Henry Kissinger feared "the advanced demoralisation of the industrial countries" and argued that there was no way in which industrial nations could by themselves satisfactorily deal with unemployment and inflation. A number of other speakers followed in the same vein, and speaking as Britain's Foreign Secretary I urged that NATO should keep the economic situation regularly under review and exert its influence to prevent a recession with a reversion to the 'beggar my neighbour' policies of the 1930s.

This was the decade which haunted us. The question in everyone's mind was how we could prevent a further economic decline and overcome unemployment without fuelling a steep rise in inflation. Perhaps not surprisingly the meeting of NATO Ministers did not produce an instant solution.

During the early months of 1975 Giscard made further approaches to other leaders. He enlarged on his idea of a meeting with limited attendance. Its purpose would be to encourage free dialogue of certain strategic issues; there would be minimum bureaucracy; the press would be discouraged and it was unlikely that any communiqué would be issued when such a meeting had concluded. Nor at this stage did he intend that the initial meeting should be followed up with others.

Helmut Schmidt discussed Giscard's ideas with Prime Minister Wilson and me in the Senate Guest House at Hamburg on 24th July 1975. The Chancellor reinforced his earlier warnings about the seriousness of the industrial and economic situation which he said resembled the 1930s except that they were deflationary but the new situation was inflationary. He believed there was a need for world management from the top and he and Harold Wilson agreed to press this view upon President Ford at the forthcoming East/West Summit in Helsinki. We further arranged that Britain would host a lunch in our Embassy at Helsinki with the public purpose of discussing problems concerned with Berlin's status for which the Allies had responsibility, but our real intention would be to consider how to revive the Western economies.

The lunch was a success. Chancellor Schmidt had previously seen President Ford in Bonn two or three days after our talks in Hamburg. President Ford had pressure from both directions. Henry Kissinger was ready to hold a summit meeting but the Secretary to the Treasury, William Simon, was unenthusiastic.

After lunch we all sat in the grounds in a relaxed atmosphere. President Ford quickly indicated that he would be ready to come to a Summit meeting and all four countries agreed that Japan also should be invited to join the talks which should take place in the autumn of 1975. Chancellor Schmidt was asked to call together a personal representative from all the countries to prepare a series of options on measures that the Summit might take in order to show that there was some political coordination in the attempt to improve economic management.

Someone in the British Cabinet Office invented the name "Sherpa" for these representatives because it was they who carried the load to the Summit while the leaders would plant the flag. The name has stuck throughout the years.

We further agreed that there should be no publicity about our decision, but nevertheless it quickly leaked. The Italian Government discovered that it was not to receive an invitation and a storm blew up even before the Heads of Government left Helsinki. This led to heavy lobbying in which every Head of Government, when canvassed, declared with his hand upon his heart that he personally had every desire to see Italy attend. So it happened but we did stick to our initial decision not to invite international bodies such as the United Nations or the OECD.

The underlying philosophy of the Sherpas in preparing for the Summit was succinctly summed up by George Shultz, who was President Ford's representative, with his remark that international cooperation in economic matters was as important as the long-established international cooperation in defence matters. It was agreed that the main subjects for discussion should be: the future prospects for oil price hikes and supply; monetary cooperation (especially to stabilise exchange rates) and trading arrangements; the possibility of stabilising commodity export prices to protect the Third World, and the state of East/West relations. The Sherpas were told that it was axiomatic that it would be disastrous if unemployment were to be seen by our people crudely as a trade-off against inflation, and secondly that there would be an advantage from a better public understanding of our interdependence.

In preliminary meetings it was understood that solutions could not be imposed, especially in such jealously guarded fields as interest rates, but the Americans hinted that a successful Summit meeting might influence the United States to raise domestic oil prices, possibly to reduce taxes, and could have an effect on the general shape of the 1976 Budget. All this gave greater impetus and significance to the arrangements.

Each country made its own preparations. For Britain I decided to consult the Commonwealth countries and to invite their observations. Eighteen Commonwealth members replied, some commenting on the agenda generally, whilst the Third World members especially urged specific points such as the stabilisation of export earnings, the need to finance buffer commodity stocks and better access for their products in the markets of the industrial countries. The most frequently expressed concern by the Commonwealth was that the Summit should concentrate on how economic growth could be resumed without high inflation.

The six nations assembled on 15th and 16th November 1975. Canada was missing to the great regret of the British Government for

Pierre Trudeau's thoughtful approach would have added considerable value to the talks. President Ford also had argued for Canada's inclusion but the French were adamant in their refusal, a circumstance which led Henry Kissinger to tell me that the President would not attend another such meeting if France maintained her veto.

The Heads of Government were transported by helicopter to the Château de Rambouillet where President Giscard had done everything possible to create a relaxed week-end atmosphere. We lived, worked and talked cheek by jowl for the accommodation was cramped, and observing the British officials working in Napoleon's bathroom, and Jean Sauvanargues, the French Foreign Minister, sitting at a table in a narrow corridor as the only place he could find do digest urgent official telegrams, only added to the informality.

The cuisine too was excellent and still lingers in my memory. Eighteen of us sat at a large round table – from each country the President or Prime Minister, the Foreign Minister and the Treasury Minister. Giscard wanted no others in the room, simply a taped record to be made, but it was agreed that each delegation could have one notetaker and they sat discreetly at the back.

It was an historic occasion for this was the first time that the Heads of Government of the six major industrial countries of the West had sat down together for a strategic review of their problems since 1945 and possibly for more than 50 years. Chancellor Schmidt opened the discussion in a conversational, informal manner, speaking in English with the emphasis, vigour and turn of phrase for which he is noted and which ensured he was carefully listened to. He analysed the recession and its consequences, emphasised that it was necessary for those assembled to restore a measure of confidence and proposed a discussion on four main objectives.

First, the need for intensified cooperation between the national economic policies of all those present and their central banks.

Following from this, how protectionist measures could be warded off and how to speed up tariff reductions in the GATT.

Third, how to assist the plight of the Third World non-oil producing countries which had been badly hit by the recession and by high oil prices.

Fourth, to pursue a dialogue with oil producers with the object of avoiding sudden drastic unilateral action by them in the future.

President Ford followed immediately and contributions were then made by Prime Ministers Wilson, Miki and Aldo Moro in that order. It added greatly to the naturalness and qualtiy of the discussion that every Head of Government spoke in English with the exception of Prime Minister Moro, and this established an easy intimacy. A general discussion opened up in which several Foreign and Finance Ministers joined but no one spoke lengthily and there were quick-fire exchanges across the table.

After about two and a half hours President Giscard drew the threads of the discussion together. His summary was that the industrial nations had incurred large budgetary deficits in order to stimulate faster growth in our economies and yet growth had been negative, so the economists' advice had been wrong, he said, because the deficits could not be allowed to persist. Yet to reduce them would place a further brake on growth and cause more severe unemployment. Prime Minister Miki of Japan had proposed a target of 5 % growth rate but by general agreement this was impossible to achieve.

There was no perfect way forward but we must not harm one another in facing the consequences and we must face them together. As first steps we needed a more stable exchange rate system and a bold decision to assist in financing the deficits of the poorest countries.

There remained a few minutes before dinner, so we discussed the problem of publicity and it was agreed to keep comment to the press to the minimum. They had in any case been kept several kilometres away in Paris. It was agreed that Heads of Government were free to disclose the gist of their remarks but no formal communiqué would be issued. Instead a general declaration could be made available but it should be drafted by officials and the task was entrusted to the Finance Ministers who had been present throughout the discussion.

On the next day, Sunday, two sessions were held which followed a similar pattern. Prime Minister Miki of Japan opened a discussion on world trade which was notable for President Ford's call for substantial tariff reductions which was met by some reserve on the part of the Europeans except for Chancellor Schmidt. Schmidt voiced his pessimism about the future of some of Europe's traditional industries, referring for example to the German textile industry which had invested heavily and modernised itself but yet was unable to compete with certain Asian countries. This was an inconclusive session.

Sunday's session began with a presentation by President Ford on oil and other energy problems, and Prime Minister Wilson on commodities and raw materials and how to ameliorate the impact of the recession on the Third World. President Ford put forward positive ideas for joint action on energy conservation, pooled research and joint projects, and constructive dialogue to be held with the oil producers. Prime Minister Wilson spoke on the Commonwealth Conference held a few months earlier in Jamaica and of the plight faced by certain of the poorest developing nations who were incurring a load of debt which would prove unmanageable. He proposed that we should seek to stabilise commodity prices whilst Helmut Schmidt favoured a stabilisation of earnings.

The Chancellor did not decry aid to the Third World but believed, as did others, that in the long run it was important that these countries should be able to earn more. The Foreign Ministers were given the task at the end of the second day to prepare an appropriate contribution to fit in with the piece which was being drafted by the Finance Ministers about the first day's talks.

After dinner on both evenings the group gathered for informal talks on a number of foreign policy issues. There was an important discussion on the future of Spain and its impact on Europe. We listened to an account of the hostile attitude taken by Mao Ze Dong towards General Secretary Brezhnev and Kosygin and of his criticism of the United States for being weak and irresolute in facing the Soviet Union. Other subjects were discussed and these led to a formal discussion on our last morning about our relations with the Soviet Union, and particularly about the policies of the West on trade with the Warsaw Pact. This, together with a very short discussion on the final text of the declaration, concluded our proceedings.

Everyone agreed that the two and a half days which we had spent together had been rewarding. Removed as the leaders had been from distractions, away from the press, and unencumbered by hosts of officials, we had enlightened one another, modified certain views and set off new trains of thought. We noticed shifts in previously known positions and new stances were taken up that were different from those previously adopted by officials in negotiations.

It was almost as an afterthought that the proposal to hold a press conference came forward. A large number of journalists had found their way to Rambouillet but had been strictly excluded from the grounds of the Château by the French police. We were told that they wished to meet us and an informal press conference was hurriedly arranged in the local Town Hall. In a group we strolled through the street and were ushered on to a tiny platform which was much too small to accommodate us all. From here Giscard summed up our declarations to some 200 journalists who had gathered. It was all very informal and unscripted.

I hope this description of the origins and proceedings at Rambouillet will enable comparisons to be made with later Summits. The Summit had an immediate success even before it took place because it resulted in the settling of a serious dispute between France and the United States about exchange rate policy. Both sides held diametrically opposed views with France advocating a rapid return to fixed rates and the United States arguing for a permanent floating exchange rate system. My sympathies were with the French.

The negotiators had been far apart but because of the shadow of the impending Summit, neither side wished to be responsible for its failure. Accordingly a text was prepared to which both could subscribe and agreement was reached shortly before we met at Rambouillet although an announcement of the accord was delayed until it could be published while the Summit was in session.

It will be apparent that the first Summit was broad in its strategic sweep but simple in its design and preparation. It was anti-bureaucratic, willing to seek international solutions to national problems, and intended to convey to the world a sense of political direction and of confidence. Since that time, changes of government and therefore of those who attend have varied the initial approach, although the basic subjects themselves have not much altered.

From time to time groups of issues have emerged such as the need for international cooperation to fight drug abuse, the need to combat international terrorism, and at Tokyo in 1986 the lessons to be drawn from the nuclear disaster at Chernobyl, including the need for more exchange of nuclear information and a willingness to call for and to supply international aid if a catastrophe occurred.

Later Summits have also been more ready to discuss international political issues during their formal sessions and to acknowledge this fact. There has also been a growth of bureaucracy and protocol, but despite this it is still possible for successive generations of leaders to shape the Summits as they will. It is the personality, the interest and convictions of a Head of Government at any one time which is the determining factor in their conduct.

In 1975 the founding fathers were for the most part internationalist in outlook, familiar with each other through having been Finance Ministers in their own countries and ready to carry on the system of international cooperation which they had already experienced through meetings of the International Monetary Fund, the

Group of Ten Finance Ministers and elsewhere. What more natural than to recreate this cooperation when they became Heads of Government in their own countries? Because they were experienced in Government and had observed the bureaucratisation of NATO and the OECD in which prior circulation of position papers and prior preparation of communiqués were commonplace, they wished to avoid repeating this when they met as Heads of Government.

As Schmidt once said, he would like to meet his colleagues "ideally on an island without the press". The meetings were privileged occasions, the more to be prized because they were held only once a year, and so had the characteristic of imparting a new momentum to world economic policy, or of signalling a new political direction. They were not intended to be cluttered up with excessive detail or routine policy differences.

However, when Jimmy Carter became President we found his conception was different. He came to the Summit as a committed advocate of such meetings but he was not impressed by the idea that their value lay purely in the exchange of opinion and in the intangible pressure that could be exerted by the member states on one another. He posed the view that the Summits should be used to reach definite conclusions, undertake precise commitments and enter into binding undertakings. He made this objective clear at the London Summit which was held only a few months after he became President.

No one disputed that agreements reached at a Summit meeting would obviously carry great weight, but they needed months of intensive preparation beforehand and the Carter Administration did not seem to understand that they could be achieved only if there was a consensus. At such gatherings no one nation could be cajoled into accepting an agreement against its will.

Personal factors entered into relationships as was seen when the Carter Adminsitration during its early days, and with the best of motives, put heavy pressure on both the German and French Governments to cancel sales of nuclear breeder reactors to Brazil and to Pakistan. This was entirely the wrong approach to Chancellor Schmidt and he reacted vigorously.

By the time we were preparing for the Bonn Summit in 1978 relations between Carter and Schmidt were difficult. The economic situation called for expansionary, budgetary and monetary action by Germany and Japan. This was a British policy as well as an American but attemps at convincing the two countries of the need to act were hampered, especially as Schmidt had developed substantial doubts about the American economic policy which he voiced freely.

If Bonn was to be a success the two leaders must be brought together and much effort and diplomacy had to be expended for that purpose. But it was not until the actual Summit meeting itself that final agreement was reached on specific aspects of a package under which President Carter agreed to freeze the price of oil for domestic consumption in the United States, and Chancellor Schmidt agreed to propose a stimulus of 1% to the German economy.

The chemistry varies in the interplay of personalities. President Ford for example described Helmut Schmidt as projecting personal warmth and that he made his points without displaying the slightest hint of arrogance. Carter, on the other hand, found Schmidt strong, unstable and even on occasion (he alleged) personally abusive. Differences between the two were kept within bounds during the early years, but in 1980 Carter was incautious enough to write in a peremptory manner to Schmidt shortly before the latter was due to visit Moscow for talks with Brezhnev. His message was that Schmidt should in no circumstances make any commitments to freeze the deployment of theatre nuclear weapons. Schmidt naturally bridled at the possibility that he of all people would go back on his undertakings to the NATO Alliance. When the visit to Brezhnev was over and the two met at the Venice Summit shortly afterwards, Carter has recorded that there was an unpleasant personal exchange which was not cleared up until later.

Nevertheless, despite these personality differences the overall cohesion of the group was maintained up to the moment when elections began to change the faces around the table and Carter gave way to Reagan, Schmidt to Kohl, Giscard to Mitterrand, and Callaghan to Thatcher. The new leaders could hardly be expected to view summitry in the same light as the founding fathers. To them it was no more than another piece of international machinery already in existence which they had not been responsible for building and to which they owed no allegiance.

Both Mrs. Thatcher and President Mitterrand had voiced considerable doubts about the value of Summit meetings before they assumed office. The new right-wing governments were also more sceptical about the value of international economic cooperation. They brought into office the fashionable belief at the time that the efficiency of the markets would resolve economic difficulties and an invisible hand would guide international trade and monetary activity to a harmonious whole if left to itself. This meant there was little room for serious collective intervention and the Summits dwindled in importance.

Moreover, serious differences of opinion grew up between President Reagan and his European colleagues about trade with the Soviet Union with the result that he imposed sanctions on certain European companies and threatened to blacklist them. This outrageous attitude towards America's own allies infuriated European opinion, and it is not surprising that shortly after the failure of a Summit meeting at Versailles in 1982 to resolve differences, serious suggestions were heard that the Summits should be abandoned. Fortunately this went no further but the annual meetings became less significant and less ambitious, although the Heads of Government recognised the adverse effects on public opinion if they appeared to end in failure.

The practical result was that because of the differences between them in economic policy and philosophy, when the second big oil price rise came about in the early eighties they made no attempt to coordinate their separate national economic policies. Instead they followed a path of competitive deflation leading to a deeper depression and more unemployment than might otherwise have been experienced if they had reacted together.

Paradoxically as the effectiveness of the Summits dwindled, the appetite of the media grew. Year by year more journalists were present until at one Summit they numbered nearly 4,000 as against the 200 who had been present at Rambouillet. The new generation of Heads of Government and officials felt they must satisfy the hunger for news and each began the practice of briefing his own national press. This briefing went on about the progress of discussions even while the sessions were taking place for the rigorous segregation of the journalists had been abandoned by this time.

Contributions to discussions within the group began to be met with an eye on the electorate at home, and no sooner had they been delivered than notes about their content were rushed out of the meeting to be handed to the waiting newspaper men. Differing interpretations of what was taking place arose as soon as official spokesmen gave their versions to their own national press and Summits began to take on the appearance of an athletics competition in a race to see who could win most points most quickly for his country. Nor were domestic political advantages ignored by those Heads of Government who were shortly to face their electorates in a general election. The media were given free reign to record almost every happening, being excluded only during the actual discussions. Luncheon tables of the principals were duly filmed by the television cameras with comments on who sat next to whom, interviews were sought and given, and unnecessary formal ceremonies were arranged only for the purpose of gratifying the hunger of the press for stories and pictures.

It was a far cry from the spirit of Rambouillet. These antics led President Mitterrand to deliver a warning in 1983: "that the personal relations between the participants were seriously altered by the astonishing diplomacy of everyone beating his own drum and by public posturing that has taken precedence over everything else and prevents useful negotiation." He warned that unless these methods were radically changed he did not wish to see French policy associated with these gatherings.

This was perhaps the lowest point in the series of Summit meetings and subsequently there has been some improvement. This improvement has coincided with a growing scepticism among even right-wing governments about the ability of unchecked market forces to achieve an optimum economic stance for world growth and trade. The world has witnessed the beginnings of a renewed interest in the possibility of coordinating national economic policies.

At a recent Summit meeting Heads of Government decided that Finance Ministers should meet at intervals in order to review the compatibility of national economic policies and to negotiate about the action that might be required to achieve more stable exchange rates without the necessity of large-scale central bank intervention. It seems that the pendulum of opinion is swinging slowly back to the need for some international coordination, the very idea which had animated those who founded the 1975 Summit.

What conclusions can be drawn from these varied fortunes? First Giscard D'Estaing, Helmut Schmidt and the others who originally gave birth to the idea of holding meetings of Heads of Government undoubtedly met a need and filled a gap in existing international arrangements. They formed a core with an unusual identity of purpose springing from their personal respect for one another which was unlikely to be repeated by a later generation of Heads of Government who had not shared the same background.

Nevertheless, even those who came to office sceptical of these meetings have by the experience been won to believe that they contribute something of value so that there is never less than a full attendance. The meetings are held principally for the benefit of those who attend and Heads of Government should not allow themselves to be side-tracked into regarding them as media events. Of course, courtesy and accountability require a meeting with press, TV and radio at the end of every Summit, but that should be sufficient except for reports to Parliament.

The meetings offer an opportunity to increase bilateral and multilateral understanding and, as interdependence grows, there will be even greater need to harmonize national policies and to avoid undermining one another. This will require a mutual confidence that those taking part and their officials will not abuse frank exchanges of ideas and information.

Some of the most worthwhile Summits enjoyed what the Americans call "break out sessions" in which Heads of Government could think aloud without committing themselves or their Governments. They give the leaders the opportunity to be able to air freely their own domestic pressures and the limits they impose on their action and enable them to face one another's problems as well as their own. Conversely, they offer the possibility that joint declarations by all the summiteers on a divisive matter of major importance may serve to overcome domestic pressure in one or two countries. Bureaucracy must always be kept at a minimum. Flexibility enables Heads of Government to vary the subjects and the approach to their own concerns and interests with the result that although ecomomic and financial arrangements never cease to demand attention, there are occasions when political issues hold the front of the stage.

Heads of Government can never act as though they are substitutes for the GATT, the OECD or other international institutions. Only rarely should they attempt to resolve detailed difficulties which have arisen at a lower level. Unless the ground for agreement is known to exist before they meet, it is better to allow diplomacy to continue. Keeping bureaucracy at bay at the meetings themselves does not mean that there should be inadequate preparation before

Heads of Government meet. Everyone attending is overburdened with work and has insufficient leisure to reflect.

So far this has been done on a national basis but there would be advantage in establishing an international think tank drawn from the member countries which should be given a remit to research and analyse forthcoming strategic problems which have an international aspect. Such an input drawn from the experience of different nationalities would have a unique character.

Year by year the nation state becomes less able to act in isolation. It is already becoming clear to people and to leaders that more direct management of the international economic and monetary systems is required. I doubt if this will lead to a well-designed international blueprint for the future. Instead we shall probably stumble forward learning from our mistakes and improvising solutions from time to time as our problems become nationally insoluble.

Step by step we shall find we have erected an international order. It will not have been planned logically and is unlikely to be an architect's dream. But with the ingenuity that mankind has historically displayed I expect it to be a serviceable if not a handsome dwelling for us all.

Querido Canciller Schmidt:

Con mucho agrado me adhiero al libro de homenaje que se le dedica al cumplir sus setenta años. Quiero expresarle mi reconocimiento por la admirable obra realizada por Vd. durante su vida política en activo.

Como Canciller de la República Federal de Alemania ha contribuido Vd. de manera ejemplar a la construcción de Europa y al fortalecimiento de los valores democráticos comunes.

Hago votos para que su amplia experiencia nos siga acompañando durante muchos años y le reitero a Vd. mi simpatía hacia su obra y persona.

Afectuosamente.

Juan Carlos R

Juan Carlos I

Brief an einen Europäer

Querido Canciller Schmidt,
con sumo agrado me adhiero al libro de homenaje que se le dedica al cumplir sus setenta años. Deseo expresarle mi reconocimiento por la admirable obra realizada por Vd. durante su vida política en activo.

Como Canciller de la República Federal de Alemania ha contribuido Vd. de manera ejemplar a la construcción de Europa y al fortalecimiento de los valores democráticos comunes.

Hago votos para que su amplia experiencia nos siga acompañando durante muchos años y le reitero a Vd. mi simpatía hacia su obra y persona.

Afectuosamente — Juan Carlos R.

Lieber Kanzler Schmidt,
mit großer Genugtuung schließe ich mich dem Werk an, das Ihnen anläßlich der Vollendung des 70. Lebensjahres gewidmet wird. Ich möchte Ihnen meine Anerkennung für Ihre bewunderungswürdige Arbeit während Ihres aktiven politischen Lebens zum Ausdruck bringen.

Als Kanzler der Bundesrepublik Deutschland haben Sie in beispielhafter Weise zum Aufbau Europas und zur Festigung der gemeinsamen demokratischen Werte beigetragen.

Ich wünsche innigst, daß Ihre große Erfahrung uns noch viele Jahre begleiten möge, und versichere Sie erneut meiner Sympathie für Ihr Werk und Ihre Person.

Herzlich — Juan Carlos R.

Jacques Delors

Verschläft Europa seine Chance?

Selten war die weltpolitische Präsenz der Europäischen Gemeinschaft so notwendig wie heute. Die Welt erwartet von der Europäischen Gemeinschaft Beiträge zur besseren Funktionsfähigkeit der Weltwirtschaft, einen Beitrag zur Stabilität der Wechselkurse. Darüber hinaus erwarten Latein- und Mittelamerika, besonders aber der von der Entwicklung vergessene Kontinent Afrika eine Perspektive für die Zukunft. Auch im Bereich der Ost-West-Beziehungen kommt gerade in der aktuellen Phase, in der seit den Gipfeltreffen zwischen Reagan und Gorbatschow soviel in Bewegung geraten ist, der Europäischen Gemeinschaft eine Schlüsselrolle zu.

Und was tut die Europäische Gemeinschaft? Beschäftigt sie sich wirklich nur mit ihren Agrarüberschüssen und mit ihren Budgetproblemen?

In seinem neuesten Buch »Menschen und Mächte«, das lange Zeit in den deutschen Bestsellerlisten ganz oben zu finden war, führt Helmut Schmidt folgendes aus: »Die Europäische Gemeinschaft ist etabliert; England ist Mitglied, die französischen Vorbehalte gegen Deutschland sind einer weitgehenden beiderseitigen Sympathie gewichen; der Europäische Rat als europäisches Führungsorgan hat seit Beginn der achtziger Jahre seine Handlungsfähigkeit mehrfach bewiesen, er hat sogar die Grundlagen für ein gemeinsames Währungssystem geschaffen; die kollektive wirtschaftliche Kraft der EG-Mitgliedstaaten, besonders ihre weltwirtschaftliche, alle anderen Staaten und Staatengruppierungen weit überragende Rolle gibt Europa heute potentiell ein unerhörtes politisches Gewicht; und schließlich sind inzwischen sogar – mit Ausnahme der nuklearen Waffen – alle quantitativen Voraussetzungen für eine selbständige und ausreichende Verteidigungskraft Westeuropas erfüllt. Gleichwohl ist Westeuropa im Begriff, seine Chance zu verschlafen. Es könnte heute ein sein Schicksal selbst bestimmendes Subjekt der Weltgeschichte werden, wenn man so will: die vierte Weltmacht.«

Verschläft Europa tatsächlich seine Chance, in der Welt den ihm eigentlich zukommenden Platz einzunehmen und nicht Objekt, sondern Subjekt der Weltpolitik zu sein? Was hindert die Europäische Gemeinschaft, ein eigenständiger Akteur im Weltgeschehen zu werden?

Die Frage der politischen Identität Europas als eigenständiger und verläßlicher Akteur im Weltgeschehen stellte sich bereits unmittelbar nach dem Zweiten Weltkrieg. Damals – und daran hat sich bis heute kaum etwas geändert – waren sich weder die europäischen Staaten noch ihre Verbündeten im klaren, was zu tun sei. Aus dieser Unsicherheit heraus wurden die Kompetenzen Europas eher zaghaft formuliert und in der Folgezeit nur zögernd erweitert oder vertieft.

Ein Blick auf die Entstehungsgeschichte der Gemeinschaft zeigt dementsprechend, daß ihre ursprüngliche Konzeption nicht in erster Linie auf die Übernahme einer internationalen Rolle abzielte. Nach dem Scheitern der Europäischen Verteidigungsgemeinschaft wurde vielmehr eine harmonische Entwicklung im Innern angestrebt. Gleichzeitig wurde der wirtschaftspolitische Ansatz gewählt, wobei man die Hoffnung hatte, daß die politische der wirtschaftlichen Entwicklung folgen werde.

Allerdings waren bereits in den Römischen Verträgen zwei Bereiche enthalten, die Keimzellen eines internationalen Engagements darstellten: zum einen die Zollunion mit dem gemeinsamen Zolltarif sowie die gemeinsame Handelspolitik und zum andern die Assoziierung der überseeischen Gebiete, die im Laufe der Jahre in die Entwicklungshilfepolitik der Gemeinschaft überging.

In beiden Bereichen wurden bis heute große Fortschritte erzielt. Hier spielt die Europäische Gemeinschaft inzwischen auch im internationalen Bereich eine maßgebliche Rolle.

Denken wir nur an die gegenwärtig laufenden GATT-Verhandlungen, die in Uruguay begonnen haben, oder an die Lomé-Abkommen mit inzwischen 66 Ländern Afrikas, der Karibik und des Pazifiks. Zu diesen beiden bereits in den Römischen Verträgen verankerten internationalen Betätigungsfeldern der Gemeinschaft kamen später neue hinzu. Beispielsweise die Europäische Politische Zusammenarbeit, die seit 1970 eine Koordinierung der Außenpolitiken zum Ziel hat, oder das 1979 geschaffene Europäische Währungssystem.

Eine weitere, deutliche Verstärkung der Orientierung der Gemeinschaft nach außen ist durch die Einheitliche Europäische Akte eingetreten. Die Einheitliche Europäische Akte institutionalisiert die Europäische Politische Zusammenarbeit in der Außenpolitik und bezieht bis zu einem gewissen Grad die Fragen der Europäischen Sicherheit mit ein.

Obwohl es sich hier um rein konsultative Mechanismen handelt, die mit keinerlei echter Kompetenzverlagerung auf EG-Niveau verbunden sind, so stellt diese Institutionalisierung der Europäischen Politischen Zusammenarbeit doch einen wichtigen Schritt in Richtung einer Europäischen Außenpolitik dar.

Es ist also festzustellen, daß die Gemeinschaft bereits auf mehreren Gebieten als Akteur ins Weltgeschehen eingreift. Doch reicht dieses gegenwärtige Agieren aus, um der Verantwortung gerecht zu werden, die Europa angesichts seiner Geschichte, seiner Kultur und seines wirtschaftlichen Potentials für die Welt zu übernehmen hat?

Die Welt hat sich in den letzten Jahrzehnten fundamental geändert. Der technische Fortschritt, die vollkommen neuen Dimensionen des Vernichtungspotentials der Waffen, die Gefährdung unserer Umwelt, das engmaschige Geflecht der Weltwirtschaft, vor allem der Finanzmärkte, haben alle Nationen dieser Erde eng zusammengeschweißt. Die Interdependenz zwischen den einzelnen Bereichen ist derart gewachsen, daß alle politischen Probleme größerer Dimension bereits mit Rücksicht auf das Weltganze betrachtet werden müssen. Weltpolitik ist nicht mehr Außenpolitik, sondern, um mit Carl Friedrich von Weizsäcker zu sprechen, zur »Weltinnenpolitik« geworden.

Um Akteur in dieser »Weltinnenpolitik« zu sein, bedarf es eines großen politischen Gewichts. Wer werden die Akteure dieser »Weltinnenpolitik« in den nächsten Jahrzehnten sein? Sicherlich die Vereinigten Staaten, die Sowjetunion, China und Japan. Wer noch? Wird Europa dabeisein?

Europa wird dabeisein, wenn es ihm gelingt, seine Stärken zu bündeln und sich zu einer echten Gemeinschaft zusammenzuschließen.

Um mit den anderen – gegenwärtigen oder zukünftigen – großen Mächten Schritt zu halten, sieht Helmut Schmidt folgende sieben Notwendigkeiten für die Europäische Gemeinschaft:

»1. Ausbau des Europäischen Währungssystems zum Zwecke der damit zwangsläufig einhergehenden Harmonisierung der makroökonomischen Politiken von 12 Regierungen, der Ausbau des Systems fester Wechselkurse und des Ecu, die Stärkung des Ecu nach außen und nach innen
2. Die Stärkung gemeinsamer Technologien
3. Die Schaffung Europäischer Unternehmungen
4. Harmonisierung gemeinsamer technischer Normen und technischer Sicherheitsvorschriften
5. Die Parlamente der Mitgliedstaaten dazu bewegen, die militärisch-strategischen Interessen Europas des Abrüstungsfeldes zu definieren
6. Selbstbewußtsein gegenüber Amerika und der Sowjetunion zu zeigen
7. Ein politischer Führer in Europa ist unerläßlich.«

Ich stimme mit diesen Vorschlägen weitgehend überein. Zwei Bereiche scheinen mir jedoch besonders wichtig: der Wirtschafts- und Währungsbereich sowie der Sicherheitsbereich. Diese beiden Bereiche stellen den Kernpunkt jeder nationalen Souveränität dar.

Ohne Kompetenzen in diesen beiden Bereichen kann Europa kein eigenständiger Akteur in der Weltpolitik werden.

Einschränkend möchte ich allerdings hinzufügen, daß die Kompetenzen der Europäischen Gemeinschaft auf den Gebieten Wirtschaft und Währung sowie Verteidigung nicht notwendigerweise den klassischen allumfassenden Kompetenzen der einzelnen Staaten entsprechen müssen. Ich denke hier eher an eine Kompetenz »sui generis« auf diesen Gebieten, die der Europäischen Gemeinschaft jeweils so viel Einflußmöglichkeit sichert, daß sie in der internationalen Politik wirksam agieren kann. So könnte im Verteidigungsbereich eine enge Kooperation und Koordination der Streitkräfte verbunden mit einer Vereinheitlichung der Waffensysteme bereits einen großen Fortschritt bedeuten und eventuell sogar ausreichend sein, die europäischen Sicherheitsinteressen wirkungsvoll zu vertreten.

Ähnliche, dosierte und den jeweiligen Notwendigkeiten angepaßte Kompetenzübertragungen auf die europäische Ebene wären auch im Wirtschafts- und Währungsbereich denkbar.

Ich möchte noch einmal Helmut Schmidt aus seinem Buch »Menschen und Mächte« zitieren: »Es ist keineswegs auszuschließen, daß wir Westeuropäer versäumen, aus dieser historisch einzigartigen Situation zukunftweisende politische Konsequenzen zu ziehen. Daß wir versäumen, mit der zum Unfug gewordenen Agrarpolitik der EG aufzuräumen, einen wirklich homogenen gemeinsamen Markt zu schaffen, die elf Währungen innerhalb der EG schrittweise durch einen gemeinsamen Ecu zu ersetzen, um dadurch allmählich einen Gleichlauf unserer nationalen Haushalts- und Finanzpolitiken zu erreichen und eine integrierte Verteidigungsarmee zu schaffen. Und daß wir versäumen, Westeuropa eine gemeinsame gesamtstrategische Führung zu geben.

Wenn wir Westeuropäer im heutigen Zustand verharren sollten, so werden die Menschen in Osteuropa Klienten Moskaus bleiben, und die Menschen in Westeuropa werden zu Klienten Washingtons absinken – auch wenn sie es nur gelegentlich bemerken, nämlich immer dann, wenn es kritisch wird.«

Ohne Fortschritte auf dem Weg zu einer Wirtschafts- und Währungsunion werden wir, selbst wenn wir den großen Binnenmarkt realisieren, die Antworten auf die weltwirtschaftlichen Herausforderungen schuldig bleiben. Ebenso werden wir in unserer Abhängigkeit von den Vereinigten Staaten verharren, wenn es uns nicht gelingt, uns als Europäische Gemeinschaft im Verteidigungsbereich zu verstärken.

Im Zeitalter der weltwirtschaftlichen Verflechtung, die von Jahr zu Jahr rasant zunimmt, sind die einzelnen europäischen Länder als einzelne auf lange Sicht wirtschaftlich nicht überlebensfähig. Weltweit schließen sich die Staaten bereits zu regionalen Gruppierungen zusammen wie zum Beispiel in Südostasien oder in Lateinamerika. Europa kann hier nicht abseits stehen. Um international konkurrenzfähig zu bleiben, muß sich Europa enger zusammenschließen, das heißt zunächst, den Binnenmarkt realisieren, aber dann auch wirtschafts- und währungspolitisch mit einer Stimme sprechen.

Was die weltwirtschaftliche Verantwortung der Gemeinschaft betrifft, so ist festzustellen, daß die Märkte, vor allem die Kapitalmärkte, in Ermangelung einer ausreichenden Konzertierung zwischen den großen Industrienationen die Macht an sich gezogen haben. Aber sie sind nicht in der Lage, die Macht auch wirklich auszuüben. Die Märkte sind nämlich kurzsichtig und nervös. Denken wir nur an die Ereignisse vom Oktober 1987 und das anschließende Auf und Ab. Es wäre viel besser, die Staats- und Regierungschefs würden die Macht wieder übernehmen. Dazu müßte allerdings ein angemessenes und effizientes Instrumentarium geschaffen werden.

Europa hat in der jetzigen weltwirtschaftlichen Situation die Pflicht, für mehr Wachstum – selbstverständlich bei Stabilität – zu sorgen. Dann könnten wir wirksamer zum Wachstum des Welthandels beitragen und das Schicksal der armen Länder erleichtern.

Diesen Beitrag zum Wachstum kann ein einzelnes europäisches Land nicht leisten, nicht die Bundesrepublik und auch nicht Frankreich. Eine gemeinsame Strategie eines einigen Europas könnte dies sehr wohl.

Ähnliches gilt für die internationalen Wechselkurse. Der Yen allein kann nicht für Stabilität der internationalen Wechselkurse sorgen. Auch hier muß Europa seinen Beitrag leisten. Ein wirksamer Beitrag ist letztlich nur durch eine gemeinsame Währung, den Ecu, zu erreichen, das heißt durch das einzig taugliche Finanzmittel, das das wirtschaftliche Gewicht und die Handlungsfreiheit unseres Europas zum Ausdruck bringen kann.

Gleichzeitig aber muß Europa die Grundsätze und die Mittel seiner Verteidigung überdenken. Und dies nicht nur im Hinblick auf die Sicherheit Europas, wenngleich auch dies von entscheidender Bedeutung ist, sondern auch im Hinblick auf einen Zuwachs an Einfluß im Wirtschaftsbereich. Zwischen Wirtschafts- und Sicherheitspolitik besteht eine offensichtliche Interdependenz, um nicht zu sagen ein Junktim, und zwar ein technologisches, wirtschaftliches und finanzielles.

Der ganz wesentliche Punkt jedoch wäre der Ausdruck unseres Willens, allen Situationen begegnen zu können, die unsere Unabhängigkeit, unsere Freiheit und unsere Sicherheit in Frage stellen könnten. Europa müßte sich hier als eigenständige Einheit behaupten, ohne jedoch die Grenzen seiner Unabhängigkeit zu übersehen, das heißt mehr Autonomie, aber gleichzeitiges Stehen zu seinen Verbündeten. Ich weiß, daß dies eine schwierige Gratwanderung ist, aber wir müssen es versuchen.

Was hindert nun die Gemeinschaft, auf den oben beschriebenen beiden Bereichen Wirtschaft und Währung sowie Verteidigung Fortschritte zu erzielen, und warum kommt die Gemeinschaft auf den Gebieten, auf denen sie bereits Kompetenzen besitzt, nur so zögernd voran? Viele werden sagen: die Struktur der Europäischen Gemeinschaft, die langwierigen und schwerfälligen Entscheidungsprozesse, die zahlreichen, neben der Europäischen Gemeinschaft bestehenden anderen Institutionen auf europäischer Ebene wie OECD, EPZ, WEU, Europarat, Nato usw., mit jeweils verschiedenen, sich aber doch teilweise überschneidenden Zuständigkeitsbereichen und jeweils unterschiedlicher Mitgliederzahl.

Doch diese verwirrende Konstruktion des Versuches, Europa nach dem Krieg einen Zusammenhalt zu geben, ist nur Ausdruck dafür, daß sich die Länder Westeuropas noch immer nicht im klaren sind, was sie wollen. Sie sind sich weder im klaren über das Ziel noch über den Weg.

Warum noch immer diese Unklarheit? Warum hat die Gemeinschaft noch immer keine ausreichenden Kompetenzen auf den Gebieten Wirtschaft und Währung sowie Verteidigung? Warum war – zumindest bis vor kurzem – nie der nötige politische Druck vorhanden, die Institutionen der Gemeinschaften zu stärken und damit effizienter zu gestalten?

Sicherlich hat eine Rolle gespielt, daß die nach dem Krieg zunehmend weltweite Dimensionierung des Wirtschaftens sich nicht günstig auf den Integrationsprozeß ausgewirkt hat. Die weltwirtschaftliche Verflechtung wirkte sich im Gegenteil in mehreren Bereichen negativ auf das nur unzureichend integrierte Europa aus. Die Tatsache, daß auf dem Tokio-Gipfel 1987 bei der Schaffung der »G 7«, einer von den Finanzministern gebildeten Gruppe, die Europäische Gemeinschaft ausgeschlossen blieb, bringt zum Ausdruck, daß die Europäische Gemeinschaft als solche immer noch unterschätzt oder in Zweifel gezogen wird.

Auch im Technologiebereich stand weltweite Kooperation manchmal europäischer Kooperation entgegen. Das amerikanische SDI-Programm beispielsweise entzweite die Mitgliedstaaten der Gemeinschaft. Manche Mitgliedstaaten fühlten sich von dem Projekt angezogen und förderten entsprechende Kooperation, andere sprachen sich strikt gegen dieses Programm aus.

Darüber hinaus übten die großen Binnenmärkte Japan und die

Vereinigte Staaten eine überaus große Anziehungskraft auf die europäischen Unternehmer aus. So wurden sehr viele Investitionen in diesen Ländern getätigt und nicht in einem Europa, das in zahlreiche Einzelstaaten zersplittert war und dies leider immer noch ist.

Auch die Erdöl- und Dollarkrisen der Vergangenheit haben das unzureichend integrierte Europa mehr getrennt als vereint. Jeder wollte in diesen Situationen retten, was zu retten war. Und die Gemeinschaft mußte jeweils mangels Kompetenz tatenlos zusehen.

Ein weiterer, ganz entscheidender Grund für die Zähigkeit des Integrationsprozesses ist die Unterschiedlichkeit der Mitgliedstaaten. Waren die sechs Gründerstaaten der Europäischen Gemeinschaft bei allen historischen und kulturellen Unterschieden noch in etwa homogen, so kann dies nicht mehr behauptet werden, seitdem die Gemeinschaft um weitere sechs Mitgliedstaaten gewachsen ist. Die große Unterschiedlichkeit der kulturellen und politischen Traditionen, aber auch der wirtschaftlichen Situation machen die Integration schwer.

Doch es sind so zahlreiche Vorteile damit verbunden, die zwölf Mitgliedstaaten zu vereinen, daß es sich lohnt, dieses Abenteuer zu wagen. Die wichtigen, um nicht zu sagen entscheidenden Schritte, die während der ersten sechs Monate des Jahres 1988 gemacht wurden, geben uns Anlaß zu großen Hoffnungen. Die Gemeinschaft ruft wieder Respekt und Verlangen hervor. Der Euro-Optimismus ist zurückgekehrt.

Doch bleibt noch Wesentliches zu tun im Hinblick auf das Europa der Völker und das Europa der Bürger. Denn das entscheidende Hindernis für den europäischen Integrationsprozeß war bisher die zu geringe Unterstützung durch den Bürger. Ohne den Integrationsbeitrag schmälern zu wollen, der von der Schaffung von Institutionen ausgeht, so bin ich fest davon überzeugt, daß in allererster Linie der Wille zur Integration notwendig ist, und zwar der Wille der Bevölkerungen unserer Mitgliedstaaten.

Es ist uns in der Vergangenheit nicht gelungen, den Willen der

Bevölkerung zur Integration ausreichend zu mobilisieren. Wir müssen einsehen – und damit bin ich bereits dabei, nach Lösungen zur Überwindung der oben beschriebenen Probleme zu suchen –, daß dieser gemeinsame Wille der Bevölkerungen zur Einigung nicht durch Bürokratismus, Harmonisierung, nicht einmal durch so ehrgeizige Konzepte wie den Binnenmarkt 1992 oder das im Februar 1988 verabschiedete »Delors-Paket« hergestellt werden kann. Dazu bedarf es mehr. Der Binnenmarkt kann kein Ziel an sich sein, ebensowenig wie beispielsweise eine gemeinsame Forschungspolitik oder eine gemeinsame Agrarpolitik.

Alle diese Bestrebungen müssen ihren Sinn aus einer höherstehenden Zielsetzung erhalten; nur dann gewinnen sie die Faszination, die den wirklichen Willen zu tatsächlicher Integration erst möglich macht. Diese Faszination muß auf die Bevölkerungen unserer Mitgliedstaaten übergehen.

Um dies zu erreichen, müssen wir alle Aktivitäten auf europäischer Ebene vor dem Hintergrund der eigentlichen Zielsetzungen der Europäischen Gemeinschaft darstellen. Und diese Zielsetzungen haben große Anziehungskraft! Nur gehen sie leider allzuoft im täglichen Kleinkram europäischer Bürokratie unter. Wir müssen diese Zielsetzungen wieder in den Vordergrund rücken und unsere Politiken diesen Zielen unterordnen. Laut den Präambeln der Verträge sind unsere Ziele, die den Herzen und Gedanken unserer Bürger nahestehen: Wahrung von Frieden und Freiheit, Eintreten für Demokratie und Menschenrechte, Sicherung von wirtschaftlichem und sozialem Fortschritt, Solidarität mit den Ländern der dritten Welt und, zwar nicht in den Präambeln der Verträge erwähnt, aber nicht weniger wichtig: Erhaltung der Umwelt, Austausch unserer Ideen, unserer Kulturen, unserer Innovationen . . .

Wenn es uns gelingt, die Bevölkerungen der Mitgliedstaaten zu überzeugen, daß ein geeintes Europa besser geeignet ist, diese Ziele zu erreichen, als die einzelnen Staaten jeweils für sich alleine, werden wir den nötigen Willen haben, Europa zu einen. Die Aktivitäten der

Gemeinschaften müssen dann aber auch kritisch auf ihre Vereinbarkeit mit diesen Zielen überprüft werden und gleichzeitig muß der oben beschriebenen Interdependenz zwischen den verschiedenen Politikbereichen Rechnung getragen werden.

Technologie hat sehr viel mit Verteidigung, Verteidigung sehr viel mit Wirtschaft, Wirtschaft mit Umweltschutz, Umweltschutz mit Technologie und alle diese Bereiche sehr viel mit Außenpolitik zu tun. Wie will man all diese Probleme angehen, wenn man nicht auf allen diesen Feldern tätig sein kann? In diesem Zusammenhang weise ich nochmals darauf hin, daß nicht unbedingt eine klassische, umfassende Kompetenz auf diesen Gebieten nötig ist, sondern daß eine dosierte, den jeweiligen Aufgabenstellungen angepaßte »Kompetenz sui generis« bereits ausreichen könnte, das politische Gewicht Europas wirkungsvoll in der Weltpolitik zur Geltung zu bringen.

Wenn sich die Europäische Gemeinschaft an ihre Zielsetzung hält und ihre Politiken dieser Zielsetzung unterordnet, wird sie vom Willen der Bevölkerungen getragen sein und die nötigen Kompetenzen werden ihr automatisch zuwachsen. Den Bevölkerungen muß allerdings der Nachweis geführt werden, daß das jeweils zu erreichende Ziel besser auf euopäischem als auf nationalem Niveau erreicht werden kann. Die Orientierung am Prinzip der Subsidiarität scheint mir eine wesentliche Voraussetzung für den Fortschritt des Integrationsprozesses.

Unabhängig von der eben beschriebenen Interaktion zwischen öffentlicher Meinung und Fortschritten im Integrationsprozeß scheint mir, daß die Unterzeichnung der Einheitlichen Europäischen Akte und die Verabschiedung des sogenannten »Delors-Paketes« im Februar 1988 einen Wendepunkt markieren. Diese beiden Ereignisse können dazu beitragen, der Gemeinschaft den Integrationsstand zu ermöglichen, der sie die Hindernisse auf dem Weg zu einem Akteur im Weltgeschehen überwinden läßt.

Die Einheitliche Europäische Akte hat das institutionelle System erheblich verbessert, und sie hat der Gemeinschaft neue Ziele gesetzt, vor allem die Verwirklichung des Binnenmarktes, die Verstärkung der Solidarität zwischen den verschiedenen europäischen Regionen, die Schaffung eines sozialen europäischen Raumes, die Zusammenarbeit auf dem Gebiet der Wissenschaft und der Technologie und den Weg hin zu einer Wirtschafts- und Währungsunion. Insbesondere die neuen Mitgliedstaaten erwarten zu Recht, daß ihre Mitwirkung in der Gemeinschaft zu ihrer Entwicklung und zur Anhebung ihres Lebensstandards beiträgt.

Mit den Änderungen der Römischen Verträge haben die Mitgliedstaaten eine neue Perspektive für den Aufbau Europas gegeben. Die Verwirklichung des Binnenmarktes bis 1992 wird die Europäische Gemeinschaft in die Lage versetzen, die internationalen Herausforderungen zu bestehen und zu einem stärkeren und beschäftigungswirksameren Wirtschaftswachstum zurückzufinden.

Das sogenannte »Delors-Paket«, das im Februar 1988 nach langen und zähen Verhandlungen verabschiedet wurde, ist ein erster und wichtiger Schritt zur Realisierung der Einheitlichen Europäischen Akte. Das »Delors-Paket« setzt die seit 1984 eingeleiteten Reformen der gemeinsamen Agrarpolitik fort, es reformiert die Strukturfonds, um sie zu Instrumenten der wirtschaftlichen Entwicklung zu machen. Gleichzeitig wird eine neue Haushaltsdisziplin geschaffen und die Gemeinschaft mit ausreichenden finanziellen Mitteln ausgestattet, um die Ziele der Einheitlichen Europäischen Akte verwirklichen zu können.

Doch sind wir damit noch lange nicht am Ziel. Es wird viele Anstrengungen und sehr viel Kompromißbereitschaft von allen Mitgliedstaaten erfordern, die Einheitliche Akte tatsächlich zu realisieren. Wird sie realisiert, so wird die Europäische Gemeinschaft völlig anders dastehen; nicht nur als einheitlicher Binnenmarkt und damit als enormes wirtschaftliches Potential, sondern auch als eine Solidaritätsgemeinschaft, die sich über schwere Entwicklungsprozesse hinweg zu gemeinsamen Zielen durchgerungen hat.

Doch zurück zur weltpolitischen Rolle der Europäischen Gemeinschaft. Die Einheitliche Europäische Akte stellt ein Bindeglied dar zwischen den notwendigen inneren Reformen, der Gesundung im Innern und dem Engagement der Europäischen Gemeinschaft nach außen, indem sie zum ersten Mal Vertragsbestimmungen über die Europäische Zusammenarbeit in der Außenpolitik enthält.

Zwar gibt es die Europäische Politische Zusammenarbeit bereits seit 1970, wenn auch nur in pragmatischer und nicht in kodifizierter Form. Auch ändert die Einheitliche Europäische Akte nichts an der Dualität zwischen Europäischer Gemeinschaft einerseits und Europäischer Politischer Zusammenarbeit andererseits. Dennoch ist die Einheitliche Akte ein bedeutender Schritt in Richtung einer Annäherung der beiden Systeme.

Für Außenstehende ist es ohnehin kaum nachvollziehbar, daß Fragen des Außenhandels in den Institutionen der Europäischen Gemeinschaft, damit unmittelbar zusammenhängende außenpolitische Fragen im Rahmen der Europäischen Politischen Zusammenarbeit behandelt werden und womöglich wegen der unterschiedlichen Mehrheitserfordernisse einander widersprechende Maßnahmen beschlossen werden. So kann es nicht bleiben!

Es ist wirklich zu hoffen, daß durch die Aufnahme der Europäischen Politischen Zusammenarbeit in die Einheitliche Akte eine größere Kohärenz erzielt werden wird, die schließlich in eine umfassendere und abgestimmtere Außenpolitik auf europäischer Ebene münden wird.

Nach dieser Reform der Römischen Verträge durch die Einheitliche Akte ist die Europäische Gemeinschaft in die dritte Phase der Europäischen Einigung eingetreten. Die erste Phase, das Europa der Sechs, getragen von großem Elan und einem elementaren Gedanken »Nie wieder Krieg in Europa«, und die zweite Phase, die Öffnung des Europas der Sechs gegenüber sechs weiteren Mitgliedstaaten, münden nun in die dritte Phase, von der ich hoffe, daß sie wirklich zu einer Einigung Europas führt, und zwar zu einer Einigung im Innern und nach außen.

Zwei Gesichtspunkte stimmen mich in diesem Zusammenhang optimistisch, insbesondere was die Fortschritte im Bereich Wirtschaft und Finanzen sowie Sicherheit betrifft. Die weltwirtschaftliche Verflechtung läßt in der heutigen Situation die Mitgliedstaaten im Gegensatz zur Vergangenheit näher zusammenrücken. Dieser Prozeß wird zusätzlich unterstützt durch die Dynamik, die aus den Zielen Binnenmarkt 1992 und wirtschaftlicher und sozialer Zusammenhalt zwischen den Mitgliedstaaten und zwischen deren verschiedenen Regionen erwächst.

Die oben näher beschriebene Interdependenz zwischen Wirtschafts- und Währungsbereich und Sicherheitsbereich wird sich in Zukunft im umgekehrten Sinn und positiv auswirken, d.h. Fortschritte in der wirtschaftlichen Integration werden nicht ohne Auswirkungen auf die sicherheitspolitische Integration bleiben.

Der europäische Integrationsprozeß sah Phasen der Dynamik und Phasen der Stagnation. Ich meine, daß wir seit 1984, insbesondere aber seit dem Brüsseler Sondergipfel im Februar 1988, der unter dem Vorsitz einer aktiven deutschen Präsidentschaft stattfand, wieder in eine Phase der Dynamik eingetreten sind.

Auf dem Brüsseler Sondergipfel wurden nicht nur wichtige Entscheidungen im Hinblick auf die Realisierung der Einheitlichen Europäischen Akte getroffen, sondern vor allem ein ganz fundamentaler Entschluß gefaßt: wir wollen es zu zwölft versuchen! Alle Mitgliedstaaten haben deutlich zum Ausdruck gebracht, daß sie bereit sind, die nötige Solidarität aufzubringen, um trotz der großen Unterschiedlichkeit der einzelnen Mitgliedstaaten eine große Gemeinschaft zu bilden.

Diese Entschlossenheit der Mitgliedstaaten, es zu zwölft zu versuchen, stimmt mich optimistisch. Wir müssen nun alle unsere Kraft darauf verwenden, den Elan zu nutzen, um die europäische Einigung voranzubringen. Sind wir stark und solidarisch im Innern, so werden wir auch stark und verläßlich nach außen sein.

Marion Gräfin Dönhoff

Geistige Führung tut not

Autorität ohne Freiheit führt zur Diktatur, aber Freiheit ohne Autorität endet in Permissivität. Und Permissivität zerstört jede Gesellschaft. Es ist ein Urproblem, das da lautet: Ordnung in Freiheit oder Freiheit in Anarchie.

Wer etwa glaubt, daß alles in Ordnung sei, wenn der Rechtsstaat einmal etabliert und Pluralität gesichert ist, der irrt. Die Demokratie ist ständig gefährdet. In jeder Demokratie sind antidemokratische Tendenzen verborgen: Kommen sie von rechts, so geht es meist um Verherrlichung des Staates, dem auf Kosten der bürgerlichen Freiheiten Opfer gebracht werden sollen. Naht die Gefahr von links, so ist es gewöhnlich extensive Auslegung des Freiheitsbegriffes, die sie bedroht.

Die Demokratie muß also immer wieder neu untermauert und gesichert werden. Ihr Überleben, und ebenso wichtig: der Geist, in dem sie überlebt, hängt ab von der Verfassung, in der die Gesellschaft sich befindet; hängt ab von ihrer Gesittung – wenn dieses altmodische Wort erlaubt ist –, also von dem Grad der Toleranz, Rücksicht, Selbstdisziplin und davon, ob der Bürger das Ganze im Sinn hat, oder sein Denken allein auf die eigene Karriere konzentriert ist und auf das persönliche Wohlergehen.

Der große Liberale Max Weber, der so kompromißlos das System geistloser Führung der Wilhelminischen Ära kritisierte und so intensiv für die parlamentarische Demokratie stritt, hat sich ebenso intensiv darum gesorgt, wie es nach dem Abgang Bismarcks und seiner Führungsschicht gelingen könne, eine neue führende Schicht heranzubilden. Für unsere Ohren klingt dies Verlangen sehr nach Elite, und wer will schon, nach allem, was wir erlebten, von den kaiserlichen Kadettenanstalten bis zur Leibstandarte Adolf Hitlers, noch etwas mit Eliten zu tun haben? Aber kann eine Gesellschaft ohne Eliten existieren?

Während der Jahre des Aufruhrs, also nach 1968, gab es Gruppen, die kritisierten, daß bei uns nicht das Volk herrsche, wie es der Artikel 20 des Grundgesetzes postuliert, sondern »eine Vielzahl von Eliten«. Sie agitierten darum gegen Eliten und tabuisierten den Begriff, aber sie sagten nicht, wie sie ohne Eliten regieren wollten.

Vielleicht ist es ja nur das Wort, das schreckt, denn das, was es bezeichnet, gibt und gab es selbstverständlich überall und zu allen Zeiten. In Frankreich und Italien steht dafür der Sammelbegriff »politische Klasse«. Sie umfaßt alle Parteichefs, von den Gemeinden bis hinauf zum Parlament, die Führer der Gewerkschaften und anderer Verbände, überhaupt all jene, die Gesetze machen, regieren und Verantwortung tragen. Wenn man sie alle zusammen addierte, würde ihre Zahl bei uns wohl kaum mehr als 12 000 betragen. 12 000 Mitglieder der politischen Klasse stellen im Verhältnis zu einem 60-Millionen-Volk im Sinne der Selektion natürlich eine Elite dar.

Die Existenz von Eliten zu bekämpfen, wäre also absurd. Ob diese Führungsauswahl in Elite-Schulen, wie dies in Frankreich geschieht, ausgebildet werden soll oder nicht, das mag eine legitime Frage sein, über die nachgedacht werden muß, denn sicherlich möchte jeder, daß seine Vertretung optimal ausgebildet wird. Dies aus Gründen der Gleichheit abzulehnen, wäre wirklich töricht.

Ob jene Auswahl nur eine Selektion im Sinne quantitativer Reduzierung darstellt, oder ob sie, wie man hoffen möchte, auch qualitätsmäßig als Elite bezeichnet werden kann, das ist die große Frage. Und da ist die Demokratie *per se* keine Garantie und kann es wohl auch nicht sein, denn der Wähler darf ja nicht diejenigen wählen, die vielleicht wirklich die besten sind, sondern er kann sich nur zwischen denen entscheiden, die ihm von den Parteien als Kandidaten vorgesetzt werden; sie aber sind unter ganz bestimmten Gesichtspunkten ausgewählt worden: neben den Experten, die jedes

Parlament braucht, werden diejenigen herausgestellt, die Repräsentanten von Interessengruppen sind oder von spezifischen Branchen einer bestimmten Region.

Wenn man sich an die großen, oft dramatischen Debatten der ersten Bundestagsversammlungen zurückerinnert, an die Qualität der Argumente und an den Geist der damaligen Parlamentarier: Carlo Schmid, Thomas Dehler, Fritz Erler, Adolf Arndt, Theodor Heuss, dann erscheint der Abstieg zum heutigen Niveau allerdings sehr augenfällig. Übrigens durchaus verständlicherweise, denn damals gab es einen wirklichen Stau von Talenten, die seit langem ungeduldig darauf warteten, nach den Jahren moralischer Pervertierung und geistiger Isolation ein besseres Deutschland aufzubauen. Damals drängten die Besten und Fähigsten erst in den Parlamentarischen Rat und später ins Parlament.

Sie waren es, die das Fundament gelegt haben; sie mußten Grundsatzentscheidungen treffen, mußten jeden Baustein auf seine Eignung hin prüfen und die Strukturen bestimmen, die für die künftige Gesellschaft Gültigkeit haben sollten. Dies aber hieß damals auch, sich Gedanken zu machen über das Bild des Menschen und die Wertvorstellungen, von denen er geprägt sein sollte. Das sind Aufgaben und Herausforderungen, die sehr wohl geeignet waren, die besten Geister der Zeit in Bann zu schlagen.

Verglichen damit ist heute vieles Routine, die von Bürokraten erledigt wird. Die Söhne und Enkel jener Gründungsväter, die nicht durch das Höllenfeuer des totalitären Staates gegangen sind, sondern vielmehr den Rechtsstaat von vornherein als selbstverständliche Gegebenheit ansehen, gehen heute eher unachtsam und fahrlässig mit den so fragilen Einrichtungen der Demokratie um.

Auch hat sich zwangsläufig der Typus des Abgeordneten grundlegend verändert. Es gibt kaum noch Unternehmer und Selbständige im Parlament. An ihre Stelle sind Beamte und Angehörige des öffentlichen Dienstes getreten. Viele Abgeordnete sind heute Berufspolitiker – Berufspolitiker ohne Beruf –, quasi Funktionäre der großen Parteien, die dazu neigen, alle wichtigen Fragen in der Fraktion oder auf Parteitagen zu diskutieren, aber nicht mehr im Parlament.

Wenn es also so ist, daß die politische Klasse wie eh und je existiert und ihres Amtes waltet, so wundert man sich, warum allenthalben ein Mangel an Führung beklagt wird. Warum? Weil jene Führung sich auf das technische Funktionieren des Apparates beschränkt und weil auch der durchaus wahrnehmbare Fortschritt nur der mechanische Fortschritt einer materiellen Welt ist. Was fehlt, ist die Restituierung einer geistigen Welt, in deren Mittelpunkt der Mensch und die Humanitas steht und nicht der Apparat und seine sachgerechte Bedienung.

Deutschland war jahrhundertelang ein Umschlagplatz der großen geistigen Ideen Europas. Die Deutschen lebten im Höhenflug spirituellen Aufwindes, sie tauschten ihre Erkenntnisse aus im Dialog mit anderen Europäern von der Renaissance über die Reformation, Aufklärung und Romantik bis zu Karl Marx. Dann kam 1870. Es kamen die Gründerjahre, und es begann der Aufstieg Deutschlands zur führenden Industriemacht der Welt. Von da an war alles auf die Naturwissenschaften konzentriert, das Interesse an geistigen Ideen ließ nach und verschwand während der Wilhelminischen Ära mit ihrer Vorliebe für Flotte, schimmernde Wehr und imperiale Expansion immer mehr.

Max Weber hat sehr genau gesehen, daß die Dynamik des sich mit äußerster Geschwindigkeit entwickelnden Kapitalismus die gesellschaftlichen Strukturen von Grund auf erschütterte. Schon in den neunziger Jahren prophezeite er, daß die traditionellen gesellschaftlichen Strukturen der Zerstörung anheimfallen werden und daß sie durch nichts wiederherzustellen seien. Was würde er, der schon damals so dringlich vor Bürokratisierung warnte, sagen, wenn er unsere von Bürokraten dirigierte Massengesellschaft sähe und die Dynamik des permanenten technischen Wandels!?

Nach dem Ersten Weltkrieg gab es noch einmal eine kulturelle

Blütezeit in den zwanziger Jahren, aber es war, genau wie so oft in der Natur, die letzte verschwenderische Pracht vor dem endgültigen Tod. Weimar, aus der Niederlage geboren, durch Reparationen und Inflation geschwächt, kämpfte ums Überleben und war der Pervertierung aller Werte durch den heraufziehenden Nationalsozialismus wehrlos preisgegeben.

Und nach dessen Zusammenbruch? 12 Millionen Flüchtlinge, die ziellos über die deutschen Landstraßen wanderten, zerstörte Städte, ein demoralisiertes Volk ohne Hoffnung, ohne Zuversicht – was konnte man da erwarten? So sind all jene Werte in den Hintergrund gedrängt worden, bis sie schließlich fast ganz in Vergessenheit gerieten.

Eine erschreckende Demoralisierung hat sich inzwischen ausgebreitet, ein Niedergang bürgerlicher Sitten und staatsbürgerlichen Anstands. Geld scheint das zu sein, was viele Menschen am meisten interessiert. Geld als Instrument der Macht, als Schlüssel zum Wohlstand, Geld als Maßstab für Leistung und Ansehen des Einzelnen. Eben darum die vielen Korruptionsfälle vom Mandatskauf über die Flick-Affäre, die Neue Heimat, den Spielbankenkrach in Hannover, die ungezählten Bauskandale, bis zu Nukem und bis zum Kieler Verrat an der Demokratie.

Und nicht nur bei uns ist dieser moralische Niedergang zu beklagen; wohin wir blicken, überall – in West und Ost – ist die gleiche Entwicklung festzustellen. In Amerika sind während der Regierungszeit Präsident Reagans 110 höhere Amtsinhaber, einschließlich des Generalstaatsanwalts, genötigt gewesen, ihre Posten zu verlassen – viele sind einem Verfahren nur entgangen, weil sie rechtzeitig den Dienst quittierten. Loyalität dem Staatsoberhaupt oder dem Ganzen gegenüber gibt es offenbar nur noch selten: der Sprecher des Präsidenten scheidet aus und schreibt sofort ein Buch, in dem er so viele Indiskretionen wie möglich preisgibt, damit es auch wirklich ein Bestseller wird; auf ähnliche Weise rächt sich Ronald Reagans Stabschef nach der Entlassung. Berater, die das Weiße Haus verlassen haben, gründen noch im selben Jahr eine Beratungsfirma, um ihr Insider-Wissen in klingende Münze umzusetzen.

Die Gier nach Geld hat den Geist beiseite geschoben, und sie wird ihn vollends verdrängen, wenn sich die Führung nicht ihrer Verpflichtung zu führen erinnert und darüber nachdenkt, was zur Wiederherstellung einer humaneren Welt geschehen kann. Freiheit ohne Autorität endet in Permissivität. Demokratie ohne Führung entartet zu einem brutalen Catch-as-catch-can – denn der Mensch ist nun einmal so, wie er ist.

Wird seinem Egoismus freie Bahn gelassen, gibt es genug Leute, die jeder Rücksichtslosigkeit und Brutalität fähig sind, beispielsweise die Produzenten von gewaltverherrlichenden Video-Filmen oder jene Dealer, die junge Menschen zu immer härteren Drogen verführen. Offenbar brauchen viele Menschen ein Geländer, an dem sie sich – geschützt vor Verführungen – entlanghangeln können. Aber auch die, die nicht so leicht verführbar sind, verrohen ohne die Pflege geistiger Werte oder gewöhnen sich an Korruption und Kriminalität als unvermeidliche Tatsachen des Lebens.

Nach Jena und Auerstedt, als Preußen 1806 die Hälfte seines Territoriums eingebüßt hatte, der König mit seiner Familie in den äußersten Winkel seines Landes, nach Memel, hatte flüchten müssen und die Wirtschaft unter den Kriegskontributionen Napoleons zusammenbrach, erklärte Friedrich Wilhelm III. in einer Proklamation, jetzt müsse der Staat durch geistige Kraft ersetzen, was er an äußerer Macht verloren habe.

Und so geschah es. Damals begann die Zeit der großen, umfassenden Reformen: Der Freiherr vom Stein, Fürst Hardenberg, Humboldt, Scharnhorst, Gneisenau, Schleiermacher trugen dazu bei, daß schon nach einem Jahrzehnt Berlin zur geistigen Hauptstadt Europas geworden war.

Allerdings muß man bedenken, daß es wesentlich einfacher ist, sich im Unglück und nach Katastrophen dem Geist zuzuwenden, als in einer Überflußgesellschaft. Nach dem Zusammenbruch, am Ende des Zweiten Weltkriegs, entstanden als allererstes, noch im Winter 1945/46, sechs kulturelle und geistig-philosophische Zeitschriften (Die Sammlung, Die Gegenwart, Der Aufbau, Die Wandlung, Der Ruf, Frankfurter Hefte ...), die alle, bis auf eine, bald nach der Währungsreform wieder eingegangen sind.

Also, geistige Führung ist notwendig, und zwar gerade in prosperierenden Zeiten. Wie aber kann sie ausgeübt werden? Sicher nicht mit Hilfe von Gesetzen. Auch nicht durch Kirche oder Universität. Die Bürger sind nicht mehr als Stand oder soziologische Kategorie ansprechbar, sondern nur noch als Individuen. Und auch nur durch wirklich überzeugende Individuen, solche, die als Beispiel akzeptiert werden – der amtierende Bundespräsident ist aufschlußreich dafür, was mit Beispiel gemeint ist.

Das Natürliche wäre, daß die Familie die ersten Voraussetzungen für eine humane Lebensweise vermittelt, aber die vielen Beschwörungen des Begriffs Familie zeigen an, daß sie gar nicht mehr als Selbstverständlichkeit anzusehen ist. Für gewöhnlich werden heute die Kinder im Kindergarten abgegeben, die Alten ins Altersheim gesteckt und die Generation in der Mitte läßt sich scheiden, oder beide Eltern sind berufstätig und stehen aus diesem Grunde für die Kinder nicht zur Verfügung.

Und die Schule? Die Schule ist überfordert, wenn sie Kinder bekommt, die entweder von Eltern, die schlechtes Gewissen plagt, über alle Maßen verwöhnt wurden, oder wenn sie von Eltern erzogen werden, die Freiheit mit Permissivität verwechseln, weil sie meinen, die lieben Kleinen bekämen sonst Komplexe.

Wenn man sieht, wie ausgezeichnet sich viele Ersatzdienstleistende bewähren, dort, wo es um soziale Hilfe für behinderte Kinder oder alte Menschen geht, dann kommt man auf den Gedanken, daß es vermutlich ganz einfach an Herausforderungen fehlt. Vielleicht erscheint jungen Menschen, die nicht gefordert werden, die sich nicht bewähren können, das Leben langweilig und ohne Sinn. Sich bewähren ist eben doch ein dem Menschen eingeborenes Verlangen.

Vielleicht betrügen wir die Jugend um die Genugtuung, soziale Befriedigung zu erfahren, indem sie Solidarität praktiziert. Schade, daß alle organisierte Gruppenarbeit durch den Arbeitsdienst der Nazis abgewertet worden ist, sonst könnte man ihn heute auf weniger martialische Weise neu erfinden.

Die Aufgabe einer verständigen, humanen Führung ist allerdings heute im Zeitalter der Kommunikation, wo alle persönlichen Kontakte immer umfassender durch technische ersetzt werden, schwieriger denn je. Die originalen, direkten Beziehungen nehmen allenthalben ab und werden durch Surrogate ersetzt, durch Computerschaltungen und Vernetzungen aller Art.

Die Freude an Literatur, an Natur, am Gespräch wird ersetzt durch Fernsehen: Bis zum 15. Lebensjahr sitzt ein junger Bundesbürger etwa 16 000 Stunden vor dem Fernsehapparat. Der »Spiegel« berichtete über eine Untersuchung, die an einer Neusser Hauptschule durchgeführt worden ist. »Von 450 Schülern sehen 40 Prozent der elfjährigen und 70 Prozent der 14jährigen Jungen und Mädchen regelmäßig Videos, vor allem brutale Krimis, Horrorstreifen und Sexfilme.« Der Mensch wird allmählich denaturiert und seinem Ursprung, wohl auch seiner eigentlichen Bestimmung, immer mehr entfremdet, bis er schließlich selbst nur noch ein Instrument der Koordinierung in einer elektronischen Welt ist.

Noch einmal: geistige Führung tut not. Eine Monarchie hält mit autoritärem Sinn und hierarchischen Strukturen ihre Untertanen in Schach, aber eine freie Republik kann nicht ohne Tugend bestehen. Für die Römer hieß Bürgertugend: bereit sein, zu dienen – dem Ganzen zu dienen. Übrigens war bei ihnen extremer Luxus verboten, ein Gebot, das die Zensoren überwachten.

Meine Generation, die erlebt hat, was es bedeutet, in einem Verbrecherstaat leben zu müssen, hatte, als endlich alles vorbei war, nur einen Gedanken: an der Errichtung eines Rechtsstaates mitzuwirken, indem es möglich sein würde, ein humanes Leben zu führen. Wenn man heute erlebt, daß Politiker oft keinerlei Bezug haben zu jenen Vorstellungen, sondern meinen, es gehe in der Demokratie allein um die Technik, wie Macht erworben und erhalten werden kann, dann ist es nicht leicht, optimistisch in die Zukunft der Demokratie zu blicken.

Abba Eban

Serving Israel's Values and Interests

Israel has never been more secure against external menace and never more vulnerable to domestic folly. There is no existential danger from hostile Arab armies. Egypt has removed itself in its own interest from the cycle of recurrent wars. Jordan does not seek military aggression; no sane Israeli has ever sought prolonged military involvement in the anarchy of Lebanese politics, and the Syrian threat can be contained by deterrent power and vigilance. Terrorists are a threat to individual Israeli lives, but not the life of the Israeli state. The American-Soviet balance creates an international environment favorable to Israel's stability. The global relationship, moving toward a possible era of détente, does not imply a Soviet threat to Israel's existence. In these conditions, the darkest shadow hanging over Israel comes from within itself.

Most tragedies in history are self-inflicted. Israel's peril would arise from the stupendous folly of accepting a structural defect through the permanent incorporation of the West Bank and Gaza into the Israeli state. There does not exist on the face of the inhabited globe a single country that resembles what Israel would look like if it were to exercise a permanent jurisdiction over 1,300,000 members of a foreign nation owing no devotion to our flag, our faith, our tongue, our name or our national vision, and recognized by all the governments of the world, including that of Israel, as a separate nation endowed with a specific particularity within an Arab context.

If we were to hear that Holland had decided to incorporate four million unwilling Germans into its society, or that the United States wished to have a permanent jurisdiction over 90 million rebellious Russians, we would assume that those countries had decided to resign from world history. Yet there are still some Israelis and friends of Israel who speak as if the annexation of the West Bank and Gaza were a serious option.

To Israel's great fortune the national consciousness is awakening to this danger. The most significant development in Israeli politics during the premiership of Shimon Peres has been the irreversible decline of the annexationist idea. The experience of 19 years has proved two things beyond a reasonable doubt: there is not, and, in all probability, there will never be, a Knesset majority for the application of Israeli sovereignty to all the territories of the West Bank and Gaza; and there is no prospect that Israelis will ever form more than four or five percent of the total population of those areas. Annexation has failed both the juridical and the demographic test.

The evidence for these conclusions is cumulative. In September 1984 all previous commitments to the ultimate application of Israeli sovereignty to Judea, Samaria and Gaza were expunged from the coalition agreement on which the Peres-Shamir government of national unit bases its mandate. Permanent Israeli rule in the West Bank and Gaza is no longer official Israeli doctrine and no accredited spokesman of our country has a right to propound it as a national consensus. (Not all the Israeli envoys in the western hemisphere show awareness of this change.)

In June of 1984 the Labour party conference had unanimously adopted resolutions declaring that the incorporation of the administered territories into Israel and the refusal to entertain any territorial concessions "would violate the nation's Zionist principles, undermine its moral foundations, contradict its democratic character and thwart any possibility of peace in the future." The text went on to say that "the settlements located in the heart of the Arab-populated areas not only fail to serve Israel's security needs, but constitute a security problem and a heavy economic and political burden" and that, accordingly, "a government headed by Labour will not establish settlements in densely populated Arab areas in the heart of

Judea, Samaria and Gaza that are not expected to remain under Israeli sovereignty . . ."

Over 1,030,000 Israelis voted for this and even more vigorous anti-annexationist platforms in the 1984 elections which enabled Shimon Peres to head the incoming government. Two years later, as prime minister, he successfully sought a unanimous Labour party conference resolution (April 10, 1986) defining "the termination of Israeli rule over the 1,300,000 Palestinian Arabs in the West Bank and Gaza" as the aim of any peace negotiation. The resolution went on to propose the establishment of a Jordanian-Palestinian state "which would also include the populated Arab areas of Judea, Samaria and Gaza that would not be included in the State of Israel under a peace agreement." It was at this meeting that Peres turned to the Palestinians and exclaimed: "We recognize you as a people!"

Disenchantment with annexation in the labour movement has been paralleled by the action of some prominent Likud politicians, including the mayors of Tel Aviv, Rehovot, Dimona and the chairman of the World Zionist Organization who formed a new "liberal" party with a platform advocating the principle of "territory for peace." The party has a doubtful prospect of independent existence, but its very formation recalls the fact that not everyone in Likud supports political or territorial radicalism. There is a great deal of compromise potential in the liberal wing of Likud. Isreali sovereignty in an undivided Eretz Israel still survives in Likud's official platform and rhetoric, but there is encouraging evidence that it is a slogan rather than a serious program of action. The Likud parliamentary party has always avoided the kind of legislation that would translate the annexation rhetoric into reality. On March 7, 1986 the Knesset rejected a formal motion to apply Israeli sovereignty to Judea, Samaria and Gaza. Only eight of the one hundred twenty Knesset members supported this proposal, five of them being members of Techiya and one being Kahane!

The massive opposing majority was composed of Labour members who believe that annexation is undesirable in principle and Likud members who believe it to be impossible in practice. Likud members were also unwilling to absorb the juridical and electoral consequences of enfranchising a vast Arab population which would take virtual command of the parliamentary balance of power and would, incidentally, generate a great leftward swing in the Knesset's center of gravity. Both on national and on party grounds the Likud party is totally inhibited from actually voting annexation into law.

Another circumstance that exposes the fragility of the annexationist rhetoric is that the Likud party is formally committed to support the Camp David accords concluded in 1978 between Menachem Begin and Anwar Sadat. This is the most renunciatory text ever signed by a Zionist or Israeli leader in relation to the Land of Israel. It totally excludes any idea of incorporating the West Bank and Gaza into the State of Israel, decides that the permanent status of those territories shall be determined by agreement between Egypt, Israel, Jordan and the elected representatives of the Palestine people, insists that any agreement must satisfy "the legitimate rights and just requirements of the Palestine people", insists further that any agreement on the future status of the West Bank and Gaza be subject to Palestinian ratification and requires the "withdrawal of the Israeli civil and military administration" during an interim period in which the Palestinians shall exercise "full autonomy" in the West Bank and Gaza.

It is beyond any resource of the English language to express a greater incompatibility than that which separates the Camp David text from any idea of permanent Israeli rule over the entire territory of the West Bank and Gaza. Whatever the inter-party rhetoric may be, it is a fact that the avoidance of annexation is the dominant theme of Israel's official jurisprudence.

The international news media and, especially, Diaspora Jews tend to exaggerate the strength of annexationist opinion and to underestimate the range and depth of public support for a peace settlement based on territorial compromise. The lack of progress in this direction is not the result of inherent Israeli obduracy; it is the consequence of the Arab refusal to enter a substantive negotiation. Isrealis react in one way to theoretical fantasies and in another way to concrete diplomatic prospects. The dramatic change that ensued when Anwar Sadat made his voyage to Jerusalem illustrates the speed with which ultimative platforms and conditions melt away under the influence of operative encounter.

To understand why other Arab states have not put this Israeli syndrome to the test we must evoke the sharp contrast between the Zionist and the Palestinian diplomatic traditions. Chaim Weizmann's advice to his associates used to be: "If a document or proposal is thirty percent in our favor, put the thirty percent in your pocket and argue about the rest." The Palestinian national movement has invariably taken the contrary attitude. If a proposal was 80 percent in its favor it could be trusted to reject it with total vehemence. Professor Yehoshafat Harkaby, who first analyzed the Palestine Covenant with ruthless realism has now reached the conclusion that this attitude no longer prevails. In his masterly work *Fateful Decisions* (Hebrew, Am Oved, Tel Aviv 1986) he diagnoses an elusive pluralism in which the old fundamentalism might cease to be decisive in the policies of the Palestinian national movement.

This is the implicit assumption behind the urgent effort of Shimon Peres to bring the possibility of a converging interest to the test of a negotiation process. If Israel were able safely to disengage from the tasks of ruling the densely populated Arab areas of the West Bank and Gaza, it would not only be making a concession to Palestinian rights; it would also be serving Israel's values and interests. We may even be approaching a point at which the burden of this coercive rule would weigh more painfully on Israel than on any part of the Arab world. Asked by an interviewer in an Israeli newspaper (*Ma'ariv,* October 3, 1986) whether, in the absence of a peace agreement in the next decade or two, an Israeli leader might have to give up territories unilaterally in order to disengage from the disenfranchised Arab population, Peres replied: "Whoever says that would be telling the truth . . ."

Clearly, this is no zero sum game in which a gain for one side would automatically mean a sacrifice for the other. The movement of opinion in Israel away from annexation has come not in response to Arab pressure, which is surmountable, or to international influence which is negligible, but rather as a result of deep Israeli reflection on the structural fallacy inherent in the present condition. The security of a nation-state depends not exclusively on its territorial configuration, but also and mainly, upon its inner cohesion, the rhythm of solidarity between its citizens, the capacity to share common memories and devotions. In the historic 1947 U.N. debate, when an Arab delegate urged that "Arabs and Zionists should be *forced* to accept the 'axiom' of a single state", the Canadian delegate quietly remarked: "Mutual consent is necessary for living together. Without consent there must be separation." Ironically, it was the Zionist camp which then applauded that remark.

Those among Israel's friends and supporters who are advocating political passivity, in which the present Israeli structure continues to congeal do not seem to understand the consequences of their complacency. There is no political structure in the world marked by such discontinuity as that which describes the relations between the area of Israeli law and the areas and populations under military administration. They live in different worlds of experience and aspiration. Their allegiances flow in opposite directions. The kind of Isreali government which would envisage permanent rule over the 1,300,000 Palestinians is not the kind of government that would offer them the right to vote and to exercise their real numerical weight in our political system. History has created such a duality of national identities between the river and the sea that any unitary framework is bound to be coercive and morally fragile. While Zionist radicals profess to believe that the bigger Israel becomes, the more Zionist and Jewish will it be, the truth is that we have reached a point whence the bigger that we become, the less Jewish and Zionist will Israel be.

It is astonishing to find so many Diaspora Jews indifferent to the question of whether or not Israel is to be a land of double jurisdictions, as it inevitably is under the present condition, or whether there is a Jewish duty to require the affirmation of the principle of consent. In the areas of Judea, Samaria and Gaza today there are 1,300,000 Arabs and less than 50,000 Israeli settlers. The Arabs cannot vote or be elected at any level, have no degree of juridical control over the government that determines the conditions of their existence, have no right of appeal against the judgments of military courts, are not free to leave their land with assurance of a right to return, are not immune from judgments of expulsion from their birthplace and homeland, have no flag to revere, do not possess the same economic and social conditions as their Jewish neighbors, nor the same status for their newspapers and universities. The 50,000 Jews and those who might come in their wake have a totally different set of rights and immunities.

Instead of the basic Jewish social injunction "Hoq echad yihyeh lachem," there is a society in the West Bank and Gaza in which a man's rights are defined not by his conduct or by any egalitarian principle, but by his ethnic identity. This is precisely the condition from which the French and American revolutions saved or protected the Jews during their century of emancipation, enabling them to emerge from the ghetto and to join in the wonder and the innovation – and also the challenge – of the outside world. This may be inevitable in the absence of a peace settlement, but it is not a long-term Zionist vision.

Despite all its importance, the issue of individual rights is not decisive. For the Palestinians today as for the Jews in 1948 the issue is one of national self-expression. It is anachronistic as well as wildly unrealistic for Meron Benvenisti to urge an Algerian solution, such as that which inspired the French colonialists to believe that to make the Algerian nationalists citizens of metropolitan France would win respite from the painful necessity of territorial separation.

Israel can only affirm its membership in the democratic family of nations today by asserting the provisionality of the present dual jurisdiction. This ceased to be a fully convincing argument after 1977 when the idea of permanent rule entered the Israeli political lexicon from which Shimon Peres is now attempting to exclude it.

I do not deal here with the various diplomatic expressions that could be given to the doctrines of disengagement or "territory for peace". The Camp David autonomy, the Palestinian-Jordanian state advocated in the Labour platform, the unilateral autonomy proposal bequeathed by Moshe Dayan, proposals in the same sense made recently by Israeli ministers such as Yaacov Tsur and Gad Yaacobi and, above all, Shimon Peres' conscious revolt against quiescence and inertia all show that thoughtful minds are moving away from immobilism. The immediate task is ideological: to combat and defeat the vogue of status-quoism. What is at stake is not "the Palestinian problem," but the Israeli problem. What is Israel, what is its nature, what is its vision, what are its dimensions, where are its boundaries, what is its human composition, what is the degree of its commitment to its Jewish character and its democratic vocation? No other state in the world community has so many existential marks of interrogation hanging over its life and obscuring its forward march.

The issue cannot be determined by marginal interest or "avant-garde" pressures. There are now less than 50,000 Jews in the West Bank and Gaza. This means that they have multiplied at a rate of about 400 families a year over the past two decades during a period in which the Arab populations has grown by 200,000! The spectacular marginality of this phenomenon in Israel's social and cultural enterprise refutes the preposterous idea that the 50,000 may dictate the destiny and policy of the four million who reside in the area under Israeli law.

I have read ridiculous magazine articles announcing that "armed revolt" by this group would inhibit an Israeli government from adopting a "peace for territory" approach even if such an approach became operational. Those who write and speak in this way are not always conscious of the insult that they inflict on Israel's statehood by ascribing impotence and frivolity to its institutions. Today is no time to be intimidated by a demonology that would make a puny illicit squatter the determinant factor in deciding Israel's political and moral future. A movement whose members have been caught attacking mosques four decades after the Nazi assault on Jewish synagogues does not merit any degree of deference. It is part of the problem and the malady; it is not part of any solution.

What must be resisted is the corruption effect of a spurious Zionist deviationism on the nation's spiritual condition. *The idea of exercising permanent rule over a foreign nation can only be defended by an ideology and rhetoric of self-worship and exclusiveness that are incompatible with the ethical legacy of prophetic Judaism and classical Zionism.* The spiritual father of that movement described the 1,300,000 Arabs in Judea, Samaria and Gaza as illicit squatters who infiltrated in the seventh century into what they should have known to be a totally Jewish country, so that they are merely squatters who took possession when the owner happened to be abroad. Accordingly "they have no rights or lands or homes and are entirely at our disposal to deal with as we see best." Therefore "any decision by an Israeli government or parliament to concede any part of the territory of Eretz Israel is to be regarded as null and void by any citizen or soldier . . ."

This seditious nonsense deserves therapeutic treatment, with all possible patience and concern. But no other nation in the world is being asked to put its decision-making process under the influence of ideas which can only add to the sombre lineage of Jewish self-destruction. We must be inspired and guided by our history, but inspiration and guidance are vain if they lead to suicidal zealotry.

What we must not do with our history is to try to repeat it. The great Ben Gurion refused to name military units after Masada, Betar and Bar Kochba since he considered it bizarre to name regiments after failures. Nobody would name a French regiment after Waterloo.

Our road points to crucial survival, not to another heroic martyrdom. We cannot dictate the conduct of our foes or even of our friends, but we can at least keep the sanctuaries of reason intact and arm ourselves with a rationality the lack of which is written in the death of past kingdoms.

Marbella.

23. XII.

Lieber Helmut Schmidt –

Mein Traumbruder –

und darum das vertraute Du in diesem Brief.
Was wären wir für ein Geschwister-paar! und schon fange ich an zu nörgeln – wo kommen wir denn hin – bei diesem Schnupftabak-verbrauch – diese arme Nase! – Aber wie herrlich könnten wir mit-einander lachen – ernste Gespräche führen – Haudegen Diskussionen haben. Mein Gott – wieviel könnte ich von Dir lernen – ich gebe es ungern zu – Du bist leider der Klügere. Ich bin sehr stolz auf Deinen Werdegang.
Noch sehe ich Dich und Loki vor mir – gleich nach dem Krieg – mager und blass – in einer langen Schlange um Karten anstehen – für die Hbg. Sommerspiele.

und dann – wie steil ging Dein
Weg aufwärts – aber auch wie ver-
dient.
Bei Deiner Vortragsart angefangen –
wie oft sage ich meinen jungen
Schauspielern – „hört Euch H. Sch.
an – wie der Ruhe und Intensität –
leise Töne – u. Lautstärke sich ab-
wechseln läßt u. dann die Tempo-
verschiebungen. Da hören die
Menschen zu – das bringt sie zum
Verstehen und Mitdenken. Das ist Fas-
cination, mit Wissen und Tatsachen
Nun aber genug mit der Lobrede,
auf meinen „Brüdern im Traum."
Meine Liebe gilt dem Menschen
Helmut Schmidt – meine Bewun-
derung dem Politiker.
Es bleibt mir noch zu wünschen –
der Himmel behüte Sie!!!
„Die Zeit" – soll gut mit ihm um-
gehen und ihm Glück, Erfolg
und Zufriedenheit bringen!
Das wünscht aus tiefstem Herzen

Ihre

Ida Ehre

Ida Ehre

Mein Traumbruder

Lieber Helmut Schmidt –
Mein Traumbruder – und darum das vertraute *Du* in diesem Brief.

Was wären wir für ein Geschwisterpaar! Und schon fange ich an zu nörgeln – wo kommen wir denn hin – bei diesem Schnupftabakverbrauch – diese arme Nase! – Aber wie herrlich könnten wir miteinander lachen – ernste Gespräche führen – Haudegendiskussionen haben. Mein Gott – wieviel könnte ich von Dir lernen – ich gebe es ungern zu – Du bist leider der Klügere. Ich bin sehr stolz auf Deinen Werdegang. Noch sehe ich Dich und Loki vor mir – gleich nach dem Krieg – mager und blaß – in einer langen Schlange um Karten anstehen – die Hbg. Kammerspiele. Und dann – wie steil ging Dein Weg aufwärts – aber auch wie verdient.

Bei Deiner Vortragsart angefangen – wie oft sage ich meinen jungen Schauspielern – »Hört Euch H. Sch. an – wie der Ruhe und Intensität – leise Töne – und Lautstärke sich abwechseln läßt und dann die Tempoverschiebungen. Da hören die Menschen zu – das bringt sie zum Verstehen und Mitdenken. Das ist Faszination mit Wissen und Tatsachen.« Nun aber genug mit der Lobrede auf meinen »Bruder im Traum«. Meine Liebe gilt dem Menschen Helmut Schmidt – meine Bewunderung dem Politiker.

Es bleibt mir noch zu wünschen – der Himmel behüte Sie!!! »Die Zeit« – soll gut mit ihm umgehen und ihm Glück, Erfolg und Zufriedenheit bringen!

Das wünscht aus tiefstem Herzen
Ihre
Ida Ehre

Gerald R. Ford

A Man of and for his Times

In a special publication honoring former Chancellor Helmut Schmidt, I would like to discuss him and his illustrious career in terms of two separate but closely intertwined categories. The first is a view of the man as a statesman and his contribution to the Federal Republic of Germany, Europe, the Atlantic community and the world. The second, closely connected and in some respects indistinguishable from the first, relates to the personal bond between us, cemented over a number of years of wrestling with joint or parallel problems.

Helmut Schmidt was, as he appeared on the international scene, a man of his times and, especially, a man for his times. Within Germany, the SPD was still adjusting to the responsibilities of national leadership following years in opposition or as a junior member of a grand coalition with the CDU/CSU. Germany itself was undergoing the process of assuming a political role in the world more commensurate with its great and growing economic strength.

Finally, the flower of détente was beginning to wither and new stresses with the Soviet Union and within the Alliance were appearing. The West was truly fortunate to have a man such as Helmut Schmidt emerge to deal with these fundamental and complicated developments.

At the outset of our relationship I easily and rapidly formed a special bond with Chancellor Schmidt. It stemmed from the remarkably parallel circumstances of our emergence as leaders of our respective countries. In April 1974, Chancellor Brandt resigned suddenly and in August President Nixon also resigned. Thus it was that each of us quite unexpectedly inherited the mantle of national leadership and jumped midstream, as it were, into the policies and problems of our predecessors. That also created a comradeship between us which was to strengthen steadily as we dealt cooperatively with the international issues before us.

When we came into office we both inherited policies which were crucial to our predecessors but which were becoming increasingly troublesome. Chancellor Brandt had created the policy of Ostpolitik, a daring and bold initiative which by 1974 was proving to be quite controversial in Germany. I had inherited the policy of détente with the Soviet Union, a policy which was becoming ever more difficult to sustain, especially within the more conservative elements of my own Republican Party. Both policies were very strongly identified with our predecessors.

As a result, there was some natural apprehension that Western policy as a whole might be paralyzed by what could become significant domestic crises inside Germany and the U.S. Thus we both had to give careful thought as to how to protect Western security policies from any chance of a breakdown. This also created a special bond between us, beyond the traditional ties of German-American friendship. I came to think of the Chancellor not only as an ally, but as a confidant and friend.

Domestically, Chancellor Schmidt provided the tough-minded leadership necessary to establish beyond question the SPD as a responsible instrument for guiding the German people through this complex period. He brought to completion the task of making the SPD wholly respectable to the Federal Republic as a whole.

The Chancellor cared deeply about the Atlantic Alliance and he was a principal element in its continuity and increased strength during a difficult period. Even before he became Chancellor, as Defense and then Finance Minister, he pushed hard for an increased European role in NATO, in part as compensation for the U.S. preoccupation with Vietnam.

He also did his utmost to try to forge closer relations between

Germany and France. His goal was the reintegration of France into the Alliance, though he fully realized that was a very long term proposition. He saw close Franco-German cooperation as the basis for a true European pillar of the Alliance, to provide a partnership of equal weight with the United States. Chancellor Schmidt's farsighted effort in this regard provided an impetus to the very close and fruitful triangular relationship I enjoyed with him and President Giscard.

One of Chancellor Schmidt's most notable contributions to the Alliance was to call for the deployment of intermediate range nuclear armed missiles to counteract Soviet deployment of the SS-20. While in my judgment the Pershing and Ground Launched Cruise Missiles were needed to fill out the requirements of the strategy of flexible response – not just as a response to the SS-20 – there is no doubt that Chancellor Schmidt's initiative in calling for what became the twotrack decision was a crucial point in the history of the Alliance.

The ability of the Alliance to deploy those systems in the face of serious domestic opposition in most nations and the various machinations of the Soviet Union demonstrated the basic strength of the coalition. The Helmut Schmidt-NATO strategy on the INF deployment defeated the Soviets at their own game and made possible at a later date an INF arms control agreement.

Another issue we both inherited was negotiations for a European security conference. The Chancellor undertook a principal burden of moving the negotiations forward and molding the content to serve better the purposes of the West. To that end he held a number of high level meetings with Eastern European leaders, with General Secretary Brezhnev, and with our colleagues in NATO. The negotiations were drawn out and tedious. In the end we had to threaten to refuse to hold the conference at the summit level in order to achieve our essential objectives.

Chancellor Schmidt in this whole process was instrumental in transforming the Helsinki framework from the original Soviet concept, which was simply a general ratification of the status quo in Europe. Instead, the agreement included significant provisions on human rights, provisions whose merits have been amply demonstrated by subsequent developments in Eastern Europe and the Soviet Union. I do not believe that, at the time, any of us realized the utility of these human rights provisions as a weapon to shed the light of day on the practices – and the hypocrisy – of the Soviets and their allies in this area.

Our troubles with the Helsinki negotiations did not lie solely with the Eastern Bloc, however. Both in Germany and in the United States there was strident opposition to the process and the idea of an East-West summit conference. In the German Bundestag and the American Congress voices were raised in an attempt to block our participation in the conference. In the end, of course, despite the interminable wrangling with the Soviets and domestic grumbling, the European security summit was held in Helsinki. Even though our domestic opponents did not yet understand it, I think the Chancellor and all our allies realized at the conference we had won an important round in substance and propaganda in the contest with Soviet communism.

I held bilateral meetings with Brezhnev in Helsinki and I sensed that he knew that he had been put on the defensive, that the conference was, in truth, not a ratification of the division of Europe, but a celebration of the European idea. Even his East European allies seemed to comprehend this and quietly promoted rapprochement between East and West Europe. It is at least ironic that a course of action so bitterly opposed by conservatives should have put the Soviets so on the defensive and been so beneficial to the West.

One of Chancellor Schmidt's abiding interests was economic affairs. He applied his considerable knowledge and expertise with vigor and logic, whether the issue was the economics of Germany, Europe, the West or the world. He managed the German economy, for example, with care and skill, and Germany, as a result, weathered the oil shock of 1973-74 in enviable fashion.

He pushed hard on the economic integration of Europe. In cooperation with President Giscard, he instituted the European Monetary System, a major step on the way to an economically unitary Europe, which he felt was vital if Europe were to be able to realize its full economic potential. He believed that Great Britain was preventing the economic unification of Europe, just as he felt France was preventing Europe from becoming a single defense unit. His vision of a truly integrated Europe is as wise as it is essential for the future strength and vitality of the West.

Another innovation in which Chancellor Schmidt played an integral role was the inauguration of the periodic economic summits of the key industrial democracies. As I recall, the idea for an economic summit conference originated during the Chancellor's visit to Washington in December 1974. The West Germans, the French, the British and ourselves knew that there could be no real international security without adequate attention to the health of the international economy. Consequently we felt it important to improve the coordination of our individual national economic policies with each other.

I was especially interested in such a development because I had initiated a campaign in late 1974 to reduce serious inflation in America. This meant a certain cooling in the US economy, which would naturally have an impact on the world economy generally and the OECD countries in particular. Then early in 1975 a serious recession developed in America that had drastic economic challenges to the industrial nations of the globe.

The upshot of these discussions was the first economic summit, sponsored by President Giscard at Rambouillet. At this summit we included Japan, which I consider a historic development. This was an important move not so much for the concrete results it produced as for the fact that we were bringing into being a broader coalition of industrial democracies.

The Rambouillet summit produced significant success in November 1975, so I acted as host for the second economic summit, inviting my colleagues to Dorado Beach in Puerto Rico in June 1976. We were determinedly informal and made a point of setting aside time for private conversations, which enabled us to speak more freely than in the more formal plenary sessions.

In my opinion, these summits, with their rare opportunity for Western leaders to exchange views on a variety of subjects in confidential circumstances, are an extremely valuable innovation and should be continued. I regret the more recent developments in summitry, which seem to be in the direction of greater media involvement and massively attended plenary sessions. The real value of these meetings is surely not the argreements which may be reached but opportunity to exchange views on major issues with complete confidentiality.

Support for economic summitry was only one aspect of Schmidt's preoccupation with the world economy. Europe, he believed, could make its full potential contribution only if it could press forward on the development of European institutions, ultimately to create a European economic entity. The US role in this development had to be one of providing strong and confident leadership without apprehension for tougher European competition.

In more recent years, he added to that requirement urgent pleas for the United States to get its own economic house in order. He has urged us to deal with our dangerously high budget deficits in order that we could be a responsible partner in the world economy rather than simply drawing from it at the expense of additional investment in the other industrial democracies.

These concerns stemmed from his belief that the world economic crisis was not simply a cyclical phenomenon, but was structural in nature. The causes were multiple, but three stood out in his mind. The first was the inflationary manner in which the United States had financed the Vietnam War, leading, among other consequences, to the collapse of the international monetary system established at Bretton Woods. The second contributing factor was the two oil price shocks which substantially distorted the entire global economic system. The third element was world overproduction, stimulated by government subsidies in many economic sectors.

The solution to these structural problems, according to Chancellor Schmidt, lay in the West, in the will of the industrial democracies to take the economic fate of the world in their hands and provide the essential discipline and restructuring. This is what lay behind his increasing irritation with the performance, both of the United States and the European Economic Community.

The very close official relationship between the Chancellor and me came to an end in the fall of 1976. In October of that year, Chancellor Schmidt and his coalition partner, the Free Democrats, scored an electoral victory, with a majority sufficient to be able to re-form their government. As it happened, I encountered a different result the following month and our fruitful years of official cooperation came to an end.

Frequently it happens that close personal relationships do not survive the termination of the official links. I was determined not to let our friendship lapse, despite the difference in our official positions, and it continued to flourish then as it has throughout the period since we both became "elder statesmen". We have shared the platform at a variety of conferences and, once a year, we share our perspectives with international business executives at the World Forum at Vail, Colorado, where we are usually joined by our other close colleagues, former President Valery Giscard d'Estaing and Lord Callaghan.

Helmut Schmidt's preeminent qualities reflected the vital needs of his time. He has been a strategist in the truest sense of that word and a domestic and global statesman of rare quality. If he has become increasingly critical in recent years, especially of the United States, it is as a real friend and out of impatience to get on with the job before us all. The problem of the West, and especially of the United States, is one of will, not of capability. It is that message he is trying to convey, with an urgency born of the belief that time, unless used properly, will only make the problems more intractable.

Helmut Schmidt has been a notable and historic figure on the world scene. The West – and the world – are the better for his enlightened stewardship of the Federal Republic. I treasure and cherish our personal friendship, and congratulate him on his 70th birthday anniversary with best wishes for many more years of good health and a continuing role for the benefit of all mankind.

Anke Fuchs

Moderner Sozialstaat im Umbruch

Die Zukunft der sozialen Sicherungssysteme wird von einer Reihe schwieriger Modernisierungsprobleme bestimmt sein. Es gilt zum Beispiel, anhaltende und sich wahrscheinlich verschärfende Finanzierungsschwierigkeiten zu meistern. Es müssen die Auswirkungen tiefgreifender sozialer Veränderungen aufgefangen werden, die man vorläufig mit den Stichworten »Wertewandel«, »Individualisierung«, »Pluralität der Lebensstile« benennen kann. Qualitative Leistungsdefizite, vor allem im Gesundheitswesen und bei anderen sozialen Dienstleistungen, müssen behoben werden. Schließlich steht die Sozialpolitik auch vor der Notwendigkeit, das Verhältnis von sozialer Sicherung zur Erwerbsarbeit zu überdenken und gegebenenfalls neu zu justieren.

Die Herausforderungen für die Sozialpolitik der Zukunft sind groß und die strukturellen Veränderungen der Gesellschaft noch unübersichtlich. Man kann daher heute kein Gesamtkonzept skizzieren. Aber Entwicklungstendenzen und Gestaltungsmöglichkeiten lassen sich schon vermuten. Ich will mich auf zwei Probleme beschränken, bei denen der Modernisierungsbedarf besonders hervortritt: die Notwendigkeit der internen Umschichtung im Sozialstaat und das Verhältnis von sozialer Sicherung und Arbeitsgesellschaft.

Erstens: Von der Verteilung von Zuwächsen zur Umverteilung von Besitzständen

Die Sozialpolitik muß ihren Stil, ihren Umgang mit Interessengruppen, Besitzständen, Institutionen und Wählern und ihre Planungsmethoden ändern, wenn sie künftig nicht bloß Verwalterin des Status quo sein, sondern Handlungsspielraum zurückgewinnen will. Die erfolgreiche Sozialpolitik der Sozialdemokratie hat sich früher ökonomisch darauf verlassen können, daß anhaltendes Wirtschaftswachstum und Vollbeschäftigung die Voraussetzungen dafür schaffen würden, die Sozialleistungen zwar vorsichtig, aber dauerhaft ausweiten zu können. In diesem Rahmen konnte man planen und hat durch Zuteilung von Zuwächsen und durch quantitative Expansion des sozialen Sicherungssystems innerhalb gewachsener Strukturen schrittweise den Sozialstaat auch qualitativ weiterentwickelt. Insgesamt wurde übrigens das Sozialgefüge zum ökonomisch rechenbaren Produktivitätsfaktor.

Seit der ersten Ölkrise und den damit einsetzenden wirtschaftlichen Problemen ist alles anders geworden. Die Sozialpolitik ist zunehmend in die Defensive geraten, sie ist immer mehr zur Restgröße der Wirtschafts- und Finanzpolitik geworden. Ist eine restriktive Haushaltspolitik oder Stärkung privater Investitionskraft angesagt, dann werden soziale Leistungen gekürzt. Halten die Wirtschafts- und Finanzpolitiker der jeweiligen Regierung eine großzügige Ausgabenpolitik für hinnehmbar oder gar für konjunkturpolitisch förderlich, dann darf auch für Soziales wieder mehr Geld ausgegeben werden – allerdings mit dem Risiko, daß es in der nächsten Runde wieder eingespart wird.

Woran dann gespart und wofür Geld ausgegeben wird, das richtet sich kaum nach einem durchdachten ökonomisch sinnvollen und sozialpolitisch vertretbaren Konzept, sondern eher nach der politischen Opportunität, nach dem Druck und dem Widerstand organisierter Interessen. Sozialpolitik als selbständige, sinnvoll gestaltete und ökonomisch wirkende Politik kommt dabei unter die Räder. Und bei den Entscheidungen dieser Art haben relativ privilegierte Bevölkerungsgruppen eindeutig bessere Chancen als die sozial Schwachen, von Belastungen verschont oder bei der Verteilung der Verfügungsmasse berücksichtigt zu werden.

Auf die Wiederkehr der Bedingungen der sechziger und frühen

siebziger Jahre können und dürfen die Sozialpolitiker nicht hoffen. Die ökonomischen und sozialen Rahmenbedingungen werden allenfalls – wenn überhaupt – nur noch zulassen, daß sich der Anteil des Sozialbudgets am Sozialprodukt wenig erhöht. Mit Sicherheit wäre damit der Mehraufwand nicht abzudecken, der bei unveränderten Strukturen im heutigen System auch ohne Leistungsverbesserungen entstehen wird, zum Beispiel durch anhaltende Massenarbeitslosigkeit, die Erhöhung des Altenanteils an der Bevölkerung oder durch Fortsetzung des bis heute ungebrochenen Trends zu immer größerem Aufwand im Gesundheitswesen. Wird an den alten Strukturen festgehalten, ließe sich langfristig noch nicht einmal das heutige Leistungsniveau des Sozialstaates halten, von echten sozialpolitischen Fortschritten ganz zu schweigen.

Daraus ergibt sich nur eine Konsequenz: aktiv und gesellschaftsgestaltend kann die Sozialpolitik in Zukunft nur dann sein, wenn sie von der Zuteilung von Zuwächsen zur Umverteilung von sozialstaatlichen Besitzständen übergeht, wenn sie sich vom Denken in Ressorts und Apparaten löst und zur Reform der Institutionen fähig wird, wenn sie sich von der extensiven zur intensiven Sozialpolitik wandelt.

Daraus ergibt sich für die Sozialpolitik der nächsten Jahrzehnte die zwar mühevolle, aber unausweichliche Aufgabe, das herkömmliche sogenannte gegliederte System der sozialen Sicherheit schrittweise zu überwinden. In seinen Grundzügen stammt dieses System aus der Wilhelminischen Zeit und der Weimarer Republik. Es ist niemals umfassend reformiert worden, obwohl seine Mängel unübersehbar sind. Der wichtigste Mangel ist die »berufsständische« Gliederung. Während die in der alteuropäischen Feudalgesellschaft selbstverständliche Differenzierung im Steuer-, Straf- und Eherecht längst überwunden ist, hat sie sich im Sozialrecht bis heute als vordemokratischer Anachronismus erhalten.

Das Sozialrecht behandelt die Bürgerinnen und Bürger unterschiedlich je nach ihrer Zugehörigkeit zu einer bestimmten Berufsgruppe (Arbeiter, Angestellte, Beamte, Landwirte, Freiberufler und sonstige Selbständige). Dies gilt sowohl für die Anspruchsvoraussetzungen und die Höhe der Sozialleistungen als auch für die Pflicht, zur Finanzierung des Sozialsystems beizutragen. Auf diese Weise werden im heutigen Sozialsystem gleiche soziale Tatbestände systematisch ungleich behandelt.

Das Nebeneinander verschiedener sozialer Sicherungssysteme bedingt zwangsläufig Kumulation und Mehrfachbegünstigungen. Gleichzeitig gibt es noch zahlreiche Fälle von Unterversorgung, zum Beispiel fehlt eine Sicherung bei Pflegebedürftigkeit und eine zuverlässige Mindestsicherung. Von der Sozialhilfe werden diese Lücken nur unvollkommen geschlossen. Die Unzulänglichkeiten werden noch dadurch potenziert, daß die berufsständische Gliederung durch eine weitere Differenzierung des Systems überlagert wird, nämlich der nach den Ursachen sozialer Schäden (zum Beispiel Krankheit, Arbeitsunfall, Kriegsfolge, Verkehrsunfall).

Beim Vergleich der Leistungsniveaus der einzelnen Zweige und Teilbereiche der sozialen Sicherung lassen sich keine sozialpolitisch plausiblen Prioritäten erkennen; im Fall der Krankheit ist weitgehend Maximalversorgung garantiert (präziser gesagt: quantitative Überversorgung bei qualitativer Unterversorgung in bestimmten Teilbereichen). Für den Fall des Alters ist das Versorgungsniveau insgesamt durchaus angemessen, aber bestimmte Teilgruppen sind unter-, andere überversorgt. Von generell unzureichendem Leistungsniveau kann man bei Arbeitslosigkeit, beim Kinderlastenausgleich, bei der Rehabilitation und Integration von Randgruppen, bei der Sozialhilfe, bei Pflegebedürftigkeit und bei der Ausbildungsförderung sprechen.

Nicht zur Debatte steht, ein über viele Jahre gewachsenes System der sozialen Sicherung mit einem einzigen Kraftakt umzukrempeln. Die vom Sozialstaat geschaffenen Besitzstände, auch wenn sie heute problematisch erscheinen, genießen zu Recht einen rechtsstaatlichen Vertrauensschutz. Auch wird es ganz gewiß nie einen

Zustand geben, in dem das soziale Sicherungssystem völlig einem theoretisch geschlossenen Konzept gehorcht und keinerlei Ungereimtheiten mehr enthält. Das entbindet nicht von der Notwendigkeit, die Strukturen zwar schrittweise, aber zielstrebig zu verändern.

Das wichtigste Leitbild für eine schrittweise Strukturbereinigung ist das eines einheitlichen Sozialrechts für alle Bürgerinnen und Bürger. Das berufsständische Prinzip muß durch das demokratische Prinzip ersetzt werden. Das ist nicht zu verwechseln mit Einheitsleistungen und Gleichmacherei. Die Sozialleistungen sollen sich selbstverständlich auch weiterhin nach Dauer und Höhe der erbrachten Beitragsleistungen richten bzw. nach Bedarfssituationen differenziert sein. Aber die Zugehörigkeit zu bestimmten Berufsgruppen sollte keine unterschiedliche Behandlung mehr auslösen, weder bei der Heranziehung zur Finanzierung noch bei der Berechnung der Leistungen.

Das bedeutet dann auch, daß Beamte und Selbständige in die Sozialversicherung einbezogen werden müssen. Wenn schon Ausnahmen von der Sozialversicherungspflicht gemacht werden sollen, dürfen diese nur – durch Versicherungspflichtgrenzen – an die Höhe des Einkommens, nicht aber an die Art der Berufstätigkeit geknüpft werden.

Ferner sollte die Strukturbereinigung darauf abzielen, daß langfristig alle Sozialleistungen »final« ausgerichtet, d. h. nicht mehr nach der Ursache sozialer Tatbestände differenziert werden. Die »kausal« orientierten Leistungen, zum Beispiel die Unfallversicherung und Kriegsopferversorgung, sollten schrittweise unter Besitzstandssicherung für diejenigen, die bereits Leistungen beziehen, in das allgemeine Versicherungssystem integriert werden. Wesentliche Bedeutung muß das »Kausalprinzip« allerdings auf der Finanzierungsseite des Sozialsystems behalten, und zwar dadurch, daß die Verursacher sozialer Schäden noch konsequenter als bisher zur Kostendeckung herangezogen werden.

Ganz generell muß die Frage des Leistungsniveaus der sozialen

Sicherungssysteme endlich rational behandelt werden. Eine hundertprozentige ökonomische Vollversorgung in allen Lebenslagen ist illusionär; sie war und ist für die große Mehrheit der Bevölkerung auch keine Realität, sondern höchstens für bestimmte privilegierte Personenkreise, zum Beispiel für den öffentlichen Dienst. Wenn das so ist, dann muß die Politik eine klare Entscheidung treffen, was von der Allgemeinheit geleistet werden kann und was nicht, was vordringlich ist und was zurückgestellt werden muß.

Vorrang hat nicht, ein maximales Sicherungsniveau in Teilbereichen zu erhalten, und sei es um den Preis, wichtigere soziale Probleme zu vernachlässigen. Vielmehr muß in erster Linie überall und für die gesamte Bevölkerung das angemessene Leistungsniveau auch tatsächlich durchgesetzt werden. Davon sind wir noch weit entfernt. Deshalb müssen die Prioritäten im Sozialleistungssystem insgesamt überprüft und neu definiert werden. Die Orientierung an dem, was historisch mehr oder weniger zufällig gewachsen ist, kann die politisch verantwortliche Entscheidung nicht ersetzen.

Sozialpolitischen Handlungsspielraum gibt es allerdings nur, wenn die Politik die Kraft hat, in die Kompetenzen gewachsener sozialpolitischer Institutionen einzugreifen. Die Aufgabenverteilung zwischen den Institutionen muß nach den sozialen Erfordernissen änderbar sein. Heute ist es leider eher umgekehrt: verwaltungsmäßige Strukturen schreiben der Politik weitgehend vor, was möglich und wünschenswert oder unmöglich und unsinnig zu sein hat.

Hinzukommen muß – wie auch für andere Politikfelder – eine gesamtstaatliche Finanzplanung und eine Befreiung von fiskalischer Kleinstaaterei. Es geht um die Wiederherstellung der Strategiefähigkeit des Sozialstaates, d.h. um die sinnvolle Zusammenarbeit aller Ebenen und um die Koordination der verschiedenen Instrumente der Haushalts-, Steuer-, Wirtschafts- und Finanzpolitik.

Das Fehlen einer beschäftigungsorientierten Gesamtpolitik z.B. und das Einmauern in fiskalische Kirchturmspolitik führten zu dem unerträglichen Zustand, daß der Staat auf seinen verschiedenen

Ebenen heute weit über 50 Milliarden DM zur Finanzierung von Arbeitslosigkeit ausgeben muß, anstatt die gleiche Summe zur Schaffung von Arbeitsplätzen verwenden zu können.

Ein anderes Beispiel für die Notwendigkeit, institutionelle Schranken der bisherigen Sozialpolitik zu überwinden, ist das Krankenversicherungswesen. Die Zersplitterung in miteinander konkurrierende Kassen und Kassenarten führt zur Ohnmacht gegenüber den wohlorganisierten mächtigen Leistungserbringern, wie Ärzten, Zahnärzten und pharmazeutischer Industrie. Für die Versicherten hat der »Wettbewerb« zwischen den Kassenarten in der heutigen Form überwiegend Nachteile. Nur ein Teil der Versicherten hat die Möglichkeit, die Kassenmitgliedschaft frei zu wählen; die anderen sind Zwangsmitglieder einer bestimmten Kasse oder Kassenart und spüren vielfach die Nachteile extremer Beitragssatzunterschiede, die sich im heutigen System ergeben.

Ich mache mir keine Illusion darüber, welches Ausmaß an Umdenken und Anstrengung erforderlich ist, um die Sozialpolitik umzustrukturieren. Es geht um Reformen, die Konflikte innerhalb der Gruppen der abhängig Beschäftigten, auch zwischen sozialdemokratisch und gewerkschaftlich engagierten Menschen mit sich bringen. Der herkömmliche Umgang, den die Sozialpolitik der sechziger und frühen siebziger Jahre mit ihren Problemen, ihren Adressaten und dem Umfeld organisierter Interessen gewohnt war, muß sich aber ändern.

Es reicht nicht mehr, den Wählerinnen und Wählern bessere Sozialleistungen zu versprechen; man muß vielmehr Probleme offenlegen und Lösungswege anbieten. Die Politik muß sich aus ihrer Fixierung auf organisierte Interessen lösen und auch über die Köpfe der Verbände und Institutionen hinweg den Dialog mit den Betroffenen suchen.

Am schwierigsten ist es für die Gewerkschaften, die internen Konflikte auszugleichen, die mit der Veränderung sozialpolitischer Strukturen verbunden sind. Bisher neigten sie dazu, in strittigen

Fragen es der jeweils unmittelbar in ihren Arbeitsplatzinteressen und sozialen Besitzständen betroffenen Einzelgewerkschaft zu überlassen, die gemeinsamen Positionen der Gewerkschaften zu formulieren – also zum Beispiel die Kernenergiepolitik der IG Bergbau und Energie, die Krankenhauspolitik und die Beamtenpolitik der ÖTV.

Auch wenn es noch so schwierig sein mag – die Fortsetzung des alten Weges führt unausweichlich zur Handlungsunfähigkeit und Sprachlosigkeit der Gewerkschaften in Teilen der Sozialpolitik. Das alles ist ungeheuer schwer, sowohl für die Sozialdemokratie als auch für die Gewerkschaften. Aber die Alternative wäre die Reduktion von Sozialpolitik zur bloßen Besitzstandswahrung, einer Rolle, in der sie selbst zunehmend, wenn auch ungewollt, dazu beitragen würde, soziale Ungleichheit zu vergrößern.

Zweitens: Soziale Sicherung und Arbeitsgesellschaft

Die Zukunft der sozialen Sicherungssysteme wird wesentlich davon abhängen, inwieweit ökonomische und soziale Veränderungen der Arbeitsgesellschaft die herkömmliche enge Verklammerung von sozialer Sicherung und Erwerbsarbeit in Frage stellen und inwieweit Änderungen in den biographischen Mustern neue Lösungen erforderlich machen.

Das herkömmliche System sozialstaatlicher Sicherung der Bundesrepublik beruht – ungeachtet seiner Kompliziertheit – auf einem verhältnismäßig einfachen Grundprinzip: Danach gibt es drei Säulen der materiellen Existenzsicherung, nämlich erstens die Lohnarbeit, zweitens den Unterhalt durch die Familie und drittens die Sicherung des Lohnersatzes und des Unterhaltsersatzes durch Solidargemeinschaften, ergänzt durch staatliche Leistungen.

Grundsätzlich ist jede Bürgerin und jeder Bürger auf abhängige Arbeit als Quelle seines Lebensunterhalts verwiesen. Wer arbeitsfähig ist, aber wegen der familiären Rollenzuweisung nicht erwerbstätig sein kann oder aus anderen Gründen nicht will, muß sich von erwerbstätigen Familienangehörigen unterhalten lassen.

Bei Arbeitslosigkeit, Invalidität, Krankheit und Alter sichert das soziale Sicherungssystem das durch Lohnarbeit erworbene Einkommen, unterhaltsabhängige Personen (nichterwerbstätige Ehegatten – meistens Frauen – und Kinder) sind einbezogen und erhalten gegebenenfalls Unterhaltsersatzleistungen.

Das soziale Sicherungssystem garantiert dabei den einigermaßen angemessenen Ersatz von Arbeitseinkommen nur bei sogenanntem erfülltem Arbeitsleben und die volle Sicherung des Unterhaltsausfalles nur bei »intakter« Familie. Nennenswerte Personengruppen sind ausgeschlossen: Personen, die überhaupt keinen Zugang zum System der Lohnarbeit finden (zum Beispiel wegen Behinderung oder Arbeitslosigkeit nach Abschluß der Schulausbildung), die nicht der Anforderung des »erfüllten Arbeitslebens« gerecht werden (zum Beispiel bei nicht durchgängiger Erwerbsbiographie oder wegen Teilzeitarbeit), die im System der Lohnarbeit ein zu geringes Einkommen erzielen und die schließlich auch keine abgeleitete soziale Sicherung über einen seinerseits voll im Arbeitsleben integrierten Ehepartner haben. Sie erhalten im »regulären« sozialen Sicherungssystem keine ausreichende Existenzsicherung und werden in der Regel auf die Sozialhilfe verwiesen.

Die Sozialhilfe aber ist im Sozialsystem der Bundesrepublik faktisch – und nach der traditionellen Sozialrechtsdogmatik auch erklärtermaßen – keine vollwertige Säule der sozialen Sicherung: Die Sozialhilfe ist nach klassischem Verständnis und auch nach dem Empfinden der Bevölkerung für Individualfälle gedacht, für Menschen, die – verschuldet oder unverschuldet – in Not geraten, aber nicht für Menschen, die kein »erfülltes Arbeitsleben« oder keine »intakte Familie« vorzuweisen haben.

In den letzten Jahren ist nun eine heftige Diskussion darüber entbrannt, ob das soziale Sicherungssystem künftig noch in gleicher Weise wie bisher an die beiden zentralen Institutionen der herkömmlichen Arbeitsgesellschaften, Lohnarbeit und Ehe, anknüpfen kann. Tendenzen zur Auflockerung bisheriger Strukturen sind jedenfalls unübersehbar.

Da sind einmal die Veränderungen auf dem Arbeitsmarkt. Zunehmende Lücken im Erwerbsleben werden die Folge sein, wenn es nicht gelingt, die Beschäftigungsmöglichkeiten gerecht zu verteilen und neue zu schaffen. Anhaltende chronische Massenarbeitslosigkeit läßt ganze Schichten entstehen, die keinen dauerhaften Einstieg in die Lohnarbeit finden. Frauen werden in Familie und »ehrenamtliche«, unbezahlte Beschäftigung zurückgedrängt. Beides muß in einem lohnbezogenen Sicherungssystem zwangsläufig zu Lücken führen.

Selbst wenn langfristig Arbeitszeitverkürzungen, neue Wachstumsschübe der Wirtschaft, unkonventionelle Beschäftigungsmaßnahmen und demographische Veränderungen die Arbeitsmarktlage wieder verbessern würden, müssen wir vermuten, daß die gewachsenen Strukturen des Arbeitsmarktes infolge des technologischen, ökonomischen und sozialen Wandels von den Rändern her angegriffen werden. Die arbeits- und sozialrechtlich ungeschützten Tätigkeiten nehmen zu. Durch Dezentralisierung und Flexibilisierung der Produktion entsteht eine neue Schicht von formal selbständig Tätigen, die aber wirtschaftlich abhängig sind. Teilzeitarbeit, selbstorganisierte Arbeit und unkonventionelle Arbeitsbiographien nehmen zu.

Dies alles ist nicht nur vorübergehend, nicht nur konjunkturbedingt, sondern die Arbeitslandschaft der Zukunft wird voraussichtlich vielgestaltiger und bunter werden. Sie wird sich nicht mehr allein nach dem Modell der lebenslangen Vollzeitarbeit des (männlichen) Arbeitnehmers im industriellen Großbetrieb richten.

Die zweite wesentliche Änderung der herkömmlichen Arbeitsgesellschaft betrifft das Familienmuster, nämlich die traditionelle Arbeitsteilung von Männern und Frauen, das die Voraussetzung für die bisherige Arbeitswelt gebildet hat. Frauen wollen eine eigene Erwerbstätigkeit. Die Ehe als »Versorgungsinstitut« wird unzuverlässig. Scheidungen und unkonventionelle Lebensgemeinschaften haben zugenommen. Das Ausmaß an Unterversorgung, das im heutigen Sozialsystem daraus entsteht, wird erst in späteren Jahrzehnten voll zum Vorschein kommen. Inwieweit es durch Zunahme der Erwerbsbeteiligung von Frauen kompensiert wird, ist ungewiß.

Ganz unterschiedliche Problemsichten spielen also zusammen: einerseits die Gefahr der Unterversorgung im traditionellen System infolge der Veränderungen auf dem Arbeitsmarkt, andererseits die Tendenz zur Auflösung herkömmlicher Familienmuster und Geschlechterrollen. Sie alle münden ein in eine intensive Diskussion über die Notwendigkeit und Möglichkeit, Arbeit, Einkommen und soziale Sicherung zu entkoppeln.

Die Modelle und Vorschläge sind ebenso vielfältig, wie die Situation unübersichtlich ist. Niemand weiß, inwieweit und in welchem Zeitrahmen sich die skizzierten Trends durchsetzen werden. Aber sicher ist, daß sie, falls dies der Fall sein wird, früher oder später Änderungen im Sozialsystem erzwingen werden. Am wahrscheinlichsten ist aber, daß alte und neue Strukturen nebeneinander bestehen werden, und eben daraus ergeben sich schon wichtige Hinweise auf die zu findende politische Antwort.

Die alten Strukturen werden nicht völlig abgelöst werden; sie werden in vielen Bereichen der Gesellschaft stabil bleiben und weiterbestehen, sie werden aber aufgeweicht sein. »Pluralität der Lebensstile« ist das Schlüsselwort. Ein großer Teil der Erwerbstätigen wird sicher nach wie vor sein ganzes Berufsleben im klassischen Vollzeit-Arbeitnehmerverhältnis verbringen, ein nennenswerter Teil aber auch in unkonventionellen Arbeitsformen oder als »neuer Selbständiger«. Ein Teil der Familie wird weiterhin nach traditionellem Muster leben, aber ein erheblicher Anteil der Menschen in wechselnden und informellen Lebensgemeinschaften.

In dieser Situation fallen der Sozialpolitik einfache Antworten schwer. Weder können Veränderungen ignoriert werden, noch kann man alles umkrempeln, weil damit das Ausmaß an Kontinuität in der Gesellschaft unterschätzt würde.

Deshalb scheint ein gesellschaftspolitischer Ansatz wichtig zu sein, der einerseits die Pluralität der Lebensstile und die wachsende Vielfalt der Arbeitsformen respektiert und berücksichtigt, andererseits der drohenden Gefahr des Auseinanderdriftens der Gesellschaft in mehrere ökonomisch und sozial voneinander abgeschottete Kulturen entgegenwirkt.

Das heißt, die Pluralität in der Gesellschaft soll sich entfalten, die in ihr liegenden Chancen für eine humane Gesellschaftsentwicklung sollten genutzt werden. Jeder soll aber die reale Möglichkeit haben, zwischen den vielfältigen Lebensstilen zu wählen und an den kulturellen Ausprägungen der Gesellschaft teilzuhaben. Pluralität muß sozial organisiert werden, das heißt nicht als Spaltung der Gesellschaft, sondern als Erweiterung der konkreten Entfaltungsmöglichkeit für den einzelnen. In ein solches gesellschaftspolitisches Konzept muß sich die künftige Politik der sozialen Sicherheit einfügen, zu seiner Verwirklichung muß sie beitragen.

Aus sozialdemokratischer Sicht heißt das: Am Konzept der »Arbeitsgesellschaft« festhalten, aber dieses Konzept qualitativ weiterentwickeln und öffnen. Damit ist zunächst einmal eine Reihe von »konservativen« Positionen zu formulieren: Auch in der Arbeitsgesellschaft der Zukunft wird es die Norm bleiben, daß jeder Arbeitsfähige seinen Lebensunterhalt durch eigene Erwerbsarbeit verdient oder daß er aus dem Erwerbseinkommen seiner Familienangehörigen unterhalten wird. Nur in bestimmten Lebenslagen, in denen Erwerbstätigkeit nicht möglich oder nicht zumutbar ist (zum Beispiel bei Arbeitslosigkeit, bei Invalidität, im Alter, in bestimmten Phasen der Kindererziehung, bei Ausbildung), soll sich der einzelne darauf verlassen können, daß sein Lebensunterhalt von der Allgemeinheit gewährleistet wird.

Umgekehrt hat die Gesellschaft die Verpflichtung, jedem Arbeitsfähigen und Arbeitswilligen auch die Möglichkeit zur Erwerbsarbeit zu garantieren. Eine Bevölkerungsschicht, die keine Chance hat, am »offiziellen« Erwerbsleben teilzunehmen, sondern sich in

Eigenarbeit, Schattenarbeit oder ehrenamtlicher Arbeit betätigen muß, darf es nicht geben. Ihre Entstehung sollte auch nicht durch ein wie auch immer geartetes Garantieeinkommen – das ohne Rücksicht auf Erwerbsfähigkeit und Zumutbarkeit von Erwerbsarbeit gezahlt würde – gefördert werden.

Eine »duale Gesellschaft« der Art, daß der eine Bevölkerungsteil im »offiziellen«, der andere – wenn überhaupt – ausschließlich im »inoffiziellen« Sektor arbeitet, kann niemals demokratisch sein.

Auch in Zukunft werden nämlich die Lebenschancen, der Zugang zu gesellschaftlicher Macht und die Verteilung von Reichtum über ökonomische Teilhabe, Arbeit und Einkommen verteilt. Wer sich – wenn zunächst auch freiwillig – durch ein staatlich gesichertes Minimumeinkommen zum Rückzug aus Erwerbsarbeit verlocken läßt, wird dadurch auf lange Sicht Opfer eines Ausgrenzungsprozesses und von der gesellschaftlichen Teilhabe ausgeschlossen werden.

Richtig ist aber auch: Die Erwerbsarbeit wird nicht mehr wie früher vorrangige Prägekraft für das Erleben des Menschen haben. Arbeit wird noch weniger als bisher ausschließlich lebenslange Vollzeitbeschäftigung als Arbeitnehmer in einem Großbetrieb, sondern vielfältiger sein. Auch das alte Schema, die lebenslange bezahlte Vollzeiterwerbstätigkeit der Männer werde durch die unbezahlte Haus- und Erziehungsarbeit der Frauen erst ermöglicht, wird immer weniger stimmen. Beide – Männer und Frauen – werden sich, parallel oder abwechselnd, zunehmend Erwerbsarbeit und die unbezahlte Familienarbeit teilen.

Das ist nicht das Ende der Erwerbsarbeitsgesellschaft, sondern ihre qualitative Veränderung. Diese Veränderungen sind keine Bedrohung. Arbeitspolitik und Politik der sozialen Sicherung müssen sie aber berücksichtigen.

Was folgt daraus für die sozialen Sicherungssysteme? Sie müssen der Pluralität der Lebens- und Arbeitsformen gerecht werden, sie müssen den Wandel sozial flankieren und doch auch Kontinuität sichern. Rigorose Experimente, wie die völlige Entkopplung von Arbeit und sozialer Sicherheit oder – noch weitergehend – von Arbeit und Einkommen vertragen sich nicht mit einer vernünftigen Idee einer weiterzuentwickelnden Arbeitsgesellschaft mit geringerem Zeitaufwand und mit mehr Spielraum für Selbstverwirklichung.

Damit sind vor allem die verschiedenen Modelle eines garantierten Mindesteinkommens gemeint. Sie alle haben gemeinsam, daß sie im Ergebnis Niedriglohnarbeit auf Staatskosten subventionieren. Sie erleichtern damit die Durchsetzung von Arbeitgeberinteressen durch staatliche »Verzichtsprämien«. Sie tragen dazu bei, Bevölkerungsgruppen mit schlechten Arbeitsmarktchancen und nicht zuletzt auch Frauen vom Arbeitsmarkt fernzuhalten. Diese Wirkungen sind zu befürchten, sei es gewollt, wie von den wirtschaftsliberalistischen Verfechtern der Mindesteinkommensidee, zum Beispiel von Milton Friedman in den USA oder vom »Kronberger Kreis« in der Bundesrepublik, oder ungewollt wie von ökosozialistischen Theoretikern, zum Beispiel André Gorz in Frankreich oder Claus Offe in Deutschland.

Die Absage an die Entkoppelungsmodelle schließt auch solche Pläne ein, die zwar kein generelles Recht auf Nichtarbeit mit sozialstaatlicher Absicherung einführen wollen, aber wenn schon nicht Einkommen ganz generell, so doch soziale Sicherung in bestimmten Lebenslagen von der Erwerbsarbeit lösen wollen. Typisch ist dafür der Vorschlag, die Alterssicherung auf eine einheitliche, für alle Staatsbürger gleiche Grundrente zu reduzieren und alles weitere der privaten Vorsorge zu überlassen.

Auf die vielfältigen sozialpolitischen, verteilungspolitischen, ökonomischen und versicherungstechnischen Probleme, die damit verbunden sind, kann hier nicht eingegangen werden. Nur soviel: Eine Gesellschaft, in der die Erwerbsarbeit nach wie vor eine wenn auch in mancher Hinsicht veränderte Schlüsselfunktion hat, soll und darf nicht darauf verzichten, das im Berufsleben erworbene Einkommen abzusichern. Sonst würde eine der wesentlichen Leistungen des Sozialstaates verlorengehen, daß bei Wechselfällen des Lebens der individuelle soziale Status gesichert ist.

Ungeachtet also aller ökonomischen und sozialen Veränderungen soll im Prinzip die lohn- und beitragsbezogene soziale Sicherung bleiben. Weiterentwicklung wird notwendig, um dem Wandel der Arbeitsgesellschaft gerecht zu werden und ihn sozial abzufedern.

Deshalb sollen die lohnbezogenen Sozialleistungen durch eine soziale Grundsicherung ergänzt werden. Die heute bestehende Unterversorgung erfordert diese Konsequenzen, wie auch die in Zukunft zunehmenden diskontinuierlichen und unkonventionellen Arbeitsbiographien. Die Versicherungsansprüche sollen durch Einführung der sozialen Grundsicherung nicht angetastet werden. Sie sollen aber, wenn sie zu niedrig sind oder im Einzelfall ganz fehlen, unter Anrechnung anderen Einkommens so weit aufgestockt werden, daß das Existenzminimum ohne Inanspruchnahme von Sozialhilfe gewährleistet ist. Die soziale Grundsicherung soll aus der Sozialhilfe herausgenommen werden. Träger der sozialen Grundsicherung ist also die reguläre Institution, d.h. die Bundesanstalt für Arbeit und die Rentenversicherungen.

Zunächst denken wir an Arbeitslosigkeit, Invalidität und Alter. In späteren Ausbaustufen ist die soziale Grundsicherung auch auf die Tatbestände Ausbildung, Alleinerziehung und frühkindliche Erziehung auszudehnen.

Nach wie vor wird jeder Bürger darauf verwiesen, seine Existenz durch Erwerbsarbeit zu sichern; das soziale Netz sichert den im Arbeitsleben erworbenen Status. Das System der sozialen Sicherheit bleibt also auf die Arbeitswelt zugeschnitten, grenzt aber andere Lebensabläufe nicht aus und integriert so die wachsende Pluralisierung der Arbeits- und Lebensstile.

Übrigens muß auch die »neue Selbständigkeit« sozial aufgefangen werden. Sie entsteht mit der wachsenden Bedeutung kleiner Unternehmen und damit einer wachsenden Anzahl »kleiner« Unternehmer. Es geht um die Einführung einer Sozialversicherungspflicht für alle selbständig Erwerbstätigen, auch muß jede abhängige Beschäftigung sozialversicherungspflichtig werden. Damit wird der Anreiz zur Stückelung von Arbeitsplätzen beseitigt; es werden auch schädliche Auswirkungen der Auslagerung und Teilung von Beschäftigungsverhältnissen korrigiert.

Schließlich muß auch bei der Mittelaufbringung für die Sozialversicherung der ökonomische Wandel berücksichtigt werden. Die mehr oder weniger unvermeidbaren technologiebedingten Arbeitsplatzverluste in der kapitalintensiven Industrie können nur ausgeglichen werden, wenn im Dienstleistungssektor – sei es privat, sei es öffentlich – neue Beschäftigungsmöglichkeiten entstehen.

Das setzt voraus, daß arbeitsintensive Produktion bezahlbar bleibt. Deshalb dürfen nicht sämtliche zusätzlichen Beitragsmehrbelastungen, die zwangsläufig aus den demographischen Veränderungen resultieren, dem Produktionsfaktor Arbeit zugerechnet werden. Es gilt, die Arbeitgeberbeiträge zur Sozialversicherung auf eine breitere Basis zu stellen und die gesamte betriebliche Wertschöpfung heranzuziehen. Verschiedene Modelle hierzu werden unter dem Stichwort »Wertschöpfungsbeitrag« diskutiert.

Mehr zu allem steht in dem SPD-Entwurf zu einem neuen sozialpolitischen Programm. Entscheidend ist: Der moderne Sozialstaat befindet sich zwar in einer schwierigen Umbruchsituation, wesentliche Grundlagen der herkömmlichen Sozialpolitik der 60er und frühen 70er Jahre haben sich geändert, wichtige Konstruktionsprinzipien bedürfen der Überprüfung und der Korrektur, Lösungsmöglichkeiten sind vielfach erst ansatzweise in Sicht. Aber die positiven Entwicklungsmöglichkeiten des Sozialstaates und der Arbeitsgesellschaft sind noch lange nicht erschöpft.

Die internen Rationalisierungschancen des Sozialsystems sind so erheblich, die Anpassungsfähigkeit der Arbeitsgesellschaft ist so groß, daß man um die Zukunft des Sozialstaats und der Arbeitsgesellschaft nicht bangen muß. Voraussetzung ist allerdings, daß die Sozialpolitik die Sisyphusarbeit der Modernisierung aufnimmt.

Takeo Fukuda:

Japan's Role in the World of Tomorrow

Vastly occupying the eastern half of the Eurasian continent, Asia after centuries of hibernation is emerging at present as a very important region. Over 60% of the world's population live here and some of the most dynamic economies are concentrated in this region. While pronounced diversity in terms of race, culture, language, religion, political and economic order characterizes Asia, there exists nevertheless a common tendency, namely, to cherish spiritual values more than materialistic ones. Where is Asia heading to, and what role should Japan, as yet the only fully industrialized country in Asia, play? These questions are analyzed as follows against the background of the world's recent situation.

1987 taught us many lessons. One development provided us with some bright hope; others warned us against our own idleness. The hopeful development was the agreement reached at the end of 1987 by the United States and the Soviet Union to abolish Intermediate Nuclear Weapons, thereby bringing into reality the zero-zero option advocated first of all by Helmut Schmidt in 1979. Even though the agreement covers only 4% of the existing nuclear arsenals which could destroy mankind several times over, its significance lies in checking the ever proliferating nuclear arms expansion and in cutting, albeit modestly, the existing nuclear weapons.

This, of course, does not mean that nuclear threats have vanished. And it is too early to judge that we after an era of arms expansion have entered an era of disarmament, as the military capability of both super-powers in the areas of chemical weapons and conventional weapons is still increasing.

Furthermore, there are some misconceptions conveyed by impatient economic journalists concerning the economic implications of the agreement. In their assessment the agreement will trigger off a reduction of defense expenditure by both super-powers, become the starting point of enlarging trade between the United States and the Soviet Union, or even bring about a revitalization of both their economies.

To my regret, I cannot follow their view that the INF agreement will immediately exert favourable effects on both economies, taking into account the technical questions involved concerning verification, the increasing costs accompanying the abolition, and the continued reinforcement of conventional weapons.

Having said this, however, I do see a great significance in the effort to transform the traditional wrong perception – that is searching for equilibrium by expansion of armaments – which in fact has created an unnecessary equilibrium of threats. Because of increasing recognition that security has not been provided to mankind by such misconstrued expansion, this change in attitude is emerging. Given such change in perception, we can expect further actions with a view to full-scale disarmament, if the INF agreement is fully implemented. This is the reason why I believe that 1987 gave us a ray of hope, albeit a small one.

On the other hand, I must admit that as regards the economy we were quite idle in 1987. The stock price plunge in the New York market on Black Monday of October, 19th, gave us a seroius warning.

The New York stock prices dived by an average of 36% compared with the peak level immediately prior to Black Monday. In the age of highly advanced information and communication devices, this was immediately conveyed to the Tokyo market, where the stock prices fell by 17% compared with the peak level. With nearly no delay this plunge spilled over to London and other stock markets of the world, dealing a tremendous shock to the respective economies. And while the aftermath of the shock lingered on, the dollar began to plunge once again very rapidly.

These chaos in stock markets and foreign exchange markets may be attributed to technical problems or short-term factors. As a technical factor, recently developed computerized stock sales programms have been identified. As a short-term factor, the delayed reduction of the US trade deficit coinciding with a resurge in consumer prices, and rising interest rates has been mentioned, as well as the fact that the situation was exacerbated by a careless statement of a high US government official.

Basically, however, the series of events represented a very serious warning to all countries, particularly to the nations participating in the Economic summits, against their inappropriate economic management and their empty echoing of rhetorics as to international cooperation. This warning made it obvious that the required economic structural adjustments had not been achieved.

It has become ever more evident that the "diffusion of time bombs" in the present world economy, repeatedly recommended by members of the InterAction Council, has not been done. These time bombs include the problem of the developing world's debt which exceeds by now 1,100 billion US dollars, the chronic high unemployment in the industrialized countries, particularly in Europe, protectionistic threats triggered off by unemployment and other economic distortions, the massive trade imbalances among the major countries, particularly between the United States and Japan, and the accompanying instability of exchange rates. While every one of these problems has urgently required solutions since so long, no progress has been made in the past several years. It is precisely this failure, to which the Black Monday of 1987 called our attention.

In reviewing the world's economical trends of the past several years, the following phenomena in the Asian region stand out.

First, the economic strength of Japan, the only industrially advanced nation in the region, has increased. The per capita income of the Japanese has reached the US level, and the country has become the world's largest net creditor.

Second, the so-called Newly Industrialized Countries (NICs), including Taiwan, Hong Kong, Singapore and Korea, have grown economically at an astonishing pace. Some of them have been called by a rather dishonoring name of the "Second Japan", implying that they have exerted considerable impacts not only on neighbour economies but also on the world economy as a whole.

Third, China is aggressively pushing forward in pursuing her modernization policy. The country is consolidating the basis for the national economic progress towards the 21st century. This was reconfirmed by the rejuvenation of national leaders in the Deng Xiaoping line during the fall of 1987 and by the reconfirmation of her liberalization policy. While her economic level will remain low for some time, China, nevertheless, due to her vast national territory and resources, combined with her large population, will exert an extremely important influence on world politics.

Fourth, the countries with high reliance on exports of raw materials, such als Malaysia and Indonesia, have been unable to come out of their economic stagnation due to the insufficience of structural changes and to slumps in the economies of industrialized countries. As to the Philippines, the economic foundaments are yet to be consolidated after the change in government.

Fifth, the Pacific countries of Australia and New Zealand, belonging to the group of industrialized nations, still rely on exports of raw materials. They have still to create a solid economic position by overcoming the adverse effects brought about by their disentangling themselves from the close ties to Europe.

These are the economic features to be noted in the Asian region. In short, the relative economic importance of the region as a whole within the world economy has grown considerably during the past decade. According to one simulation, the combined GNP share of Japan, the Asian NICs, ASEAN countries and China is forecast to grow from 16% of the world's aggregate GNP in 1986 to 21% in the year 2000.

Even though these figures signify the rising position of the region as a whole, Asia nevertheless is not a unified region, as is the EEC or EFTA. Nor does it represent a free trade bloc of a kind that the United States and Canada are envisaging. Even a relationship does not exist similar to that between the United States and Latin America. The phrase "Asia as a whole" is thus misleading. Asia is a grouping of non-unified and separate countries on vastly different levels of development. Some countries have closer ties to their former colonial powers than with neighbours.

Despite the extremely diverse features, however, "Asia that is not unified" or "Asia that is not one" does not imply regional instability or vulnerability. There exist similarities as well. The geographic proximity has produced a yellow race in most of the countries; there is a feeling of affinity as well as a sence of mutual isolation. The single common denominator for all countries in the region is that they are affected, one way or the other, by Japan and her sheer economic presence.

This loose unity of Asia, therefore, should be interpreted and evaluated as a liberation from regionalism in a narrow sense. The Asian uniqueness lies in its forming a stable belt in the world by politically and economically complementing each other with unique features and respective autonomy of the individual nations. Unique features of individual nations are crucial in this complementary relations. And the basic thinking of most countries is to expand further this potential and realize it in the future.

These points can be elaborated as follows. First, Japan has continuously achieved a remarkably high rate of economic growth after the end of World War II. Japan overcame the effects of the two oil crises of the 1970s quicker than other countries, despite its high reliance on imported oil. Japan astonished the world by quickly overcoming the post-oil crisis inflations and by upgrading her technologies as a result of adjustment to the oil crises. Today, her economic strength ranks among the world's top in terms of all major economic indicators.

Japan's GNP in 1986 was about 2 trillion US dollars. While this was half of the United States' GNP , the per capita GNP was about the same, as Japan's population is about half that of the United States. Calculations showed that the per capita GNP of the United States in 1986 was 17 000 US dollars as aginst 16 400 US dollars in the case of Japan.

Nearly two decades ago, the late futurologist Herman Kahn predicted that the 21st century would become Japan's century. According to him, by the year 2000 the Japanese per capita income would reach, or possibly surpass the US level. While the critics treated his prediction coolly, it has materialized much quicker than he predicted.

The accumulation of protracted trade surpluses of the past several years has made Japan the world's largest net external creditor nation in the world, in sharp contrast to the United States which became a colossal debtor nation since 1985. This fact alone shows that Japan has become a nation that exerts an enormous influence on the world economy.

Japan's problem lies not so much in her accumulation of wealth but in how that wealth is being spent. Since Japan's economic structure has been too dependent on external demand, the massive trade surplus has created constraints not only for the neighbouring Asian countries but for the world economy as a whole. And because of Japan's massive and chronic trade surplus, many countries in the world have an excuse to resort to protectionism. The irony is that the Japanese public enjoys by no means the standard of quality of life appropriate to the country's economic ranking in the world.

The Japanese government itself has started to realize that the colossal trade surplus represents not only an impediment to the national economic management but also a contraint to the smooth management of the world economy. It has thus begun to adopt a policy which considers the reduction of surpluses or their domestic utilization as necessary. The government is trying to achieve this through a policy mix of domestic expansion, reinforcement of external investments and economic assistance, and of further opening of the markets. This is a correct polical direction.

The question remains how this economic strength could be used. Unless the traditional behaviors of the Japanese are changed, economic expansion will not lead Japan to win respect abroad. Nor will it strengthen Japan's political influence automatically. The prerequisite to that would be that Japan utilizes wisely her economic strength.

At present, Japan is not necessarily moving towards this desirable direction in making use of her wealth. While the trade surplus has been modestly reduced since spring 1987, one has to wait for future developments to see whether such trend has been firmly established. I would rather consider the rectification of the external imbalance to be a long-term process. Thus we must be prepared that the complaints and criticisms of the countries throughout the world are equally long-lasting. Therefore the point Japan has to keep strictly in mind, is how she could contribute to the world.

Until recently, the strong Yen has reduced Japan's surplus only modestly. But what is called for are policy measures to transform the present vertical division of labor with neighboring countries into a horizontal division. In the latter half of 1987, imports of finished products of the Asian NICs increased by over 50%, which in itself was an encouraging development.

As for Japan's external economic cooperation, its absolute amount has increased remarkably in recent years. The doubling of Official Development Assistance (ODA) within three years, which I in my time as Prime Minister had proposed, was attained in 1979. The ensuing five-year doubling program met with a similar success. And today, the seven-year doubling plan is being pushed forward energetically. Even though it was the higher Yen value that dramatically increased Japan's aid in dollar terms, it can still be said that quantitatively, Japan's aid policy is moving into the right direction.

In 1987, Japan's ODA contribution measured in dollars was the largest in the world.

Nevertheless, I do not consider this to be completely satisfactory. In terms of her GNP ration, Japan's ODA lingers still at 0,3%. This is not only far from the long-term target of the industrialized countries (0,7%), but it is also below the DAC average (0,36%). And neither the content and nor the conditions of Japan's economic aid program fully meet the requirements of the recipient countries.

Qualitatively, Japan's ODA has much room to improve. Its grant element is 80%, again considerably lower as compared with the DAC member average. While assistance to Asia must be underlined by moral obligations, priority must be placed on supporting the recipients' efforts to industrialize their economics.

Related to this point is the question of Japan's defense. Some quarters of Japan argue for strengthening Japan's defense capability as part of her international cooperation. Such proponents are eager to meet American request. Even if we accept the general principle that a nation must be defended on its own, there are quite controversial views as to whether Japan's military strength could grow in such a way as to contribute to the stability of Asia.

The defense question, particularly for Japan with her mistakes in the past, is extremely delicate and sensitive. As long as Japan's external imbalance persists, foreigners keep asking what Japan is doing to contribute to the international community. Some audibly argue that Japan should increase her defense expenditure. Others fear that this would entail a threat to the rest of Asia. Japan is clearly under pressure to make a choice now. I personally remain convinced that we must not yield to pressures urging us to strengthen our military capability. It is not only against our own constitution but runs against the trend of the world that has just engaged in taking the first step towards disarmament.

Under the former administration, Japan's defense expenditure surpassed 1% of GNP which had long been the ceiling for our military spending. While there is a question as to whether the figure of 1% itself had any scientific rationale, we must not forget that it was a spiritual commitment of the Japanese people to the world to lead Japan on the road of a peaceful nation. Western nations should understand more about the psychological sensitivities and spiritual vexations existing between Japan and her neighboring countries, before they start pressing Japan to build up more military capabilities.

Actually, if Japan's defense expenditures are calculated according to the NATO criteria, they reach 1.5% to 1.8%. And if we convert our military expenditure at 130 Yen to the dollar, Japan's spending on defense is either already equivalent or even surpassing that of the United Kingdom, France, and West Germany. Moreover, just as some Americans point out, given Japan's present technological level a further defense build-up could create a military threat not only to Asian nations in general but also to America. In this context, again, the argument to strengthen Japan's defense capability as a contribution to the security of the Asian region is questionable. Even in the face of a possible Sino-Soviet rapprochment, of which geopolitical consequences for the Asian-Pacific region are uncertain, I would stick to my argument.

At any rate, I do not deny that the increasing pace and magnitude of Japan's trade surplus, the way in which her economic cooperation is extended, and the steady strengthening of her military capability pose serious questions in the minds of Japan's Asian neighbors and create among them a feeling of lingering mistrust.

This crucial point is underlined by several foreign public opinion polls, indicating that Japan is not sufficiently winning "true friends" in the world. For example, in a recent Korean public opinion poll, the Koreans chose Japan as the second "least liked country" after North Korea. Among the countries they "like the most" Japan only ranked 10th. This result compares with similar public opinion polls made in Japan. While Korea never appears as the country the Japanese like, it always appears as the second "least liked" country following the Soviet Union. This mutual dislike among the peoples of two neighboring nations is most unfortunate, to say the least. In China or in Thailand, where similar polls were made when former Prime Minister Nakasone visited these countries during fall 1987, the general public expressed very little trust and confidence vis-à-vis Japan or the Japanese people.

On the other hand, criticism of the Japanese people is growing. We are accused that despite our economic strength, Japan behaves clumsily when it comes to applying her strength, and that Japanese people are arrogant and selfish. This represents a very regrettable trend, as there is no ill will on our part. What is asked of us now is to reflect how we can eradicate such undesirable situation and how we as an Asian nation can contribute to the region, and to the stability and development of the world economy as a whole.

Turning to the so-called Asian NICs, these countries generally have a dense population relative to their national territory, and they lack natural resources. In this regard, they are very similar to Japan. They are also similar to Japan in that the people are diligent and their saving ratio is high. These factors, of course, have been the driving force behind their rapid economic development. Indeed, the growth of the Asian NICs during the past several years has been amazing.

The backbone of this dramatic growth is, like in the case of Japan, the rapid expansion of their exports. This export-driven growth has had deteriorating effects on their economic relations with the United States. While their problems with the United States have to be solved probably through currency realignments, Japan's cooperation is also indispensable. The bilateral external trade balance of all Asian NICs has improved virtually against all countries, except against Japan. The unique feature of their external balances is that they are all still in deficit against Japan.

Exports of these countries have grown rapidly in recent years, except those to Japan. And if this development is exacerbating the difficulties with their trade partners, one solution is clear and simple; improvement of their trade balance with Japan. This fact tells us that the liberalization of the Japanese markets and the strengthening of purchasing power within Japan, which will increase imports from these countries, represent a major task Japan will have to cope with.

Unfortunately, the trade relationship between Japan and these Asian NICs currently is based on a vertical division of labor. We are yet to construct the horizontal division of labor with them. As I mentioned earlier, it would be desirable for Japan to consolidate a system of horizontal division of labor with the countries in this region through promotion of external direct investment and increased Japanese imports of products. I am happy to note that such development is recently underway.

China, the only political giant in Asia, is aggressively pushing forward with its so-called four modernization policies, in particular emphasizing domestic reforms and external liberalization. The Chinese national objective is to quadruple the agricultural and industrial production of the 1985 level by year 2000. This was reconfirmed by the 13th National Party Convention in fall 1987.

The Chinese economy in the last couple of years has entered into a phase of adjustment. Too dramatic an expansion of domestic investment and consumption has pushed up prices of several goods. An increase of imports has deteriorated China's international balance of payments. These phenomena are forcing the Chinese government to some economic adjustments in its policy measures. It would be wrong, however, to interpret such needed adjustments by saying that China's modernization or liberalization policy has either been arrested or reversed. The recent adjustment efforts made by the Chinese government should be considered as short-term in nature, quite similar to the economic policy measures Japan had to take to adjust its capital layout during our period of high economic growth.

Fundamentally, within the framework of China's cooperative

relationship with the Japanese economy, the expanding equilibrium of trade as well as the strengthening of Japan's long-term direct investment and technical cooperation will undoubtedly contribute to the success of China's modernization policies. This will also help rectify Japan's international balance of payments.

I believe that the situation the Chinese economy faces, and the situation created by the disequilibrium in Japan's international balance of payments can play a mutually complementary role. Correction of one helps correction of the other. Increased imports by Japan during the process of China's expanding trade helps reduce Japan's trade surplus. And the fact that China requires overseas investment and foreign technolgy for its own modernization helps rectify the disequilibrium in Japan's external balance of payments. I believe the progress in such mutually complementary relations will become the starting point to build up a horizontal division of labor with China, just as it is the case with the Asian NICS.

China's absolute economic strength is still at the level of developing countries. Even if the feasible quadrupling plan materializes, we cannot deny that the enormous economic gap between Japan and China will linger on. Having said this, however, and given China's vast territory and her population that is reaching 1.2 billion, her political presence and importance in the world is only next to the United States and the Soviet Union. I am convinced that an appropriate combination of that Chinese political power with Japan's economic strength is indispensable to the peace and stability of Asia and of the world.

This has also a very important strategic impact for Asia as a whole. The role Japan could play, will become more important now that there are signs of a Sino-Soviet rapprochment. Even if China establishes closer links with the Soviet Union once againt, the basic power equilibrium of Asia would not be so dramatically destroyed, if China engages in closer economic relations with Japan.

In my time as Prime Minister, I advocated an "omni-directional peace diplomacy" as our national diplomatic policy. I still believe this concept not to be wrong. The omni-directional peace diplomacy, to put it simply, means to be on good terms with all countries. At the time, I was criticized that I was trying to appear nice to everyone. But given Japan's international position of today, or the future direction of world politics, I still believe that the concept of the omni-directional diplomacy is neither naive nor fundamentally wrong.

Of course, the omni-directional peace diplomacy does not imply equidistance to all countries. Both politically and economically, Japan is closest with the United States. However, this should not mean an exclusive relation with the United States and to forget about the interest of other countries. We are often criticized on this point by Asian countries, by Pacific countries like Australia, and by European countries that Japan's economic negotiations are always too biased in favor of the United States. This is not a desirable situation. Japan's long-term strategy should not be decided by whims of Washington, however important to Japan the bilateral relation is.

To fortify friendly and cooperative relations with countries other than the United States, while maintaining the close and trustful relationship with the United States, is the essence of an omni-directional peace diplomacy. I believe that we must, in particular, give more importance to our relations with Asian countries, including China.

This is not merely because we must settle the unfortunate conditions into which Japan had forced these countries in the past. Neither is it based on a hidden objective to secure exports and natural resources nor to expand our economic benefits. My argument is based on the fact that Asia has come to occupy an increasingly important position both politically and economically in the world, which should and clearly will be further enhanced.

Of course, respecting Asia more does not mean the emergence

of an exclusive regionalism, a narrow Asian centrism; just as this holds true also of the European Community, or the free trade bloc between the United States and Canada, and between North and South America. My belief is to have solid, equal and sound relations with all countries without any biased attachment to a specific country.

This concept was introduced in the so-called Fukuda Doctrine, when I visited the ASEAN countries as Prime Minister to set the basis and framework for Japan's diplomacy. I pledged that Japan would never become an economic suppressor and that we would strengthen our relations with ASEAN countries through economic and technological cooperation.

The basic message of the Fukuda Doctrine was that Japan, as a member of Asia and a friend of Asian nations, would promote peaceful cooperation with them. It meant that Japan is but one of the Asian colleagues; it is neither a leader nor a promoter that uses its economic leverage over other Asian colleagues. Its underlying concept was that Japan would not act as a leader nor would it stand on the platform.

The first pillar of the Fukuda Doctrine was that Japan's economic cooperation was to extend it as one member of a group which can jointly cooperate. The second pillar of the doctrine was that the cooperative relations are not limited to economic cooperation alone. I proposed to expand cultural and social exchanges as well (also in case that the economic sphere would have more weight) and the establishment of broader cooperative relations, not affected by the economic balance of power. The doctrine was not meant to be applied merely to Japan's relationship with ASEAN countries. It intended to lay the groundwork for Japan's relationship with the developing world at large. The spirit of the doctrine, fortunately, has continued to be reflected as Japan's diplomatic policy ever since.

I have to qualify the above statement, at this juncture, in so far that this extensive cooperation does not include military cooperation. Historically, virtually all of the economic powers became military powers. Japan must not opt for that course. That is why, as the basic principle, I excluded military cooperation from the paradigm of a cooperative framework between Japan and Asia.

There are those who argue that a country with Japan's economic leverage will inevitably become a military power, or that the economic leverage must naturally be extended to building up military capabilities or that that economic interests must be aggressively defended by military means. Japan's tragic history teaches us that such thinking, wrong as it is, could never be accepted by her neighbors. The basic thesis of the Fukuda Doctrine must be fully adhered to and be further enhanced.

A grand-scale external economic cooperation system must be established within Japan to counterargue any dangerous propositions. I happen to believe that we could establish a special account within the government's fiscal system for a major recycling of surplus funds to the developing countries. The special account should be independent of the government's general account which falls under tight control by the Finance Ministry that is dead set to reduce the fiscal deficit. It is technically feasible, as Japan's foreign exchange interventions are regulated by a special account, quite independently from the general account. And the level of our national savings is so high that Japan's fiscal deficit has a totally different economic nature as compared with the one of the United States.

I said at the outset that the stock market plunge and the international currency market instability of fall 1987 represented warnings to the major industrialized countries regarding their failure to manage their economies appropriately, particularly their failure in international cooperation. And I said that the warnings were made because the "time bombs" had not been diffused. Of course, I, a living witness of the economic mismanagement of the 1930s that led to the devastating tragedy of World War II, do not believe that the present economic crisis will bring back the nightmares of 1929 and the ensuing years.

Both international and domestic economic as well as social systems of the world today are vastly different from those of the 1930s. The international cooperative systems have been strengthened. Even if there are several common phenomena between today and then, today's difficulties will not be allowed to trigger off the chain of economic, social, and political chaos that began in 1929. Nevertheless, quite apart from the comparison with 1929, if we make wrong prescriptions in diffusing the time bombs, the world could fall into a chaos far worse than the one of the early 1930s. It was partly the absence of appropriate international cooperation before World War II that allowed the economic chaos to trigger the rise of fascism and consequently World War II.

However, as we look at today's economy, not merely at their superficial trends but more deeply into the content of economic activities, and review the ways international cooperation is accomplished, we cannot deny the possibility of each country running more selfishly towards isolationism, or regionalism. That would lead to a shrinking of the worlds economy and accelerate the global economic chaos. And no one can deny the possibility that such development would invite violent confrontations among countries of the world.

Nevertheless, given last year's first step towards the abolition of nuclear arsenals, we must now begin to take a step in the economic field to prevent mankind from once again entertaining foolish thoughts that might bring about another disaster. After all, unfailingly, political and military troubles are rooted in economic difficulties. And in this area, the responsibilities of major countries are enormous.

All have serious homeworks to do. Japan's responsibilities are not easier than those of any other country. We must continue the path of a peaceful nation, which economically plays a meaningful and positive role; we must never pose any military threat to our neighbors but should try to become a stabilizing factor in Asia that is emerging as one of the economic centers of the world. That is not easy, but it is certainly possible.

Edward Gierek

In der Perspektive auch Freundschaft

Nach dem Sieg über den Faschismus und der Entstehung eines unabhängigen polnischen Volksstaates innerhalb neuer, historisch gerechter Grenzen richtete sich das Staatsbewußtsein der Polen in den internationalen Beziehungen darauf, die Existenz des Staates im Rahmen der politischen und wirtschaftlichen Realitäten Europas nach dem Kriege zu sichern. Jene Staatsräson, die sich unmittelbar aus den Kriegsgeschehnissen und einer neuen Gesellschaftsidee herleitete, gebot es, politische und Verteidigungsbündnisse einzugehen, die von nun an die Beständigkeit der wiedergewonnenen Unabhängigkeit wirklich garantieren konnten.

Der politische Realismus diktierte die Notwendigkeit einer freundschaftlichen Gestaltung der gegenseitigen Beziehungen, vor allem mit den unmittelbaren Nachbarn. Die polnisch-sowjetische und die polnisch-tschechoslowakische Nachbarschaft wurde von Verträgen über Freundschaft und Zusammenarbeit geregelt, deren Tenor vom politischen Imperativ der Kriegserfahrungen bestimmt war.

Offen blieb nach dem Kriege zunächst die Frage der Beziehungen Polens und der Polen zum westlichen Nachbarn. Sie mußte adäquat zur Nachkriegsentwicklung des besetzten Deutschland neu gestellt und neu erörtert werden – keine leichte Aufgabe. Doch trotz der tragischen Erfahrungen der Vergangenheit hat die polnische Politik niemals die Deutschen mit dem Nazismus gleichgesetzt. Mehr noch: wir brachen nicht mit den Deutschen, sondern suchten den Kontakt mit fortschrittlich und antinazistisch gesinnten Persönlichkeiten und Kräften im deutschen Volk, überzeugt von deren Willen und Fähigkeit, das Schicksal ihres Volkes nach dem Kriege im Sinne der elementaren Erwartungen Europas zu lenken.

Die Gründung der Deutschen Demokratischen Republik begrüßten wir in der Hoffnung und Erwartung neuer Perspektiven für ein nachbarschaftliches, friedliches Zusammenleben von Polen und Deutschen. Besondere Bedeutung für uns Polen hat in diesem Werk der Görlitzer Vertrag, der den endgültigen Charakter der Westgrenzen unseres Landes, der Grenze an Oder und Neiße, bestätigte. Der Mut und die Entschlossenheit der Kommunisten und auch anderer fortschrittlicher Kräfte in der Deutschen Demokratischen Republik, ihr Verantwortungsgefühl für die zukünftige Gestalt der polnisch-deutschen Beziehungen, bleiben ein unvergessenes Verdienst um die Errichtung freundschaftlicher Beziehungen auch zwischen Polen und Deutschen.

Nicht hoch genug können heute Rolle und Bedeutung der Sozialistischen Einheitspartei, der Regierung der Deutschen Demokratischen Republik und vor allem des Staatsratsvorsitzenden der DDR, Erich Honecker, für den Prozeß der gegenseitigen Vertrauensbildung geschätzt werden. Sein mir wohlbekanntes persönliches Engagement verdient Hochachtung. An Oder und Neiße haben sowohl Polen als auch Deutsche einen erheblichen Teil jener Kluft geschlossen, die preußischer Chauvinismus und Nationalismus, vor allem deren nationalsozialistische Variante, zwischen beiden Völkern aufgerissen haben.

Ende der sechziger Jahre hellte sich der europäische Horizont auf und trotz aller ideologischer und gesellschaftlicher Unterschiede, trotz der militärischen Blockbildungen, wuchs in der europäischen Gemeinschaft das Verständnis für die bestehenden politisch-gesellschaftlichen Realitäten und der Wunsch, auf dieser Grundlage gegenseitige Beziehungen neuer Art zu gestalten. Die Europäer fragten immer beharrlicher, in welche Richtung die Politik unseren alten Kontinent dränge: hin zu Freundschaft und Zusammenarbeit oder in die Konfrontation?

Kein Politiker konnte es sich jetzt mehr leisten, die selbstverständlichen Erwartungen der europäischen Völker an eine nationale Existenz in Frieden und Stabilität zu ignorieren. Die Bemühungen um eine Normalisierung der Beziehungen zwischen Polen und der Bundesrepublik Deutschland müssen also als eine positive Antwort der Politik auf die Herausforderung jener Jahre bewertet werden. Diese Bemühungen gingen weit über das Bilaterale hinaus und verschmolzen untrennbar mit der Idee der europäischen Sicherheit und Zusammenarbeit.

In der Würdigung der europäischen Dimension des zu vollbringenden Werkes unterstützte das polnische Volk seine damalige Staatsführung moralisch bei der Regelung der Beziehungen zwischen Polen und der Bundesrepublik Deutschland im Geist des Potsdamer Abkommens. Andererseits begrüßten die Polen mit unverhohlener Sympathie den wachsenden Einfluß der Politik der Sozialdemokratischen Partei Deutschlands auf das außenpolitische Konzept der Bundesrepublik Deutschland. Mit Interesse studierte und kommentierte man die Thesen des SPD-Parteitages in Dortmund, verfolgte aufmerksam die öffentliche Resonanz der neuen, von Willy Brandt propagierten Ostpolitik.

Der fast ein Jahr andauernde Meinungsaustausch führte im Dezember 1970 zur Unterzeichnung des Vertrages über die Grundlagen der Normalisierung zwischen der Volksrepublik Polen und der Bundesrepublik Deutschland. Dieser Vertrag beendete eine Etappe in der polnisch-bundesdeutschen Geschichte und eröffnete eine reale Perspektive zur Überwindung des schlimmen Erbes der Vergangenheit. Seine Unterzeichnung war der Erfolg einiger um Władysław Gomułka gruppierter polnischer Politiker, vor allem aber der persönliche Erfolg Gomułkas selbst, dessen langjährige Bemühungen durch diesen Akt ihren krönenden Abschluß fanden.

Doch es war auch der Erfolg vieler Menschen guten Willens in der Bundesrepublik Deutschland, ein Erfolg aller, die sich für die Idee der Normalisierung der Beziehungen in Polen einsetzten, unter anderem der Autoren und Anhänger der berühmten Denkschrift der

Evangelischen Kirche Deutschlands. Es war letztlich ein Erfolg der Sozialdemokratischen Partei Deutschlands und ihrer Führung, deren Mut und Konsequenz im Streben nach der Vollendung des Vertragswerks dem polnischen Volk unvergessen bleiben werden. Die Normalisierung der Beziehungen zwischen unseren Ländern lag im beiderseitigen Interesse. Sie diente der Entspannung und beseitigte ein erhebliches Hindernis auf dem Weg zur Konferenz für Sicherheit und Zusammenarbeit in Europa.

Nach den tragischen Ereignissen an der polnischen Küste im Dezember 1970, als mich das Zentralkomitee der Polnischen Vereinigten Arbeiterpartei mit der Funktion des Ersten Sekretärs betraute, unterstrich ich in meiner ersten öffentlichen Ansprache den Willen der neuen polnischen Staatsführung, den Weg der Normalisierung der Beziehungen zur Bundesrepublik Deutschland konsequent zu beschreiten. Auch auf der Plenarsitzung des Zentralkomitees der PVAP im Februar 1971 hob ich dieses Ziel hervor:

»Dank des Moskauer Vertrages vom 12. August 1970, der den Prozeß der Normalisierung der Beziehungen zwischen den sozialistischen Ländern und der Bundesrepublik Deutschland einleitete, und dank der entschiedenen Haltung unseres Staates kam es am 7. Dezember 1970 zum Abschluß des Vertrages über die Grundlagen der Normalisierung der Beziehungen zwischen Polen und der Bundesrepublik Deutschland. Dieser Vertrag ist von entscheidender Bedeutung für die Festigung der Sicherheit in Europa.«

Ein derartiger Standpunkt verpflichtete. Er bedurfte mehr als nur eines rhetorischen Augenblickseffektes. Es galt vielmehr, den Worten Taten folgen zu lassen, Taten, die den polnisch-bundesdeutschen Beziehungen eine neue Dimension und neue, den bilateralen und multilateralen Erwartungen und Bedürfnissen adäquate Inhalte verliehen. Das gegenseitige Interesse erforderte es, den Vertrag als Ebene einer Zusammenarbeit der Menschen zu verstehen.

Heute, nach vielen Jahren, da Helmut Schmidt und ich nicht mehr im Amt sind, möchte ich meiner tiefen Überzeugung Ausdruck geben, daß er in seiner Funktion als Bundeskanzler die Erwartungen der Polen und der Deutschen an die Erfüllung der Vertragsinhalte mit Werten, die das Gesamtbild der polnisch-bundesdeutschen Beziehungen positiv veränderten, nicht enttäuschte. Die Versöhnung mit Polen und den Polen war ein sehr persönlicher Wunsch Helmut Schmidts. Engagiert und aus tiefster Überzeugung und Sorge sprach er während unserer Begegnungen von seinen dahingehenden Erwartungen und Hoffnungen.

Er wußte um die Bedeutung der gegenseitigen Beziehungen für die Zukunft unserer Länder und Europas. Er hegte den aufrichtigen Wunsch nach einer Bereinigung der unser Verhältnis belastenden Vergangenheit. Frei von persönlichen antipolnischen Ressentiments war er um ein freundliches Verständnis für die Kompliziertheit der nationalen Vergangenheit Polens und die in ihr begründeten Schwierigkeiten bemüht. Objektiv bewertete er das Wesen des deutschen Imperialismus und dessen Haltung unserem Land und Volk gegenüber.

Er verstand, daß man die Versöhnung unserer beiden Völker angesichts dieses historischen Erbes nicht verordnen oder mit einem Feuerwerk spektakulärer Gesten bewirken kann. Er teilte meine Ansicht, daß der Weg zur Aussöhnung nur aus einer Folge praktischer Schritte bestehen kann, die mit der Zeit all das ausräumen, was jenem übergeordneten Ziel hinderlich ist.

Der Erfolg von Helsinki und die Fortschritte im Normalisierungsprozeß veranlaßten einige deutsche Politiker zu dem Vorschlag, die polnisch-bundesdeutschen Beziehungen nach dem deutsch-französischen Vorbild zu gestalten. Wir diskutierten diese Frage mit Helmut Schmidt, Willy Brandt und anderen. Ich persönlich war skeptisch und hielt diese Vorschläge für verfrüht. Ich argumentierte, daß Euphorie, die oft nur die Stimme eines feierlichen Augenblicks widerspiegele, einer wirklichen Verständigung nicht dienlich sei. Meiner Ansicht nach mußte man auf das öffentliche Klima in der Bundesrepublik Deutschland und in Polen Rücksicht nehmen, das hier wie da vom schwierigen Erbe der Vergangenheit geprägt war.

Meine Gesprächspartner Helmut Schmidt und Willy Brandt akzeptierten meinen Standpunkt. Im Gegenzug schlug ich vor, die Politik der Errichtung immer neuer Brücken über die Kluft der geschichtlichen Entwicklung fortzuführen, Brücken, die die Idee des Vertragswerks in die Tat umsetzen und es ermöglichen, auf verschiedenen Ebenen bi- und multilateral zusammenzuarbeiten und auf diese Weise eine solide Grundlage für zukünftige Freundschaft zu schaffen.

Der Buchstabe des Vertrages ermöglichte solche Brückenschläge der Verständigung und Zusammenarbeit. Daher initiierte oder unterstützte ich die Gründung von Ausschüssen im Zentralkomitee der Polnischen Vereinigten Arbeiterpartei, die mit der Erarbeitung von Vorschlägen für die Umsetzung der Idee der Normalisierung befaßt waren. Alle, die an diesem Vorhaben mitwirkten, waren aufrichtig bemüht, ihren Aufgaben gerecht zu werden. Sie erarbeiteten Formen und Methoden, die eine Vernachlässigung oder gar Abkehr vom bereits eingeleiteten Normalisierungsprozeß verhindern sollten. Ziel aber war es, das Bewußtsein der historischen Notwendigkeit des Normalisierungsprozesses herauszubilden und die rechtlich-politischen Voraussetzungen für seine Verwirklichung zu schaffen.

Dem diente die in den siebziger Jahren initiierte systematische Zusammenarbeit der Polnischen Vereinigten Arbeiterpartei und der Sozialdemokratischen Partei Deutschlands, die aus den schwierigen Prüfungen der Zeit siegreich hervorging. Das Modell der Zusammenarbeit beider Regierungen wurde präzisiert; es entwickelte sich bis auf den heutigen Tag, ebenso wie die Zusammenarbeit der beiden Parlamente.

An der Gestaltung der Beziehungen zu Polen waren alle politisch relevanten Parteien der Bundesrepublik Deutschland beteiligt. So entstand eine breite Ebene des Meinungsaustausches, in dem unterschiedliche politische Tendenzen vertreten waren. Die Konferenzen und Gespräche am runden Tisch, die gemeinsamen Ausschüsse, unter anderem der Historiker, die Symposien und Begegnungen, die alle in freier, ungezwungener Atmosphäre stattfanden, bildeten einen ganz wesentlichen Bestandteil der bilateralen Kontakte.

Es wurden Voraussetzungen für die wissenschaftliche Zusammenarbeit geschaffen, die von der Polnischen Akademie der Wissenschaften und dem Max-Planck-Institut wie auch von anderen Instituten der Bundesrepublik koordiniert wird. Die UNESCO-Ausschüsse Polens und der Bundesrepublik beschlossen 1972 die Gründung einer gemeinsamen Kommission zur Revision der Schulbücher. Anläßlich meines Besuchs in der Bundesrepublik im September 1976 wurde das Abkommen über den Kulturaustausch zwischen Polen und der Bundesrepublik Deutschland unterzeichnet, dessen Artikel 4 den Tätigkeitsrahmen der genannten Schulbuchkommission absteckte.

In unseren gemeinsamen Gesprächen entwickelten wir das Forum Polen-BRD, das die unterschiedlichsten Kreise beider Länder repräsentiert: Parlamentarier, Wissenschaftler, Gewerkschaftler, Jugendorganisationen, Kirchen, Journalisten. Ganz besonders schätze ich die Ergebnisse des Besuchs von Bundeskanzler Helmut Schmidt 1977 in Polen. Aus den offiziellen Gesprächen gingen die sogenannte Gemeinsame Erklärung und ein Memorandum zur Intensivierung der Zusammenarbeit zwischen kleinen und mittleren Unternehmen beider Länder hervor. Zu diesem Zeitpunkt trat auch das 1976 getroffene Abkommen über kulturelle Zusammenarbeit in Kraft.

Ein wichtiges Ereignis für den Normalisierungsprozeß war die Konferenz in Helsinki. Hier muß die Tatsache gewürdigt werden, daß der Grundlagenvertrag von 1970 dieser Konferenz den Weg ebnete. Das ist nicht nur meine persönliche Auffassung. Ähnliches hörte ich damals von Präsident Gerald Ford, Valéry Giscard d'Estaing, Harold Wilson und anderen führenden Politikern.

Die Debatten, die damals in der polnischen Botschaft geführt wurden, waren außerordentlich lebhaft, wenn nicht gar scharf. Irritiert trennten wir uns, um die Gespräche nach einiger Zeit des Überdenkens wieder aufzunehmen. Gemeinsam mit Helmut Schmidt bemühten wir uns, die oft heftigen Anwürfe unserer Delegationen zu entschärfen.

Im Ergebnis der Konferenz nahmen wir ein Protokoll an, das die Ausreisebewilligung für 125 000 Personen vorsah. Außerhalb des Protokolls beschlossen wir aber, das festgelegte Limit flexibel zu handhaben und in weiteren, begründeten Fällen ganz einfach nach humanitären Gesichtspunkten zu entscheiden. Diese Regelungen leiteten die sogenannte Aktion der Familienzusammenführung ein. Obwohl dieser Aderlaß der Bevölkerung für unser Land nicht unproblematisch war, wurden unsere Entscheidungen letztlich von humanitären Belangen bestimmt, was in manchen Kreisen Polens auf erhebliche Kritik stieß. Es ist wichtig, an dieser Stelle noch einmal hervorzuheben, daß in den Helsinki-Gesprächen vor allem von Menschen und Schicksalen die Rede war.

In Helsinki wurde eine Summe von 1,3 Milliarden DM ausgehandelt – eine Ausgleichszahlung an Polen für Renten und Pensionen an Bürger, die aufgrund ihrer Arbeit für die deutsche Wirtschaft bei deutschen Versicherungsanstalten Anspruch auf eine Rente hatten. Diese Ausgleichszahlungen und die Aktion der Familienzusammenführung wurde von jenen, die die Festlegungen von Helsinki nicht akzeptierten, gern als Junktim gesehen – eine falsche Prämisse angesichts der Tatsachen. Denn aufgrund der gezahlten Renten und Pensionen an Menschen, die ja nicht für die polnische Wirtschaft gearbeitet haben, hatten wir ein Recht auf diese Entschädigung. Doch nicht alles im Bereich der Renten und Entschädigungen konnte geklärt werden. Es gelang uns nicht, die Frage der Entschädigung für polnische Gefangene und Zwangsarbeiter zu lösen.

Die Gespräche in Helsinki befaßten sich auch mit anderen Themen. Zum Beispiel baten die deutschen Partner um die staatliche Fürsorge für Denkmäler der gemeinsamen wie auch der deutschen Kulturgeschichte. Sie forderten auch die Betreuung der noch erhaltenen deutschen Friedhöfe. In diesen Fragen konnten wir uns dahingehend einigen, daß wir die Finanzierung der geplanten Vorhaben übernahmen. Darüber hinaus ging es um die Rückerstattung von Zeugnissen der deutschen Kulturgeschichte, deutscher Literatur- und Kunstdenkmäler. Wir erfüllten diese Bitte, obwohl nur noch weniges von Bedeutung in Polen verblieben war; denn eine Reihe deutscher Kulturdenkmäler war bereits früher der Deutschen Demokratischen Republik übergeben worden.

Die Frage, wie man dem technischen und zivilisatorischen Fortschritt neue, starke Impulse geben könne, gewann im Zuge der in den siebziger Jahren aufgenommenen Politik der Öffnung Polens nach außen eine ganz besondere Bedeutung. Wir standen nicht nur vor dem Problem der überkommenen Rückständigkeit unseres Landes, wir mußten uns nun, in den siebziger Jahren, nicht nur dem Bedarf von mehr als 2 Millionen weiteren Arbeitsplätzen für die ins erwerbsfähige Alter eintretende junge Generation stellen, Polen hatte jetzt auch die dringende Aufgabe, den technischen Fortschritt dem der hochentwickelten Länder Europas anzugleichen.

Zu Beginn der siebziger Jahre hungerte unser Land nach allem Neuen in Technik und Technologie, in Konsum und Lebensstil. Um derart ehrgeizigen Bestrebungen gerecht werden zu können, mußte die Struktur von Industrie und Wirtschaft gründlich umgestaltet werden, eine schwierige und mit Sicherheit unsere eigenen technischen wie auch finanziellen Möglichkeiten übersteigende Aufgabe. Unsere Gesellschaft verstand nicht immer die aus diesen Anliegen resultierenden Vorbedingungen und Notwendigkeiten, war sich nicht immer bewußt, wie hoch der Preis für den technischen Fortschritt heutzutage ist – der am Umsatz materieller Güter meßbare Preis und der nicht meßbare, unermeßliche im Bewußtsein der Menschen.

Als erfahrener Politiker und Wirtschaftsexperte erkannte und verstand Helmut Schmidt das polnische Dilemma, das Maß der Schwierigkeiten und möglichen Lösungen und ihre subjektiven wie objektiven Voraussetzungen. Er verstand die Ziele und Absichten, die hinter dem Wunsch der polnischen Politiker und Wirtschaftskreise standen, den Fortschritt der Zivilisation zu beschleunigen, um das materielle und kulturelle Leben unserer Gesellschaft zu verbessern. Er akzeptierte den Standpunkt, daß die schnelle und vielseitige Entwicklung des polnischen Partners der Bundesrepublik Deutschland im Interesse Europas liegt.

Im Sinne dieser Erwartungen unterstützten beide Seiten die Kooperation und den Transfer von Technologien zwischen bundesdeutschen Konzernen und polnischen Unternehmen. Wir begannen mit einer wissenschaftlichen Zusammenarbeit, nahmen gemeinsame wissenschaftliche Forschungen in verschiedenen Disziplinen auf. Das erarbeitete Modell einer dauerhaften Entwicklung der Zusammenarbeit in Wissenschaft und Handel wurde sowohl von privaten als auch Regierungskrediten gestützt.

In den bilateralen Verhandlungen gelang es, einige Hürden zu nehmen, welche die gemeinsamen Beschlüsse erschwerten: die zwischenmenschlichen Beziehungen, den Kulturausgleich, die Zusammenarbeit von gesellschaftlichen und Jugendorganisationen, von Hochschulen und Städten, den Tourismus. Nun waren es nicht mehr nur sporadisch begrenzte und ausgesuchte Kontakte, sondern Massenbegegnungen zwischen Bürgern Polens und der Bundesrepublik, die eine reale Chance boten, sich kennenzulernen, sich einander zu nähern und die bestehenden Vorurteile wie die im Bewußtsein seit eh und je verhafteten bösen Klischees vom anderen zu korrigieren.

Wenn ich heute an all die Pläne und Unternehmungen der siebziger Jahre zurückdenke, bin ich mir dessen bewußt, daß sich nicht alle Hoffnungen erfüllten, die ich mit jenen Jahren verband. Doch bin ich überzeugt, daß die Geschichte, die allein das menschliche Tun rechtfertigt, die Erfolge der siebziger Jahre gerecht bewerten wird. Meine Zuversicht beruht auf dem Bewußtsein, eine der wichtigsten Aufgaben jener Zeit erfüllt zu haben, den Pessimisten und Schwarzsehern sowohl die großen Möglichkeiten als auch die Notwendigkeit der Gestaltung neuer Beziehungen zwischen unseren Ländern auf der Grundlage von Partnerschaft, Gleichheit und gegenseitiger Achtung bewiesen zu haben. Eine ganze Reihe von Elementen dieses Modells hat die schwierige Zeit, vor allem zu Anfang der achtziger Jahre, überdauert, was ihre Solidität bestätigt.

Ein anderer Teil, vor allem im Bereich der wissenschaftlichen Zusammenarbeit bedarf zweifellos neuer Lösungen, die den gegenwärtigen Möglichkeiten und Bedürfnissen gerecht werden. Ich meine, daß die Bedingungen dafür immer besser werden. Polen verfügt mit seinem Potential an qualifizierten Fachkräften und zahlreichen Bodenschätzen über die besten Voraussetzungen zur Überwindung bestehender Schwierigkeiten und zur stufenweisen Beschleunigung des gesellschaftlich-wirtschaftlichen Entwicklungstempos. Je früher das diejenigen, die uns wohlgesinnt sind, aber auch alle anderen verstehen, desto besser für unsere gemeinsame Zukunft.

Ein Polen, das den sozialistischen Weg der Entwicklung geht, das innenpolitisch stabil ist, sich wirtschaftlich entwickelt, das die materielle und kulturelle Lebensqualität seiner Bürger steigert, ein Polen, das aktiv gegen die Teilung Europas in zwei gegnerische Lager kämpft, wird von Europa gebraucht. Europa braucht ein Polen, das sich Europa öffnet. Das ist keine rhetorische Feststellung, sondern eine durch die politischen Erfahrungen der letzten Jahre belegte Schlußfolgerung.

Unabhängig von den uns trennenden ideologischen Unterschieden verstanden Helmut Schmidt und ich die Notwendigkeit, eine Verständigung zu erzielen, die die Basis für eine Zusammenarbeit und in der Perspektive auch Freundschaft bildet. Vielleicht wurde auch deshalb die Freundschaft zwischen Helmut Schmidt und mir ein Faktum, vielleicht überdauerte diese Freundschaft aus diesem Grunde jene an schwierigen Ereignissen so reiche Zeit. Aufrichtigkeit ist leider keine zwingende Eigenschaft von Politikern oder Politik überhaupt. Wir waren jedoch seit unserer ersten Begegnung ehrlich in der Darlegung der Probleme, deren Lösung man von uns erwartete. Und das schätzte ich besonders.

Als wir während des letzten, nun schon privaten Besuchs von Helmut Schmidt in Polen im Herbst 1987 in meiner Wohnung in Katowice miteinander sprachen und der vergangenen Ereignisse gedachten, teilten wir die Sorge um die Auswirkungen einer Politik der Konfrontation, die jenes kostbare Gewebe aus Vertrauen, Verständigung und Zusammenarbeit von Ländern unterschiedlicher Gesellschaftsordnungen zu zerstören droht. Besorgt sprachen wir von der Zukunft Europas und der Welt, einig in der Überzeugung, daß Europa den Weg von Helsinki wieder aufnehmen müsse. Ich war und bin Optimist und ich bleibe überzeugt, daß der politische Realismus und der Wille zum friedlichen Zusammenleben der Völker jegliche Gedanken an eine Konfrontation überwinden werden.

(Übersetzt von Angelika Wegener)

Valéry Giscard d'Estaing

Unterwegs zur europäischen Währungsunion

Mein Freund Helmut Schmidt ist ein Mann der Synthese, der Konzentration auf die entscheidenden Herausforderungen, der Beschränkung auf das Wesentliche. Auf dem Gebiet der Außenpolitik, der Verteidigung, auf dem Gebiet der Wirtschaft, der Finanzen und der Währung, und auf dem Gebiet der Kultur und des Geistigen, der Musik – der Synthese aller Synthesen im tiefsten Grund der deutschen Seele.

Dabei geht die Parallele zwischen Sicherheit und Währung ohne Zweifel noch weiter. Kurz nachdem er sein Amt als Minister für Wirtschaft und Finanzen angetreten hatte, nachdem er zuvor lange Zeit als Verteidigungsminister gedient hatte, empfing ich Helmut Schmidt und seine Mitarbeiter in meinem Amtssitz, rue de Rivoli. Wir sprachen über die internationale Währungslage, und ich sagte ihm: »Man müßte besser über das Bescheid wissen, was die Amerikaner wollen.« Helmut unterbrach mich: »Hier liegt in der Tat der Kern des Problems. In Verteidigungsfragen haben wir über die NATO eine verläßliche amerikanische Position. In Währungsfragen herrscht aber jenseits des Atlantiks die absolute Konfusion.« Wie alle Welt weiß, empfand Kanzler Schmidt später den Zwischenfall mit der Neutronenbombe und die ständigen Schwankungen der Ära Carter als sehr schmerzlich; sein Vertrauen in die amerikanische Verteidigungsstrategie wurde davon erschüttert. Aber in Währungsfragen muß man ihm zugestehen, daß er von Anfang an die Dinge richtig gesehen hat.

In Helmut Schmidts Augen war es ganz und gar unvorstellbar, daß die größte Wirtschaftsmacht der Erde desinteressiert war an dem, was doch im Zentrum der internationalen Wirtschaftsbeziehungen steht, die Währung nämlich und die Wechselkurse. Vielleicht unterschätzte er die traditionellen amerikanischen Vorbehalte gegenüber einer zentralen monetären Steuerung, das vergleichsweise beschränkte Gewicht des Außenhandels in der amerikanischen Wirtschaft und die Vorzüge, die die Möglichkeit, das eigene Geld in der ganzen Welt zu nutzen, für die amerikanischen Unternehmen und Bürger darstellt. In seinen Augen aber mußte Europa reagieren, wenn die Vereinigten Staaten sich mit monetärer Instabilität abfanden. Dies war der tiefere Sinn seines doppelten Engagements: einerseits der Schaffung des europäischen Währungssystems im Jahre 1979, als Helmut Schmidt Kanzler und ich Präsident der Republik war; und andererseits der gemeinsamen Einrichtung des Komitees für die Europäische Währungsunion im Jahre 1986, als wir beide längst aus unseren Ämtern geschieden waren.

Die Schaffung des Europäischen Währungssystems

Die Einrichtung des Europäischen Währungssystems, so wie es auf dem Gipfel von Bremen am 7. Juli 1978 beschlossen wurde, war Frucht einer langen Vorgeschichte.

Erinnern wir uns, daß das sogenannte Bretton-Woods-System, 1945 eingerichtet, eine hohe Stabilität der Währungsbeziehungen insbesondere in Europa sicherstellte. Jede europäische Zentralbank versuchte durch Dollaran- oder -verkäufe sicherzustellen, daß der Wechselkurs nur innerhalb einer Bandbreite von 0,75% im Verhältnis zum offiziell beim IWF deklarierten Wechselkurs schwankte. Die Vereinigten Staaten ihrerseits intervenierten überlicherweise nicht im Markt. Sie hatten sich allerdings dazu verpflichtet, Dollars, die ihnen durch die Zentralbank präsentiert wurden, gegen Gold zu einem festen Kurs einzutauschen.

Für die europäischen Währungen bedeutete dieses System, daß sich zwischen schwachen und starken Währungen keine über 1,5% hinausreichende Schwankung einstellen konnte. Diese Stabilität war eine gute Antwort auf die Erfordernisse der europäischen Unternehmen und hat die unglaubliche Entwicklung der innereuropäischen Handelsbeziehungen sehr unterstützt, seit von 1959 an der Vertrag von Rom die Zollschranken schrittweise beseitigte.

Unglückseligerweise brach das System von Bretton Woods zusammen. Ende 1959 war die volle Konvertibilität der europäischen Währungen untereinander wiederhergestellt worden. Sie stellten neue Plazierungsmöglichkeiten für internationale Kapitalien dar. Das machte die Struktur des Bretton-Woods-Systems labiler, das darüber hinaus durch die abenteuerliche Haushaltspolitik der im Vietnam-Krieg engagierten Vereinigten Staaten unterminiert wurde.

Es litt darunter, daß es von den Schwankungen des Goldangebotes und der Goldnachfrage auf den Goldmärkten, insbesondere in London, abhing. Diese Schwankungen ließen sich nur irrational begründen, wobei Erwartungen hinsichtlich der Stabilität der offiziellen Beziehungen zwischen Dollar und Gold eine entscheidende Rolle spielten.

Nach einer Periode der Stürme und der Zuflucht zu ungeeigneten Hilfsmitteln (Abwertung des Pfundes 1967, gespaltener Goldmarkt 1968, Suche nach neuen Reserveaktiva, die weder Gold noch Dollar waren, in den Jahren 1967/68, zeitweise Freigabe des Wechselkurses der Deutschen Mark) markiert der 15. August 1971 das Ende einer Epoche. Präsident Nixon wünschte nicht, daß die auf Expansion gerichtete Wirtschaftspolitik, die er für die Vereinigten Staaten anstrebte, noch länger von außenwirtschaftlichen Gegebenheiten gebremst werden konnte. Er kündigte die Aufhebung der Konvertibilität des Dollars in Gold an, die ja doch im Zentrum der internationalen Währungsbeziehungen stand.

Eine Zeitlang hatten wir die Illusion, daß die alte Ordnung wiederhergestellt werden könnte. Helmut Schmidt und ich nahmen mit unseren amerikanischen, europäischen und japanischen Kollegen am Währungstreffen des Smithsonian Institute in Washington am 18. Dezember 1971 teil. Dort wurde ein neues Verhältnis zwischen Dollar und Gold hergestellt, das auf eine Abwertung des Dollars hinauslief. Außerdem wurde eine neue Paritätenstruktur beschlossen. Unter dem Druck der Märkte entgleiste dieses System jedoch rasch, und, obwohl der Dollar erneut abgewertet wurde, mußten wir uns im März 1973 eingestehen, daß es keine unmittelbare Alternative zum Floating des Dollars gab. Damit wurde der Wechselkurs des Dollars im Verhältnis zu den anderen Währungen, und insbesondere zu den europäischen Währungen, täglich durch die Märkte festgelegt.

Diese Entwicklung schuf für die Europäer ein großes Problem. Wenn jede der europäischen Währungen ihren eigenen Weg ging, konnte die Addition der individuellen Wechselkursschwankungen gegenüber dem Dollar zu ganz und gar erratischen Wechselkursschwankungen zwischen den europäischen Währungen führen. Im Verfolg von Überlegungen, die in der EG seit 1970 angestellt worden waren, hatten wir seit Frühjahr 1972 zwischen europäischen Finanzministern, und also besonders zwischen Helmut Schmidt und mir, beschlossen, daß die Wechselkurse zwischen den EG-Währungen innerhalb enger Grenzen schwanken sollten, was durch abgestimmte Interventionen der Zentralbanken sicherzustellen war. Das nannte man damals die »Schlange«, innerhalb deren die Gruppe der europäischen Währungen gemeinsam gegenüber dem Dollar oszillierte.

Zunächst geschah dies innerhalb einer festen Bandbreite gegenüber dem Dollar (»Tunnel«), dann ohne diese äußere Begrenzung, als der Dollar zum freien Floating überging. Obwohl dieses System Wechselkursschwankungen von 2,25% zuließ, also mehr als vorher, reagierte dieses System doch gut auf die Erfordernisse der Wirtschaft. Da es aber keine wahre Solidarität zwischen den Zentralbanken schuf, blieb es zerbrechlich. Nach und nach verließen das Britische Pfund, die Italienische Lira und der Französische Franc das System nach den Erschütterungen des ersten Erdölschocks.

Ein neuer und starker politischer Impuls erschien notwendig, um ein neues System ins Leben zu rufen. Darüber sprach ich mit

Helmut Schmidt im Laufe der regelmäßigen Konsultationen, die wir seit 1977 als Deutscher Bundeskanzler und Französischer Staatspräsident hatten. Er war zunächst wenig überzeugt; dann jedoch akzeptierte er, daß Bernhard Clappier, Gouverneur der Banque de France, Manfred Lahnstein, Staatssekretär im Finanzministerium, und Horst Schulmann, Helmut Schmidts wesentlicher wirtschaftspolitischer Berater, über mögliche Lösungen nachdachten. Schrittweise kamen die Umrisse eines neuen, besser ausbalancierten Systems zum Vorschein, wobei die Unterstützung von Roy Jenkins, dem britischen Präsidenten der EG-Kommission, eine wesentliche Rolle spielte. Nun mußten die öffentliche Meinung, die Technokraten, die anderen EG-Länder überzeugt werden; und hier war die Überzeugungskraft von Helmut Schmidt bahnbrechend.

Die deutschen Wirtschaftskreise brauchten lange, um sich des Vorteils bewußt zu werden, den eine Zone monetärer Stabilität in Europa für die Entwicklung ihrer Exporte und der deutschen Volkswirtschaft insgesamt darstellte. Die Einstellung der deutschen Finanzkreise schwankte zwischen Skepsis und Feindseligkeit. Man hatte dort für die Deutsche Mark eine weltweite Berufung an der Seite des Dollar und des Yen und nicht nur eine regionale Berufung im Auge. Die politischen Kreise schließlich wußten um die zentrale Bedeutung der DM-Preisstabilität für die öffentliche Meinung; sie waren nicht sehr begeistert von dem Thema einer engeren Union mit Ländern, deren monetäres Management wesentlich laxer war als das der Bundesrepublik Deutschland.

Im Herzen dieser Vorbehalte stand die in Frankfurt residierende Bundesbank – Frankfurt, Finanzhauptstadt des Landes und weit entfernt von der politischen Hauptstadt Bonn. Die deutsche Währungsreform des Jahres 1948 hatte das Prinzip der Unabhängigkeit der Notenbank auf selbstverständliche Weise verankert. In einem geordneten internationalen Währungswesen gab es ja auch kaum Konfliktpotentiale zwischen äußeren und inneren Prioritäten. Mit dem Floating der Währungen aber wurde dieser Konflikt möglich.

Nun muß man sehen, daß die Struktur der Bundesbank stark nach inneren Gesichtspunkten angelegt ist. Innerhalb des Direktoriums übt der Präsident der Bundesbank seine Macht in einer sehr viel kollegialeren Weise aus, als dies in der Mehrzahl der anderen Zentralbanken geschieht. Im Zentralbankrat, wo die wesentlichen Entscheidungen fallen, haben die Präsidenten der Landeszentralbanken, deren Einflußmöglichkeiten in den Bundesländern begrenzt sind, die Mehrheit.

Helmut Schmidt war häufig irritiert von dem, was er als eine gewisse Arroganz, eine gewisse Autarkie, einen gewissen Provinzialismus der Bundesbank betrachtete. Er war der einzige, der ihre Vorbehalte überwinden konnte. Er begriff, daß es, um genügend Überzeugungskraft zu entwickeln, notwendig war, sehr bald politischen Willen zu manifestieren, diesen in eine europäische Vision zu integrieren und in den neuen, weltweiten Kontext einzubauen. Gleichzeitig nutzte er die internen Vorbehalte aus und schaffte es, jene technischen Gegebenheiten in den Vordergrund zu stellen, die die deutschen Finanzkreise beruhigten. Sicherlich würde es eine zentrale europäische Währungseinheit, den Ecu, geben. Bei allem aber würde es bilaterale Beziehungen zwischen Währungen in vorbestimmten Bandbreiten geben. Sicherlich würde es Währungsreserven geben, die teilweise in Ecu zu halten waren; diese aber würden durch die nationalen Zentralbanken verwaltet werden. Sicherlich würde es wechselseite Kreditfazilitäten geben; dies aber würde in präzisen Grenzen geschehen. Sicherlich würde es Verpflichtungen im monetären Bereich geben; dies aber in dem breiteren Kontext einer Konvergenz der gesamten Wirtschaftspolitik.

Nach einer ersten Diskussion in Kopenhagen verabschiedete der Europäische Rat im Juli 1978 in Bremen das Europäische Währungssystem. Dies geschah unter deutscher Präsidentschaft, und zwar in der Hansestadt, die so lange Zeit mit der Geschichte Hamburgs verbunden war. Es blieb Helmut Schmidt vorbehalten, die Zustimmung aller EG-Mitgliedstaaten herbeizuführen.

Das war keine leichte Sache. Ich sehe noch die Schlußphase der Verhandlungen vor mir. Nach einer feierlichen Sitzung im Bremer Rathaus hatten wir unser Mittagessen in einer Villa eingenommen, die uns durch die dortige Regierung zur Verfügung gestellt worden war. Dort waren wir auch den Nachmittag über geblieben, um die Übereinkunft auf den Punkt zu bringen. Die hauptsächliche Schwierigkeit lag bei England. Helmut Schmidt wollte unbedingt, daß das Pfund sich am Währungssystem beteiligen sollte. Lange Zeit versuchte er bei James Callaghan einen Durchbruch zu erreichen. Schließlich aber mußte er eine nichtssagende Formel akzeptieren, in der man die Zugehörigkeit zum System und die Teilnahme am Wechselkursmechanismus voneinander unterschied.

Während erstere alle Mitgliedsländer einschließlich der Briten einbegriff, betraf die zweite das Pfund Sterling überhaupt nicht und gab außerdem der Italienischen Lira einen Sonderstatus, mit Margen von 6% gegenüber den anderen europäischen Währungen verglichen mit 2,25%, die ansonsten gelten sollten, etwa zwischen dem Französischen Franc und der Deutschen Mark. Dieser Kompromiß sollte sich dann im Bremer Kommuniqué wiederfinden. Dieses Kommuniqué besiegelte die förmliche Annahme des Europäischen Währungssystems durch den Europäischen Rat im Dezember 1978 und seinen effektiven Start am 13. März 1979.

Ohne unsere enge Zusammenarbeit wäre das Europäische Währungssystem wohl nicht zustandegekommen. Ohne die Überzeugungskraft von Helmut Schmidt hätten die Wirtschafts- und Finanzkreise in der Bundesrepublik Deutschland seine Bedeutung nicht begriffen. Ohne die fast physische Erkenntnis dessen, was ein Fehlschlag beim Bremer Gipfel für ihn bedeutet hätte, hätten es die europäischen Partner vielleicht nicht akzeptiert, um so mehr, als die gemeinsame französisch-deutsche Konzipierung des Systems nicht ohne Irritation für die anderen sein konnte, so notwendig sie auch war, um rasch und gut voranzukommen.

Valéry Giscard d'Estaing

Der Weg zur Europäischen Zentralbank

Das Europäische Währungssystem (EWS) hat seine neun ersten Lebensjahre in einem schwierigen internationalen Umfeld zugebracht: zweiter Erdölschock 1978, starke Dollarhausse von 1981 bis 1985, starke Baisse und dann die Stabilisation des Dollars im Kontext der Plaza- und Louvre-Abkommen aus den Jahren 1985 und 1987. Letztere führten dazu, daß die Zentralbanken in die Wechselkursbeziehungen zwischen Dollar und europäischen Währungen wieder eingriffen, die man zuvor über mehrere Jahre hinweg dem freien Spiel der Marktkräfte überlassen hatte.

In dieser Zeit war es Aufgabe des Europäischen Währungssystems, eine ausreichende Stabilität der Wechselkursbeziehungen innerhalb der europäischen Staaten sicherzustellen. Die wesentlichen Elemente des Systems sind durch die Handelnden am Markt gut aufgenommen und angenommen worden. Dies gilt sowohl für die Zentralbanken wie für Private. Diese wesentlichen Elemente waren:

- Definition jeder Teilnehmerwährung durch einen Zentralkurs, der diese Währung an den Ecu bindet, den repräsentativen Korb der europäischen Währungen; Umsetzung dieses bilateralen Verhältnisses in einem Raster zweiseitiger Wechselkurse, die auf den Währungsmärkten innerhalb einer Bandbreite von $\pm$ 2,25% respektiert werden müssen (6% für die Italienische Lira);
- Verpflichtung zur unbeschränkten Intervention durch die Zentralbanken, die auf einen sehr kurzfristigen Beistand anderer Zentralbanken zurückgreifen können;
- Zurückzahlung eines Teils dieses Beistands in Ecu;
- Aufnahme des Ecu in die nationalen Währungsreserven mit einem Betrag von 20% dieser Reserven, soweit sie in Gold oder Dollar bestehen;
- gegebenenfalls Nutzung der kurz- oder mittelfristigen Beistandsmöglichkeiten um die wechselseitige Hilfestellung zu

konsolidieren; falls notwendig, eine allseits verabredete Veränderung der Zentralkurse.

Auf diesen Grundlagen ist das Europäische Währungssystem ein großer Erfolg geworden. Es hat die Schwankungen der Wechselkurse innerhalb des Systems um ein Drittel reduziert, wovon etwa die Hälfte des Außenhandels der EG-Mitgliedstaaten berührt wurde. Und es hat die Teilnehmerwährungen gegen exzessive Schwankungen des Dollar abgeschottet.

Zwischen Februar 1985 und 1987 wurde die Deutsche Mark gegenüber dem Dollar um 85% und gegenüber dem Yen um 70% aufgewertet. Aber in einer gewichteten Betrachtung, die die Außenhandelsbeziehungen einschließt, ist die Deutsche Mark nur um 22% aufgewertet worden, gegenüber 45% beim Yen. Das EWS hat also für die Deutsche Mark eine Art regionalen Puffer dargestellt.

Das EWS hat auch eine weitere wichtige Aufgabe erfüllt, nämlich, Einfluß auf die Wirtschaftspolitik der Teilnehmerländer auszuüben. Dies zeigt der Fall Frankreichs im Jahr 1983. Nach einer Phase von zwei Jahren, in denen die sozialistische Wirtschaftspolitik Frankreichs auf Expansionskurs gerichtet war, hatte die Pariser Entscheidung, den Franc im EWS zu halten, eine vollständige Neuorientierung dieser Wirtschaftspolitik eingeleitet.

Eine Sache aber war schließlich überhaupt nicht vorauszusehen: Der Ecu stieß bei privaten Anlegern und bei den Märkten auf Wohlwollen. Die Banken haben Darlehen in Ecu gewährt, haben Depots in Ecu eingerichtet und haben Interbankgeschäfte in Ecu betrieben – die jeweiligen Beträge erreichen mittlerweile 100 Milliarden Dollar. Private Unternehmen und öffentliche Einrichtungen haben Obligationen in Ecu herausgegeben, und zwar in Höhe von etwa 5 Milliarden Dollar jährlich.

Gleichzeitig sind aber auch gewisse Unvollkommenheiten ans Tageslicht getreten: Der Sonderstatus des britischen Pfundes und der italienischen Lira haben die Funktionsweise des Systems beeinträchtigt; die Leitkurse sind zu häufig geändert worden, was ja nichts anderes ist als der Reflex einer ungenügenden Konvergenz der Wirtschaftspolitiken; und auch im Bereich des freien Kapitalverkehrs sind nur zögerliche Fortschritte gemacht worden.

Aber eines ist noch wichtiger. Helmut Schmidt und ich, wir hatten das EWS als ein dynamisches Instrument konzipiert. Deshalb hatten wir in die entsprechenden Dokumente eine Klausel aufnehmen lassen, die vorsah, daß man Ende 1981 in eine »zweite Etappe« eintreten sollte. Diese zweite Etappe sollte das, was erreicht war, konsolidieren und neue Fortschritte anstreben, wobei ich die Einrichtung eines Europäischen Währungsfonds an erster Stelle nenne.

In diesem Augenblick aber divergierten die Wirtschaftspolitiken insbesondere Frankreichs und Deutschlands stark, und so geschah nichts. Der Übergang zur zweiten Etappe wurde zunächst verschoben, dann vergessen. In der Zwischenzeit hatte sich der Europäische Rat mit einer anderen wichtigen Initiative zu befassen: um die Verhandlung, die Annahme und die Ratifikation der Einheitlichen Akte, die diejenigen Entscheidungsprozeduren organisiert, die für die Verwirklichung eines großen europäischen Binnenmarktes im Jahre 1992 notwendig sind. Diese Einheitliche Akte stellt das EWS auf eine neue Grundlage, weil sie in den Vertrag von Rom ein neues Kapitel aufnimmt, das sich auf die Währungszusammenarbeit vor allem im EWS bezieht. Gleichzeitig aber sieht die Einheitliche Akte vor, daß jeder zusätzliche institutionalisierte Fortschritt im Währungsbereich eine neue Änderung des EG-Vertrages impliziert. Dies bedeutet eine sehr schwerfällige Prozedur, die sich auf die Einstimmigkeitsregel stützt.

Hier liegt ein versteckter Widerspruch. Die Europäische Währungsunion, die Stabilisierung der innereuropäischen Wechselkurse und auch die Konvergenz der Wirtschaftspolitik müssen ja doch die Verwirklichung des Binnenmarktes unterstützen. Man darf nicht übersehen, daß der Zollabbau zu Beginn der 60er Jahre seine positiven Wirkungen innerhalb der EG im Rahmen stabiler Währungsbeziehungen hervorgerufen hat.

Wenn man die gleichen positiven Wirkungen aus dem Abbau anderer Handelshemmnisse innerhalb der EG erzielen will, impliziert dies die Schaffung eines vergleichbaren Rahmens im Währungsbereich. Die europäischen Unternehmen werden die Vorteile eines großen Marktes nicht voll nutzen können, wenn sie nicht, wie ihre amerikanischen und japanischen Konkurrenten, die Möglichkeiten haben, ihre Rechnungen, ihre Kreditentscheidungen und sonstigen Beschlüsse in einer einheitlichen Währung innerhalb eines vereinheitlichten Wirtschafts- und Währungsraums zu fassen. Und nun blockiert die Einheitliche Akte institutionelle Fortschritte des EWS für die Zukunft. Aber solche institutionellen Fortschritte sind die einzig entscheidenden; eine neue politische Initiative wurde notwendig.

Helmut Schmidt und ich konzipierten diese Initiative anläßlich eines Besuches, den ich ihm in Bonn Ende 1985 machte. Ich sehe die Szene noch genau vor mir. Wir waren in seinem großen Bundestagsbüro zu einem Zeitpunkt, als er sich darauf vorbereitete, das deutsche Parlament zu verlassen, und das mit einer der bewundernswertesten politischen Reden der Geschichte. Mit uns waren Paul Mentré, mein früherer stellvertretenden Kabinettdirektor, heute Präsident des Crédit National, der seine Zusammenarbeit mit mir in Wirtschafts- und Finanzfragen fortgesetzt hatte, und Jens Fischer, Mitarbeiter des ehemaligen Bundeskanzlers.

Wir sprachen über die drei Gegenstände, die Helmut Schmidt am meisten am Herzen liegen: über Musik, Verteidigung und die Währung. Die Musik, denn er dedizierte mir eine Schallplatte, die er gerade mit großen Interpreten klassischer Musik aufgenommen hatte, etwa mit Christoph Eschenbach. Die Verteidigung, denn gerade wurden neue amerikanische Initiativen sichtbar. Und die Währung, denn er teilte meine Beunruhigung angesichts des Fehlens politischer Führung auf dem Feld europäischer Fortschritte im Währungsbereich. So beschlossen wir, eine politische Initiative zu ergreifen und fanden die Formel eines Komitees auf hohem Niveau unter gemeinsamem Vorsitz durch die beiden Väter des EWS, Helmut Schmidt und mich selbst, das mit großer Autorität an einer Wiederbelebung des monetären Europa arbeiten sollte.

Zu Beginn des Jahres 1986 machten wir unsere Initiative öffentlich. Das geschah in Como, in dem außerordentlichen Rahmen der Villa D'Este, wo wir beide an einem internationalen Colloquium teilnahmen. Im Verlauf einer Arbeitssitzung einigten wir uns über die Strukturen des Komitees, über seine Aufgaben und über seine Zusammensetzung. Es sollte ein Gleichgewicht zwischen den Nationalitäten mit 17 Mitgliedern, so wie dies auch bei der Kommission der Europäischen Gemeinschaften der Fall ist. Es sollte ein Gleichgewicht zwischen den Welten der Politik und ihren verschiedenen Familien sowie den Welten der Industrie, der Banken und der Wissenschaft geben. Wir veröffentlichten ein gemeinsames Komuniqué.

Die Auswahl der Mitglieder fand in den darauffolgenden Wochen statt. Es fiel uns leicht, die Zustimmung der von uns gewünschten Persönlichkeiten zu erhalten – vor allem von James Callaghan, einem anderen Protagonisten der EWS-Entscheidungen, Gaston Thorn, Etienne Davignon, Miguel Boyer Salvador, Rinaldo Ossola, Pierre Bérégovoy, was nun in der Tat den unabhängigen Charakter unserer Initiative unterstrich. Die Auswahl der deutschen Mitglieder war entscheidend. Neben Manfred Lahnstein, seinem früheren Finanzminister, wollte Helmut Schmidt einen großen Bankier mit unbestreitbarer Glaubwürdigkeit. Es gelang uns, Wilfried Guth, den Präsidenten der Deutschen Bank, zu überzeugen. Dies geschah anläßlich der Feierlichkeiten zum 600. Geburtstag der Universität Heidelberg, zu denen Helmut Schmidt ihn und mich eingeladen hatte.

Ich sehe Helmut Schmidt noch vor mir, er hatte einen großen Tag. Im langen Ehrensaal der Universität entwarf er vor der Zuhörerschaft, die sich in mittelalterlichem Gestühl versammelt hatte, das Panorama einer Welt drohender Gefahren, bestehender Chancen und entwickelte die Schlußfolgerungen, die er in Verteidigungs- und

Währungsfragen für Europa ziehen würde. Ich sehe noch die Vertreter des offiziellen Deutschland vor mir, den Chef des Generalstabs der Bundeswehr, auch den Vizepräsidenten der Bundesbank, die darauf warteten, nach Helmut Schmidt das Wort zu nehmen, um traditionellere Standpunkte einzunehmen.

Mehr als je zuvor begriff ich die Überzeugungskraft von Helmut Schmidt, aber ich begriff zugleich auch die deutsch-französische Komplementarität. Klassizismus und Romantik, Zentralismus und Föderalismus, Vertrauen in den Markt und Bezugnahme auf die Rolle des Staates, Atlantismus und nationale Unabhängigkeit stellen quasi ein System bipolarer Kondensatoren dar, zwischen denen der Strom des öffentlichen und politischen Lebens oszilliert. Und an einem der beiden Pole befindet sich Deutschland und am anderen Frankreich. Jede Übereinkunft zwischen beiden Ländern ist per definitionem eine Synthese, die dazu geeignet ist, die Zustimmung der anderen Europäer zu finden.

Mit seinen beiden Co-Präsidenten, seinen 17 Mitgliedern und den beiden Sekretären, Paul Mentré und Uwe Plachetka, Mitarbeiter von Helmut Schmidt, hielt das Komitee seine erste Sitzung im Dezember 1986 in Brüssel mit Kommissionspräsident Jacques Delors ab. Darauf traf es nacheinander in Bonn, im März 1987, im Palais Schaumburg, in Brüssel, im Juni 1987, im Château de Val Duchesse, in Rom, im November 1987 und schließlich in Paris im Februar 1988 zusammen. Dort nahm es sein »Aktionsprogramm« an, das den Regierungen und den Mitgliedern des Europäischen Rates vor deren offiziellen Diskussionen überreicht wurde, die auf dem Gipfel in Hannover ihren Höhepunkt fanden.

Helmut Schmidt und ich ergänzten uns aufs neue in überaus wirksamer Weise. Er hatte drei wesentliche Sorgen: Er wollte vermeiden, daß man sich in technokratische Querelen hineinbegab; er wollte die europäische Konstruktion in eine weltweite Vision einbauen; und er wollte die deutschen Institutionen überzeugen. In seinem Stil, der ja absichtlich brüsk sein kann, unterbrach er die technischen Diskussionen oder nahm am Ende der Sitzung das Wort, um die wirklichen Fragen einer multipolaren Welt ins Gedächtnis zurückzurufen. Er trieb die Meinungsbildung voran in die Richtung einer europäischen Zentralbank, aber er zerstreute die Illusion einiger Teilnehmer über die Rolle einer künstlichen Währung. Insbesondere aber spielte er eine entscheidende Rolle im Reifeprozeß deutschen Denkens.

1987 waren wir im Palais Schaumburg. Es war der Tag der Antrittsrede des wiedergewählten Helmut Kohl. Helmut Schmidt leitete unsere Sitzung mit zupackender Entschlossenheit (aber auch mit einem Schuß Nostalgie). Zunächst gab es eine eher förmliche Rede von Gerhard Stoltenberg. Nachmittags aber kam Karl-Otto Pöhl, der Präsident der Bundesbank, zu einer längeren Diskussion. Und der persönliche Einfluß Helmut Schmidts, der ihn ja für diesen Posten vorgeschlagen hatte, machte sich allmählich bemerkbar. Damals ließ der Präsident der Bundesbank zum ersten Mal die Idee einer europäischen Zentralbank zu, natürlich in klaren Grenzen und unter deutlich formulierten Bedingungen.

Es ist bekannt, daß es später zu dieser Frage in Deutschland eine interne Debatte gab. Hans-Dietrich Genscher, mit dem ich mich anläßlich eines Treffens zwischen den Auswärtigen Ausschüssen des Deutschen Bundestages und der Französischen Nationalversammlung unterhalten konnte, war bestrebt, rasch voranzukommen und strebte ein Mandat des Europäischen Rates an. Gerhard Stoltenberg war deutlich zurückhaltender. Die vermittelnden Entscheidungen von Helmut Kohl und die Diskussionen im Europäischen Rat sind dann hinter den ursprünglichen Hoffnungen zurückgeblieben; aber der Gipfel von Hannover hat doch eine Bewegung in die richtige Richtung eingeleitet.

Die Europäische Zentralbank, die ein ferner Traum zu bleiben schien, ist heute Bestandteil der politischen Diskussion in Europa. Ich glaube, daß es dem zähen Agieren von Helmut Schmidt und mir zu verdanken ist, daß dieser Sprung möglich geworden ist. Paradoxerweise hat uns die Einheitliche Akte geholfen, indem sie die kleinen institutionellen Schritte begrenzte. Es ist ja leicht einzusehen, daß man nicht alle drei Jahre über eine Vertragsänderung im monetären Bereich abstimmen kann. Es wird deshalb notwendig werden, den Endzustand von Anfang an zu definieren und dann Zwischenstufen und Übergangsregeln festzulegen. Die Diskussionen in Hannover haben gezeigt, daß es Widerstand, Verzögerung und negative Überraschungen geben wird. Die europäische Währungskonstruktion aber stellt sich heute in einer neuen Perspektive dar.

Es ist so, wie ich es in »Le Pouvoir et la vie« beschrieben habe: »Die Freundschaft zwischen Helmut und mir, in langen Jahren geschmiedet, wird andauern, solange wir leben. In einer anderen Form wird sie ohne Zweifel auch diesen Zeitpunkt überdauern, weil wir das Privileg gehabt haben, zusammen einer Sache zu dienen, die über uns hinausweist.« Eine solche Salche ist die Europäische Währungsunion.

Herbert Grünewald

Ein Standort mit guten Noten

Entscheidungen über den Standort eines Wirtschaftsunternehmens, besonders von Industrien mit kapital- und personalintensiven Produktions- und Forschungseinrichtungen, sind von grundlegender Bedeutung. Denn dadurch werden wesentliche Teile der verfügbaren Mittel langfristig, zweckgerichtet und irreversibel gebunden. Von der nachhaltigen Richtigkeit der Entscheidung hängt deshalb in hohem Maße der wirtschaftliche Erfolg in der Zukunft ab.

Es ist daher nur zu verständlich, daß weltweit die Frage nach der Standortqualität verschiedener Länder oder Regionen gestellt wird. Sie muß immer wieder gestellt werden wegen der sich laufend ändernden Parameter. Es genügt nicht, eine einmal gemachte Analyse fortzuschreiben. Wegen der langfristigen Bindungen und Auswirkungen der Entscheidung ist abzuschätzen, auch unter Einbeziehung der Historie, wie sich das Umfeld, zum Beispiel für eine industrielle Tätigkeit, längerfristig ändert, absolut und relativ zu anderen Standorten. Nur bei einer hohen Wahrscheinlichkeit, daß sich die im Augenblick der Entscheidung bestehenden essentiellen Parameter nicht wesentlich verschlechtern, ist bei Standortentscheidungen das nötige Maß an Sicherheit vor unkalkulierbaren Risiken gegeben.

Standortqualität ist ein Sammelbegriff für die Summe einer Vielzahl teils objektiv meßbarer, teils subjektiv empfundener Wirtschaftsfaktoren. Sie unterliegen einem ständigen Wandel. Auch das Gewicht der einzelnen Einflußgrößen bleibt nicht konstant; es verschiebt sich ständig. Mit Standortqualität meinen wir die Gesamtheit der gesellschaftlichen, wirtschaftlichen, politischen und rechtlichen Rahmenbedingungen. Wir beziehen die Gegebenheiten der

Infrastruktur, die Freiheitsräume für Produktions- und Investitionsentscheidungen und die Sicherheit der Rohstoff- und Energieversorgung in die Überlegungen ein. Wir beurteilen die Bedingungen des Arbeits- und Kapitalmarktes, die Einflüsse und Zwänge aus der Umweltsituation, die in der Region herrschende Grundhaltung gegenüber industrieller Tätigkeit, Innovationen und technischem Fortschritt und die Aufgeschlossenheit gegenüber den Anforderungen des internationalen Wettbewerbs. Wir bewerten außerdem Qualifikation und Leistungsbereitschaft der Arbeitskräfte.

Der Einfluß dieser sehr unterschiedlichen Beurteilungsfaktoren auf die Gesamtbewertung eines Standortes unterscheidet sich zudem von Branche zu Branche. Für den Kohlebergbau stellen sich zum Teil andere Fragen als für die Autoindustrie; bei einem produzierenden Chemieunternehmen haben andere Kriterien Gewicht als bei einem Dienstleistungsunternehmen.

»Standortqualität« ist somit kein exakt definierbarer Begriff. Grundsätzlich läßt sich nur sagen, daß jeder Unternehmer seine Standortentscheidungen letztlich am erwarteten Erfolg und damit am nachhaltigen Erfolgspotential des Standortes orientiert. Je größer das Projekt ist und je weiter er den zeitlichen Horizont ziehen muß, um so gründlicher und intensiver müssen die Entscheidungen über einen neuen Standort vorbereitet und geplant werden. Dabei darf – und das gilt insbesondere für hochindustrialisierte Länder – der Entscheidungsspielraum nicht überschätzt werden. Marktnähe, Verbund mit Zuliefer- und Abnehmerfirmen oder auch einfach die Planungszwänge, die sich aus den gewachsenen Strukturen im eigenen Unternehmen ergeben, engen den Entscheidungsspielraum oft erheblich ein.

Auch in der Bundesrepublik Deutschland wird die Frage über die Standortqualität unseres Landes immer wieder neu gestellt, vor allem dann, wenn sich wirtschaftliche und politische Rahmenbedingungen ändern. So rückten die beiden Ölkrisen die Abhängigkeit von der verläßlichen Zulieferung lebenswichtiger Rohstoffe aus dem Ausland in das allgemeine Bewußtsein. In neuester Zeit ist es eher die Sorge vor überzogenen steuerlichen oder sozialpolitischen Belastungen, die Zweifel an der Attraktivität des Standorts laut werden lassen. Auch die Umweltschutzfragen lösen bei uns Standortdebatten aus.

Stellen wir uns – trotz der im Einzelfall sehr unterschiedlichen Blickwinkel – ganz allgemein die Frage: Wie ist die Qualität des Standortes Bundesrepublik Deutschland zu beurteilen? Jeder weiß, daß bei uns überdurchschnittlich hohe Löhne gezahlt werden. Auch die Steuern und Sozialabgaben erreichen Größenordnungen, die eine im internationalen Vergleich erhebliche Bürde darstellen. Unser Land verfügt – von der nur relativ teuer zu fördernden Kohle abgesehen – über keine nennenswerten Bodenschätze.

Die geopolitische Lage der räumlich kleinen Bundesrepublik im Grenzbereich der großen politischen Machtblöcke erscheint recht exponiert. Hohe Industrialisierungs- und Bevölkerungsdichte haben Ballungsräume entstehen lassen und die Sensibilität für Umweltfragen außerordentlich gesteigert. Gewerberechtliche Genehmigungsverfahren erfordern öfters eine Zeitspanne, die für dringliche Projekte nicht zur Verfügung steht. Trotzdem erhält die Bundesrepublik Deutschland in internationalen Untersuchungen als Industriestandort gute Noten.

So kommt z. B. die BERI-Analyse (»BERI Business Environment Risk Information«) zu dem Ergebnis, daß die Rahmenbedingungen hierzulande für ausländische Investoren besonders günstig sind. Danach gehört unser Land neben der Schweiz, Japan, den USA und Singapur zu der kleinen Gruppe von nur fünf Ländern, deren Investitionsstellung uneingeschränkt positiv bewertet wird. Als Begründung wird angeführt, daß es bei uns keine Investitionshemmnisse für Ausländer gibt und auch keine Beschränkungen beim Kauf von Industriebetrieben oder Grundstücken bestehen. Kapital- und

Devisenverkehr sind frei. Der Patentschutz ist gesichert. Auch rechtlich sind Ausländer in jeder Beziehung den Bürgern unseres Landes gleichgestellt.

Diese Untersuchung stellt zudem heraus, daß die Bundesrepublik im Vergleich zu anderen Industrieländern bei der Umstellung ihrer Wirtschaft auf neue Produkte mit hoher Wertschöpfung beachtliche Erfolge erzielt. Sie betont die innere Preisstabilität, die überdurchschnittlich leistungsfähige Industriestruktur, deren hohe Innovationsfähigkeit und nicht zuletzt das günstige soziale Klima.

Einen weiteren Hinweis auf die Wettbewerbskraft der Bundesrepublik gibt der »Wettbewerbsreport« des Europäischen Managementforums (EMF). Diese unabhängige wissenschaftliche Stiftung mit Sitz in Genf testet regelmäßig die Wettbewerbskraft von 22 Ländern. Unser Land rangiert seit Jahren nach Japan, den USA und der Schweiz auf Platz vier. Es verdankt das vor allem den Kriterien »Innovationsorientierung«, »Marktdynamik«, »Industrielle Leistungsfähigkeit« und »Außenorientierung«.

Diesem Urteil können wir zustimmen. Wenn die bundesdeutsche Wirtschaft 1986 in Dollar gerechnet zur Welthandelsnation Nummer eins aufzusteigen vermochte, so war die Standortqualität dafür sicher eine wesentliche Voraussetzung. Für viele Länder ist die Bundesrepublik heute der wichtigste Warenlieferant. Unter den 30 führenden Welthandelsnationen, die insgesamt rund drei Viertel der Weltimporte ausmachen, ist die Bundesrepublik fünfzehnmal Lieferant Nummer eins, nur je fünfmal Japan und die USA. Lediglich in acht dieser 30 Länder gehört unser Land nicht zu den größten Lieferanten.

Die Standortqualität ist eine wichtige Voraussetzung für erhöhte Wettbewerbsfähigkeit. Deshalb ist verständlich, daß wegen unserer bisherigen Erfolge im Weltmarkt dem Standort Bundesrepublik Deutschland trotz mancher Schwächen und Vorbehalte auf Teilgebieten eine insgesamt gute, über dem Durchschnitt liegende Note erteilt wird. Dieses Urteil wird durch weitere Fakten gestützt.

Besonders wichtig ist der im internationalen Vergleich sehr gute Ausbildungsstand unserer Arbeitnehmer, ebenso die weithin positive Einstellung zur Leistung, Qualität und Arbeitsdisziplin. Ohne das, was in Analysen gern als »Humankapital« bezeichnet wird, wäre der Aufstieg unseres Landes nach dem Krieg in die heutige Spitzenposition nicht möglich gewesen. Dieser Vorteil muß erhalten werden. Der Anreiz für in- und ausländische Unternehmen, bei uns zu investieren, würde sonst wesentlich geringer. Schließlich spielt auch die Qualität des sozialen Klimas und des Verhältnisses zwischen den Tarifpartnern eine große Rolle. Die im allgemeinen recht sachlichen Arbeitnehmer-/Arbeitgeberbeziehungen, die in der Bundesrepublik vorherrschen, können als Standortvorteil gewertet werden.

Gerade für die forschende und innovationsintensive Industrie der Bundesrepublik sind qualifizierte Mitarbeiter in allen Unternehmensbereichen unentbehrlich. Die führende Stellung im internationalen Wettbewerb kann nur bewahrt werden, wenn sich nicht nur die Forschung, sondern auch Produktentwicklung, Produktion, Kundenbetreuung und Marketing auf einen leistungsfähigen, intelligenten Mitarbeiterstamm stützen können. Stimmt die Gleichung: hohe Qualifikation = hohe Arbeitsproduktivität, dann fällt auch das verhältnismäßig hohe Lohnniveau weniger ins Gewicht.

Dabei darf allerdings nicht übersehen werden, daß die gleichfalls notwendige Spitzentechnologie hohe Investitionsaufwendungen für Sachanlagen erfordert. Noch schwieriger wird es, wenn dazu der Industrie noch vom Gesetzgeber und den öffentlich-rechtlichen Sozialeinrichtungen bei uns ständig steigende Lohnnebenkosten aufgebürdet werden. Hieraus könnten sich zunehmend belastende Bewertungskriterien für den Standort Bundesrepublik Deutschland ergeben.

Für die Ausbildung stellen Grund- und weiterführende Schulen, ausbildende Handwerks-, Industrie-, Dienstleistungsbetriebe und Behörden einen wichtigen Aktivposten dar. Jedes Jahr treten mehr als 600.000 junge Menschen nach dem Schulabschluß in eine mehrjährige Lehrzeit ein und erhalten so die fachlichen Grundlagen für ihre spätere Tätigkeit. Ein großes und weitgefächertes Angebot zur Weiterbildung ermöglicht zusätzliche Qualifikationen.

Von großer Wichtigkeit für Lehre und Forschung sind die vielen leistungsfähigen Hochschulen und außeruniversitären Forschungseinrichtungen. Ihre Absolventen gehören zur internationalen Spitzenklasse.

Den Wirtschaftsunternehmen, die die Bundesrepublik Deutschland als Standort wählen, stehen hochqualifizierte Mitarbeiter für alle Berufsrichtungen zur Verfügung. Um diese gute Position zu halten, müssen wir immer wieder dafür sorgen, daß durch Erstellung neuer oder Anpassung der bestehenden Ausbildungspläne der schnellen wissenschaftlichen und technischen Entwicklung auf vielen Gebieten Rechnung getragen wird.

Das Miteinander der qualitativ hochstehenden staatlichen Forschungseinrichtungen mit den effizienten privatwirtschaftlichen Forschungs- und Entwicklungslabors bildet günstige Bedingungen für eine interdisziplinäre Zusammenarbeit sowie für die Sicherung und laufende Verbesserung des Innovationspotentials. Permanente Verfahrens- und Produktionsinnovationen sind mehr denn je Voraussetzungen für den Erfolg im internationalen Wettbewerb.

Die Forschungsausgaben in der Bundesrepublik Deutschland sind zwischen 1981 und 1987 von knapp 40 Mrd. DM auf 59 Mrd. DM angestiegen. Das entspricht einer Steigerung um fast 50%. Damit liegt die Bundesrepublik Deutschland gemeinsam mit den USA und Japan in der internationalen Spitzengruppe. Der Zuwachs beruht zum größeren Teil auf einem Anstieg der Forschungsaufwendungen der Wirtschaft. Knapp zwei Drittel des bundesdeutschen Forschungsbudgets werden von der Wirtschaft aufgebracht; der Rest kommt vom Staat.

Mehr als vier Fünftel ihrer privatwirtschaftlichen Forschungsvorhaben finanziert die deutsche Wirtschaft selbst. Bei der Chemie liegt der Anteil sogar bei 95%. Allein diese Branche bringt 22% der eigenfinanzierten Forschungs- und Entwicklungsausgaben des gesamten verarbeitenden Gewerbes auf. Das Forschungsbudget bei jedem der drei größten deutschen Chemieunternehmen lag 1987 weltweit über 2 Mrd. DM. Damit befanden sich die Forschungsausgaben in der gleichen Größenordnung wie die Ausgaben für Sachanlageinvestitionen. Diese Tendenz wird sich fortsetzen.

Einen weiteren Indikator für erfolgreiche Forschung liefert die Lizenzbilanz. Zwar weist der deutsche Saldo zwischen Lizenzausgaben und Lizenzeinnahmen ein Defizit von über 1 Mrd. DM aus; bleiben jedoch die Unternehmen mit maßgeblicher ausländischer Beteiligung unberücksichtigt, so ergibt sich ein deutliches Plus für die Bundesrepublik Deutschland. Allein die chemische Industrie erwirtschaftet einen positiven Saldo von über 400 Mio. DM.

Neben den personellen Ressourcen spielt bei Standortentscheidungen die Qualität der technischen Ausstattung einer Region eine wichtige Rolle. Die Bundesrepublik Deutschland verfügt über eine ausgezeichnete Infrastruktur, vor allem auf dem Verkehrssektor. Dank einer ausgewogenen Raumordnungs- und Regionalpolitik sind heute nahezu alle Regionen unseres Landes gut an das Straßen- und Schienennetz angeschlossen. Auch die Verbindungen zu Wasser und in der Luft sind befriedigend ausgebaut. Ein dichtes Netz von Energieleitungen (Strom, Erdgas) durchzieht unser Land. Pipelines sorgen für den gefahrlosen und kostengünstigen Transport von Rohstoffen (Rohöl, Raffinerieprodukte) und Erzeugnissen der chemischen Industrie. Die Wasserversorgung ist durchweg zufriedenstellend; bei der Abwasserentsorgung der Kommunen und Industrie ist im internationalen Vergleich ein guter Standort erreicht, an dessen Verbesserungen laufend und mit Nachdruck gearbeitet wird.

Auf dem Gebiet der Nachrichtenübermittlung stellen allerdings die relativ hohen Gebühren ein Hemmnis dar, das es zu beseitigen gilt. Wichtig ist auch: Die Wirtschaftsstruktur der Bundesrepublik ist nach wie vor durch einen erheblichen Anteil leistungsfähiger kleinerer und mittlerer Betriebe geprägt. Ihre große Marktnähe, Innovationsfähigkeit und Flexibilität tragen erheblich zur Qualität des Standorts Bundesrepublik Deutschland bei. Verschiebungen, die sich nachteilig auf diese gewachsene und bewährte Struktur auswirken, sollten genau beobachtet und möglichst vermieden werden.

Damit sind einige Tatbestände beschrieben, die den Standort Bundesrepublik Deutschland vor anderen Standorten auszeichnen. Aber es wäre falsch, daraus zu schließen, in der deutschen Landschaft gäbe es nur eitel Sonnenschein. Das stimmt weder meteorologisch noch im übertragenen Sinne. Und gerade wenn uns an der langfristigen Aufrechterhaltung unserer guten Standortqualität gelegen ist, sollten wir vorhandene Schwächen nicht verbergen, sondern sie erkennen, bestimmen und zu überwinden suchen, zumal wir bemerken, daß wichtige Wettbewerbsländer bei den genannten positiven Standortfaktoren aufholen, ohne ähnliche Nachteile zu haben.

Niemand, der Wohlstand und sozialen Frieden bei uns auch in Zukunft erhalten will, darf deshalb diese Gefährdung auf die leichte Schulter nehmen. Die Wirtschaft fühlt sich verpflichtet, hierauf hinzuweisen, weil sie die Hürden nicht allein aus eigener Kraft abbauen kann, sondern zu ihrer Überwindung auf das Verständnis und die Hilfe aller politischen und gesellschaftlichen Kräfte angewiesen ist.

Überall auf der Welt werden Steuern als lästig und überhöht empfunden. Auch die Bundesrepublik Deutschland kann wahrlich nicht als Steuerparadies bezeichnet werden. Vor allem das deutsche Unternehmens-Steuerrecht erweist sich als falsch strukturiert. Die

Häufung von Gewerbe-, Körperschafts- und Vermögenssteuer führt zu einer bis zu 70%igen Steuerbelastung. Aus der Sicht der deutschen Wirtschaft sind die hohen ertragsunabhängigen Besteuerungskomponenten der am schwersten wiegende Strukturfehler. In Perioden, in denen ohne Erträge oder sogar mit Verlusten gearbeitet wird, erzwingen sie Steuerzahlungen aus der Substanz. Die ertragsunabhängige Besteuerung, die unsere internationalen Konkurrenten im allgemeinen nicht kennen, bringt für die in Deutschland ansässigen Unternehmen einen klaren Wettbewerbsnachteil.

Die deutsche Wirtschaft hofft nach wie vor, daß diese Sonderbelastung bald beseitigt wird. Bisher beschränken sich die bekanntgewordenen Maßnahmen allerdings überwiegend auf Tarifkorrekturen im Bereich der Einkommensteuer. Der Abbau der weitgehend ertragsunabhängigen und industriespezifischen Einkommensteuerbelastungen bei Industrie und Gewerbe harrt noch der Verwirklichung. Die strukturellen Verzerrungen bleiben also vorerst erhalten, und das im internationalen Vergleich sehr hohe Gesamtsteuerniveau wird nur unzureichend gesenkt.

Vergleicht man die beherzten Steuerreformschritte, zu denen sich der Gesetzgeber in den Vereinigten Staaten von Amerika entschieden hat, mit den bundesdeutschen Reformplänen, so muß man befürchten, daß für uns gerade auf dem Gebiet der Unternehmensbesteuerung ein spürbarer Standortnachteil gegenüber Amerika entstehen wird.

Neben der Gewerbesteuerreform und dem Abbau der betrieblichen Vermögenssteuer sind noch weitere Änderungen erforderlich. Hierzu gehört die Fortschreibung der Körperschaftssteuerreform bei den Auslandserträgen und den nicht abzugsfähigen Ausgaben, der Abwurf von Ballast beim Außensteuergesetz und die Rückbesinnung auf ein internationales Steuerrecht, das stärker auf verbesserte internationale Entfaltungsmöglichkeiten und weniger auf eine ständige Verschärfung der Steuerkontrolle setzt.

Die bei einer Steuerreform zu treffende Entscheidung, ob, wo und in welchem Umfang Subventionen abgebaut werden, ist von weitreichender Bedeutung. Mutige Schritte fordern vor allem diejenigen, die selbst nicht betroffen werden. Die Chemie hat ein Beispiel gegeben, daß es auch ohne Subventionen gehen kann. Denn sie hat es verstanden, strukturelle Probleme, wie etwa den Abbau von Überkapazitäten bei Synthesefasern, Düngemitteln und Massenkunststoffen, aus eigener Kraft zu lösen. Ähnliche Strukturbereinigungen sind im Raffineriebereich erfolgt. In anderen wichtigen Wirtschaftsbereichen verfälschen dagegen staatliche Hilfen den Wettbewerb. Was als öffentliche Hilfe zur Anpassung und zum Strukturwandel für kurze Frist gerechtfertigt gewesen sein mag, ist vielfach zur reinen Erhaltungssubvention degeneriert und belastet die Gesamtheit der gesunden Unternehmen.

Die Rettung von existenzbedrohten Unternehmen darf nicht mehr und mehr zur staatlichen Aufgabe werden; denn öffentliche Sanierungshilfen verfälschen den Wettbewerb zu Lasten konkurrierender Betriebe höherer Produktivität. Indem sie qualifizierte Arbeitskräfte und Investivkapital zu lange künstlich binden, behindern sie den Strukturwandel und Gesundungsprozeß. Dabei wirken sie allzuoft auch über die Grenzen hinweg verzerrend und können schließlich in einen länderübergreifenden Subventionswettlauf münden.

Auf Dauer dient eine solche Entwicklung keineswegs der Erhaltung von Arbeitsplätzen. Im Gegenteil: Die Schaffung neuer Arbeitsplätze würde zunehmend erschwert.

Anders zu beurteilen sind die Investitionszuschüsse und -zulagen bei Neuansiedlungen. Sie werden für ein Projekt nur einmal bewilligt und dienen in der Startphase vorrangig zum Ausgleich von Standortnachteilen, um erst wettbewerbsfähige Bedingungen im Vergleich zu anderen Standorten zu schaffen. Solche Hilfen sind ein legitimes und überall in der Welt gebrauchtes Mittel staatlicher Regional- und Strukturpolitik, auf das nicht verzichtet werden kann.

Erhebliche Skepsis erscheint auch angebracht gegenüber solchen staatlichen Maßnahmen, die unter dem wohlklingenden Begriff der Technologieförderung dargeboten werden, besonders wenn es sich um spektakuläre Großprojekte handelt. Ein Anwachsen der öffentlichen Innovations- und Technologieförderung – womöglich noch als Wettlauf zwischen den einzelnen Bundesländern – könnte dazu führen, daß die Entwicklung und Durchsetzung neuer Produkt- und Verfahrenslösungen – also unternehmerische Urfunktionen – zu kurz kommen.

Selbst wenn diese moderne Form des Merkantilismus kurzfristige Erfolge erzielt, so muß sie doch ordnungspolitisch als Fehlentwicklung gekennzeichnet werden: Der Marktmechanismus wird überspielt, die Verantwortungsbereiche verwischen sich, Mißerfolge werden der Allgemeinheit aufgebürdet.

Verschiedentlich werden die hohen Umweltschutzanforderungen, die in der Bundesrepublik Deutschland an die Industrie gestellt werden, als Beeinträchtigung der Standortqualität bewertet. Das mag im Einzelfall eine verständliche Reaktion sein, vor allem dann, wenn hohe Investitions- und Betriebskosten aufgrund gesetzlich vorgeschriebener Umweltschutzauflagen die Wirtschaftlichkeit von Einzelbereichen beeinträchtigen, weil im nahen Ausland derartige Auflagen nicht oder noch nicht bestehen und der Markt keine Preiserhöhungen zuläßt. Aber wir sollten mit einer generellen Bewertung von Umweltschutzbestimmungen als Standortnachteil vorsichtig sein.

Einmal fehlt es an wirklich aussagefähigen internationalen Kostenvergleichen in Sachen Umweltschutz, auch wenn wir davon ausgehen können, daß wir mit den Auflagen in unserem Land und den dadurch entstehenden Kosten derzeit ganz vorne liegen. Entscheidend ist aber, daß die Entwicklung in allen Ländern auf höhere Standards hinsteuert. Für ein Großunternehmen der Chemie beispielsweise ist es schon lange eine Selbstverständlichkeit, weltweit die gleichen Normen anzuwenden. Wer einen Standort vornehmlich wegen geringerer aktueller Umweltschutzauflagen bevorzugt, trifft eine kurzsichtige unternehmerische Entscheidung, die sich später wahrscheinlich als falsch herausstellen wird.

Wir sollten den hohen Anforderungsdruck für uns als Chance sehen. Denn wenn es der deutschen Industrie gelingt, beschleunigt Produkte, Herstellungs- und Verarbeitungsmethoden mit hoher Umweltverträglichkeit zu entwickeln, werden wir auf dem Weltmarkt einen neuen qualitativen Wettbewerbsvorteil erringen. Das setzt freilich voraus, daß der industrielle Sachverstand mit in die politischen Entscheidungen einbezogen wird. Unter dieser Voraussetzung wird es möglich sein, dem eigenverantwortlichen Handeln genügend Spielraum zu lassen und der Industrie die notwendige Zeit zu gewähren, um angemessene Problemlösungen zu finden. Auch muß die Harmonisierung der Umweltschutzauflagen im europäischen Rahmen zügig vorangetrieben, ja sogar weltweit geschaffen werden, weil viele Umweltprobleme grenzüberschreitenden, globalen Charakter haben. Vor allem ist eine Umweltschutzpolitik vonnöten, die nicht kurzatmig und hektisch, sondern machbar, angemessen und langfristig berechenbar ist.

Ein wichtiger Standortfaktor für die verarbeitende Industrie sind die Energiekosten. Die deutschen Strompreise sind leider sehr hoch. So liegen etwa in Frankreich und den USA die Preise für Strom um 25-30%, in Schweden um rund 50% und in Kanada sogar um 60% niedriger als bei uns. Hohe Strompreise bedeuten heute schon, daß die Bundesrepublik Deutschland für bestimmte Produktionsverfahren, wie z. B. die Aluminium-Produktion oder die elektrothermische Herstellung von Siliziumcarbid und Phosphor, keinen attraktiven Standort mehr darstellt.

Wegen ihres hohen Stromverbrauchs leidet besonders die Chemie unter dem hohen Strompreisniveau. Zwar hat sie in den letzten 20 Jahren den Stromverbrauch je Produkteinheit erheblich senken können; dennoch ist sie noch immer der größte industrielle Stromabnehmer in der Bundesrepublik Deutschland. Dabei ist es unter standortpolitischen Gesichtspunkten erwähnenswert, daß gerade diese stromintensiven Produktionen zumeist in einen größeren Verbund integriert sind, aus dem sie ohne Beeinträchtigung des Gesamtsystems nicht herausgelöst werden können. Als Folge würde sich zwangsläufig die Stillegung anderer Produktionen ergeben. Die Chloralkalielektrolyse zur Gewinnung von Chlor und Natronlauge, beides wichtige Chemie-Ausgangsstoffe, ist dafür ein anschauliches Beispiel. Chlor sollte am Ort der Herstellung zur Vermeidung von Transportrisiken weiterverarbeitet werden. Jede Verminderung der Kosten für elektrische Energie wäre also hilfreich.

Das Ausbildungsangebot unserer Schulen und Universitäten wurde als Standortfaktor schon angesprochen. Aus der Sicht der Chemie bleiben in den naturwissenschaftlich-technischen Fächern noch immer viele Wünsche offen. Die Skepsis, auf die gerade dieser Industriezweig in jüngerer Zeit in der Öffentlichkeit stößt, hat ihre Ursache auch in den hierzulande recht lückenhaften Grundkenntnissen über die Technik und ihre unverzichtbaren Beiträge zur Erfüllung der Grundbedürfnisse der Menschen. Mangelndes Wissen führt zu Verständigungsschwierigkeiten. Auf diesem Nährboden wachsen Mißtrauen und Besorgnis.

Aber nicht nur der naturwissenschaftliche Bildungsstand offenbart in weiten Bereichen der Öffentlichkeit erhebliche Wissenslücken. Auch die Kenntnis wirtschaftlicher Zusammenhänge, beispielsweise der volkswirtschaftlichen Bedeutung der Industrie für den Wohlstand in der Bundesrepublik, erweist sich als verbesserungsbedürftig.

Mit Erleichterung glauben wir heute jedoch feststellen zu können, daß der Höhepunkt der Technik- und Fortschrittsfeindlichkeit in unserem Land überschritten ist. Wie der Deutsche Ingenieurtag

1987 zeigte, wendet sich gerade die Jugend wieder verstärkt der Technik zu und sieht in dem durch sie ermöglichten Fortschritt eine echte Chance.

Bei der Beurteilung der Bundesrepublik Deutschland als Standort für Wirtschaftsunternehmen kann die Arbeitslosigkeit nicht ausgespart werden. Einerseits bringt sie ein günstiges Arbeitskräfteangebot, andererseits stellt eine hohe Arbeitslosigkeit für jeden Standort eine schwerwiegende sozial- und gesellschaftspolitische Belastung und Verpflichtung dar. Das gilt auch für die Bundesrepublik Deutschland mit mehr als 2 Millionen Arbeitslosen. Der Abbau der Arbeitslosigkeit genießt daher zu Recht wirtschaftspolitischen Vorrang. Dabei entsteht eine intensive und nachhaltige Wechselwirkung zur Standortqualität. In dem Maße, wie wir sie weiter ausbauen, erhöhen sich die Investitionschancen und damit die Aussichten, Arbeitsplätze zu erhalten und neue zu schaffen.

Standort »Bundesrepublik Deutschland« – das heißt heute gleichzeitig auch Standort »Europäische Gemeinschaft«, also Standort in einem gemeinsamen Markt mit nunmehr über 320 Mio Einwohnern. Jede Stärkung Europas, jeder weitere Integrationsschritt hin zum Europäischen Binnenmarkt sichert auch die Qualität des Standorts Bundesrepublik Deutschland. Die Verwirklichung der Ziele der Einheitlichen Europäischen Akte, die Mitte 1987 in Kraft trat, ist auch für die Wirtschaft deshalb eine politische Aufgabe von hohem geschichtlichem Rang.

Noch ist vieles zu tun, um aus der EG einen einheitlichen Heimatmarkt zu machen, der mit den großen Binnenmärkten der USA oder Japans gleichziehen kann. Noch bestehen Grenzformalitäten und Unterschiede in den Niederlassungs-Bedingungen. Abweichende nationale technische Normen harren noch der Harmonisierung oder der gegenseitigen Anerkennung. Beim Kapitalverkehr, im Bank-, Versicherungs- und Transportwesen gibt es einen erheblichen EG-internen Liberalisierungsbedarf. Die Vereinheitlichung des gewerblichen Rechtsschutzes muß weiter vorangebracht werden. Schließlich gilt es, die schwierige Aufgabe der Steuerharmonisierung anzupacken. Den krönenden Abschluß brächte dann eine einheitliche Währungs- und Geldpolitik.

Die Bundesrepublik Deutschland in einem großen, dynamischen europäischen Markt – das ist heute ein realistisches, wenn auch hochgestecktes Ziel. Die Verwirklichung dieses einheitlichen Marktes bald zu erreichen, ist die herausragende Gemeinschaftsaufgabe der kommenden Jahre. Sie wird allen Wirtschaftsunternehmen in der EG nützen.

Doch auch bei erfolgreichen Bemühungen um eine Harmonisierung der Rahmenbedingungen für die Aktivitäten der Wirtschaftsunternehmen werden regionalspezifische Parameter, welche für die Standortqualität mitentscheidend sind, bestehenbleiben. Wir in der Bundesrepublik Deutschland müssen bestrebt sein, unsere derzeitige gute Position zu halten oder gar zu verbessern. Dafür ist es nötig, die geschilderten Vorteile weiterzuentwickeln und gleichzeitig mit Engagement die noch vorhandenen Schwächen und Nachteile zu überwinden versuchen. Wenn uns das gelingt, wird die Bundesrepublik Deutschland auch in der Zukunft ein attraktiver Standort für Wirtschaftsunternehmen sein.

János Kádár

Für Europa ein Gleichgewicht der Vernunft

Europa ist heute der dichtest bevölkerte Kontinent. Am ehesten ist hier das anzutreffen, was uns als allgemeines Erbe der Menschheit überliefert wurde. Europa bedeutet als geographischer wie historischer Begriff eine Einheit und dennoch eine Vielfalt, weil zu Europa gleichermaßen der Londoner Tower und der Kreml in Moskau, die Brunnen von Rom und die Türme von Prag, das Baudenkmalensemble der Akropolis und die Straßen der Hanse-Städte, die Boulevards von Paris und das Panorama des Budapester Donau-Ufers gehören.

Die Geschichte Europas hinterließ uns nicht nur materielle Werte und geistigen Reichtum, sondern auch schicksalsschwere Erinnerungen – die Verheerungen des Siebenjährigen, des Dreißigjährigen und der hundertjährigen Kriege. Unser Jahrhundert mußte zwei Weltkriege erleben, in denen siebenunddreißig Millionen Europäer ihr Leben verloren und die durch beide Kriege verursachten materiellen Schäden einen Umfang von 4000 Milliarden des damaligen Dollarwertes überstiegen. Die Länder und Völker unseres Kontinents, darunter auch wir Ungarn, haben nicht erst aus Geschichtsbüchern erfahren, was Krieg bedeutet.

Einer früher und in weiten Kreisen verbreiteten Sage des Altertums zufolge trug die Tochter des Königs der Phönizier den Namen Europe, und Zeus in der Gestalt eines Stiers raubte sie. In der griechischen Mythologie bedeutete »europäisch« jedoch auch noch etwas anderes: den Blick in die Ferne. Das Wesen dieses Begriffs, die Aktualität der Forderung nach dem »Blick in die Ferne«, ist im Wachsen begriffen.

Als der ungarische Dichter Attila József am Vorabend des großen Weltbrandes, im Jahre 1937, Thomas Mann als »Europäer unter den Weißen« begrüßte, verlieh er gleichzeitig seiner Verzweiflung und seiner Hoffnung Ausdruck. Heute Europäer zu sein bedeutet im besten Sinne des Wortes, daß jemand für die Gegenwart und die Zukunft dieses Kontinents und für den gesamten Erdball Verantwortung empfindet.

Diesen Kontinent bedrohen heute deutlich spürbar die größten Gefahren. Durch Europa verläuft eine Hauptgrenzlinie zwischen den beiden, einander entgegengesetzten Gesellschaftssystemen. Hier stehen sich die beiden bedeutendsten politisch-militärischen Bündnisse, die Mitgliedsstaaten der Nato und des Warschauer Vertrages, unmittelbar gegenüber. Im Herzen Europas entstand die verheerendste Konzentration an Streitkräften und Rüstungen. Und wenn überall damit gerechnet werden muß, daß aus einem lokalen Krieg im gegebenen Fall ein Weltbrand entstehen kann, dann trifft das für Europa auf jeden Fall zu.

In Europa hatte die Konfrontation des Kalten Krieges die schärfsten Formen angenommen, und obwohl wir über den eisigen Tiefpunkt hinausgekommen sind, kann es noch immer zu einer erneuten Konfrontation kommen. Glücklicherweise trägt das echte Europäertum auch den Anspruch auf Selbstverteidigung, die Bewahrung Europas und der Welt in sich. Die unterschiedlichen Weltanschauungen, die unterschiedliche Parteizugehörigkeit können kein Hindernis dafür bedeuten, daß wir alle auf der Seite des Überlebens stehen, daß wir, die Länder- und Systemgrenzen überschreitend, gemeinsame Anstrengungen für die Verhinderung eines Krieges, eines nuklearen Weltbrandes unternehmen können.

Der europäische Kontinent erlebt seit der Beendigung des Zweiten Weltkrieges die bisher längste Friedensperiode der Geschichte. Dennoch ist die Lage nicht beruhigend. Zu Recht wird von einem brüchigen Gleichgewicht, von einem Gleichgewicht des Schreckens gesprochen. Die sozialistischen Länder wollen anstelle des Gleichgewichts des Schreckens – auf der Grundlage des Prinzips der »gegenseitigen Sicherheit auf einem niedrigeren Niveau der Rüstungen« – ein Gleichgewicht der Vernunft herstellen. Dieses Bestreben unsererseits findet immer mehr auch bei verantwortungsbewußten Kräften in Ländern des anderen Bündnissystems wie auch in den neutralen und nicht paktgebundenen Ländern ein Echo.

In unseren Tagen könnte der Inhalt des Europäertums darin bestehen, unermüdlich im Interesse des Friedens tätig zu sein, die angehäuften und beispiellosen großen Gefahren abzuwenden und die greifbaren, noch nie zuvor vergleichbar großen Chancen und vorteilhaften Möglichkeiten geltend zu machen. Im Zeitalter der gegenseitigen Abhängigkeit und des aufeinander Angewiesenseins können wir das nur gemeinsam, und wir müssen das gemeinsam tun. Die zum politischen Symbol gewordenen Himmelsrichtungen dürfen keinen trennenden Abgrund bedeuten, sondern sie müssen auf vernünftige Weise miteinander verbunden sein. Hierbei füge ich dem Osten und Westen auch den Norden und den Süden hinzu.

Es ist uns in Europa auch deshalb gelungen voranzuschreiten, weil alle am Helsinki-Prozeß interessierten Länder – Großmächte, Staaten mittlerer und kleinerer Größenordnung, Pakt- und Nichtpaktgebundene, sozialistische Länder und Länder des kapitalistischen Systems – zumindest in bestimmtem Maße dazu beigetragen haben. Die Ungarische Volksrepublik, die nicht zu den größten Ländern Europas gehört, bekennt sich in jeder Hinsicht zu ihrem Europäertum im positiven Sinne des Wortes. Sie bemühte und bemüht sich, ihren Mitteln und Möglichkeiten entsprechend, an diesem Prozeß teilzunehmen – in enger Zusammenarbeit mit ihren sozialistischen Verbündeten und als zuverlässiger und berechenbarer Partner für jedermann. Das bedeutete ein konstruktives Herangehen an die gesamteuropäischen Beratungen und führte zu Erfolgen in den bilateralen Ost-West-Beziehungen.

Es ist uns gelungen, auch in der angespannteren Lage in der ersten Hälfte der 80er Jahre den politischen Dialog aufrechtzuerhalten.

Zur Zusammenarbeit sind Partner notwendig – auch deshalb

schätzen wir die Mitwirkung der Bundesrepublik Deutschland in den europäischen Prozessen hoch ein. Das Erkennen und Anerkennen der neuen Realitäten und politischen Verhältnisse in Europa räumte bedeutende Hindernisse aus dem Weg. Die Verträge von Moskau und Warschau, die Prag-Reise, der Grundlagenvertrag zwischen beiden deutschen Staaten und das Vier-Mächte-Abkommen über den Status von West-Berlin schufen in Europa eine qualitativ neue Situation.

Diese Veränderungen führten auch zur Aufnahme diplomatischer Beziehungen zwischen der Ungarischen Volksrepublik und der Bundesrepublik Deutschland, wodurch die weitere Entwicklung der Beziehungen eine sichere Grundlage erhielt und einen neuen Aufschwung erfuhr. Auch aus unserer eigenen Praxis wissen wir, wie schwer eine Revision von unerschütterlich erscheinenden Positionen ist. Die neue Ostpolitik der Bundesrepublik Deutschland wurde zu einem vertrauensfördernden Faktor auf dem gesamten europäischen Kontinent. In diesem Zusammenhang spielten auch solche Staatsmänner wie Willy Brandt, Walter Scheel, Herbert Wehner und nicht zuletzt Helmut Schmidt, der über viele Jahre das Amt des Bundeskanzlers bekleidete, eine herausragende Rolle.

Die Gültigkeit und Lebensfähigkeit der neuen Ostpolitik der Bundesrepublik Deutschland und, wenn man so will, deren Notwendigkeit beweist nichts besser als deren Fortbestehen auch in dem Augenblick, als die frühere Koalition in der bundesdeutschen Regierung durch eine andere Koalition abgelöst wurde. Die ungarischen und bundesdeutschen Politiker, die einen neuen Abschnitt in den Beziehungen zwischen beiden Ländern begründet haben, können mit Genugtuung feststellen, daß sich die Beziehungen im Geiste ihres Beginns auch in der neuen Situation weiterentwickelt und bereichert haben.

Der Dialog auf hoher Ebene riß auch in dem Moment nicht ab, als im Zusammenhang mit der Raketenstationierung in Europa eine kritische Situation entstanden war. Der Besuch von Bundeskanzler

Helmut Kohl 1984 in Budapest ermöglichte, auch wenn er die vorhandenen Schwierigkeiten widerspiegelte, ein gegenseitiges besseres und unmittelbares Kennenlernen der Standpunkte, ja mehr noch: die weitere Entwicklung der Beziehungen.

Auf diese Weise kam es zur Entfaltung des europäischen Sicherheitsprozesses, der nunmehr die entscheidende Rolle auf unserem Kontinent spielen kann. Er wird in der Öffentlichkeit auch als Helsinki-Prozeß bezeichnet, nachdem die finnische Hauptstadt im Sommer 1975 Gastgeber jenes Gipfeltreffens war, bei dem Staats- und Regierungschefs sowie Leiter von Parteien das Abschlußdokument der Europäischen Sicherheitskonferenz unterzeichneten. Das im Konsens der europäischen Staaten zustande gekommene, die gegenseitigen Sicherheitsinteressen berücksichtigende und folglich Kompromisse beinhaltende Dokument konnte zum Ausdruck bringen, daß es keine Sieger und Verlierer, sondern nur Gewinner geben kann.

Die Lebenskraft des Helsinki-Prozesses bestätigte sich darin, daß er trotz der nicht zu unterschätzenden Krisen und Zerreißproben bestehen und fortgesetzt werden konnte. Es gab eine Periode der Abkühlung in den internationalen Beziehungen, als dieser Prozeß praktisch als einziges bedeutsames und verhandlungsfähiges Ost-West-Forum funktionierte. Der Helsinki-Prozeß ließ damit auch anderen Verhandlungsmöglichkeiten die Tore geöffnet; er hält die Gesprächsbeziehungen aufrecht, und in seinem Rahmen eröffneten sich die Möglichkeiten für inoffizielle Begegnungen zwischen den Vertretern der 35 Teilnehmerstaaten. Den politisch-geographischen Motivationen entsprechend, schließt dieser Begriff von Europa neben den 33 europäischen Staaten auch die Vereinigten Staaten von Amerika und Kanada ein.

Die europäischen Begegnungen wurden, wenn auch nicht immer mit gleichem Stellenwert und gleicher Intensität, fortgesetzt. In Stockholm konnte die sich mit Fragen der europäischen Sicherheit und Vertrauensbildung befassende Konferenz ihre Arbeit erfolgreich abschließen, die bedeutende Elemente der militärischen Entspannung auf unserem Kontinent geschaffen und ein solches Kontrollsystem ausgearbeitet hat, das als beispielhaft und lehrreich für weitere Abrüstungsvereinbarungen dienen kann. In der Reihe vieler anderer Expertentreffen ist auch das Budapester Kulturforum positiv einzuschätzen, wo nützliche Initiativen im Interesse der gesamteuropäischen Zusammenarbeit ergriffen wurden. Die hoffnungsvollen Zeichen des Helsinki-Prozesses und die komplizierten Probleme zeigen sich auch auf der Wiener Folgekonferenz.

Bisher konnten aber auch weitere mögliche Situationen umrissen werden. Stockholm-2 bzw. die Notwendigkeit einer solchen Konferenz, deren Mandat im Zusammenhang mit der Reduzierung der in Europa stationierten Streitkräfte und Rüstungen stehen würde, mit der Ausschöpfung und Nutzung der in der europäischen Zusammenarbeit verborgenen Reserven – eingeschlossen in eine bessere Kooperation zwischen den Mitgliedsländern der EG und des RGW, die vorgeschlagene Beratung über humanitäre Fragen in Moskau, Aufgaben im Bereich des Umweltschutzes, auf die wir tagtäglich durch Ereignisse und Meldungen aufmerksam gemacht werden.

Auf die Situation und die Pläne Europas wirkt sich die Verbesserung der sowjetisch-amerikanischen Beziehungen in jedem Fall positiv aus. Die auf dem denkwürdigen Washingtoner Gipfel unterzeichnete Raketenvereinbarung ist nicht nur die erste wirkliche Abrüstungsvereinbarung nach der Periode des Zweiten Weltkrieges, sie kann vielmehr auch ein Schritt in Richtung eines in absehbarer Zeit atomwaffenfreien Europa sein.

Die Vereinbarung von Washington kann infolge der bekannten Umstände leider nicht die totale Befreiung von der Last der nuklearen Rüstungen bedeuten, sie schaltet aber dennoch zwei Gattungen aus dem Atomwaffenarsenal der Vereinigten Staaten und der Sowjetunion aus. Europa kann auf diese Weise von solchen Waffen befreit werden, die insbesondere wegen ihrer besonders kurzen

Reichweite und Flugzeit zahlreiche erhebliche Gefahren in sich bergen.

Mit der jüngst unterzeichneten Vereinbarung und ihrer Realisierung wird das internationale Vertrauen weiter erstarken. Die Erfahrungen des zum ersten Mal in der Geschichte der Rüstungsbegrenzung bzw. der Abrüstungsverhandlungen einzigartigen Kontrollsystems könnten für Verträge, die noch umfassenderen Ansprüchen und Geltungsbereichen gerecht werden, nützlich sein.

Die Washingtoner Vereinbarung bietet eine Chance dafür, daß Schritte in Richtung auf eine 50prozentige Reduzierung der strategischen Rüstungen unternommen werden, auf ein allgemeines Verbot und die Beseitigung von chemischen Waffen, auf den Abbau der konventionellen Streitkräfte und die Beseitigung der sogenannten Asymmetrien, d.h. der angenommenen oder tatsächlich vorhandenen Überlegenheiten. In dieser Hinsicht erstreckt sich die Eindämmung des Rüstungswettlaufs auch auf den Kosmos; der Weltraum darf kein neues Feld des Rüstungswettlaufs, kein neuer Kriegsschauplatz werden.

All das in Betracht gezogen, könnten die vom Generalsekretär des ZK der KPdSU, Michail Gorbatschow, im Januar 1986 unterbreiteten Vorschläge, wonach die Welt im kommenden Jahrhundert – und gleichzeitig Jahrtausend – frei von atomaren Waffen sein soll, politische Realität werden, wenn auf beiden Seiten die Bereitschaft besteht, diesen Weg zu gehen. Die europäischen Bestrebungen und die globalen Abrüstungs- und Rüstungsbegrenzungsvorstellungen sind auf enge Weise miteinander verknüpft und stehen miteinander in Wechselwirkung.

Europa ist ohnedies kein Inselkontinent auf unserem immer kleiner werdenden Erdball. Die Sicherheit Europas spornt auch zur Ausgestaltung der Sicherheit in anderen Erdteilen, zur Schaffung von atomwaffenfreien Zonen und Friedensgürteln an. Die auf die Sicherheit in Asien gerichtete sowjetische Initiative zeigt in der öffentlichen Meinung des größten Erdteils Wirkung. In der UNO wurde der Vorschlag der sozialistischen Länder, unter ihnen Ungarn, im Interesse der internationalen Sicherheit, mit Aufmerksamkeit aufgenommen. Es ist durchaus kein Gesetz, daß unter den Olivenbäumen im Nahen Osten und in anderen Krisengebieten kein Frieden herrschen kann. Es wurden bereits Friedenspläne und Regelungsvorschläge in dieser Richtung erarbeitet.

Von großer Bedeutung wäre es, wenn sich im Denken jene Erkenntnis durchsetzen würde, daß der Frieden nicht einfach nur die Abwesenheit von Krieg bedeutet. Der Frieden wird nur dann stabil und dauerhaft sein, wenn die Länder und Völker, unabhängig von ihrer jeweiligen Gesellschaftsordnung, ein stabiles System von gegenseitig vorteilhaften wirtschaftlichen und kulturellen Beziehungen verbindet und einander näherbringt. In dieser Hinsicht konnten die Ungarische Volksrepublik und die Bundesrepublik Deutschland in gemeinsamer zielbewußter Arbeit und in gemeinsamem Willen bereits einen beachtenswerten Fortschritt erreichen. Die Beziehungen zwischen beiden Ländern wurden zu einem wichtigen Faktor des Alltagslebens, und sie beweisen, daß der Unterschied der Gesellschaftssysteme und der Weltanschauungen kein Hindernis darstellt, wenn es gelingt, die gegenseitig interessierenden Anknüpfungspunkte zu finden.

Die sich dynamisch entwickelnden Handelsbeziehungen haben ein Volumen von etwa fünf Milliarden Mark pro Jahr. Damit ist die Bundesrepublik Deutschland nach der Sowjetunion der zweitgrößte Handelspartner Ungarns. Mit den Maßstäben der Bundesrepublik gemessen, spielt Ungarn selbstverständlich eine bescheidenere Rolle, wobei jedoch die ungarischen Beziehungen für zahlreiche Regionen und Industriegebiete sowie für viele mittlere und kleinere Betriebe an Bedeutung gewinnen können.

Im Rahmen der Wirtschaftszusammenarbeit wurde und wird auf den Ausbau modernerer Formen besonderes Schwergewicht gelegt. Die etwa zwanzig gemeinsamen Unternehmen könnten unter anderem auch die Funktion von Experimentierstätten erfüllen. Die

Anzahl der Kooperationsverträge zwischen den Unternehmen beider Länder beläuft sich auf etwa 330; durch die Übergabe und Adaption von Lizenzen wird die Modernisierung der ungarischen Industrie unterstützt.

Wir sind korrekte Partner in finanziellen Angelegenheiten, und ich denke, daß das auch den Hintergrund für die Regierungsgarantie hinsichtlich der an Ungarn gewährten Kredite bildet. Fruchtbare Beziehungen gestalteten sich auf dem wissenschaftlich-technischen Gebiet, im kulturellen Leben, im Unterrichtswesen und nicht zuletzt in den zwischenmenschlichen Kontakten. Die Anzahl der Touristen aus der Bundesrepublik Deutschland, die 1987 unser Land besuchten, lag bei mehr als einer Million; die neuen ungarischen Reisebestimmungen werden für unsere Landsleute gewiß außer Wien auch München und nahe gelegene Städte der Bundesrepublik Deutschland zu beliebten Reisezielen machen.

Wir sehen in den bilateralen Beziehungen keine grundlegenden Probleme; diese Beziehungen können durch das gegenseitige bessere Kennenlernen, durch die Vielfalt der Kontakte und die Beseitigung von Vorurteilen, von falschen und irrtümlichen Einschätzungen weiter dynamisiert werden.

Neben den staatlichen Beziehungen eröffnet sich auch für die Diplomatie im gesellschaftlichen Bereich ein breiter Raum. Die Jugend- und Gewerkschaftsverbände und andere Organisationen und Vereinigungen beider Länder haben bereits Beziehungen untereinander hergestellt, bzw. sie sind im Begriff, solche Kontakte zu knüpfen. Als gute Initiative erweist sich die vielfältige Zusammenarbeit zwischen den Städten und Dörfern, die direkte Partnerbeziehungen unterhalten.

Besonders hervorzuheben ist der kontinuierlich gewordene Gedankenaustausch zwischen der Ungarischen Sozialistischen Arbeiterpartei und der Sozialdemokratischen Partei Deutschlands, die den beiden Hauptrichtungen der europäischen Arbeiterbewegung angehören. Neben den Besuchen auf der Ebene der Parteiführungen sind auch die Arbeitsausschüsse und die Studienreisen zur Analyse bestimmter Detailfragen wesentlich.

Die ungarischen Kommunisten verfolgen mit Interesse die Friedensinitiativen der SPD. Sie hoffen gleichzeitig, daß auch seitens der Sozialdemokraten in der Bundesrepublik Deutschland jene gemeinsam von der Ungarischen Sozialistischen Arbeiterpartei, von der Sozialdemokratischen Partei Finnlands und von der Sozialistischen Partei Italiens unterbreitete Initiative ein positives Echo findet, die die Suche nach einem gemeinsamen Aktionsprogramm der nicht über Atomwaffen verfügenden Länder beinhaltet.

Wenn wir Europa als unsere gemeinsame Heimat bezeichnen, so geschah in den vergangenen Jahren und Jahrzehnten vieles, das Fundament dieses Gebäudes zu stärken. Dennoch befindet sich unsere gemeinsame Heimat erst im Prozeß seiner Herausbildung. Ihr Aufbau erfordert unsere gemeinsame Arbeit und Verantwortung, dessen Nutzen wir wiederum gemeinsam genießen werden können – wir und die nach uns kommenden Generationen.

Vorläufig befinden wir uns jedoch nicht im Zeitalter der Träume, sondern des aktiven Handelns, woran wir alle Schulter an Schulter teilnehmen müssen. Wer sollte aus Ost- und Westeuropa, aus seinem nördlichen oder südlichen Teil diese gemeinsame Heimat aufbauen und für seine Sicherheit sorgen, wenn nicht seine hoffnungsvollen Bewohner, wir Europäer?

Karl Klasen

Vier Jahrzehnte fruchtbarer Spannung

Ein kluger Mann hat gesagt, daß man sich zu entscheiden habe: Entweder man schreibt seine Memoiren, oder man behält seine Freunde. Falls das stimmt, würde ich mich für meine Freunde entscheiden.

Trotzdem schreibe ich diese Zeilen. Denn einerseits handelt es sich bei diesem kleinen, aphoristischen Beitrag nicht um Memoiren, und andererseits sind sie nicht Gefährdung, sondern Bestätigung einer Freundschaft, nämlich der mit Helmut Schmidt.

Unsere Freundschaft hat sich über viele Epochen in unser beider Leben bewährt. Sie wurde über das Persönliche hinaus gewissermaßen gesellschaftlich bedeutsam, als wir beide zur selben Zeit in öffentlichen Ämtern waren, die sachlich in enger Berührung miteinander standen.

Ganze Bibliotheken sind über die Bedeutung der Stabilität im menschlichen Leben geschrieben worden. Das gilt für die Stabilität als ethisch-moralische Qualität bis hin zur Stabilität des Geldwertes: Es ist einfach ein Ausdruck von Lebensqualität, wenn man sicher sein kann, daß man den erreichten Lebensstandard im Materiellen – und das ist ja nur zu oft auch die Grundlage für das Geistige, das Kulturelle – auch in Zukunft halten kann.

Wenn man zurückdenkt an die Devisenzuteilungen aus alliiertem Besatzungsrecht in der ersten Nachkriegszeit, an JEIA, Allied Banking Commission und Dollarlücke bis hin zu dem heute erreichten Wachstum in Stabilität, an die Weltgeltung der Deutschen Mark, an die Öffnung unserer Finanzmärkte nach draußen und an die atemberaubende Serie der internationalen Neuerungen, so umgreift man die Spanne, in der diese Stabilitätssehnsucht des Menschen, zumal des Deutschen nach den zwei großen Inflationen, so weit Wirklichkeit werden konnte, wie dieses Menschenwerk überhaupt reichen kann.

Im nachhinein, beispielsweise in der Sicht des wissenschaftlichen Forschers, mag die Fülle der einzelnen Entscheidungen, die zu diesem Ergebnis geführt hat, auf der Basis all der später erstellten Statistiken plausibel, ja einfach erscheinen. Für uns Handelnde, sowohl auf der Seite der Politik als auf der Seite der Bundesbank, war dies freilich unendlich viel schwerer. Denn wir mußten – und das gilt für die heute und die in Zukunft Handelnden ebenso – im gegebenen Augenblick hier und jetzt ohne die volle Sicherheit des erst später anfallenden umfänglichen Zahlenwerkes, oft lediglich aufgrund spärlicher Anhaltspunkte, sehr häufig auch nur aufgrund unseres sich auf Erfahrungen stützenden Gefühls, wichtige Entscheidungen treffen.

Dabei kann ich heute im Rückblick mit Befriedigung feststellen, daß immer das verwirklicht worden ist, was damals als objektiv richtig angesehen worden war, und dies nicht in einsamen Beschlüssen, sondern stets im demokratischen Entscheidungsverfahren unter den Kollegen in Direktorium und Zentralbankrat. Nur so war die Bürde der oft weitreichenden Beschlüsse in jener schwierigen Zeit zu tragen.

Wie schwer war beispielsweise der dornenreiche Weg der Überzeugungsarbeit gegenüber den ausländischen Notenbanken und Regierungen. Erst am Ende meiner Amtszeit als Bundesbankpräsident Anfang Mai 1977 konnte eine Gipfelkonferenz der Staats- und Regierungschefs der bedeutendsten Industrienationen der Welt, an der für Deutschland der Bundeskanzler Helmut Schmidt teilnahm, feststellen: »Unsere vordringlichste Aufgabe besteht darin, mehr Arbeitsplätze zu schaffen und weiterhin die Inflation zu dämpfen. Inflation verringert die Arbeitslosigkeit nicht. Im Gegenteil, sie ist eine ihrer Hauptursachen.«

Denn gerade dies war ja keineswegs selbstverständlich; wie viele

Länder haben immer wieder versucht, die Arbeitslosigkeit durch »ein bißchen mehr Inflation« zu verringern, was dann in aller Regel zu dem entgegengesetzten Resultat führte, zu noch mehr Arbeitslosigkeit und mehr Inflation.

Diese internationale Überzeugungsarbeit in der gemeinsamen Sache, der Stabilität, die Helmut Schmidt und mich verband – und verbindet –, hat mich über meine ganze Zeit als deutscher Notenbankpräsident begleitet. Deutschland hat nun einmal das Glück, ganz besonders sensibel gegenüber inflationären Entwicklungen zu sein – erwachsen aus dem unsäglichen Unglück zweier großer Inflationen, 1923 und 1948. Das bedeutet aber gleichzeitig, daß manches Land diese Immunsubstanz nicht im Blut hat. Und je größer unsere Stabilitätserfolge im Inneren sind, um so stärker wächst der Inflationsabstand zum Ausland, mit allen Folgen, z. B. für Wechselkursverzerrungen und den daraus resultierenden Anpassungsbedarf.

Andere Länder haben deshalb immer wieder versucht, um ihre eigene Politik zu erleichtern, mit dieser Immunschwäche Deutschland anzustecken. Wenn man es ehrlich sieht: Vieles von dem, was auf dem Währungsgebiet international geschieht, ist unter dieser Überschrift zu sehen.

Soweit wir aber erfolgreich waren und diesen Ansinnen gegenüber fest geblieben sind, kann man durchaus sagen, daß fremde Länder, vor allem besonders inflationsgeplagte – die mir dies oft bestätigt haben –, Nutzen gezogen haben aus dem Beispiel Deutschland.

Hier, wie ebenso im inneren deutschen Kampf um mehr Stabilität, herrschte zwischen Helmut Schmidt und der Bundesbank immer volle Einigkeit. Da gab es keine Spannungen.

Zu dem von den Herausgebern dieses Bandes vorausdenkend gegebenen Thema »Regierung und Notenbank – Vier Jahrzehnte fruchtbarer Spannung« möchte ich einige grundsätzliche Bemerkungen machen.

Aus eigener Mitwirkung in diesem Spannungsfeld kann ich nur

berichten von der Zeit 1948-1952, als ich Präsident der Landeszentralbank in Hamburg und als solcher Mitglied des Zentralbankrats der Bank deutscher Länder war, und dann wieder über die Zeit von 1970 bis Mitte 1977 während meiner Amtszeit als Präsident der Deutschen Bundesbank.

Der Titelgebung liegt etwas der Gedanke zugrunde, daß – wie in früheren Zeiten die Regel – zwischen Regierung und Notenbank ein besonderes Spannungsfeld schon deshalb besteht, weil eine Regierung entgegen dem Bestreben der Währungshüter leicht dazu neigt, eine inflationistische Entwicklung zu dulden, um sich ihre Arbeit zu erleichtern. Ein Spannungsverhältnis aus diesem Grunde gibt es bei uns seit langem nicht mehr. Jede Regierung will mit ihrer Politik erfolgreich sein. Bei der währungspolitischen Erfahrung unserer Bevölkerung wird eine Politik nie als erfolgreich im Wahlkampf verkauft werden können, wenn sie von einer hohen Inflationsrate begleitet wird.

Bei allen währungspolitischen Diskussionen mit deutschen Regierungsmitgliedern habe ich nie einen Gesprächspartner gehabt, der nicht innerlich davon überzeugt war, daß man nur gemeinsam einen Weg gehen könnte, der die Inflation verhinderte. Es gab nie die Frontstellung: »Wir brauchen Inflation« und »Wir wollen keine Inflation«. Alle Auseinandersetzungen dienten vielmehr nur der Frage, ob man bestimmte Maßnahmen, die der Wirtschaftspolitik der Regierung helfen würden, unterstützen könnte, ohne gleichzeitig eine inflationistische Gefahr heraufzubeschwören.

Politiker müssen sich regelmäßig Wahlen stellen. Die Mitglieder der Bundesbank-Leitungsgremien, auch ihr Präsident, aber nicht. Das gibt der Bundesbank die Möglichkeit, im wohlverstandenen Interesse des Ganzen der Politik »unangenehme« Aufgaben abzunehmen. Auch dies ist letztlich ein Ausfluß, eine gewollte Folge der gesetzlichen Autonomie der Bank.

Soweit ich das beobachten konnte, haben das die deutschen Regierungschefs sowie die Finanz- und Wirtschaftsminister, mit denen ich zusammenzuarbeiten hatte, auch alle nicht anders gesehen. In den ersten Jahren nach der Währungsreform war es natürlich für die neue Regierung der Bundesrepublik Deutschland nicht so ganz einfach, die Vorteile dieser Autonomie zu erkennen. Es bedurfte einer längeren Lehrzeit auf beiden Seiten.

Sehr lebendig in der Erinnerung ist mir eine Zentralbankratssitzung vom 26. Oktober 1950 geblieben. Der Schuldsaldo des Bundes bei der Europäischen Zahlungsunion hatte ein bedrohliches Ausmaß angenommen. Der Zentralbankrat hatte deshalb in einer Sitzung vor dem 26. Oktober eine Diskonterhöhung in Betracht gezogen, seine Entscheidung jedoch zurückgestellt, um zuvor der Bundesregierung Gelegenheit zu einem Meinungsaustausch mit dem Zentralbankrat zu geben.

So fand dann am 26. Oktober 1950 in Bonn eine Sitzung des Zentralbankrats im damaligen Bundeskanzleramt – es war noch das Museum König – statt. Als Gäste waren u.a. Bundeskanzler Adenauer, Wirtschaftsminister Prof. Erhard und Finanzminister Dr. Schäffer anwesend. Außer Minister Erhard waren alle Mitglieder der Bundesregierung gegen die Diskonterhöhung. Für mich als damals jungen Mann war es sehr interessant, den berühmten Bundeskanzler in einer schwierigen Diskussion zu erleben. Beeindruckend war für mich, wie er, obgleich auf wirtschaftlichem Gebiet kein Fachmann, die durchaus beherrschende Figur war. Er war ganz oben. Trotz dieses Übergewichts an Autorität gegenüber allen anderen Sitzungsteilnehmern gestattete er eine ungezwungene Diskussion in lockerer Form.

Seine Hauptunterstützung fand er bei dem Finanzminister, während er, als Prof. Erhard unerschrocken Argumente für eine Diskonterhöhung vorbrachte, uns gegenüber einfach meinte: »Hören Sie doch nicht auf das, was Erhard sagt.« Sein letztes Argument vor Schluß der gemeinsamen Debatte war: »Auch Herr Pferdmenges ist gegen eine Diskonterhöhung.«

Nach der Aussprache mit den Herren der Bundesregierung

tagten dann die Mitglieder des Zentralbankrats allein weiter und beschlossen mit einer guten Mehrheit, den Diskont von 4 auf 6% und den Lombard von 5 auf 7% zu erhöhen. Für uns jüngere Mitglieder des Zentralbankrates war dieses Zusammentreffen mit dem Bundeskanzler Adenauer, auch wenn wir seinen Wünschen nicht folgten, sehr beeindruckend. In jener Sitzung konnte man wirklich von einer fruchtbaren Spannung reden.

Im allgemeinen entstanden nach meinen Beobachtungen mehr Spannungen zwischen der Bundesbank und den einzelnen Interessenverbänden und Gewerkschaften als zur Regierung. Die Regierung ist ebenso wie die Bundesbank ihren Aufgaben entsprechend ausschließlich dem Gemeinwohl verpflichtet. Bei den Vertretern von Wirtschaftsverbänden und Gewerkschaften merkte man immer wieder, daß sie zwar auch für eine gerechte Verteilung des vorhandenen Sozialprodukts waren, aber doch dafür kämpften, daß ihre Gruppe ein etwas größeres Stück von der vorhandenen Torte erhielt.

Die Stabilität, die Bundesbank und Regierung gemeinsam anstrebten, gehört nun einmal zu jenen Dingen im menschlichen Leben, die für jeden ein Wunschziel sind, obgleich der Einzelne im praktischen Leben stets und ständig alles dazu tut, sie mit Begehrlichkeiten aller Art zu untergraben. Solche Begehrlichkeiten waren es, die im Oktober 1973 unsere Geldwertstabilität aufs höchste gefährdeten. Die Ölförderländer erhöhten ihre Preise gewaltig. Sie beanspruchten damit einen erheblich größeren Teil unseres Sozialprodukts.

Der klaren Sachlage, daß damit für den innerdeutschen Konsum weniger aus dem erwirtschafteten Sozialprodukt zur Verteilung kommen konnte, wollten die Gewerkschaften nicht folgen. Sie waren damals nicht bereit, ihren Anteil an der Finanzierung der Energiemehrkosten zu tragen und stellten Lohnforderungen, die noch erheblich über der Preissteigerungsrate lagen.

Vor diesem Hintergrund war damals eine Diskussion zu sehen, bei der es um Macht und Ohnmacht der Geldpolitik ging. Ich sagte unter diesen Umständen seinerzeit in einem Zeitungsinterview: »Für Stabilität zu sorgen gibt einem ... eigentlich mehr das Gefühl der Ohnmacht.« Die Jahre 1973 und 1974 waren diejenigen mit den höchsten Inflationsraten während meiner Amtszeit von je 7%.

Es versteht sich, daß Helmut Schmidt und ich seinerzeit auch in unseren privaten Gesprächen intensiv miteinander darüber nachdachten, wie man die Wirksamkeit der Geld- und Kreditpolitik ebenso wie der staatlichen Wirtschaftspolitik wiederherstellen könnte. Wir kamen zu dem Schluß, daß es für die Verdeutlichung der Ernsthaftigkeit der (in diesem Fall unvermeidlicherweise restriktiven) Absichten der Notenbankpolitik nicht genüge, dies verbal darzustellen, geschähe dies auch noch so nachdrücklich. Es bedürfe einer jedermann sichtbaren Kennzahl, die die Grenze markiere, bis zu der die Währungspolitik eine Ausweitung des Geldmantels dulde. Diese Zahl sollte das Limit sein, bis zu dem die Bundesbank bereit sei, wirtschaftliches Wachstum zu finanzieren.

Es war in der wissenschaftlichen Geldtheorie die Zeit, in der das begann, was später die Geldmengenpolitik wurde. Milton Friedman hatte seine Thesen bereits publiziert. Sie waren noch nicht sehr bekannt, aber auch im Kreise des Zentralbankrates kursierte schon ein geldmengentheoretisches Papier unter dem Spitznamen »Nachtgedanken«. So weit lagen diese Theorien damals noch im Dunkel, so weit war man noch von der Umsetzung in die Wirklichkeit entfernt.

So kam es zu den ersten Veröffentlichungen eines deutschen Geldmengenzieles durch die Bundesbank für die Jahre 1975, 1976 und 1977 von jeweils 8%. Die Zahl 8% zeigt, auf welchem hohen Zuwachs sich die Entwicklung seinerzeit vollzog.

Bei der damaligen Diskussion im Zentralbankrat über die Erklärung eines solchen Geldmengenziels – wir waren die erste Notenbank, die es tat – überraschte es mich sehr, daß einige unserer ökonomisch hervorragend geschulten Volkswirte, die immer stark für eine restriktive Geldpolitik einzutreten pflegten, gegen die Einführung ihrerseits Bedenken äußerten. Diese Bedenken wurden zwar zerstreut oder setzten sich nicht durch. Nachträglich bin ich aber zu der Ansicht gekommen, daß sie wohl weiter sahen als wir übrigen und erkannten, welches Obligo, wenn man einmal ein Geldmengenziel verkündete, man sich für alle Zukunft auferlegte.

Auf der anderen Seite konnten wir feststellen, daß die Verkündung dieses Zieles den beabsichtigten Erfolg hatte. Wenn wir als Bundesbank erklärten, wir würden auf keinen Fall bereit sein, eine Inflation zu finanzieren, so beeindruckte das in der damaligen Zeit die für das Wirtschaftsgeschehen maßgeblichen Verbände keineswegs. Aber dieser Prozentsatz der Geldmengenerweiterung beeindruckte sie. Dies war eigentlich überraschend, weil die Geldmengen, wie sie von der Bundesbank und später anderen Notenbanken formuliert wurden, kaum allgemein verständliche Begriffe sind.

Wie gesagt, diese Zahlen halfen in der erwünschten Weise bei den Tarifverhandlungen mit den Gewerkschaften in der darauffolgenden Zeit. Zwischen Bundesbank und Gewerkschaften bestand sehr häufig ein echtes Spannungsverhältnis, das keineswegs immer als fruchtbar angesehen werden konnte. Was die Tarifverhandlungen anbelangt, so habe ich immer sehr bedauert, daß die »konzertierte Aktion«, die Prof. Schiller eingeführt hat, sich nicht hat halten können.

Wenn man ehrlich sein will, müssen doch alle an den Tarifverhandlungen Beteiligten zugeben, daß sie sich heute bei uns noch in einer Form abspielen, die unserem modernen Staatswesen nicht mehr entspricht. Die Partner treten sich fast in altgermanischer Weise in einem Ritual gegenüber, das erfüllt ist von Kriegsgeschrei und Imponiergehabe. Das Ergebnis, welches herauskommt, hängt nicht so sehr von den gegebenen volkswirtschaftlichen Daten ab, sondern davon, welche Seite die stärksten Nerven hatte oder haben konnte.

Der Gedanke, der der konzertierten Aktion zugrunde lag, war, daß die an der Lohnfindung beteiligten Partner zusammen mit unabhängigen Sachverständigen in ruhigen Gesprächen die Wirtschaftslage erörtern und daraus für die Vertragspartner einen objektiv richtigen Rahmen finden sollten, innerhalb dessen sich die Lohnveränderungen bewegen könnten. Ein großartiger Gedanke, einer erwachsenen Demokratie würdig. Wenn ich mich recht erinnere, so hat sogar kurz nach dem Krieg der Deutsche Gewerkschaftsbund in einem seiner Programmpunkte den Wunsch zum Ausdruck gebracht, es möchte in einem Jahreswirtschaftsbericht auch über den gegebenen Wirtschaftsrahmen für vermutliche Lohnerhöhungen etwas gesagt werden.

Leider nahm die konzertierte Aktion einen unglücklichen Verlauf, weil die erstrebte Vertraulichkeit durch die Möglichkeit der ständigen Fernseh-Interviews während der Sitzungen völlig zerstört wurde. Die Zahl der Teilnehmer, die während der Sitzungen Fernseh-Interviews gaben und dort verkündeten, was sie für richtig hielten, um ihre Auftraggeber oder Anhänger zu beeindrucken, nahm immer mehr zu. Versuche, diese Publizitätssucht einzuschränken, scheiterten. Die Anziehungskraft des Fernsehens war zu verlockend. Damit keiner der Teilnehmer an der konzertierten Aktion durch diese Interviews präjudiziert wurde, durfte in der Diskussion immer weniger über die realen Fakten gesprochen werden. Es ging so weit, daß es ein Tabu wurde, Zahlen für die Lohnerhöhungen auf den Tisch zu legen. Damit verlor die konzertierte Aktion ihren Sinn.

Meines Erachtens sollte man versuchen, einen ähnlichen, möglichst kleineren Kreis wieder aufzubauen. Wir können zwar mit Recht sagen, daß wir insgesamt gesehen seit 1948 letztlich mit unseren Löhnen ganz gut zurechtgekommen sind und unsere wirtschaftliche Konkurrenzfähigkeit erhalten konnten. Es muß aber beachtet werden, daß wir jetzt hinsichtlich unserer Lohnkosten im internationalen Vergleich einen sehr hohen Platz in der Spitzengruppe einnehmen. Für die Zukunft ist zu befürchten, daß bei Fortdauer dieser Entwicklung unser Hauptanliegen, die Arbeitslosigkeit zu mindern, nicht gelingen wird. Deshalb wäre es schon gut, wenn man einen

Weg fände, um die Tarifverhandlungen sachbezogener zu gestalten und flexibler den Aufgaben der Stunde anzupassen.

Was die Festsetztung eines Geldmengenziels seitens der Deutschen Bundesbank anbelangt, so haben die damaligen Skeptiker, wie schon erwähnt, recht behalten. Die Bundesbank erscheint jetzt als Gefangene ihrer damaligen Beschlüsse. Nach vielen Forderungen in der Öffentlichkeit soll sie immer wieder ein Geldmengenziel für das kommende Jahr verkünden, obgleich es in den letzten Jahren nicht eingehalten werden konnte. Auch jetzt, während ich diese Zeilen schreibe – im Januar 1988 –, ist es wieder geschehen. Persönlich bedauere ich das. Die Theorie von Milton Friedman ist inzwischen enorm verfeinert worden. Aber so unbestreitbar es ist, daß für die Politik einer Notenbank die Geldmenge eine ganz wichtige Rolle spielt, steht ebenso für mich fest, daß sie allein nicht ausreicht, um den komplizierten Vorgängen der modernen Wirtschaft gerecht zu werden.

Einmal ist schon zweifelhaft, wie man die Geldmenge ganz richtig definiert. Daß die Bundesbank statt der Zentralbank-Geldmenge jetzt als Meßgröße M 3 nehmen will, zeigt schon, wie ungesichert dieser Begriff ist. Aber noch weniger klar läßt sich die so sehr entscheidende Umlaufgeschwindigkeit des Geldes packen. Die von Milton Friedman selbst entwickelte Definition ist für den praktischen Gebrauch viel zu kompliziert. Aufgrund meiner frühesten persönlichen Erfahrungen in der Notenbank verstehe ich sehr gut, daß man für die sehr komplizierte Währungspolitik gern eine Lehre entwickeln möchte, die genau angibt, was im gegebenen Fall zu tun sei.

Als ich zum erstenmal an Sitzungen des Zentralbankrats teilnahm, war es für mich eine große Enttäuschung festzustellen, daß es für die einzelnen Entscheidungen, die zu treffen waren, keine sichere theoretische Leitlinie gab. Wir hatten im Zentralbankrat zwei hervorragende Professoren der Volkswirtschaft, von denen ich viel gelernt habe. Aber bei den einzelnen Entscheidungen vertraten sie sehr oft ganz entgegengesetzte Standpunkte.

Auch die alten Praktiker waren vielfach nicht der gleichen Meinung. Im Zentralbankrat hatten wir damals zwei Herren, die altgediente Mitglieder des Reichsbankdirektoriums gewesen waren. Es waren Herr Vocke, der Präsident der Bank deutscher Länder, und Herr Hülse, Präsident der Landeszentralbank von Nordrhein-Westfalen. Als einmal über eine Diskonterhöhung diskutiert wurde, vertraten beide Herren entgegengesetzte Standpunkte. In der Mittagspause nahm mich Herr Vocke zur Seite und sagte: »Herr Klasen, folgen Sie mir, hören Sie nicht auf Herrn Hülse. Herr Hülse ist in der Reichsbank nur für das Auslandsgeschäft zuständig gewesen und hat keine Ahnung von der Diskontpolitik.« Kaum hatte Herr Vocke sich entfernt, kam Herr Hülse zu mir, der auch glaubte, mich als jüngstes Mitglied unter seine Fittiche nehmen zu müssen, und warnte mich davor, Herrn Vocke zu folgen. Dieser habe in der Reichsbank im Direktorium die Rechtsangelegenheiten zu betreuen gehabt und der Diskontpolitik immer sehr ferngestanden.

Aus diesen Erlebnissen heraus kann ich nur sehr den Wunsch verstehen, sichere Entscheidungshilfen zu bekommen. Die Geldmengentheorie allein kann diese nicht geben. Sie bietet einen wichtigen Anhaltspunkt, aber sich allein darauf zu verlassen, würde bedeuten, daß wir darauf verzichteten, die Vielgestaltigkeit der Erscheinungen unserer freien Wirtschaft nicht realisieren zu wollen und sich mehr der Planwirtschaft anzunähern.

Meines Erachtens sollte man die Verkündung von Geldmengenzielen auf Situationen beschränken, die für die Stabilität ungewöhnlich kritisch sind. Dann muß es aber auch eingehalten werden, weil sonst die Wirkung verpufft. Aber auch in kritischen Lagen ist es m. E. nicht notwendig, unbedingt ein Geldmengenziel zu verkünden. Auch ohne dies – immer natürlich unter Beachtung der Geldmenge – ist es möglich, den richtigen Weg zu steuern, nur man muß sich immer bewußt sein, daß richtige Währungspolitik letztlich eine Kunst ist, die, wenn vielleicht auch etwas besser übersehbar als viele Arten anderer Politik, den zur Entscheidung berufenen Menschen alles abverlangt. Und wenn dieser kleine Essay im Titel das Wort »Spannung« enthält, so waren für mich während meiner Tätigkeit in der Notenbank immer die Zeiten am spannungsvollsten, in denen ich selbst mir klar werden mußte, welche Lösung ich in dieser gegebenen Situation für richtig hielt und für welche ich mich einsetzen wollte. Auch in der Währungspolitik gibt es häufig mehrere Wege, die nach Rom führen. Sind diese leicht erkennbar, so gibt es in der Öffentlichkeit häufig eine sehr kontroverse und aufregende Diskussion.

Als besonderes Beispiel hierfür ist mir die Zeit der zweiten Hälfte 1972/Anfang 1973 in Erinnerung geblieben. Um den von uns mitvereinbarten Dollarkurs zu halten, mußten wir mit großen Beträgen am Markt intervenieren. An einigen Tagen nahmen wir US-Dollar in Milliardenhöhe auf. Von vielen Seiten wurden wir bestürmt, diese Intervention einseitig aufzuheben. Rein volkswirtschaftlich gesehen wohl ein richtiger Rat, der uns geholfen hätte, die damaligen Schwierigkeiten etwas schneller zu beseitigen. Trotzdem zögerten wir in der Bundesbank, diesem Vorschlag zu folgen. Einmal wollten wir durch einseitiges Vorgehen die freundschaftlichen Beziehungen zu unseren ausländischen Kollegen, vor allem zu Arthur Burns, nicht gefährden. Wir glaubten warten zu können, bis die Zeit für ein gemeinsames Floaten der großen Notenbanken reif sei, weil wir die durch die Interventionen steigende Geldmenge im wesentlichen durch erhöhte Mindestreserven und andere restriktive Maßnahmen wieder abschöpfen konnten.

Persönlich sah ich im Dollarzufluß auch etwas Erfreuliches. In der Jugendzeit zwischen den beiden Weltkriegen hatte ich selbst erlebt, welche Nöte entstehen können, wenn die heimische Notenbank über keine Devisenreserven verfügt. Der Dollar ist eine Währung, für die man, unabhängig vom jeweiligen Kurswert, immer alle Dinge der Welt kaufen kann. Hiervon größere Beträge ansammeln zu können schien mir eine gute Vorsorge für eventuell schlechtere Zeiten zu sein.

Zunächst mußten wir allerdings wegen des weiter fallenden Kurses auf unsere erworbenen Dollarbestände erhebliche Abschreibungen vornehmen, die unsere Gewinne voll aufzehrten. Da es uns aber gelang, abweichend von der Praxis vor meinem Dienstantritt für unsere Dollarguthaben bei der FED bedeutend höhere, nämlich marktgerechte Zinsen zu erhalten, so glaubten wir, diese »Schatzbildung« für die Zukunft auch kaufmännisch vertreten zu können.

Wenn wir jetzt in den letzten Jahren erlebten, wie die hohen Bundesbankgewinne, die zu einem großen Teil auf dem gehorteten Schatz beruhten, unseren staatlichen Finanzen zugute kamen, so war das für mich eine Genugtuung.

Nach dieser kleinen Abschweifung in eine besonders schwierige Zeit der Vergangenheit zurück zu meiner bereits angedeuteten Erfahrung, daß für mich vor umstrittenen währungspolitischen Entscheidungen die innere Spannung bedeutend stärker war als die zu irgendeiner Institution der Außenwelt. Glaubte ich aber erst einmal, für mich die richtige Lösung gefunden zu haben, so wurde der auf mir lastende Druck erheblich geringer. Bei Gesprächen, besonders auch im Zentralbankrat, konnte ich dann die währungspolitischen Diskussionen sicher führen und die Argumente abwägen, um so zu einer gemeinsamen Lösung zu kommen.

Soweit ich mich erinnern kann, bin ich während meiner Zeit als Präsident im Zentralbankrat, von einer Ausnahme abgesehen, nie überstimmt worden. Wir fanden immer einen gemeinsamen Weg. Die Ausnahme, als ich überstimmt wurde, gehört jedoch rückblickend mit zu meinen schönsten Erlebnissen als Bundesbankpräsident. Ich erinnere mich nicht mehr, worum es ging, es war aber offenbar eine wichtige Angelegenheit, für die ich mich sehr nachdrücklich eingesetzt hatte. Bei der Abstimmung unterlag ich mit einer Stimme. Darauf zunächst betretenes Schweigen, und dann meldete sich der Wortführer derjenigen, die meine Ansicht ablehnten, und sagte, er halte es nicht für vertretbar, in einer so wichtigen Angelegenheit mit einer so knappen Mehrheit gegen den

Präsidenten der Bank zu entscheiden, und er ziehe sein Votum zurück.

Wir einigten uns dann sehr schnell. Dieses faire Verhalten des Kollegen hat mich menschlich sehr berührt und ist für mich immer ein Beispiel dafür, wie sachlich die von mir auch sonst immer geschätzten Diskussionen im Zentralbankrat geführt wurden. In diesem Fall würde ich den Ausdruck, daß zwischen uns in dem Entscheidungsgremium eine fruchtbare, nämlich menschlich fruchtbare Spannung bestanden habe, voll gutheißen.

Die Unabhängigkeit der Notenbank von der Politik, aber auch von den Interessengruppen, ist ungeheuer wichtig. Sie ist in all den Jahren auch nicht von außen bedroht gewesen. Eine Gefahr für das Ansehen der Notenbank, für ihre Autorität und damit auch ihre Unabhängigkeit sehe ich aktuell eher von innen, von der Zusammensetzung des Zentralbankrats her. Das Übergewicht der Mitglieder, die aus der politischen Finanzverwaltung stammen, ist inzwischen zu groß geworden.

Wenn ich mich verpflichtet fühle, dieses Thema anzuschneiden, so will ich damit kein Urteil über eines der derzeitigen Mitglieder sprechen, die aus einer Finanzverwaltung kommen. Soweit ich das selbst beobachten konnte oder mir es von Dritten berichtet wurde, haben sich alle Mitglieder des Zentralbankrates als ihren Aufgaben gewachsen erwiesen. Mein Anliegen ist ein anderes und beinhaltet keine Kritik am Einzelnen. Dazu besteht gar kein Grund. Aber wie ein Krankenhaus kein gutes Krankenhaus sein würde, wenn in ihm nur hervorragende Chirurgen tätig wären oder seine Belegschaft nur aus erstklassigen Internisten bestünde, würde es jedem einleuchten, daß hier die Berufungspolitik verkehrt war. Auch in der Deutschen Bundesbank darf die Pluralität der Herkunft der Mitglieder des obersten deutschen Währungsgremiums, so unabhängig sich auch ein jeder für sich fühlen darf, nicht verlorengehen und damit auch nicht die Vielfalt der unterschiedlichen Denkweisen und Erfahrungsbereiche.

Während meiner Amtszeit ist es zwar mehrfach gelungen, Herren der eigenen Wahl der Bundesbank in das Direktorium zu holen, aber nur ein einziges Mal, einen Ministerpräsidenten von dem Wunsch der Bank nach einem bestimmten Kandidaten für das Amt des Landeszentralbankpräsidenten zu überzeugen.

Ein Jahr vor meinem Ausscheiden aus dem Amt habe ich in einer Einführungsrede in Stuttgart am 5. Mai 1976 gesagt, daß der dezentrale aufwendige Aufbau der Bundesbank nur zu rechtfertigen sei, »wenn von der durch diese zahlenmäßige Größe gegebenen Möglichkeit, einen wirklich vielfältigen Sachverstand zu versammeln, auch praktisch Gebrauch gemacht wird.« Ich habe das einen Tag später, am 6. Mai 1976, auf dem Deutschen Sparkassentag in Düsseldorf wiederholt, wo ich für einen Sparkassenmann als Mitglied des Zentralbankrates warb. Doch es hat nichts gefruchtet. Ebensowenig wie die Bemühungen des Bundespräsidenten, der auf meine Vorstellung hin damals die Ministerpräsidenten der Länder inständig – sogar schriftlich – gebeten hat, den Gesichtspunkt der Vielfalt der Zentralbankratsmitglieder nach Herkunft, menschlichem und beruflichem Werdegang zu beachten.

Seither ist die Entwicklung in dieser falschen Richtung weitergegangen. Während, wie bereits gesagt, es in meiner Amtszeit im Direktorium gelang, Fachleute verschiedener Sparten hereinzuholen, wurde jetzt auch bei der letzten Besetzung einer vakanten Stelle innerhalb des Direktoriums nicht die Forderung besonderer Fachkenntnisse in den Vordergrund gestellt, sondern in erster Linie die Zugehörigkeit zu einer bestimmten Partei. Auch bei den Ländern stehen bei der Berufung von Landeszentralbankpräsidenten lokale Interessen im Vordergrund.

Der Gesetzgeber hatte diese Gefahren erkannt und eine Sicherung eingebaut, von der er glaubte, daß sie wirken würde. Bevor jemand als neues Mitglied vorgeschlagen wird, muß der Zentralbankrat selbst sein Votum darüber abgeben, ob er jenen Kandidaten fachlich für geeignet hält. Negative Voten werden aber von den

Ländern gar nicht beachtet. Weiter ist im Gesetz vorgeschrieben, daß der Kandidat auch von der Gesamtheit des Bundesrates zu beurteilen ist. Aber auch hier hat sich die Praxis eingebürgert, daß kein Land, schon aus Gründen der Kollegialität, gegen den Vorschlag eines anderen Landes Einwände erhebt.

Freilich, wenn ich auf diese Gefahr hinweise, muß ich auch hinzufügen, daß ich nicht verkenne, daß die Mitgliedschaft im Zentralbankrat ihrerseits zur Unabhängigkeit im Denken erzieht. Ich habe selbst ausgesprochen »politisch« und »lokal« ausgewiesene Herren erlebt, die durch das, was man die »Integrationskraft« dieses Gremiums genannt hat, alsbald keinerlei Zeichen etwa eines verlängerten Armes ihrer parteipolitischen Herkunft oder ihres Landes zeigten.

Zur Zeit sind, soweit ich es erkennen kann, die Autorität und das Ansehen des Zentralbankrates ungebrochen und ungeschwächt. Meine Bedenken gelten der Zukunft. Währungspolitik ist, wie gesagt, eine Kunst. Der Zentralbankrat, in dem die Entscheidungen über die Währungspolitik zu treffen sind, braucht deshalb nicht nur geistig besonders qualifizierte Charaktere, sondern auch erfahrene Vertreter aus möglichst vielen Bezirken der Verwaltung, der Wirtschaft und der Wissenschaft.

Jemand, der hierfür volles Verständnis hatte, ist wieder der Jubilar, dem diese Festschrift gewidmet sein soll. Helmut Schmidt hat keinerlei Bedenken gehabt, Ernennungen für das Direktorium zu befürworten, wenn es sich um tüchtige Kandidaten handelte, unabhängig davon, ob sie ihm politisch nahestanden oder wirtschaftlich seine Auffassungen teilten.

Franz Kardinal König

Von der geistigen Einheit Europas

Im Jahre 1976 wurde in Aachen dem belgischen Staatsmann Tindemans der Karlspreis verliehen. In seiner Dankadresse meinte der Staatsmann: »Nachdem Europa vier Jahrhunderte lang im Namen der ganzen Welt gesprochen hat, schweigt es jetzt.« Damit nahm der Preisträger Bezug auf die Geschichte Europas und stellte indirekt die Frage nach seiner geistigen Einheit aus der Sicht der Nachkriegszeit.

Aber, so frage ich jetzt: Welches Europa schweigt? Ist es das geteilte Europa von heute, etwa das Europa der Wirtschaftsgemeinschaft, des Europäischen Rates, das Westeuropa der NATO oder ist es das östliche des COMECON oder – das große Europa von einst, das vom Atlantik bis zum Ural reichte? Oder heißt das vielleicht: Schweigt Europa, weil es an sich selbst zweifelt oder bereits aufgesogen worden ist von einer Weltzivilisation?

Denn von einer solchen Weltzivilisation war 1943 auf der Konferenz von Teheran die Rede. In einer von Roosevelt, Churchill und Stalin gezeichneten Erklärung hieß es unter anderem: Man müsse alle Länder, »ob groß oder klein«, in die »große Weltfamilie der demokratischen Staaten aufnehmen«. Also ging es bei der Konferenz von Teheran um eine Weltfamilie, in der die europäischen Staaten bloß als historisches Faktum zur Kenntnis genommen werden sollten.

Dazu weist man heute darauf hin, daß nicht wenige Westeuropäer meinen, man gehöre bereits zur Atlantischen Gemeinschaft und solle sich daher dorthin orientieren. In diesem Zusammenhang sei es verständlich, daß sich osteuropäische Staaten und Gemeinschaften aus der europäischen Verbindung, aus dem Westen zu lösen versuchen. Westeuropäer – so hört man – nähmen solches gleichgültig zur

Kenntnis. Es mangle im Westen das Bemühen, jenes gemeinsame europäische Erbe in der Kultur der Länder Osteuropas zu schätzen und anzuerkennen.

Hat also Europa seine frühere geistige Einheit endgültig verloren? Gibt es noch ein europäisches Bewußtsein, eine in die Zukunft weisende geistige Kraft Europas?

Was bedeutet dann die Akte von Helsinki (1.8.1975), wie sie offiziell bezeichnet wird; was bedeutet eine »Konferenz über Sicherheit und Zusammenarbeit in Europa«? Daß damit nicht nur das westliche oder östliche Europa gemeint sein kann, ergibt sich aus dem Text und aus der Geschichte des sogenannten Helsinkiprozesses mit seinen regelmäßigen Konferenzen über den Abbau der Spannungen und die Möglichkeit einer Zusammenarbeit zwischen Ost und West, eingedenk der *»gemeinsamen Geschichte«* – wie es in der Präambel der Helsinki-Akte heißt.

Die europäische Identität hat ihre Wurzeln in der gemeinsamen Geschichte als eine Art »kollektiver Erinnerung« an eine gemeinsame kulturelle Grundlage. Diese Wurzeln reichen tiefer als das ganze 19. Jahrhundert mit den den europäischen Kontinent erschütternden Weltkriegen von 1914 und 1939. Sie umfassen weit mehr als die westlichen und östlichen Machtblöcke. In dieser Geschichte gibt es eine geistige Einheit mit einer Vielfalt von Kulturen und Sprachen.

Kein Kontinent, kein Erdteil – weder die beiden Amerikas noch Asien, noch Afrika oder Australien mit Ozeanien – hat so viel zur Entdeckung und Entwicklung der Welt beigetragen, hat so viel Einfluß ausgeübt durch seine geistigen und geschichtsmächtigen Kräfte wie Europa. Kein Kontinent, so kann man wohl ohne Übertreibung sagen, hat so viel zum geistigen Wachstum der Welt beigetragen: durch seine Ideen, seine philosophischen Systeme, seine Wissenschaft und Technik, seine Erfindungen und Forschungen, sein Christentum aber auch seinen Atheismus, Idealismus, Materialismus wie Europa. Die Kolonialreiche trugen europäisches Gepräge.

Ist es europäische Überheblichkeit, heute noch von jenen Werten zu sprechen, wie sie in Verbindung mit dem christlichen Erbe aus Europa exportiert wurden? Ich meine den europäischen Unternehmungsgeist, die Liebe zur Familie, die Achtung vor dem Leben, die Wertschätzung der Arbeit, das Ringen um Toleranz, das Bemühen um Zusammenarbeit und Frieden. Dies springt um so mehr in die Augen, wenn wir die christlichen Wurzeln Europas betrachten, weil weder das Christentum selbst noch eine der anderen großen Weltreligionen ihren Ausgangspunkt in Europa haben. In dieser Hinsicht weist alles nach Asien mit dem indischen Subkontinent. Dort haben nicht nur Buddhismus, Hinduismus, Shinto oder die Religion des Judentums, der Islam, sondern auch das Christentum seinen Anfang genommen. Laotse und Konfuzius sind dort beheimatet.

Andererseits hat Europa durch Paulus, die Märtyrer von Rom, unter den römischen Imperatoren bis zum Edikt von Mailand auf der Basis des alten Römerreiches das Christentum angenommen. Im Verlauf der Zeit wurde dieser Kontinent zum dynamischen Missionszentrum des Christentums für die ganze Welt. Das heißt, das Christentum hat das Antlitz Europas geprägt, das abendländische Erbe wesentlich mitbestimmt. Mit einigen stichwortartigen Hinweisen sei dies etwas näher erläutert:

Das Christentum hatte vom 1. bis 4. Jahrhundert im römischen Weltreich von damals Fuß gefaßt. Dieses römische Imperium, geeint durch römische Gesetze und Soldaten, war geistig durchsäuert vom Hellenentum. Griechische Philosophie, griechische Literatur, griechische Kunst – das war das geistige Flair, das damals über dieser Welt lag. Und zu dieser Welt gehörten auch damals schon die Juden – Gottes erste Liebe und – wie wir Christen heute bekennen müssen – Gottes letztes Leid.

In der Form des Nestoranismus erreicht das Christentum in dieser Zeit bereits Indien und China. Die Kelten, Germanen und Slawen nehmen nach der Völkerwanderung allmählich das Christentum an.

Der heilige Benedikt als Patron Europas (gestorben 529 in Monte Cassino, wo er die Benediktinerregel niederschrieb) ist als Patriarch des Abendlandes von größter Bedeutung für die christliche Formung Europas. Benedikt von Nursia wußte die Romanitas und das Evangelium, das heißt den Sinn für Universalität und Recht sowie die Bedeutung des Wortes Gottes für die menschliche Person miteinander zu verbinden. Mit seinem Motto »ora et labora« hat er für die europäischen Generationen eine Regel aufgestellt, um das Gleichgewicht der Person und der Gesellschaft zu wahren – einer Gesellschaft, die immer vom Übergewicht des Habens vor dem Sein bedroht ist.

Ein Blick auf die Geschichte zeigt, wie in der geistigen Kraft des Christentums die romanischen, germanischen, slawischen und griechischen Völkerschaften bis zum Iran zu einer geistigen Staatenfamilie zusammengewachsen sind. Im Westen war mit den Kirchen und Klöstern das Latein Ausdruck dieser Gemeinschaft als Fortsetzung des untergegangenen römischen Großreiches. Im Norden und Osten wichen die alten Götter mit ihrer Zauberei, mit Menschenopfern und Götzendienst langsam der Botschaft vom Reiche des einen Gottes, des Schöpfers Himmels und der Erde. Die Wikingerfürsten gaben ihre alten Positionen selber auf.

Das Christentum verband sich erfolgreich mit dem Selbstbewußtsein der verschiedenen Kulturen und Sprachen im europäischen Raum. Jede nationale Beschränkung wurde überwunden durch italienische, deutsche und griechische Lehrer an den neugestifteten Schulen im Norden wie im Osten Europas. In der lateinischen Grammatik und Rhetorik geschult, verbunden mit akademischer Freiheit, entwarfen sie in West und Ost das neue christliche Welt- und Menschenbild und verstärkten so die geistige Einheit Europas.

Die Botschaft vom Reiche Gottes wirkte auf dem Grunde nationaler Stammeskulturen und Sprachen wie ein Sauerteig, den man unter das Mehl mischt und der alles durchsäuert. Daraus wuchs im Laufe der Zeit die Vorstellung von unantastbaren Menschenrechten, von Freiheit und persönlicher Verantwortung.

In diesem weiten geistigen Raum war zum Beispiel das römische Kloster St. Bonifaz ein Zentrum byzantinischer Gelehrsamkeit, wo der lateinische Westen der griechisch-oströmischen und slawischen Welt begegnete. Aus diesem Kloster kam der Bischof Adalbert von Prag. Französische, griechische oder deutsche Bischöfe wurden in Italien, deutsche im ostfränkischen Reich oder Romanen im Norden nicht nur eingesetzt, sondern als selbstverständlich akzeptiert, so wie man früher irische und englische Lehrer und Bischöfe in Westeuropa angenommen hatte.

Die heiligen Cyrill und Method haben Erkenntnisse vorausgenommen – durch die Übersetzungen biblischer und liturgischer Texte in die kirchenslawische Sprache –, die sich die gesamte christliche Kirche erst im II. Vatikanischen Konzil ganz zu eigen machen konnte: nämlich die Einpflanzung der evangelischen Botschaft in die einzelnen Kulturen durch die Übernahme sprachlicher Gebräuche und Lebensgewohnheiten. So wurde bereits im 9. Jahrhundert mit Zustimmung Roms das Christentum zu den slawischen Völkern gebracht und dort eingepflanzt.

Das Europa von gestern wurde so der erste Kontinent, der sich mit seinem bedeutenden vorchristlichen Erbe ganz vom Christentum erfassen ließ und damit die Voraussetzung schuf für eine dadurch geprägte Einheit und Kultur. Davon zeugen die Dome Europas, die Motive christlicher Kunst, die christliche Literatur, wie sie uns die Klosterbibliotheken Europas aufbewahren. Aber auch das antike Erbe der Griechen und Römer ist durch die Klöster gehütet worden, und so wurde die geschichtliche Kontinuität gewahrt.

Dieses Europa ist aber nicht nur geprägt von seinen Heiligen, sondern auch von seinen Ketzern – mit ihren Versuchen, das christliche Gewissen, das christliche Leben in der Kirche, am Rande der Kirche und gegen die jeweilige historische Form verwirklichen zu wollen. So ist die Kirche in Europa geprägt vom heiligen Franziskus ebenso wie von Savonarola, von Albertus Magnus wie von Galilei, von den Slawenaposteln ebenso wie von Augustinus oder Luther.

Mit einem Blick auf die spätere Aufklärung, die Entwicklung von Wissenschaft und Technik, den Auswirkungen der Französischen Revolution, den geistigen Mächten des Liberalismus, Nationalismus und Sozialismus – mit diesem Blick auf die Geschichte Europas von gestern können wir aber auch die Frage stellen: Wieweit ist die prägende Kraft des Christentums im heutigen Europa noch lebendig; wieweit hat es das Antlitz unseres Kontinentes wirklich dauernd geprägt? Sind die Völker Europas in ihrer Seele noch christlich? Sind die christlichen Kathedralen, die Wegkreuze am Straßenrand christliche Zeichen – oder nur historische Symbole, die auf Christus als einen Namen der Geschichte oder als Bringer irgendeiner Religion verweisen?

Das Ende des letzten Krieges hat – so scheint es – das geistige Antlitz Europas ausgelöscht und seine geographische Masse aufgeteilt in zwei Blöcke, den Ostblock und den Westblock. Das Gesamteuropa der Nachkriegszeit ist keine politische Realität mehr. Jenes Europa, das durch vier Jahrhunderte im Namen der Welt gesprochen hat – schweigt es und zweifelt es an sich selbst?

Das Ende Europas, so scheint es, ist in Sicht. Die von Europa gegründeten Kolonien in den außereuropäischen Kontinenten sind selbständig geworden und haben sich vom Mutterland gelöst. Damit schwindet auch die europäische Verankerung in den anderen Kontinenten. Sie wird von bodenständigen Kulturen aufgesogen.

Aber der wachsende Expansionsdruck der Sowjetunion gegen die westlichen Teile Europas führte zu einem unerwarteten Erwachen Europas zunächst diesseits des Ostblocks. Einerseits war es Churchill, der mit zwei großen Reden 1946 wie mit einem Fanfarenstoß die westliche Welt aufrüttelte. Er wollte die Völker und Regierungen des westlichen Europas von der Notwendigkeit überzeugen, daß ein Aufbau der Vereinigten Staaten von Europa ein Gebot der Stunde sei. De Gasperi hat in Rom nach seinem Amtsantritt deutlich darauf Bezug genommen. Die materielle Wirtschaftshilfe der Vereinigten Staaten sollte diesen europäischen Zusammenschluß fördern. Das amerikanische Volk hoffte, eine Art Vereinigte Staaten von Europa aufbauen zu können.

Der *geistige* Anstoß aber kam wohl durch die Erinnerung an jene geistige Kraft, die einmal von Europa ausgegangen war. Es war der französische Außenminister Robert Schuman (1948-1953), der nach dem Krieg den Glauben an Europa auf weiter Basis zu wecken verstand. Schuman war es, der dem alten Europa eine neue Idee geben wollte und damit die neue Schicksalsbestimmung des alten Kontinentes unterstrich.

Im Mai 1950 beschloß daher die französische Regierung, den Staaten Europas eine neue politische Konzeption vorzuschlagen. Schuman meinte dazu selber: Die in der Zwischenzeit deutsch-französische Aussöhnung war die Voraussetzung, die kommende Vorbedingung für eine neue Zukunft Europas. Der deutsche Bundeskanzler Adenauer wurde für diesen Plan gewonnen.

Nach Überwindung mancher Schwierigkeiten des Saar-Statutes und der Ruhrprobleme stellte Adenauer fest: »Der Schuman-Plan war ein unerhörter neuer, kühner Schritt.« Er, das heißt Adenauer, habe Schuman als einen großen Staatsmann, als einen großen Franzosen und großen Europäer kennengelernt. Er sei glücklich, ihn Freund nennen zu können. De Gasperi wies auf die geistigen Grundlagen des größeren Europas ebenfalls deutlich hin: »Wie soll man . . . ein Europa konzipieren, ohne das Christentum zu berücksichtigen und seine Lehren über die Brüderlichkeit, die Gesellschaft und die Einheit außer acht zu lassen.«

Schuman hat sein Europabekenntnis in seinem Buch »Pour l'Europe« mit bewegenden Worten niedergelegt. In einem Gespräch mit Frank Buchman (gestorben 1961), dem Begründer der Moralischen Aufrüstung (Moral Rearmament), meinte er: »Staatsmänner können weitreichende Pläne erstellen; sie können sie aber nicht in die Tat umsetzen ohne eine weitreichende Änderung des Herzens.« Er fügte dann hinzu: »Das ist eure Aufgabe«, das heißt die der Moralischen Aufrüstung. Nachdenklich meinte er: »Das möchte ich eigentlich selber tun bis zum Ende meines Lebens.«

So, kann man sagen, wurde er, der europäische Staatsmann, zum Erbauer des größeren Europas. So reifte gleichzeitig die Erkenntnis, daß es eine gemeinsame europäische Kultur gibt, die in der Vielfalt des Ausdruckes zusammengehalten wird durch die Erinnerung und die gemeinsame Erfahrung der übergreifenden gemeinsamen Geschichte.

In der Folgezeit waren es dann die europäischen Bischofskonferenzen 1977 und 1980, die den europäischen Gedanken, die Idee der europäischen geistigen Zusammenarbeit neu aufgriffen und bewußt machen wollten. Während einerseits Brüssel, Luxemburg, Paris und Genf Namen und Signale für das Erwachen und die Zusammenarbeit des westlichen Europas geworden waren, ist kirchlicherseits das europäische Interesse vor allem durch das II. Vatikanische Konzil geweckt und gefördert worden. Die ökumenischen Kontakte, die weit über Lokalkirchen und sprachliche Gemeinschaften hinausreichen, sind ebenfalls bald zu einem europäischen Anliegen und zu einer europäischen Anregung geworden.

Die geistige Situation und die Stimmung von damals hat niemand anderer als Johannes Paul II. während seiner Pilgerfahrt nach Santiago de Compostela in einem Bekenntnis anschaulich zum Ausruck gebracht: »Ich, Johannes Paul, Sohn der polnischen Nation, die sich immer auf Grund ihres Ursprungs, ihrer Tradition, ihrer Kultur und ihrer lebenswichtigen Beziehungen als europäisch betrachtet hat, als slawisch unter den Lateinern und als lateinisch unter den Slawen – ich, Nachfolger Petri auf dem Stuhl von Rom . . . ich, Bischof von Rom und Hirte der Universalkirche, rufe dir, altes Europa, von Santiago aus voller Liebe zu: Finde wieder zu dir selber, sei wieder du selbst. Besinne dich auf deinen Ursprung, belebe deine Wurzeln wieder!

Beginne wieder jene echten Werte zu leben, die deine Geschichte ruhmreich gemacht haben. Und mache deine Gegenwart in den anderen Kontinenten segensreich! Bau deine geistige Einheit wieder auf in einer Atmosphäre voller Achtung gegenüber den anderen Religionen und den echten Freiheiten. Gib Cäsar, was des Cäsars ist, und Gott, was Gottes ist . . . Betrübe dich nicht über den quantitativen Verlust deiner Größe in der Welt oder wegen der dich jetzt durchziehenden sozialen und kulturellen Krisen. Noch immer kannst du Leuchtturm der Zivilisation und Anreiz zum Fortschritt für die Welt sein. Die anderen Kontinente blicken zu dir hin und erhoffen von dir, die Antwort des Jakobus zu hören, die er Christus gab: Ich kann es.«

Obwohl noch immer schwerbewaffnete Truppen an den Grenzlinien stehen, die Europa teilen, und damit die Schwierigkeit unterstreichen, daß der Kontinent zur eigenen Identität zurückfindet – so hat Europa in der Gegenwart nicht nur die Chance, sondern auch die Pflicht, seinen Minderwertigkeitskomplex zu überwinden, um zur Welt zu sprechen im Dienste des Friedens unter den Menschen im Interesse des Menschen selber. Die Schlußakte von Helsinki (1975) nimmt die seinerzeit vorhandene Aufteilung Europas in zwei Blöcke als territorialen Status quo zur Kenntnis. Und gerade deswegen ist es notwenig, noch einmal darauf hinzuweisen, daß in der Präambel der Helsinki-Akte ausdrücklich von einer »gemeinsamen Geschichte«, das heißt diesseits und jenseits der Grenzlinien, gesprochen wird, deren man sich bewußt sein müsse.

Die Helsinki-Akte versperrt daher nicht eine weitere Entwicklung, die über den Stand von 1975 hinausgeht. Der KSZE-Prozeß mit seinen periodischen Konferenzen versucht darauf einzugehen. Die Zusammenarbeit der Teilnehmerstaaten wird einerseits von den Veränderungen im Bereich der »Supermächte« abhängen, andererseits vom Willen und von der Fähigkeit der Europäer selbst beziehungsweise der KSZE-Staaten mitbedingt.

Ein politisch unabhängiges »europäisches Netzwerk für den Ost-West-Dialog« meint dazu: »Alle demokratischen Organisationen, unabhängigen Bewegungen, Bürgerinitiativen und Gruppen in Ost und West sollten gemeinsam Druck auf die Supermächte ausüben, damit diese ihr hegemonistisches Verhalten aufgeben und als demokratische Partner zu handeln beginnen.«

Richard von Weizsäcker hat seinerzeit in einem Gespräch mit dem Rektor der Universität Eichstätt, Nikolaus Lobkowicz, energisch darauf hingewiesen, daß es gerade angesichts der bestehenden Schwierigkeiten eine wichtige Aufgabe Europas sei, auf sein künftiges Schicksal in jeder Weise Einfluß zu nehmen. Dies sei auf lange Sicht die wichtigste Aufgabe für Europa, der sich dieser Kontinent stellen müsse. Das sei aber nicht nur eine politische Aufgabe im engeren Sinn, sondern vor allem eine *geistige*. Er, der nachmalige Präsident der Bundesrepublik Deutschland, sei überzeugt, daß die gesamte »europäische Komponente«, das heißt die gesamte europäische Idee, lebendig sei und trotz aller Unterschiede und Gegensätze an Bedeutung noch wachsen werde. Einer solchen Auffassung eines bekannten Staatsmannes können wir nur aus ganzem Herzen zustimmen.

Die politische Grundlegung Europas durch den KSZE-Prozeß ist der eine Aspekt. Die geistige Wiederbelebung des Kontinents ist ein anderer Aspekt und mit den politischen Gesichtspunkten nicht zu verwechseln. Diese Unterscheidung der beiden Ebenen für die Zukunft Europas kann nicht vom Tisch gewischt werden. Ein kontinentales Ringen um die politische Grundlegung allein genügt nicht.

Das unterstreicht die Gefahr eines geistigen Vakuums Europas, wie es sich durch das Einströmen negativer Ideen eines New Age zeigt. Ich meine jene Mischformen von Sekten, eines anthroposophischen und theosophischen Welt- und Menschenbildes, das sich zusammensetzt aus sogenannter östlicher Mystik mit einer subjektiven Kombination von Egoismus und Verlangen nach transzendentaler Erfahrung bis zur Droge. Ein solches geistiges Vakuum zerstört jeden Glauben, alle Bausteine im seelisch-leiblichen Bereich. Damit wird aber auch die Wurzel zerstört, aus der all das gewachsen ist, was man mit dem geistigen Antlitz Europas meint. Ein geistiges Vakuum birgt in sich die Gefahr, das geistige Erbe Europas zu zerstören.

Die Gefahr des geistigen Vakuums wird heute weitgehend überwunden durch den Dialog zwischen Wissenschaft und Religion. Damit wird jene Spannung gemindert, die durch Jahrhunderte die geistige Einheit Europas gestört hatte. Denn die Absolutsetzung eines Wissenschaftsglaubens im Westen ist zerbrochen. Der auf dem Wissenschaftsglauben beruhende Staatsatheismus des Ostens hat nicht zu einer Befreiung, sondern zu einer neuen Art von Versklavung des Menschen geführt und damit eine neue Abhängigkeit geschaffen. Die These »Gott ist tot« mit der Hoffnung auf ein neues Zeitalter allgemeinen Wohlstandes ist sowohl im Osten wie im Westen einer großen Leere und Ruhelosigkeit in Europa gewichen. Das Suchen nach geistigen Werten hat gerade im besseren Teil der Jugend Europas eingesetzt.

Damit sind neue Voraussetzungen geschaffen für den Einsatz geistiger Kräfte, einer geistigen Regeneration auch im Interesse der anderen Kontinente, die Europa immer noch – oder jetzt wieder – als eine Einheit, als Vorbild geistiger Art sehen.

Auf dem 5. Symposion des Rates der Europäischen Bischofskonferenz im Oktober 1982 hat der Papst darauf hingewiesen, daß bei einem solchen Symposion nicht die Rede von einer Sakralisierung der gegenwärtigen Spaltung Europas sein könne; es müsse die Zusammenkunft vielmehr als ein »kreativer Regenerationsakt für ein vereintes Europa von morgen« gesehen werden. Dieses Symposion wies hin auf die Solidarität der Völker »vom Atlantik bis zum Ural«.

Unabhängig davon haben die Bischofskonferenzen in Europa auf die gemeinsame kulturell-geistige Grundlage hingewiesen, wie sie durch die Aufnahme der Botschaft Christi geschaffen worden sei. Und dieses Europa – so wiederholen auch sie – reiche vom Atlantik bis zum Ural. Nach ihrer Auffassung sind die Konzilsdokumente über »Religionsfreiheit« sowie die Erklärung über »Das Verhältnis der katholischen Kirche zu den nichtchristlichen Religionen« besonders geeignet, durch ihre Orientierung ideologische Gegensätze zu überbrücken, wie sie in Europa noch vorhanden sind. In einem gewissen Sinn gehe es auf dieser geistigen Ebene um eine Parallele zu der Akte von Helsinki auf der politischen Ebene.

Durch die beiden genannten Konzilsdokumente wird die Subjektstellung des Menschen wieder in den Mittelpunkt gerückt. Das bedeutet den Vorrang der Ethik vor der Technik, den Primat der Person über die Dinge sowie die Überordnung des Geistes über die Materie. Nur der Mensch mit seiner unantastbaren Würde, mit seinen nicht antastbaren Rechten verbindet das östliche und westliche Europa zu einer neuen Einheit.

Wenn wir also aus heutiger Sicht nach den Grundlagen Europas fragen, so müssen wir uns vor Augen halten, daß die Geschichte, die Entstehung der europäischen Nation parallel verläuft zur Evangelisierung Europas. Das geht bis zu jenem Punkt, an dem schließlich die europäischen Grenzen sich mit dem Verbreitungsgebiet des Evangeliums decken.

Trotz blutiger Konflikte zwischen den Völkern Europas und trotz der geistigen Krisen, die das Leben des Kontinents erschüttert haben, muß man nach zwei Jahrtausenden seiner Geschichte bekennen: die europäische Identität ist ohne das Christentum nicht zu verstehen. In ihm sind jene gemeinsamen Wurzeln zu finden, aus denen die Zivilisation des Kontinentes erwachsen ist, aus dem seine Kultur, seine Dynamik, seine Unternehmungslust, seine Fähigkeit zur konstruktiven Ausbreitung auch in anderen Kontinenten – kurz alles, was seinen Ruhm ausmacht, geworden ist.

Die Schwierigkeiten also, mit denen der alte Kontinent heute ringt, müssen die Christen dazu bringen, ihre Kräfte zu vereinen, um ihre Ursprünge wieder zu sehen und jene Werte neu zu beleben, welche die geistige Einheit Europas einmal geformt und das strahlende Licht seiner Zivilisation gespeist haben; einer Zivilisation, deren sich so viele andere Völker der Erde bedient haben.

Europa ist vom Christentum aus der Taufe gehoben worden, und die europäischen Nationen sind bei all ihrer Verschiedenheit dadurch geistig verbunden geblieben.

Lee Kuan Yew

Facing a Multi-polar World

Helmut Schmidt does not mince his words which makes him a joy to listen to.

I am privileged to be his friend. And I enjoy listening to his candid and trenchant views of people and events. We are more or less of the same generation, mature enough during World War II to feel, understand and remember the horrendous sufferings. The peace that came was troubled and, from time to time as during the Berlin blockade, tense.

The clash between America and the Soviet Union became a stark conflict of white and black, right and wrong, anti-Communist and Communist. The Cold War, the iron curtain across Europe, the Korean War, the building of the Berlin Wall, the Vietnam War, they were the backdrop of our lives. They influenced our perceptions and decisions.

When discussing East-West and North-South problems I felt an affinity with him. From my conversations with him, I believe he may not find much to disagree with my reflections on the changes in the world scene.

The daily newspaper reports blur the broad picture: the superpower agreement on the zero-zero option for INF (Intermediate Range Nuclear Forces) short range and intermediate range nuclear missiles; the ding-donging between Iran and Iraq with no decisive breakthrough after about 1 million casualties; the mine-sweeping operations of 7 western navies in the Gulf; the struggle of blacks in South Africa; Lebanon's interminable killings and kidnappings; guerilla resistance in Afghanistan and Cambodia, separatists' terrorism in Sri Lanka; and two coups in Fiji.

They are the sound and fury of international political developments. Whilst they do not mean nothing, they do distract attention from on-going basic changes in East-West relations.

For over 40 years after the end of World War II, the Cold War has been a constant in the ever-changing international political scene. One year after the end of World War II, Winston Churchill at Fulton in March 1946 dramatised in a vivid metaphor the falling of an iron curtain across central Europe. In 1948, the US airlifted supplies to break the Berlin blockade; in 1950 the Korean War started. Both sides regrouped: NATO, CENTO, SEATO, against the Warsaw Pact, with China and North Korea backing the Soviets in the Far East. It became a bi-polar world: the free world versus the Communist world; the democracies versus the people's democracies.

It was a black and white issue. When in 1956 India staked out a neutral position, Foster Dulles said she was immoral in not taking a stand between good and evil. It took another two decades before the US accepted non-alignment was not hostile to the West.

Fear of losing large chunks of territories and their peoples to the Communists speeded up decolonisation of the European empires. The Americans pressed their allies in Europe to release their former possessions to forestall Communist subversion and intervention and to win friends or allies on to their side. So the US persuaded the Dutch to leave West New Guinea in 1963, before the Indonesians had worn her down militarily.

If Soviet intervention had succeeded in making Angola, Mozambique, and Ethiopia strong and prosperous, the West would have been under enormous pressure to speed up the decolonisation of Namibia and the dismantling of apartheid in South Africa.

Up to the 1970s, there was doubt whether the West could win. In November 1956 Khrushchev said that he would bury the West, that history was on his side. In 1957, Khrushchev predicted that the Soviet Union would exceed US milk, meat, and butter production and consumption. They did not seem childish idle boasts. It has taken nearly all of 40 years before it became clear that Communism has not succeeded in producing the better life in the Soviet Union, Eastern Europe, China, North Korea, Vietnam, Cuba, Nicaragua, Ethiopia, Angola, or Mozambique.

In March 1985, a much younger General Secretary took over in the Soviet Union. Mikhail Gorbachev's programme of "Glasnost" or openness, "Perestroika" or restructuring, and "Demokratzatsiya" or democratisation, was seen by "experts" as a public relations exercise. For two and a half years Gorbachev persistently offered a nuclear arms deal in return for Reagan's non-deployment of SDI (Strategic Defence Initiative). He went beyond the anti-vodka campaign to increase productivity. He began to introduce supply and demand mechanisms to settle prices. He was trying to work the free market.

Now Kremlinologists agree that Gorbachev is serious, that he tacitly concedes that the Soviet economy is lagging behind, that he cannot cope with another arms race, that Communism was not and is not producing the abundant life. He needs a respite from the relentless competition for both guns and butter. The Soviet economy could not produce both, and the people sorely need and want more butter.

Indeed, the American economy also paid grievously when two Presidents in the last 40 years went for both guns and butter. Lyndon Johnson had a massive build-up in Vietnam from 1965 without a declaration of war. Simultaneously, he embarked on the Great Society programme. Inflation was the inevitable result. By 1971, Richard Nixon had cut the US dollar's link to gold and abandoned the fixed exchange rates required by the IMF since Bretton Woods. From 1981 Reagan increased defence expenditure and simultaneously reduced taxes. Inflation was prevented by Volcker's tight money supply. But the price was ever-growing trade deficits, foreign debts, and now growing Congressional pressures for protectionism.

Respite has come in an arms control agreement, as Reagan and

Gorbachev have signed an INF accord abolishing medium range nuclear weapons.

The crucial question now is: Is Gorbachev wanting the Soviet economy to be more efficient so that he can better resume his defence build-up to pursue supremacy for the Soviet Union? Or has he acknowledged that nuclear weapons have ruled out a major war between the superpowers, and that their rivalries are now confined to expansion of influence over allies or satellites primarily in the Third World?

Whatever the ultimate answer, Gorbachev's aim is not that the Soviet Union will be less Communist. He knows that the centrally-planned and controlled Soviet economy cannot compete against free enterprise and the free market. He wants to incorporate the free market, but he does not intend to have a pluralistic society with competing political parties and organised dissent.

An intriguing question is: Now that Communism has lost its ideological fervour, how much less of a threat is the Soviet Union? Without idealism will Communism in future be able to convert, into Communists and spies, men like Philby, Burgess, MacLean, Blunt, or Alger Hiss who willingly betrayed their countries, Britain and America, because of their ideological convictions? People in Communist states have lost faith in Communism, disillusioned by the lack of freedoms, poor quality of life, poor quality of consumer goods, the unending sacrificing of today for a tomorrow that never comes.

This does not mean that all will be sweetness and reason. Rivalries have existed from the earliest tribes. Even if all nations become democratic, or all become Communist, there will still be conflicts of interests which will lead to alignments and groupings, and these lead to conflict and wars. But if ideology is extracted from the Cold War, then the chilling fear of being destroyed by an implacable enemy will lessen, reducing the deep hostility, distrust, and the sense of inevitability of conflict and war between the two systems. The ice of the cold war has already cracked.

When Reagan talked about the evil Communist empire in March 1983, it did not sound absurd as it will if Gorbachev succeeds in changing Soviet society to make it less ruthless, less dependent on fear as a weapon of government, and more human.

But because there is less fear of imminent and acute conflict, there is also less solidarity within the two power blocs. The world is becoming less bi-polar and the great powers less ideologically motivated.

For example, because ideological loyalties count for less, the Soviets are prepared to squeeze oil supplies to Nicaragua to improve their relations with America. They are also prepared to abstain on any IAEA (International Atomic Energy Agency) vote to suspend South Africa. The Soviets have had discussions with the Israelis on restoring relations. The Chinese Foreign Minister, Wu Xueqian, had a meeting with the Israeli Foreign Minister, Shimon Peres. And at present, the five permanent members of the Security Council for the first time in 42 years are in cooperation to prevent the Gulf from being engulfed in flames and to resolve the Iran-Iraq conflict. Only a few years ago, they would have been embarrassed to find themselves in such an unanimity of interests or admit cooperating.

Deng Xiaoping had already led the way for Gorbachev. In 1978 the eleventh CCP (Chinese Communist Party) Central Committee endorsed four modernisations. The commune system of agriculture was broken up. In 1980 a bold "open door" policy invited investments and technological cooperation with all the capitalist industrial countries. The Vietnamese are also moving tentatively in the same direction. The North Koreans will be forced to do likewise or be left further and further behind the South. So will the other Communist states.

The reason is simple. Both the Soviet Union and China have discovered that, in a nuclear world, military might cannot be translated into territorial or economic gains. Nor has the supply of arms brought them economic benefits. To gain influence they require economies as strong and dynamic as those of the West.

The irony is that just as the US is winning against the Soviets, convincing people that the democratic system with a free market economy is superior, the US finds herself in relative decline. Her economic dominance is only a fraction of what it was. In 1945 the US had 40 percent of the world's GNP. In 1985 she had only 20 percent. If Johnson and Reagan had not attempted guns and butter programmes, the US economy would be better. But her economic dominance would nevertheless have declined relative to Japan and Western Europe.

Perhaps the US might have maintained more of her lead over Japan and Western Europe for another two decades, but her lead would nevertheless have been shortened. The Europeans and Japanese will catch up and so will the South Koreans and Taiwanese and, in the longer term, the Chinese, Vietnamese and other developing countries whose peoples are readily educable in science and technology.

This was recognized by the American Secretary of State, George P. Shultz. In a striking statement before the Iran-Contra Congressional Committee in Juli 1988, he said, and I quote from the transcript:

"But I don't think it is out of the question that a different kind of relationship with the Soviet Union can be built if we go about it right, and obviously we have to go about it with our guard up, but we need to go about it. . . .

The notion of bi-power world has long since gone, and we will have a diverse world where capability is widely dispersed. . . .

There are smart people everywhere. And there are people all over this world that are working very hard, along with their smarts, so that this spread of capability and capacity is going to change the structure of the world economy and the strategic situation, and we have to try to understand it.

"And this change is a change that favours societies that are open. Because it is open societies that are accustomed to the free flow of information, and closed and compartmentalized societies have difficulty with it.

And one of my fears right now is that somehow, as we look at all of the difficulties, . . . there will be a tendency for people to throw up their hands and say, stop the world, I want to get off. We can't get off. We have to be engaged. It is extremely important to do so."

In short, we are already into a very changed world. Soviet society is well organised for waging subversion and wars, and may undermine or conquer other systems; but Western economists and political scientists are convinced that the Communists cannot have as good an economy as long as their society is not as open, democratic, and free to information flows as the West.

However, as the threat of Communism recedes America has become more vocal on democratic practices, press freedom, and human rights. She is holding the Soviet Union to the Helsinki Accords for more people to people contact, less jamming of radio broadcasts, and more respect for human rights and the right of dissent.

Some American liberals believe that if all countries were like her, preoccupied with domestic pressure groups and lobbies, accommodating democratic opposition interests, wars between nations would become rare or infrequent. This may seem naive to Asians, and perhaps even Europeans, but it is an article of faith with American liberals. But, alas, how many countries can afford to be like America?

Each of the two systems will be judged by what it achieves for its people. Neither superpower can go to war to subdue the other because of nuclear weapons. Both feel it is less urgent to compete for the loyalties of Third World countries. Investments, both political and economic, in developing countries have turned out unprofitable and unattractive.

It makes less and less sense for the Soviet Union to spend 4.6 billion US-dollars a year to prop up Cuba just to show that Communism is a success; or 1.2 billion US-dollars a year to show that Vietnam is not a failure. For that matter the US is now less keen that her former protégés like Korea and Taiwan are seen to be successful. Indeed, their economic success has become an embarassment adding to US trade deficits. And the West in general feels no further need to prove that developing countries which practise democracy and free enterprise in a free market can succeed.

There is another angle to this problem. The Americans and the Europeans are Christian nations. They have this missionary tradition of going out to the empire to save heathens. For three decades after the war, they had ample financial surpluses from which they provided aid and investments to the developing countries.

The Americans are now in deficit. Except for the Germans, the Europeans have no big surpluses. The large surpluses are with the Japanese. Japanese banks are now the world's largest providers of credit. But the Japanese are not a Christian nation. They have neither the Christian tradition nor the missionary zeal to redeem the souls of heathens. They are Shinto-Buddhists and do not proselytize. They place their money (investments and aid) for the best returns.

This means, besides massive investments in North America 27 billion US-dollars and Western Europe 11 billion US-dollars: first, Asia 19.4 billion US-dollars plus 1.7 billion US-dollars aid (ODA) because it is close and important; second, Latin America 15.6 billion US-dollars plus 0.02 billion US-dollars aid, and third, Oceania and Africa 7.6 billion US-dollars plus 0.3 billion US-dollars aid.

America's adversaries are flattering her by imitating parts of her system. China has joined the IMF and the World Bank and is applying to join GATT. The Soviets want GATT observer status with a view to membership.

But the turn in her fortunes has been discomforting. From being the world's lender of last resort, America has become the world's largest debtor, owing over 200 billion US-dollars in foreign debt. At the rate it is accumulating, the debt will exceed 1 trillion US-dollars by the 1990s.

The Great Depression of the 1930s happened because Britain lost her economic dominance and her political leadership after World War I, and America was reluctant to take up that role. For over 100 years up till 1914 Britain had established and upheld the international order. Her current account surpluses were the source for development funds to develop settlements in Canada, US, Australia, New Zealand, South Africa and Latin America, under Pax Britannica.

London's financial institutions lent in gold and sterling, as the reserve currency. Britain had the industrial capacity to provide the iron, steel, and capital that these countries required for their development. And the British Navy kept world order.

From 1945 to about 1975, America enjoyed the surpluses. American financial institutions converted these surpluses into long term development loans. American industrial and commercial capacity produced and sold capital goods that developed and rehabilitated the economies of Western Europe and Japan. It also made possible the industrialisation of the Newly Industrialising Countries (NICS). American military power backed the economic system, enforced contracts and kept the peace.

Since 1975, these functions have been fragmented. After the first oil crisis, America no longer has the surpluses. The financial power of New York and London has been diluted by banking centres in Tokyo and Frankfurt, and new ones in Hong Kong, Singapore, Bahamas, and Luxembourg. It is the industrial capacities of Japan and Germany more than America that export the capital goods. And American military might, powerful though it still is, is not enough to keep the Gulf clear of mines.

The fact is, there are no historical precedents on how to maintain peace and stability and to ensure cooperation in a world of 160 nation states. And the age of instant communications and swift transportation, with technology growing exponentially, makes this problem very complex.

In one interdependent interrelated world, the decline in the relative dominance of the leaders of the two blocs increases the likelihood of a multi-polar world, and with it the difficulties of multilateral cooperation.

Hopes for a better life for our peoples depend on peace, stability, and economic development in the world. We need to avoid or resolve regional wars and conflicts and to have international and regional economic cooperation. We must improve on the system so that it encourages more trade, allows freedom of movement of goods and services, of capital, of technology, and enables the people who know how to make use of the capital and the technology, managers, engineers, technologists, research and development scientists, to move freely across national frontiers and to work in foreign countries, to transfer their know-how and to pass on their corporate practices.

This story, no doubt apocryphal, was told of Krishna Menon, once India's Defence Minister. He had a sharp tongue. He said to a developed country leader that if all the developed countries were to disappear under the oceans it would not make the slightest difference to the developing countries. The developed country leader retorted: And if all the developing countries disappeared under the oceans it would not make the slightest difference to the developed countries.

Who is right? If all the industrial countries disappeared under the oceans, we shall lose mankind's store of scientific, technological and industrial knowledge, and capital, and the rest of the world will be set back for centuries, with drastically reduced standards of life. If all the developing countries disappeared under the oceans, the industrial countries will lose their markets, especially for capital goods.

Of course each can survive without the other. But to grow, to thrive, and to flourish, we need to work with each other. Multilateral cooperation between governments for mutual self-interest will add to the world's GNP. The Soviet Union and China have been big enough to face up to the failure of their economic policies and to attempt to put them right. Will the Third World countries also have the courage to embark on their own "glasnost", analyse their shortcomings and put them right, or will they face further decline?

Siegfried Lenz

Wie Radikalität entsteht

Bei einer öffentlichen Podiums-Diskussion im Vortragsraum einer als mäzenatisch geltenden Versicherungsgesellschaft will zuerst keine Stimmung aufkommen. Das Thema heißt: Ist die Nordsee gefährdet? Das Wort haben die Experten. Die Gesprächsleitung liegt – was keinen erstaunt – bei einem populären, vielfach engagierten Pastor.

Was der Fischereibiologe an düsterem Erfahrungsbericht, der Meereskundler an besorgniserregenden Lichtbildern einzubringen haben, wird weder vom Regierungsvertreter noch vom Sprecher der Industrie grundsätzlich in Zweifel gezogen. Entgegenkommend bestätigen sie, daß es Anzeichen der Belastung gibt, die sich zum Teil aber auch daraus erklären, daß Herbst- und Winterstürme nicht mit gewohnter Kraft für die nötige Sauerstoffzufuhr sorgten.

Der Regierungsvertreter zeigt sich in der Lage, Beispiele für die außerordentliche Regenerationsfähigkeit der Meere zu geben. Der Fischereibiologe mag das nicht bestreiten, doch er erlaubt sich zu wiederholen, daß dreißig Prozent aller Fische in der Nordsee krank sind und an offenen Wunden, an Zwergwuchs und einer Degeneration des Skeletts leiden. Auf die Frage des Industriesprechers, ob es vollkommen gesicherte Beweise dafür gebe, daß die Krankheit der Fische von eingeleiteten Schadstoffen herrühre, muß der Wissenschaftler bekennen, daß die Beweise nur »so gut wie« gesichert seien.

Der Meereskundler hingegen glaubt unwiderlegbar nachweisen zu können, daß zwischen der Verklappung von Dünnsäure und der Bedrohung allen submarinen Lebens ein Zusammenhang besteht. Diese Feststellung empfindet der Regierungssprecher offenbar als Herausforderung, denn er fragt, ganz direkt, ob denn sein Gegenüber für die Schließung des Werks sei, für die Entlassung von 480 Arbeitern, für die soziale Unsicherheit von Hunderten von Familien. Nun glaubt auch der Gesprächsleiter bekennerisch werden zu müssen und schlägt vor, daß man nach einer Mittellage des Problems sucht, nach einem Ausweg, der alle zufriedenstellt.

Grummelnder Unwille macht sich in einer Ecke laut, in der ein paar junge Leute sitzen; besonders ein schmächtiger, rotblonder Bursche äußert seine Mißbilligung und macht Bemerkungen, die in seiner Umgebung mit Gelächter quittiert werden. Die Unruhe im Vortragsraum wächst. Sanfte Ordnungsrufe und Appelle, die Spielregeln einzuhalten, haben keine Wirkung. Der Gesprächsleiter wendet sich ans Auditorium und bittet um Einverständnis dafür, die allgemeine Diskussion früher beginnen zu lassen. Er erhält das Einverständnis und fordert jeden, der sich zu Wort meldet, auf, Name und Beruf zu nennen.

Der rotblonde Bursche ist bereits aufgestanden: Armin Schondorff, Kunsttischler. Was er hier erlebe, stellt er mit mühsam unterdrückter Wut fest, verursache ihm Übelkeit. Wieder einmal zeige sich, was Ausgewogenheit auf deutsche Art bedeute: jedes Problem verliert seine Schärfe, jeder Konflikt wird verharmlost, jede Kritik wird schön erstickt, alles, was ihm hier vorgeführt worden sei, erinnere ihn an Schattenboxen, an Scheinkämpfe. Das erlebe er doch bis zum Erbrechen im Fernsehen, wo adrette Interessenvertreter vormachen, wie Harmonien entstehen, die alles harmlos und nichtssagend erscheinen lassen. Ein ausgewogenes Begräbnis für jedes bedrängende Problem; und dann folgt der gemütliche Teil. Er sagt: Höhnischer kann man sich nicht in einer Lage verhalten, in der es um Leben und Tod geht.

Bevor der Gesprächsleiter das Wort nimmt, springt ein älterer Mann auf; er ist so erregt, daß er vergißt, Namen und Beruf zu nennen. Er sei nicht hergekommen, um sich Pöbeleien anzuhören. Mit Schimpftiraden und Verdächtigungen werde man das Problem, das allen auf den Fingern brennt, nicht lösen können. Eine sachliche

Bestandsaufnahme, eine nüchterne Darstellung seien geboten; ohne sie könne man sich nicht auf besonnene Maßnahmen verständigen. Von zaghaftem Beifall ermutigt, bekennt er, daß er keine Kritik schätzen kann, die sich nur im Kritischen gefällt. Aus der aufrührerischen Ecke schreit jemand: Den Sterbenden mit Kölnisch Wasser behandeln ...

Als der Gesprächsleiter, dem die Auseinandersetzung zu gefallen scheint, lächelnd feststellt, daß es ein Vorrecht der Jugend sei, Kritik zu äußern, meldet sich eine junge Frau zu Wort: Barbara Tirburtius, Pädagogin, arbeitslos. Sie möchte nicht näher auf die peinliche Bemerkung des Gesprächsleiters eingehen, der, wohl typisch für seine Generation, soeben ein Beispiel für die Verharmlosung der Kritik geliefert habe. Sie wendet sich an den Fischereibiologen. Sie fragt, ob es zutrifft, daß in den Körpern der Fische Spuren von Schwermetallen nachweisbar sind. Es wird bestätigt. Sie fragt weiter, ob mit der Nahrungsaufnahme Schwermetalle in den menschlichen Organismus gelangen. Auch das wird vom Fischereibiologen bestätigt. Und sie fragt, ob es denkbar ist, daß eine erhebliche Anzahl von Mitbürgern bereits giftige Substanzen in sich tragen, ohne es zu wissen. Der Wissenschaftler zögert zunächst mit einer Antwort, doch dann kann er es nicht ausschließen. Leise, fast für sich selbst, fragte sich die junge Frau, wie man wohl die Verursacher nennen darf, die ohne Rücksicht auf die Gesundheit ihrer Mitmenschen Meer und Leben vergiften.

Der Vertreter der Industrie, an Auslassungen dieser Art offenbar gewöhnt, will in diesem Diskussionsbeitrag nur vordergründige Demagogie erkennen. Er weist darauf hin, daß zu allen Zeiten Tierpopulationen, die einen Teil der Nahrungskette bildeten, auf unerklärliche Weise plötzlich zu Krankheitsträgern wurden und die Gesundheit des Menschen gefährdeten. Und was die Verunreinigung von Gewässern angehe, so möchte er der jungen Dame einmal empfehlen, Untersuchungen über die Schäden zu lesen, die verschiedene Gewerbezweige im Mittelalter anrichteten.

Ohne aufzustehen, ruft Armin Sch.: Bravo! Worüber hier lamentiert wird, das hat's schon immer gegeben. Das Problem ist vom Tisch. Gute Nacht und guten Heimweg.

Hinten erhebt sich ein Mann in grauer Wolljoppe, er bedenkt sich und sagt sehr ruhig: Siefahrt, Fischer. Er habe da nur ein paar Anfragen zu stellen; er sei dabei, seinen Beruf aufzugeben; was er draußen zu Gesicht bekomme, sei eine Sauerei; man möchte ihm die Fragen nachsehen. Rasch gesteht der Gesprächsleiter ein, daß er sich gerade auf diesen Beitrag freue.

An den Vertreter der Industrie gewandt, fragt Siefahrt, ob der Herr Kinder habe, ja?, und da es ihm nickend bestätigt wird, fährt er fort, nicht in anklägerischer, adressierter Rede, sondern eher so, als überlege er laut: Wie einer so etwas auf sich nehmen kann, wie einer es fertigbringt, seine Kinder um das zu bringen, worauf sie ein Anrecht haben: eine bewohnbare Welt. Er verstehe ja, daß einer bereit ist, die Interessen der Fabrik zu vertreten, in der er sein Geld verdient, – aber wie lange? Wie lange kann er es vor sich selbst verantworten, wenn er sieht, wie durch seine Duldung die Erde verpestet, das Meer vergiftet wird? Zuerst waren es nur fünf Prozent der Fische, die sie zurückschmeißen mußten, weil sie verkrüppelt und mit trichterförmigen Wunden bedeckt waren; dann waren es zehn und fünfzehn Prozent, und es sei abzusehen, daß bald die Hälfte eines Fangs dem Meer zurückgegeben werden muß: krank, ungenießbar. Wie will einer seine Kinder davon überzeugen, daß es so sein muß? Daß die Sicherung von Arbeitsplätzen wichtiger sei als die Luft zum Atmen? Muß ihn da nicht die Scham still werden lassen, wenn er so etwas von sich gibt?

Der Redner S. erhält starken Beifall, besonders aus der Gruppe der jungen Leute. Bestrebt, die Spielregeln einzuhalten, meldet sich der Regierungsvertreter zu Wort. Ernst nickt er vor sich hin, er scheint Verständnis zu haben für rigorose Forderungen, doch nach einem Seufzer stellt er fest: wer alles auf einmal verlangt, gefährdet mehr, als er für möglich hält. Er bittet, sich daran zu erinnern, von welchen Bedingungen unser Sozialsystem abhängt; er bittet, nicht zu vergessen, daß die hochindustrialisierte Bundesrepublik ein Exportland ist. Wieviel wir unseren Ausfuhren verdanken, kann sich jeder ausrechnen. Wir stecken in einem empfindlichen Gefüge, das extreme Maßnahmen nicht verträgt.

Während er noch spricht, steht Barbara T. auf und tritt auf den Mittelgang. Sie hebt den Riemen ihrer Umhängetasche über die Schulter, offenbar bereit, den Raum zu verlassen. Doch überraschend stellt sie fest, daß man ihre Frage noch nicht beantwortet hat, die Frage nämlich, wie man wohl die Verursacher nennen darf, die ohne Rücksicht auf die Gesundheit ihrer Mitmenschen Meer und Leben vergiften. Was die Tatsache an sich angehe, so zögere sie nicht, von einem Verbrechen zu sprechen – aus Beweggründen, die ihr vollkommen klar erscheinen und die sich in einem einzigen Wort zusammenfassen lassen: Profit.

Ein erregtes Stimmengewirr setzt ein, Worte der Empörung und der Zustimmung sind zu vernehmen, der Gesprächsleiter weist darauf hin, daß der Sache wenig gedient sei, wenn sie ideologisiert werde. Eine Stimme ruft: Und was machen unsere europäischen Nachbarn? Die Engländer, die Holländer? Eben, ruft Armin Sch., man erträgt die Schande leichter, wenn man auf andere verweisen kann. Alles wie gehabt.

Die junge Frau verläßt den Raum. Nach und nach folgen ihr die Leute aus der aufsässigen Ecke, sehr zum Bedauern des Gesprächsleiters und des Vertreters der Industrie. Freilich wird der Auszug auch hier und da mit Erleichterung zur Kenntnis genommen, sogar mit Beifall.

Unschlüssig stehen die Protestierenden eine Weile auf der Straße zusammen, man möchte sich noch nicht trennen. Auf den Vorschlag von Armin Sch. ziehen sie zu einem Restaurant am Hafen, der große runde Stammtisch ist unbesetzt. Sie bestellen Coca und Selter, einige auch Bier. Jeder begründet sein Ungenügen an der öffentlichen Diskussion, sie sind sich einig, daß die Veranstaltung, der sie beiwohnten, eine Zumutung war. Da jeder fast jeden kennt, sagen sie du zueinander. Zu ihrer freudigen Überraschung stößt nach einer Weile der Fischer Siefahrt zu ihnen. Er hat nicht viel zu sagen; er wundert sich immer nur darüber, daß denen, die die Verantwortung für alles tragen, die Gesundheit der eigenen Kinder weniger bedeutet als die Bilanz der Firma.

Einer, den sie Bertie nennen, ein blasser zurückhaltender Bursche, nimmt zum ersten Mal das Wort. Er ist davon überzeugt, daß die Katastrophe sich bereits angebahnt hat. Warum die Zeitgenossen es noch nicht begriffen haben, liegt vor allem daran, daß es ihnen an Phantasie fehlt. Hätten sie mehr Phantasie, müßten sie sich sagen, daß wir Zeugen eines kollektiven Selbstmords sind. Aber vermutlich, so meint er, schützt uns das blinde entelechische Prinzip davor, etwas so Ungeheures zu denken. Berauscht von der Gewißheit zu dauern, leisten wir es uns, die Grundlagen des Lebens zu zerstören. Daß dies so langsam wie bisher gehen wird, ist ein verhängnisvoller Trugschluß.

Während Armin Sch. Zigaretten dreht, wird Fischer Siefarth befragt: bereitwillig gibt er Auskunft, erwähnt, daß sie in der fünften Generation hinausfahren und daß er seinem Beruf gern noch einige Jahre nachgehen würde. Was draußen auf See passiert, sei mehr als ein Skandal: bis zum Horizont ziehen sich die giftgelben, rötlichen, braunen Bahnen, keiner würde dort die Netze ausbringen, ihn wundere es, daß es überhaupt noch Leben gibt am Grund. Fürs Aufhören hat man ihm eine Entschädigung angeboten, sogar fürs Abwracken seines Bootes hat man ihm Geld angeboten, doch was soll danach kommen? Das, wovon sie lebten, habe man ihnen genommen.

Der Wirt, alter Fahrensmann, hat die Diskussion halbwegs verfolgt; er hat einen Vorschlag eigener Art zu machen: Alle Leute, die am Sterben der Nordsee Schuld tragen, auf ein Boot zu bringen; sie hinauszufahren in die verseuchten Planquadrate; sie als Kielschwein anbinden und durch die Brühe ziehen.

Alle sind sich einig, daß die Strafzumessung für Umweltverbrechen farcenhaften Charakter hat. Barbara T. fragt, ob es nicht eine Form von rücksichtsloser Gewalt sei, die hier dem Menschen und der Natur zugemutet werde. Sie wisse wohl, sagt sie, wie achtsam man mit diesem Begriff umzugehen habe, sie kenne da auch erklärliche Empfindlichkeiten, doch wenn sie bedenke, was hier geschehe – gegen alle Warnungen, Expertisen, Erfahrungen –, dann biete sich nur noch das Wort Gewalt an. Die Wehrlosen müssen zusehen, wie Mächtige im Schutz von staatlicher Autorität und mit ausdrücklicher Billigung Leben gefährden. Alle Überzeugungsversuche sind nutzlos, alle Bitten vergeblich, alle Klagen verschwendet. Sie möchte nicht mißverstanden werden: Gewalt könne durchaus ein Ausdruck legitimer Macht sein, doch hier handele es sich um unrechtmäßige Gewalt.

Der Bursche, den sie Bertie nennen, ist sofort bereit, ihr zuzustimmen, und nicht nur dies: er fragt sich und die andern, ob man nicht in einem Augenblick der Notwehr das Recht habe, ebenfalls Gewalt anzuwenden. Daß der Tatbestand der Notwehr erfüllt sei, glaube er mit einem Hinweis auf die Bremer Nordsee-Konferenz begründen zu können. Was die Vertreter der Anrainerstaaten seinerzeit beschlossen, habe sich als eine Absichtserklärung erwiesen: die Einleitung von radioaktiven und industriellen Abfallstoffen habe sich nicht verringert. Wenn sich die Vertreter von Regierungen nicht besorgt zeigen um unser Leben, haben wir die Legitimation, selbst zu handeln.

Sie bestellen abermals Getränke, diskutieren und stellen fest, daß es kaum abweichende Meinungen gibt. Mit spontaner Zustimmung wird der Vorschlag aufgenommen, sich alsbald wieder zu treffen, hier, im Hafen-Restaurant. Bevor die ersten aufbrechen, bietet Fischer Siefahrt sich und sein Boot an zu einer gemeinsamen Erkundungsfahrt: nur mal eben raus, nur damit ihr sehen könnt, was sie aus der Nordsee machen. Der Wirt nimmt die zweite Bestellung auf seine Rechnung.

Armin Sch., der die Runde für kurze Zeit verlassen hat, schlägt nach seiner Rückkehr vor, gemeinsam zum Industriehafen zu gehen, dorthin, wo die beiden Spezialschiffe liegen, die die Dünnsäure transportieren. Vielleicht sei es nützlich, sich die Dinger mal aus der Nähe anzusehen; es sei nicht sehr weit. Gemächlich brechen sie auf, es ist nichts beschlossen. Sie schlendern die lange Kaimauer entlang, der Abend ist warm, windstill, unter zunehmender Spannung, die sich aller bemächtigt, verebbt allmählich ihr Gespräch. Die Strömung staut sich an Pontons und Duckdalben, es ist ablaufendes Wasser. Dort, wo die Schienen heranlaufen, stolpern sie fast über eine Weiche; keiner von ihnen denkt daran, sie zu umgehen. Ein sehr breites Tor aus Maschendraht steht offen. Gegen einen schwachen Lichtschein auf dem Wasser erkennen sie die Silhouetten der Spezialschiffe.

Jeder für sich allein hätte es wohl genug sein lassen mit einem Blick aus der Distanz, doch da sie in einer Gruppe sind, fühlen sie sich erfaßt von einer unwillkürlichen Bewegungsenergie, sie schieben sich näher und näher heran, einer zieht den anderen oder folgt ihm, Ermunterungen sind nicht nötig. Das Schiff vor ihnen scheint unbesetzt, auf der Brücke brennt kein Kontroll-Licht. Sie sind jetzt so nah, daß sie die Bordwand berühren könnten. Regungslos stehen sie da – bis auf einen. Der, den sie Bertie nennen, bückt sich plötzlich, hebt eine Leine vom Poller und wirft sie los und hastet gleich zum nächsten Poller, um auch die zweite Leine loszuwerfen, augenscheinlich will er, daß das Schiff von der Strömung erfaßt wird, abtreibt und irgendwo aufläuft. Klatschend fällt die zweite Leine ins Wasser; jetzt wird das Schiff nur noch von der Heckleine gehalten. Bertie erhält keine Hilfe, er handelt allein, ohne die beiden Warnrufe zu beachten.

Ein Schott wird aufgestoßen, mehrere Gestalten drängen heraus, drängen zum Laufsteg; sie sind mit Stöcken und Stangen bewaffnet. Einige aus der Gruppe fliehen, andere ziehen sich langsam zurück. Bertie, dem der Fluchtweg versperrt ist, wirft sich einer

Gestalt entgegen, stößt sie um, wird jedoch im Straucheln von einem Hieb getroffen. Einige Gestalten umstehen ihn, beratschlagen offenbar, entscheiden sich schließlich dafür, ihn liegen zu lassen und an Bord zurückzukehren. Bevor sie es tun, versetzen sie Bertie ein paar Tritte. Der Verletzte kann sich nach einer Weile aus eigener Kraft erheben, er schwankt auf einen Tankzug zu, hinter dem sich Armin Sch. und Barbara T. verborgen haben und ihn erwarten. Sie unterfangen ihn, ziehen seine Arme um ihre Schultern und bringen ihn mühevoll zurück ins Hafen-Restaurant. Der Wirt säubert eine Platzwunde hinterm Ohr und schneidet ein Stück Pflaster zurecht; danach muß Bertie einen doppelten Weizenkorn schlucken. Jemand rät, Strafanzeige wegen Körperverletzung zu stellen, doch der Ratschlag wird überhört. Draußen führen sie Krieg mit Wasserschläuchen, sagt Fischer Siefahrt, aber hier, hier schlagen sie zu.

Der Verletzte stöhnt hin und wieder; teilnahmsvoll nehmen sie sich seiner an; einen Vorwurf bekommt er nicht zu hören. Sie sind sich einig, Zeugen unrechtmäßiger Gewalt gewesen zu sein. Alle trinken Bier. Nach langen Überzeugungsversuchen willigt Bertie ein, mit einer Taxe nach Hause zu fahren. Als der Taxifahrer an Bertie Blutspuren erkennt, weigert er sich, ihn zu befördern. Erregt bestellen sie einen anderen Wagen, der alte Chauffeur, auf Berties Zustand aufmerksam gemacht, hilft ihm eigenhändig auf den Sitz und legt ihm den Gurt an. Keiner ist so empört wie Barbara T. Nach einer Zeit betretenen Schweigens macht sie die Gruppe mit einem Plan bekannt.

Zum Erstaunen einiger zeigt sich Barbara T. vertraut mit den Anlagen des Kunststoffwerkes am Rande des Industriehafens. Dort, so erzählt sie, hat man sich daran gewöhnt, die Rückstände der Produktion einfach der Nordsee zuzumuten, unter anderem hochchlorierte Kohlenwasserstoffe. Träge, phantasielose Bürokratien haben es genehmigt und genehmigen es immer wieder. Im Werk selbst denken sie nicht daran, die Kosten für die Entsorgung zu übernehmen. Sie, Barbara T., habe größte Hochachtung für die

Leute von Greenpeace, die die Dreckschiffe daran zu hindern versuchen, ihre Seuchenlast ins Meer zu kippen, und sie habe nicht weniger Hochachtung vor den dänischen Fischern, die ihre Netze opfern, damit die Dreckschiffe manövrierunfähig werden; doch das seien Unternehmungen in der Schlußphase. Ihr erscheine es angebracht, dort aufzutauchen, wo das ganze Übel entsteht, wo man nicht bereit ist, für die Beseitigung der Abfälle an Ort und Stelle zu sorgen. An die Wurzel gehen . . .

Eine friedliche Besetzung der Schaltstelle des Werks: das ist der Inhalt des Plans, den die Gruppe diskutiert. Jeder soll bemüht sein, mit den Arbeitern ins Gespräch zu kommen und ihnen vorzustellen, welche Folgen und Nebenfolgen ihre Tätigkeit für die Allgemeinheit hat. Die größte Schwierigkeit besteht darin, eine Begegnung mit dem werkeigenen Wachpersonal zu vermeiden. Barbara T. ist zuversichtlich; sie habe den sichersten Weg im Auge, den Haupteinang; sobald sie im Pförtnerhaus sei, könne die Aktion beginnen. Einige reagieren ungläubig, akzeptieren jedoch diesen Vorschlag. Da es kurz vor Mitternacht ist, rechnet man nicht mit allzu großer Wachsamkeit. Der Wirt, der sie am liebsten begleiten möchte, gibt ihnen kalte Frikadellen mit und Rundstücke und einige Flaschen Selterswasser.

Verwundert beobachtet Armin Sch., wie der Pförtner beim Anblick von Barbara T. sogleich die Tür öffnet, die junge Frau hereinbittet und sie mit Handschlag begrüßt. Er schiebt Thermosflasche und Brotpäckchen beiseite und bietet ihr einen Platz an seinem Tisch an. Das ist der Augenblick, in dem Armin Sch. das Signal zum Aufbruch gibt. Geduckt schleichen sie am Pförtnerhaus vorbei, ohne entdeckt zu werden, überwinden mit ein paar Sprüngen den Parkplatz vor dem Verwaltungsgebäude und sammeln sich im Schatten der großen Werkhalle. Das Hundegebell in der Ferne gilt nicht ihnen. Ihre Nervosität ist verständlich: Was sie tun, tun sie zum ersten Mal. Zu ihrer Erleichterung stößt Barbara T. früher zu ihnen, als sie gehofft hatten; ohne ein Wort setzt sie sich an die Spitze; an der Sicherheit, mit der sie sich bewegt, merkt jeder, daß sie sich im Werk auskennt.

Sie steigen Treppen hinauf, überqueren eiserne Laufbrücken, nun bemerkt von einigen Arbeitern der Nachtschicht und einem Wachmann, der sich gleich an ein Werktelefon hängt. Es gelingt ihnen, bis zur Schaltstelle vorzudringen, einem hellen Raum, der an die Kommandobrücke eines Schiffs erinnert. Drei Männer in weißen Kitteln beobachten die Apparaturen, Techniker, die verdutzt die Eindringlinge mustern, einer fordert sie zum sofortigen Verschwinden auf. Da niemand seiner Aufforderung nachkommt, greift er zu einem Telefon und gibt eine chiffrierte Nachricht durch. Die Eindringlinge setzen sich auf den Fußboden, sie rücken eng zusammen und blockieren eine Tür.

Der Mann, der offenbar die Verantwortung in der Schaltstelle trägt, wendet sich an Armin Sch. und fragt ihn, was das alles zu bedeuten habe. Wenn der Unsinn nicht sofort aufhöre, sagt er, werde er für entsprechende Maßnahmen sorgen, um ihn auf schmerzhafte Art zu beenden. An Stelle des Angesprochenen antwortet Barbara T. Sie erklärt, daß die Besetzung ein Protest sei gegen die fortschreitende Vergiftung der Nordsee. Nicht, um die Produktion zu behindern, seien sie hier, sondern um daran zu erinnern, welche Pflichten ein Werk hat, dessen Rückstände das Leben vieler bedrohen. Was sie fordern, sei ein Stopp der Verklappungen und Verbrennungen.

Die Techniker besprechen sich flüsternd. Ihr Chef weist die Mitglieder der Gruppe darauf hin, daß sie sich strafbar machten, wenn sie nicht sofort verschwänden, der Werkschutz sei bereits unterwegs. In ruhigem Ton versucht Armin Sch. ihre Motive zu erklären. Er schildert den Befund der Nordsee, verweist auf wissenschaftliche Expertisen. Er erwähnt, von Fischer Siefahrt unterstützt, die Lage der Fischer. Er bemüht sich, die Techniker davon zu überzeugen, daß das Meer die Schadstoffe nicht wird verkraften können, wenn sie, wie vorgesehen, bis Mitte der neunziger Jahre eingeleitet werden. Ohne Erregung gibt er den weißgekleideten Männern zu verstehen, daß ein Ende der Vergiftung doch auch in ihrem

Interesse liegt. Der Wortführer der Techniker antwortet darauf: Ihr habt noch drei Minuten Zeit, um zu verschwinden.

Barbara T. hat längst erkannt, daß sich hier niemand überzeugen lassen wird; zu offenkundig erscheint ihr die Psychologie der Abhängigkeit. Bitterkeit liegt in ihrer Stimme, als sie feststellt: Eines Tages, wenn alles tot und erledigt ist, werden Sie sich sagen können, daß Sie Ihren Teil dazu beigetragen haben. Ironisch fügt sie hinzu, daß sie immer schon mal die Leute aus der Nähe kennenlernen wollte, die bereit sind, alles auf ihr Kerbholz zu nehmen. Man müsse doch ein sehr robustes Gewissen haben, um die Bitten und Warnungen seiner Mitmenschen zu überhören. Vielleicht gehe aber auch die Liebe zum Beruf so weit, daß nichts anderes zählt.

Einer der Techniker mustert sie feindselig. Er sagt: Nun mach mal halblang. Was Ihr hier macht, ist Terror. Klar? Terror und nichts anderes. Ihr hättet Euch mal beizeiten erkundigen sollen. Bei den Behörden. Da hättet Ihr die letzte Unbedenklichkeitsbescheinigung studieren können. Heute lasse sich alles kaufen, sagt Armin Sch.

Hundegebell kommt näher, eine Tür wird aufgestoßen, zwei Männer des Werkschutzes erscheinen. Ihre Hunde sind so scharf, daß sie an kurzer Leine gehalten werden müssen. Die Mitglieder der Gruppe rücken noch näher zusammen. Fischer Siefahrt zieht seine Jacke aus und wickelt sie um ein Handgelenk. Macht Euch nicht unglücklich, Leute, zieht ab, sagt der Chef der Techniker, und einer der Wachmänner fügt hinzu: Wir machen Euch sonst Beine. Fischer Siefahrt steht auf, die Hunde wollen ihn anfallen, werden mühsam zurückgerissen. Nun steht auch Barbara T. auf, und zur Verblüffung mancher verlangt sie: Sagen Sie meinem Vater Bescheid, melden Sie ihm, daß wir hier sind. Sie nennt ihren Namen. Die Techniker wechseln einen Blick, zögern, besprechen sich; ihr Wortführer gibt nach einer Weile den Wachmännern einen Wink, sich zurückzuziehen; danach telefoniert er. Mehrmals bestätigt er, daß das Erscheinen von Dr. Tirburtius notwendig sei, ja, auch zu dieser Zeit, seine

Tochter habe es dringend gewünscht, sie sei hier, im Werk, mit einigen »Gesinnungsgenossen«.

Barbara T. bestätigt einem ihrer Freunde, daß ihr Vater hier das Sagen hat, mit zwei, drei anderen, die sich hervorragend ergänzen, da jeder sein Spezialwissen einbringt zum Wohle des Werks. Den Technikern ist eine gewisse Betretenheit anzumerken, sie verschanzen sich hinter ihrer Arbeit. Armin Sch. beweist, daß man auch in dieser Lage essen kann. Ein neuer Versuch, mit den Technikern in ein Gespräch zu kommen, scheitert; einer von ihnen stellt fest, daß sie hier nichts anderes als ihren Job versehen.

Plötzlich zwängt sich ein Hund durch den Türspalt, offenbar hat er sich losgerissen, denn der Werkschützer erscheint hinter ihm, einen einzigen Befehl wiederholend. Der Hund greift Fischer Siefahrt an, verbeißt sich in dessen umwickelten Unterarm. Als auch der zweite Wachmann wiederkehrt und seinem Hund etwas längere Leine läßt, stehen alle Mitglieder der Gruppe auf, einer öffnet die Tür, tritt hinaus, und nach und nach verlassen auch die andern die Schaltstelle, Fischer Siefahrt zuletzt, der dem Hund einige Fußtritte versetzt. Sie steigen die Treppe hinab. Nur Barbara T. geht weiter auf einem schwach erleuchteten Flur, allein und unbemerkt. Sie steigt über eine Sperrkette und tritt auf eine eiserne Laufbrücke, von der sie die Werkhalle überblicken kann. Unter ihr erscheinen, von einem Wachmann und seinem Hund verfolgt, ihre Freunde. Einer ruft sie an und fordert sie auf, herabzukommen.

In hellem Staubmantel kommt vom Tor der Werkhalle Dr. Tirburtius. Er hastet heran, nimmt den Blick der jungen Leute auf und erkennt Barbara T. auf der Laufbrücke. Versöhnlich bittet er sie, herunterzukommen. Man könne doch miteinander reden. Solch ein Getue passe doch nicht zu ihr. Wenn sie es unbedingt wolle, könnten auch ein paar ihrer Freunde dabei sein. Barbara T. schweigt. Sie geht weiter bis zu einem Pfeiler, an dem eine sehr schmale Eisenleiter hinabführt, packt sicher die oberste Sprosse und schickt sich an, herunterzuklettern. Gerade tastet sie mit einem Fuß nach Halt, als über den Laufsteg der immer noch frei laufende Hund herankommt, geifernd zu bellen beginnt. Es ist nicht erkennbar, ob der Hund ihre Hand schnappen kann; die unten stehen, hören Barbara T.s Schrei, sehen, wie ihr Fuß die Sprosse verfehlt. Sie stürzt, schlägt neben dem Pfeiler auf, bleibt liegen – Dr. Tirburtius ist sogleich bei ihr, bemüht sich um sie, herrscht einen Wachmann an, einen Krankenwagen zu bestellen. Er bittet die Mitglieder der Gruppe, die Werkhalle zu verlassen; bis auf Armin Sch. folgen alle seiner Bitte.

Warum nicht die Polizei gerufen wird, fragt Armin Sch. leise, denn was hier geschehen ist, könnte sie interessieren. Dr. Tirburtius geht auf seine Frage nicht ein; er zieht seinen Mantel aus, faltet ihn zu einem Päckchen und schiebt es unter den Nacken der Verletzten. Immer wieder spricht er seine Tochter an, die mit offenen Augen daliegt und ihn ansieht. Bekümmert fragt er eins ums andere Mal, was sie dazu gebracht habe; ob es denn nötig gewesen sei; warum sie nicht ihn aufgesucht habe? Er sei doch immer für sie dagewesen, habe sie immer angehört. Er möchte bestätigt bekommen, daß er nie einem Gespräch mit ihr ausgewichen sei. Ist es nicht so, Barbara? Und auf einmal nickt Barbara T. und bestätigt es ihm, und er sagt: Na, siehst du?

Doch dann fügt Barbara T. hinzu: Viele Gespräche, und alle waren nutzlos. Sie ist vorbei, die Zeit der Gespräche. Jetzt müssen wir uns selber wehren. Er nimmt ihre Hand, tätschelt sie, spricht beruhigend, stellt in Aussicht, daß man gemeinsam das Problem lösen werde. Du weißt, daß es keine Gemeinsamkeit mehr gibt, sagt Barbara T. Da Ihr nur darauf aus seid, weiterzumachen, könnt Ihr darauf gefaßt sein, daß auch wir weitermachen werden.

Eduard Lohse

Ein klares Ja zur Demokratie

Die christliche Kirche hat die Botschaft von Gottes Barmherzigkeit, die er in Christus aller Welt zugewandt hat, allen Menschen in Wort und Tat zu bezeugen. Um diesen Auftrag auszurichten, kann die Kirche auf unterschiedliche Weise verfaßt sein. Weder ihre Ordnung noch die Liturgie ihrer Gottesdienste oder der Vollzug des Lebens in den Gemeinden müssen einheitlich gestaltet sein. Vielmehr sind ihre mannigfaltigen Formen allein daran zu messen, ob sie der Erfüllung der kirchlichen Aufgaben dienlich sind. Auch kann die Kirche grundsätzlich in jeder Gesellschaftsordnung – notfalls unter Leiden – leben und ihren Dienst versehen.

Gleichwohl hat die Kirche allen Anlaß zur Dankbarkeit, wenn die staatliche Ordnung so gestaltet ist, daß freier Ausübung der Religion und ungehinderter Tätigkeit der Nächstenliebe Raum gegeben ist und allen Bürgern entsprechende Rechte zuerkannt werden. Die christliche Kirche hat darum gründlich darüber nachzudenken, in welchem Verhältnis sie zum demokratischen Staat steht, welche Möglichkeiten ihr in dieser Ordnung eingeräumt sind, aber auch, welche Verpflichtungen ihre Glieder als Bürger gegenüber dem demokratischen Rechtsstaat wahrzunehmen haben.

Die evangelische Kirche hat von der Zeit der Reformation an die Überzeugung vertreten, daß es zur wahren Einheit der christlichen Kirche – wie die Augsburgische Konfession von 1530 in ihrem siebten Artikel sagt – genüge, wenn es Übereinstimmung über die rechte Verkündigung des Evangeliums und den stiftungsgemäßen Gebrauch der Sakramente gibt. Aus dieser Überzeugung heraus sind evangelische Theologie und Kirche stets der Auffassung gewesen, daß die jeweilige Kirchenordnung ausschließlich den von der Kirche gestellten Aufgaben her bestimmt und so geregelt sein muß, daß für deren Erfüllung die bestmöglichen Voraussetzungen gegeben sind.

Diese reformatorische Überzeugung ging einher mit der Wiederentdeckung der neutestamentlichen Lehre vom Priestertum aller Glaubenden. Nicht nur die Amtsträger, sondern alle getauften Christen haben an der Erfüllung des der Kirche gestellten Auftrags teil. Martin Luther sagt in seiner 1520 verfaßten Schrift »An den christlichen Adel deutscher Nation«: »So werden wir allesamt durch die Taufe zu Priestern geweiht, wie es S. Peter (1. Petr. 2,9) sagt: Ihr seid ein königliches Priestertum und ein priesterliches Königtum.«

Evangelisches Kirchenverständnis kennt daher keinen prinzipiellen Gegensatz von Geistlichen und Laien, sondern nur die allen Gliedern der christlichen Gemeinde aufgegebene Verpflichtung, als das heilige Gottesvolk für die Ausrichtung der Verkündigung und den stiftungsgemäßen Gebrauch der Sakramente Sorge zu tragen. Alle Christen sind durch die Taufe zu priesterlichem Dienst berufen, den sie als Glieder des heiligen Gottesvolkes im Gottesdienst zu versehen, aber auch mitten im Alltag der Welt zu vollziehen haben. Die Pfarrer haben zwar eine besondere Aufgabe innerhalb des Dienstes aller Glaubenden zu erfüllen, sind jedoch nicht durch eine höhere Weihe von den anderen Christen unterschieden.

Die allen Gliedern der Gemeinde in gleicher Weise aufgegebene Verantwortung bedeutet nicht, daß die evangelische Gemeinde ohne eine Verfassung zur Wahrnehmung der verschiedenen, für das Leben der Gemeinde erforderlichen Funktionen auskommen könnte. Die reformatorischen Kirchenordnungen haben ebenso wie die damals formulierten Bekenntnisse hervorgehoben, daß Amt und Gemeinde einander gegenüberstehen, wobei das Amt durch den Auftrag charakterisiert ist, die Predigt des befreienden und verpflichtenden Evangeliums auszurichten.

Auf der einen Seite verlieh diese Überzeugung hinsichtlich der

Gestaltung der Kirchenordnung der reformatorischen Bewegung große Flexibilität, um in den einzelnen Territorialstaaten auf unterschiedliche Weise das Leben der Kirche zur Entfaltung zu bringen. Auf der anderen Seite aber hatte sie auch eine gewisse Sorglosigkeit gegenüber durchdachter Gestaltung der Kirchenverfassung zur Folge.

Da sich in keinem der deutschen Territorialstaaten ein amtierender Bischof der reformatorischen Bewegung anschloß, stellte sich bald die schwer zu entscheidende Frage, wer das Amt der Leitung der Kirche übernehmen sollte. Als eine Notlösung entwarf Luther den Gedanken, daß der jeweilige Landesherr beziehungsweise der Rat der Freien Reichsstädte als in besonderer Weise verantwortliches Glied der Kirche für deren Leitung zuständig sein sollte. Die als Notlösung gedachte Regelung verfestigte sich jedoch alsbald, so daß ein landesherrliches Kirchenregiment entstand und weithin ein Staatskirchentum erwuchs, das auf die Dauer zu einer Erstarrung des Kirchenwesens und einer zunehmenden Passivität der Kirchenglieder führen mußte.

Erst im 19. Jahrhundert wurden in den lutherischen Kirchen Kirchenvorstands- und Synodalordnungen eingerichtet, die den Kirchengliedern verantwortliche Wahrnehmung eigener Aufgaben übertrugen. Dabei lernten die lutherischen Kirchen auf der einen Seite von ihren reformierten Schwesterkirchen, die schon früher presbyterial-synodale Kirchenverfassungen entwickelt hatten. Auf der anderen Seite aber wirkten Bestrebungen aus dem politischen Raum, die auf eine stärkere demokratische Beteiligung der Bürger an der staatlichen Verantwortung drängten, auch in den Bereich der Kirchen hinein.

Im Königreich Hannover kam es Mitte des vorigen Jahrhunderts erstmalig zur Bildung einer Synode, die in begrenztem Umfang an den Aufgaben der Kirchenleitung teilnahm. Synodale Mitwirkung an der Leitung der Kirche, die sich in mancherlei Hinsicht durchaus mit der Wahrnehmung demokratischer Rechte von Abgeordneten in Parlamenten vergleichen läßt, ist von Jahrzehnt zu Jahrzehnt kräftiger geworden und ermöglichte es, daß mit dem Ende des Staatskirchentums nach dem ersten Weltkrieg die Landeskirchen die Leitung aller sie betreffenden Angelegenheiten in eigene Hände nehmen konnten.

Die Weimarer Reichsverfassung bestimmte, daß es fortan keine Staatskirche mehr geben sollte und Kirche und Staat getrennt wurden. Diese grundlegende Veränderung führte in allen deutschen Ländern dazu, daß die evangelischen Kirchen sich in der ersten Hälfte der zwanziger Jahre unseres Jahrhunderts Verfassungen gaben, die jeweils die Synode in kirchenleitende Verantwortung einsetzten.

In der Regel werden nur die Mitglieder der örtlichen Kirchenvorstände durch direkte Wahlen bestimmt, die Mitglieder der Synoden aber durch indirekte Wahlen, indem aus den Kreisen der Kirchenvorsteher nach einem durch die Verfassung geregelten Verfahren die Mitglieder der Landessynode gewählt werden. Dabei setzte sich der Grundsatz durch, daß in allen Bereichen kirchlichen Handelns Träger des Amtes der Verkündigung und Vertreter der auf das Evangelium hörenden Gemeinde zusammenzuwirken haben. Daher ist die Zusammensetzung der Synoden durchweg so geordnet, daß ein Drittel ihrer Mitglieder ordinierte Theologen sind, die das Amt der Predigt und Sakramentsverwaltung repräsentieren, zwei Drittel aber Gemeindeglieder, die zusammen mit den Vertretern des Predigtamtes die gemeinsame Aufgabe der Kirchenleitung wahrnehmen.

Wie in der Synode sind auch in allen anderen kirchenleitenden Organen Vertreter des Predigtamtes und Glieder der Gemeinde gleichberechtigt und in gleicher Weise verantwortlich beteiligt. Miteinander sind sie gebunden an die Wahrnehmung des Auftrags, wie er etwa im ersten Artikel der Verfassung der hannoverschen Landeskirche beschrieben wird: »Für die Erhaltung und Förderung der rechten Verkündigung des Wortes Gottes und der stiftungsgemäßen

Darreichung der Sakramente sind die Landeskirche und die Kirchengemeinden mit allen ihren Gliedern, Amtsträgern und Organen verantwortlich.«

Diese Grundbestimmung entspricht der Einsicht, die während des Kirchenkampfes im Rückgriff auf das Neue Testament wie auch die Reformation neu gewonnen wurde. Sie ist besonders deutlich ausgeprägt in der Theologischen Erklärung, die die Bekenntnissynode von Barmen 1934 formulierte, wenn sie in ihrem dritten Artikel sagt: »Die christliche Kirche ist die Gemeinde von Brüdern, in der Jesus Christus in Wort und Sakrament durch den Heiligen Geist als der Herr gegenwärtig handelt« und in ihrem vierten Artikel hinzufügt: »Die verschiedenen Ämter in der Kirche begründen keine Herrschaft der einen über die anderen, sondern die Ausübung des der ganzen Gemeinde anvertrauten und befohlenen Dienstes.«

Ungeachtet mancher Übereinstimmungen, die die Verfahrensregelung in Synoden und weltlichen parlamentarischen Vertretungen betreffen, will jedoch beachtet sein, daß es einen fundamentalen Unterschied zwischen einer Synode und einem Parlament gibt. Auf diesen Unterschied hat Gustav Heinemann in einem Vortrag aufmerksam gemacht, den er anläßlich des 400. Jubiläums der Emdener Synode von 1571 über das Thema »Das Verhältnis von Synode und Parlament« gehalten hat.

Heinemann weist darauf hin, daß in der Kirche keine Machtpositionen entwickelt werden dürfen, die der brüderlichen Gleichberechtigung aller widersprechen. Alle Glieder der Synode sind an das Gelübde gebunden, das sie bei Beginn ihrer Mitwirkung als Ausdruck spezifisch kirchlicher Verpflichtung abgelegt haben. Jedes Glied einer Synode hat daher die Einmütigkeit im Geist zu suchen, so daß einer auf den anderen zu hören und seine Meinung auch dann zu achten hat, wenn er sie selbst nicht teilt.

Abstimmungen, die knappe Mehrheiten ergeben, sollten in Synoden wenn irgend möglich vermieden werden. Vielmehr entspricht es dem Wesen der Kirche, wenn bei schwierigen Verhandlungen mit gründlicher Sorgfalt angestrebt wird, möglichst einmütige Beschlüsse zu fassen. Eine Synode muß – anders als ein Parlament – es notfalls hinnehmen, wegen nicht überwindbarer tiefgreifender Meinungsunterschiede eine anstehende Entscheidung zu vertagen, und die dadurch gewonnene Zeit dazu nutzen, die im Geist der Brüderlichkeit geführte Diskussion mit dem Ziel voranzubringen, eine Lösung zu finden, die von möglichst vielen ihrer Glieder mitgetragen wird. Nur wenn in einer Synode mit Geduld darum gerungen wird, den kirchlichen Dienst in ihm angemessener Weise auszurichten, wird sie ihre Funktionen recht wahrnehmen können.

Weil eine Synode für die Regelung und Gestaltung ihrer Arbeitsweise mancherlei bewährte Verfahrensregeln aus der parlamentarischen Demokratie übernommen hat, werden Mitglieder der Synode immer wieder daran erinnert, daß Chancen und Möglichkeiten einer demokratischen Ordnung auch dem kirchlichen Handeln unmittelbar zugute kommen. Das Recht der freien Meinungsäußerung, die Achtung vor der Überzeugung des anderen sowie die alle Glieder einer Synode bindende kirchliche Verpflichtung lassen jeden, der in der Synode mitwirkt, Respekt vor der demokratischen Staatsordnung gewinnen, um dieser Achtung im eigenen Verhalten und Handeln zu entsprechen.

Als die Trennung von Kirche und Staat durch die Weimarer Reichsverfassung 1919 vollzogen wurde, mußten die evangelischen Landeskirchen nicht nur die Aufgabe der Kirchenleitung in eigene Hände nehmen, sondern auch ihr Verhältnis zum Staat neu bestimmen. Dabei stellten sich mancherlei Schwierigkeiten ein, weil das Bürgertum in Deutschland größtenteils der Monarchie nachtrauerte und Mühe hatte, ein unbefangenes Verhältnis zur neuen Staatsform zu finden.

Kritische Einstellung gegenüber dem jungen demokratischen Staat und Enttäuschungen angesichts von innen- wie außenpolitischen Schwierigkeiten, die die Reichsregierung nach dem verlorenen

Krieg nicht zu lösen imstande war, führten dazu, daß weite Kreise der evangelischen Kirche der Demokratie distanziert gegenüberstanden. So wurden sie kurze Zeit danach eine leichte Beute der Nationalsozialisten, die für sich in Anspruch nahmen, eine nationale Erneuerung zu vollziehen.

Erst als die Herrschaft des sogenannten Dritten Reiches ihre totalitären Züge deutlicher hervortreten ließ, gab es in der evangelischen Kirche ein kritisches Erwachen. Es wurde zu spät wirksam, um noch politische Veränderungen durchsetzen zu können; doch der Kirche konnte es dazu helfen, ihr Verhältnis zum Staat von Grund auf neu zu bedenken.

Das Erwachen, das die evangelische Christenheit zu neuer Erkenntnis führte, fand vor allem in der Barmer Bekenntnissynode von 1934 und der dort verabschiedeten Theologischen Erklärung seinen Ausdruck. Was das Verhältnis der Kirche zum Staat angeht, so nimmt die fünfte These biblische Lehre und reformatorische Überzeugung auf und führt aus: »Die Schrift sagt uns, daß der Staat nach göttlicher Anordnung die Aufgabe hat, in der noch nicht erlösten Welt, in der auch die Kirche steht, nach dem Maß menschlicher Einsicht und menschlichen Vermögens unter Androhung und Ausübung von Gewalt für Recht und Frieden zu sorgen. Die Kirche erkennt in Dank und Ehrfurcht gegen Gott die Wohltat dieser seiner Anordnung an. Sie erinnert an Gottes Reich, an Gottes Gebot und Gerechtigkeit und damit an die Verantwortung der Regierenden und Regierten. Sie vertraut und gehorcht der Kraft des Wortes, durch das Gott alle Dinge trägt.«

In dieser These wird zunächst hervorgehoben, daß der Staat für das irdische Wohl seiner Bürger Verantwortung trägt, nicht aber für ihr ewiges Heil. Seinen irdischen Auftrag hat der Staat jedoch durch göttliche Setzung empfangen, um im Maß menschlicher Möglichkeiten für das Wohl seiner Bürger zu sorgen. Dabei kommt dem Staat das Gewaltmonopol zu, das er jedoch nicht nach Belieben ausüben darf, sondern in der Bindung an das Recht und mit dem Ziel wahrzunehmen hat, den Frieden zu erhalten. Die staatliche Ordnung, die nach diesem Auftrag verfährt, wird als eine Wohltat Gottes dankbar anerkannt, durch die Gott in dieser Welt Ordnung setzt und erhält. Weil die Kirche von Gottes ewigem Reich, von seinem Gebot und seiner Gerechtigkeit zu reden hat, kennt sie zugleich auch die Grenzen, die staatlichem Handeln gesetzt sind. Innerhalb dieser Grenzen aber tragen alle Glieder des Staates Verantwortung, sowohl die Regierenden wie auch die Regierten.

Wenngleich die Barmer Theologische Erklärung sich nicht in hervorgehobener Weise auf eine bestimmte staatliche Ordnung bezieht und von einer demokratischen Verfassung nicht ausdrücklich handelt, kommen doch die Aussagen, die sie über die Verantwortung der Regierenden wie der Regierten macht, einem demokratischen Staatsverständnis nahe. Denn die Bürger des Staates werden nicht in die Rolle von Untertanen verwiesen, die schweigend die Anordnungen der Obrigkeit entgegenzunehmen haben; sondern als Regierte haben sie an der Gestaltung des politischen Geschehens teil. Christliches Verständnis des Staates begreift ihn als von Gott gesetzte Ordnung, die den Menschen dienen soll zur Wahrung von Recht und Frieden. Diese Sicht weist daher eine deutlich erkennbare Affinität zur demokratischen Staatsordnung auf.

Die positive Bestimmung des staatlichen Auftrags hat zwei negative Abgrenzungen zur Folge: »Wir verwerfen die falsche Lehre, als solle und könne der Staat über seinen besonderen Auftrag hinaus die einzige und totale Ordnung menschlichen Lebens werden und also auch die Bestimmung der Kirche erfüllen.« Dieser Satz widerspricht einem totalitären Verständnis des Staates, nach dem staatliches Handeln alle Bereiche menschlichen Lebens durchdringt und nach seinen Vorstellungen gestaltet.

Aber auch der Kirche ist es nicht gestattet, ihren Auftrag zu überschreiten und sich über die Grenzen hinwegzusetzen, die sie zu beachten hat: »Wir verwerfen die falsche Lehre, als solle und könne sich die Kirche über ihren besonderen Auftrag hinaus staatliche Art, staatliche Aufgaben und staatliche Würde aneignen und damit selbst zu einem Organ des Staates werden.« Sowenig eine totalitäre Staatsordnung nach christlicher Überzeugung hingenommen werden kann, so eindeutig ist auch eine klerikale Bevormundung des Staates abzuweisen. Denn die Träger staatlicher Verantwortung führen ihr Amt kraft des ihnen übertragenen Mandats. Daher kommt es der Kirche nicht zu, sich ihrerseits staatliche Aufgaben und staatliche Würde anzueignen oder sich anzumaßen, die Träger staatlichen Mandats zu bevormunden.

Diese Beurteilung, die die Barmer Theologische Erklärung vom Verhältnis zwischen Kirche und Staat entwickelt, hebt sich deutlich von einem überkommenen Verständnis des Staates als Obrigkeit ab, der jedermann untertan zu sein hat. Diese Anschauung des Staates war weitgehend durch die besonderen geschichtlichen Gegebenheiten bedingt, die sich in der Zeit evangelischen Staatskirchentums entwickelt hatten. Dabei wurde der Begriff der Obrigkeit, den Luther in seiner Bibelübersetzung bei der Wiedergabe von Röm. 13 verwendet hatte, so aufgefaßt, daß die Bürger als Untertanen der staatlichen Autorität gegenüber zu Gehorsam und Befolgung aller von ihr erlassenen Vorschriften verpflichtet seien. Daß dieses Verständnis jedoch nicht dem Sinn der biblischen Aussagen gerecht wird, konnte durch neuere bibelwissenschaftliche Untersuchungen des Textes von Röm. 13 dargelegt werden.

Der Apostel sagt den Christen, sie sollten die staatlichen Behörden achten, ihren Weisungen folgen und in ihnen Gottes gute Ordnung sehen. Dabei bedient sich Paulus einer Terminologie, wie sie allgemein in der hellenistisch-römischen Welt verwendet wurde. Doch er verfaßt keinen philosophischen Traktat über den Staat, sondern die Sätze von Röm. 13 stellen konkrete Ermahnungen dar, die an Christen gerichtet sind. Wie alle anderen sollen auch sie ihre Pflichten als Bürger erfüllen. Der Apostel denkt dabei an die staatlichen Einrichtungen, die in hellenistischen Städten und Gemeinwesen die kommunale Verwaltung wahrzunehmen hatten.

Bei genauer Durchsicht des Abschnittes Röm. 13, 1-7 fällt auf, daß sich in ihm nicht ein einziges Wort findet, das als spezifisch christlich zu bezeichnen wäre. Zwar ist von Gott, dem Gott geschuldeten Dienst und der verpflichtenden Kraft des Gewissens die Rede, aber weder der Name Christi noch die christliche Liebe werden erwähnt. Es ist vielmehr unverkennbar in überkommener Redeweise gesprochen, die einerseits hellenistisch-stoische Überlieferung voraussetzt, in der das rechte Maß des Handelns beschrieben wird, nach dem jeder rechtschaffene Bürger zu verfahren hat, andererseits jüdische Ermahnung erkennen läßt, in der die Glieder der Synagoge dazu angehalten werden, auch ihrerseits den Forderungen zu entsprechen, die man billigerweise an redliche Menschen richtet.

Paulus übernimmt diese hergebrachten Worte und stellt sie in die Reihe der Anweisungen hinein, die er der christlichen Gemeinde mitteilt. Die Christen haben als Glieder der Gesellschaft gleich allen anderen ihre Schuldigkeit zu tun, indem sie den staatlichen Behörden ihren Respekt nicht versagen. Dabei ist offensichtlich nicht daran gedacht, daß ein Gewissenskonflikt entstehen könnte, in dem sich der Christ genötigt sähe, Gott mehr zu gehorchen als den Menschen. Sondern Paulus hat geordnete Verhältnisse vor Augen, wie sie im Römischen Reich nach schrecklichen Kriegen endlich eingekehrt waren und von den Menschen im Mittelmeerraum als Wohltat des Friedens empfunden wurden.

Indem die Christen die staatliche Ordnung als Gottes Gabe anerkennen, erfüllen sie in der Wahrnehmung ihrer politischen Verpflichtungen christlichen Gottesdienst mitten im Alltag der Welt. Sie zahlen Steuern, entrichten Zölle und bringen zum Ausdruck, daß sie staatliche Anordnungen befolgen, weil sie der Förderung des Gemeinwohls dienen. Zwar war nur einem kleinen Teil der Bürger des Römischen Reiches eine begrenzte demokratische Mitwirkung in der damaligen staatlichen Ordnung möglich; aber die Ausführungen von Röm. 13 stehen nicht grundsätzlich einem demokratischen Staatsverständnis entgegen.

Keineswegs dürfen jene Sätze des Apostels dahin mißdeutet werden, als setzten sie notwendig einen monarchistischen oder autoritären Staat als von Gott gesetzte Ordnung voraus. Die Aussagen von Röm. 13 müssen einer metaphysischen Überhöhung entkleidet werden, die ihnen im Laufe der Geschichte beigelegt worden ist. Denn tatsächlich ist nicht vom Staat an sich, sondern von den staatlichen Behörden die Rede, mit denen es die Christen in ihrem Lebensbereich zu tun haben. Indem die Bibelwissenschaft die nüchterne Sachlichkeit dieses biblischen Abschnittes herausstellte, leistete sie einen nicht unwichtigen Beitrag, um das Verhältnis der evangelischen Kirche zum demokratischen Staat in neu ansetzenden Überlegungen zu durchdenken, ohne sich die Sicht durch überkommene Überlieferungen und Mißverständnisse verstellen zu lassen.

In der Zeit nach dem zweiten Weltkrieg wurde in der Bundesrepublik Deutschland eine demokratische Staatsordnung aufgebaut, für die das 1949 verabschiedete Grundgesetz bestimmend ist. Das Grundgesetz sagt in Artikel 20, die Bundesrepublik Deutschland sei ein demokratischer und sozialer Bundesstaat, in dem alle Staatsgewalt vom Volke ausgeht. Mit dieser Feststellung ist die Grundlage beschrieben, auf der die demokratische Staatsordnung ruht.

Die Geschichte der Bundesrepublik hat gezeigt, daß das Grundgesetz die Voraussetzungen dafür hat schaffen können, um einen neuen Anfang in der Geschichte unseres Volkes zu machen. Die Verfassung schützt das Recht aller Bürger und setzt sie in den Stand, die gemeinsame Verantwortung zur Förderung des Gemeinwohls wahrzunehmen. In nahezu vierzig Jahren seines Bestehens hat der demokratische Staat der Bundesrepublik bewiesen, daß er in der Lage ist, auch Spannungen auszuhalten, Belastungen zu ertragen und einen alle Bürger verbindenden Grundkonsens in der Bevölkerung zur Entfaltung zu bringen. Die evangelische Kirche kann daher mit den Worten der Barmer Theologischen Erklärung die Wohltat dieser staatlichen Ordnung dankbar anerkennen, indem sie sie als eine Gabe Gottes versteht, mit der die Bürger des Landes verantwortlich umzugehen haben.

Der Rat der Evangelischen Kirche in Deutschland hat im Jahr 1985 eine Denkschrift veröffentlicht, die von der Kammer für öffentliche Verantwortung zur Thematik »Evangelische Kirche und freiheitliche Demokratie – der Staat des Grundgesetzes als Angebot und Aufgabe« erarbeitet worden ist. Diese Denkschrift entfaltet das positive Verhältnis, in dem die evangelische Kirche zum heutigen demokratischen Staat steht: »Als evangelische Christen« – so heißt es im Leitsatz – »stimmen wir der Demokratie als einer Verfassungsform zu, die die unantastbare Würde der Person als Grundlage anerkennt und achtet. Den demokratischen Staat begreifen wir als Angebot und Aufgabe für die politische Verantwortung aller Bürger und so auch für evangelische Christen. In der Demokratie haben sie den von Gott dem Staat gegebenen Auftrag wahrzunehmen und zu gestalten.«

Die Denkschrift geht von einer klaren Unterscheidung zwischen dem geistlichen Auftrag der Kirche und dem weltlichen Auftrag des Staates aus. Die positive Einstellung evangelischer Christen zur Demokratie gilt der besonderen Art und Weise, in der die menschliche Verantwortung für das Politische im freiheitlichen demokratischen Rechtsstaat Gestalt annimmt. Die Zustimmung zur Demokratie soll sich in der Bereitschaft der Christen zu den spezifischen Verantwortlichkeiten erweisen, die die Demokratie heute für den Auftrag des Staates anbietet und verbindlich macht.

Aus dem christlichen Bekenntnis folgt die Überzeugung, daß allein Gott ein Anspruch auf unser ganzes Leben zukommt. Daher sind dem Anspruch jedes Staates Grenzen gesetzt. Diese aus dem christlichen Glauben begründete Sicht eröffnet die Freiheit des Christen, die ihn zur Bejahung der demokratischen Staatsform und zum tätigen Einsatz befähigt. Denn weil der demokratische Staat sich selbst der Grenzen seiner Verantwortlichkeit, aber auch seiner Möglichkeiten bewußt ist, kann in der Demokratie ein positives Verhältnis zwischen Staat und Kirche gestaltet werden.

Im einzelnen wird in der Denkschrift beschrieben, daß der Grundsatz der Gewaltenteilung, die Übertragung der Herrschaft auf Zeit, das Repräsentationsprinzip, die Anerkennung der Religionsfreiheit und vor allem die Achtung der Menschenwürde die demokratische Staatsordnung auszeichnen, die ihrerseits auf Korrektur und Verbesserungsfähigkeit hin offen ist. Evangelische Christen können daher die Wahrung demokratischer Ordnung zu ihrer eigenen Angelegenheit machen und darin den Beruf zu politischer Verantwortung wahrnehmen.

Indem in diesem Zusammenhang der Begriff des Berufes verwendet wird, wird bewußt an Luthers Lehre angeknüpft. Jeder Christ – so hatte Luther gesagt – hat an der Stelle, an der er steht, in der Erfüllung der ihm übertragenen Aufgaben seinen besonderen Beruf auszuüben, den er als Ruf Gottes versteht. Der Beruf im weltlichen Amt ist auf seine Weise ebenso ein von Gott gestellter Auftrag wie der geistliche Dienst; keiner ist grundsätzlich dem anderen übergeordnet oder über ihn erhaben. Politische Verantwortung stellt daher nach evangelischem Verständnis in besonderer Weise den Beruf aller Bürger in der Demokratie dar.

Eine demokratische Staatsordnung braucht eine ihr entsprechende demokratiebewußte Gesellschaft, die sich Grundentscheidungen der Demokratie zu eigen macht und aus ihnen lebt. Mitwirken in der demokratischen Ordnung setzt eine demokratische Grundüberzeugung voraus, eröffnet aber zugleich die Möglichkeit, einzelne politische Sachentscheidungen anders zu beurteilen als die Mehrheit, ohne deshalb das System des freiheitlichen Rechtsstaates zu kritisieren, abzulehnen oder in Gefahr zu bringen. Wo der demokratische Grundkonsens bestimmend bleibt, kann deshalb der Christ den Ruf zur Nächstenliebe auch und gerade durch die Bereitschaft zur Übernahme politischer Verantwortung zur Entfaltung bringen.

Die Kirche hat dem Staat und anderen Institutionen gegenüber insbesondere die Aufgabe, in Grundfragen des Gemeinwesens ihre

Stimme zu erheben, sich um grundsätzliche Orientierung zu bemühen und den politischen Prozeß kritisch zu begleiten. Dabei darf sie notfalls bei anstehenden Auseinandersetzungen auch den Konflikt mit Staat und Öffentlichkeit nicht scheuen.

Doch wenn dieser unvermeidlich ist, will solche Auseinandersetzung verantwortungsbewußt und in der Bereitschaft durchgehalten werden, den eigenen Standpunkt ständig zu überprüfen. Denn auch für die Kirche, die sich durch ihre Organe an der politischen Urteilsbildung beteiligt, gilt, daß sie bereit sein muß, eingenommene Positionen im Licht anderer Argumente zu überdenken und an ihrem Teil dazu beizutragen, daß der Gang demokratischer Verhandlungen und Entscheidungen im Geist von Fairneß und Toleranz verläuft.

Politische Verantwortung in der Demokratie wahrzunehmen erfordert ein waches Bewußtsein für den alle verantwortlich denkenden Bürger verbindenden Grundkonsens, Sachverstand und ständige Bereitschaft zur Korrektur der eigenen Meinung. Durch Mehrheitsentscheid getroffene Beschlüsse sind zu achten, aber auch den Minderheiten muß Respekt und Raum zur Entfaltung gegeben werden. Christen werden daher in der Politik sensibel mitdenken und besonders empfindlich darauf achten, daß sozial Schwachen und Angehörigen von Minderheiten das ihnen geschuldete Recht zuteil wird.

Dabei werden sie ihre bürgerlichen Pflichten und Aufgaben ebenso verantwortlich wie behutsam wahrnehmen. Diese Verantwortung gilt in besonderer Weise für Pfarrer und kirchliche Mitarbeiter, die durch ihr Amt gehalten sind, allen Gliedern der christlichen Gemeinde zu dienen – unbeschadet ihrer jeweiligen Ansichten und Überzeugungen.

Die Frage, wie ein Pfarrer in der Politik tätig sein darf und kann, ist Gegenstand vieler Erörterungen gewesen. Grundsätzlich steht auch einem Pfarrer das Recht zu, sich zu politischen Fragen zu äußern und politisch zu wirken. Das Pfarrergesetz der Vereinigten

Evangelisch-Lutherischen Kirche stellt in § 50 fest, daß der Pfarrer auch bei politischer Betätigung seinem Auftrag verpflichtet bleibt. Er ist seinen Dienst allen Gemeindegliedern ohne Ansehen ihrer politischen Einstellung schuldig. Daher hat er die Grenzen zu beachten, die sich hieraus für Art und Maß seines politischen Handelns ergeben.

Zugespitzte Äußerungen einzelner Pfarrer, die in den letzten Jahren zu der einen oder anderen politischen Frage abgegeben wurden, haben oft zu empfindlichen Reaktionen in der Öffentlichkeit geführt. Dabei ist bisweilen durch die Berichterstattung in den Massenmedien Stellungnahmen einzelner eine ihrer wahren Bedeutung nicht entsprechende Schallverstärkung gegeben worden, die den falschen Eindruck erwecken könnte, als würde in größerem Umfang die Pfarrerschaft der Versuchung zu politisierender Betätigung unterliegen.

Ein Pfarrer darf wie jeder andere Bürger seine demokratischen Rechte ausüben, doch muß er sich dabei stets des ihn bindenden kirchlichen Auftrags bewußt bleiben. Droht die politische Betätigung mit dem kirchlichen Dienst in Konflikt zu geraten, so muß sorgfältig abgewogen werden, welche Konsequenzen zu ziehen sind. Das Pfarrergesetz schreibt vor, ein Pfarrer, der sich bei der Wahl zu einer politischen Körperschaft als Kandidat aufstellen lassen will, habe dieses unverzüglich anzuzeigen. Ob und unter welchen Rechtsfolgen er dann beurlaubt wird oder in den Warte- oder Ruhestand tritt, wird durch entsprechende kirchengesetzliche Bestimmungen geregelt. Sie suchen möglichst auszuschließen, daß Spannungen und Widersprüche zwischen kirchlichem Auftrag und politischem Mandat entstehen.

Es widerspricht nicht dem Dienst der Kirche, sondern liegt durchaus in dessen Konsequenz, wenn sie im demokratischen Staat zu grundsätzlichen oder konkret anstehenden Fragen das Wort nimmt. Wenn sich die Kirche durch ihre berufenen Organe bei Überlegungen äußert, die das Gemeinwohl angehen, maßt sie sich nicht an, jedermanns Lehrmeister sein zu wollen. Vielmehr müssen kirchliche Äußerungen deutlich zu erkennen geben, daß um des Evangeliums willen sowohl zu Grundsatzfragen wie auch zu konkreten Problemen Stellung genommen wird.

Diese Stellungnahmen erheben nicht den Anspruch, ein letztes Wort zu sprechen, doch gelten sie dem Bemühen, das Gewissen verantwortlich denkender Menschen zu schärfen. Die Kirche wird sich insbesondere dann zu Wort melden, wenn zu treffende Entscheidungen unter besonderen Belastungen gesucht und gefunden werden müssen.

Nimmt die Kirche im Prozeß politischer Urteilsbildung das Wort, so hat sie es zu vermeiden, parteipolitisch Position zu beziehen. Doch ist es ihr nicht verboten, engagiert und pointiert zu sprechen. Dabei dürfen jedoch Ermessensentscheidungen, um die in der parlamentarischen Demokratie gerungen wird, nicht zu letztgültigen Glaubensentscheidungen gemacht werden. Vielmehr muß die Kirche innerhalb demokratischer Auseinandersetzungen von ihr abgegebene Erklärungen ständiger Korrektur und Überprüfung bereitwillig aussetzen.

Kirchliche Erklärungen – auch wenn sie von einzelnen abgegeben werden – müssen möglichst so gehalten sein, daß sie sich auf eine in der Gemeinschaft der Christen tragende Grundüberzeugung stützen. Je umsichtiger Christen sich darum bemühen, diese Grundüberzeugung durch ihren Beitrag zu fördern und zu festigen, um so glaubwürdiger werden Erklärungen und Äußerungen zu einzelnen Sachfragen sein. Vor Abgabe von politischen Stellungnahmen sollte deshalb insbesondere ein kirchlicher Amtsträger darauf bedacht sein, einen innerkirchlichen Konsens zu suchen, aber auch Respekt gegenüber Andersdenkenden zu erkennen geben.

Es läßt sich schwerlich behaupten, daß die Wahrnehmung demokratischer Rechte und Pflichten innerhalb der evangelischen Kirche bereits so entwickelt ist, daß man wirklich zufrieden sein könnte. Gleichwohl sind die entscheidenden Orientierungsdaten gesetzt. Die evangelische Kirche sagt ein klares Ja zum demokratischen Staat, der in besonderer Nähe zu den christlichen Vorstellungen von Freiheit und Gerechtigkeit steht. Bejahung der demokratischen Staatsordnung aber schließt die Bereitschaft ein, die aufgegebene demokratische Lektion immer wieder aufs neue zu lernen und einzuüben.

Ingrid Matthäus-Maier

Steuersystem auf dem Weg der Vernunft

Ein rationales Steuersystem muß Gerechtigkeit auf der Grundlage klarer Prinzipien mit Einfachheit, Durchschaubarkeit und einem Minimum an Verwaltungsaufwand kombinieren. Die Forderung nach Gerechtigkeit macht es notwendig, die zu zahlende Steuer, so gut es geht, an den tatsächlichen Vermögens-, Einkommens- und Familienverhältnissen auszurichten und verbietet ein Zuviel an pauschaler Gleichbehandlung. Dies bedingt ohne Zweifel ein gewisses Mindestmaß an Kompliziertheit der Steuergesetze.

Das Gegenteil eines rationalen Steuersystems ist jedoch sicherlich dann erreicht, wenn:

– die Kompliziertheit des Steuersystems zusätzliche Ungerechtigkeit schafft, weil nur noch diejenigen mit den bestbezahlten Beratern sich in den vollen Genuß möglicher Steuervorteile setzen können, während der Normalbürger regelmäßig mehr Steuern als nötig zahlt;
– wenn die Kompliziertheit der Steuergesetze, statt mehr Gerechtigkeit zu verschaffen, dazu dient, eindeutige Ungerechtigkeiten hinter der Undurchschaubarkeit eines Gewirrs von unkoordinierten Regeln zu verschleiern.

Beides ist ohne Zweifel im heutigen Steuerrecht der Fall. Deshalb gilt: Wer mehr Gerechtigkeit will, muß gleichzeitig für mehr Einfachheit und Durchschaubarkeit sorgen, und wer in der richtigen Weise für einfache Steuergesetze und Verringerung des Verwaltungsaufwands sorgt, schafft gleichzeitig mehr Gerechtigkeit.

Deutliche Fortschritte auf ein in diesem Sinne rationaleres Steuersystem lassen sich in mehreren Bereichen des Steuerrechts mit relativ einfach zu beschreibenden, wenngleich politisch sehr einschneidenden Maßnahmen erzielen. Dabei kann vielfach auf Bausteine zu einem rationalen Steuersystem zurückgegriffen werden, die unter der Regierung Schmidt schon verwirklicht waren (Kindergeld) und von späteren Regierungen wieder abgeschafft wurden oder aber von der Regierung Schmidt auf den Weg gebracht und vom Bundesrat gestoppt wurden (Umlegung der Kraftfahrzeugsteuer).

Ein auffälliges Beispiel für eine ungerechte, bürgerunfreundliche, unsystematische wie verwaltungsaufwendige Regelung ist der heutige Familienlastenausgleich. Zum einen gibt es das Kindergeld in Höhe von 50,– DM für das erste, 100,– DM für das zweite, 220,– DM für das dritte und 240,– DM für jedes weitere Kind im Monat. Ab bestimmten Einkommensgrenzen wird das Kindergeld gestaffelt beim zweiten Kind auf 70,– DM und bei jedem weiteren Kind auf 140,– DM gekürzt.

Daneben gibt es einen steuerlichen Kinderfreibetrag in Höhe von 12 484,– DM im Jahr. Da ein solcher steuerlicher Kinderfreibetrag Bürgern, die keine Einkommensteuer zahlen, nicht zugute kommt, wurde für die unteren Einkommen ein sogenannter Kinderzuschlag von höchstens 46,– DM pro Monat eingeführt – das entspricht dem Steuervorteil nach dem Proportionalzonensteuergesetz von 22 Prozent vom Kinderfreibetrag.

Das Kindergeld, seine Einkommensgrenzen und der Kindergeldzuschlag werden vom Arbeitsamt verwaltet, der steuerliche Kinderfreibetrag dagegen vom Finanzamt. Daneben steht das sogenannte Ehegattensplitting: danach werden die Einkommen von Ehegatten erst zusammengerechnet, dann halbiert und beide Hälften nach der Grundtabelle wie bei zwei Ledigen versteuert.

Dieses unkoordinierte Nebeneinander führt sowohl materiell wie auch bei seiner Verwaltung zu schwerwiegenden Mängeln:

Erstens: Die zweieinhalbmal so hohe Entlastung von Höchstverdienern im Vergleich zu unteren Einkommen durch steuerliche

Kinderfreibeträge ist sozial ungerecht. Sie steigt mit abnehmendem Bedarf. Sie verschlechtert die ohnehin geringeren Startchancen für Kinder unterer Einkommensgruppen, da hier nur die Minimalförderung zufließt: Die Entlastung schwankt zwischen 46,– DM im Monat in der Proportionalzone und 116,– DM im Monat bei Spitzenverdienern.

Würde eine offene Subvention geschaffen mit dem Inhalt, daß Eltern mit geringem Einkommen für ihr Kind monatlich 46,– DM erhalten, Eltern mit Höchsteinkommen für ihr Kind dagegen monatlich 116,– DM, so würde die verteilungs- und sozialpolitische Ungereimtheit offenbar. Daß diese Verzerrung nicht stärker kritisiert wird, liegt offenbar daran, daß sie hinter den komplizierten Regeln des Steuerrechts versteckt ist.

Die genannten Gesichtspunkte waren der Grund dafür, daß im Jahre 1974 der Bundestag mit den Stimmen von SPD, CDU/CSU und FDP die Abschaffung der steuerlichen Kinderfreibeträge und die Einführung des für alle gleich hohen Kindergeldes verabschiedete. In dem Antrag der CDU/CSU-Fraktion vom 10. Juli 1974 heißt es wörtlich: »Aus familien- und sozialpolitischen Gründen sollen die Kinderfreibeträge des Einkommensteuerrechts, das Kindergeld nach dem Bundeskindergeldgesetz und der besoldungsrechtliche Kinderzuschlag durch eine für alle Eltern gleiche, also einkommensunabhängige, vom ersten Kind an zu zahlende neue Leistung ersetzt werden. Diese Vereinheitlichung des Familienlastenausgleichs bedingt u.a. die Aufhebung der Kinderfreibeträge im Einkommensteuergesetz.«

Zweitens: Der Versuch, diese soziale Ungerechtigkeit durch Einkommensgrenzen beim Kindergeld und die Einführung eines Kindergeldzuschlages für Geringverdienende ein wenig auszugleichen, bleibt unzureichend. Abgesehen davon, daß es unverständlich ist, warum man erst Kinderfreibeträge einführt, um ihre ungerechte Wirkung dann durch Kompensationsmaßnahmen wieder etwas abzumildern, führt das unkoordinierte Nebeneinander der verschiedenen Instrumente zu ungereimten und sicher nicht beabsichtigten Ergebnissen.

Im Bereich von Netto-Jahreseinkommen zwischen 40 000,– DM und 65 000,– DM entsteht nämlich das sogenannte »Mittelstandsloch«. Einerseits verdienen diese mittleren Einkommen nicht genug, um in den vollen Genuß der steuerlichen Kinderfreibeträge zu kommen. Andererseits verdienen sie so viel, daß sie die Einkommensgrenzen überschreiten und nur gekürztes Kindergeld erhalten, ein offensichtlicher Widerspruch zu dem Prinzip »Leistung muß sich lohnen«.

Drittens: Die Regelungen sind überaus kompliziert. Selbst Fachleute blicken gelegentlich nicht mehr gleich durch: So wurden bei den Ausschußberatungen zum sogenannten Steuersenkungserweiterungsgesetz 1988 die Steuerpolitiker erst durch die Sozialpolitiker darauf aufmerksam gemacht, daß über den sozialrechtlichen Einkommensbegriff des Kindergeldgesetzes eine unbeabsichtigte Kürzung des Kindergeldes drohte, wenn sich durch die Senkung der Einkommensteuer das Nettoeinkommen der Eltern erhöht. An die nach je eigenen Regeln lebende Doppelförderung mit ihrer wechselseitigen Verzahnung hatte zunächst keiner gedacht. In hektischen Abstimmungsgesprächen und neuen Gesetzesanträgen wurde die Panne ausgebügelt.

Viertens: Für den Bürger ist jede Transparenz verlorengegangen. Er wird oft monatelang mit Unsicherheiten über seine Ansprüche belastet. Der Bürger weiß angesichts der Kompliziertheit der Regelungen meist nicht, was ihm für sein Kind zusteht: Zwei unterschiedliche Einkommensbegriffe im Steuer- und Kindergeldrecht bestimmen, ob gekürzt oder ein Zuschlag gegeben wird und welche Wirkung der Kinderfreibetrag hat. Was der Kinderfreibetrag steuerlich bringt und – soweit das Kindergeld einkommensabhängig ist – wie hoch es ist, steht erst mit der endgültigen Veranlagung fest. Zu dem Wirrwarr kommt also noch eine finanzielle Unsicherheit.

Auch die Verwaltung schiebt die Fälle auf Jahre vor sich her;

weil die Höhe des Kindergeldzuschlages davon abhängig ist, wie hoch das zu versteuernde Einkommen festgestellt wird, müssen Millionen von Kindergeldzuschlagsleistungen heute als sogenannte »Vorbehaltszahlungen« erfolgen. Verwaltung und natürlich auch der Bürger sehen sich auf einmal mit einem Rückforderungsanspruch konfrontiert.

Fünftens: Die Verwaltung des Familienlastenausgleichs durch Finanzamt einerseits und Arbeitsamt andererseits führt zu unnötiger Bürokratie und Doppelarbeit bei Bürgern und Behörden. Es war ein schwerwiegender politischer Fehler, daß der Bundesrat sich 1974 gegen die von der Regierung Schmidt vorgesehene »Finanzamtslösung« aussprach und die Verwaltung des Kindergeldes auf die Arbeitsämter übertrug. Nicht sachliche Erwägungen gaben den Ausschlag, sondern das politische Kalkül der Länderkammer, durch die Übertragung auf eine Bundesbehörde allein dem Bund die Finanzierung des Kindergeldes aufzubürden.

Obwohl das Finanzamt sich mit dem Sachverhalt »Kind« bereits seit Jahrzehnten in der Einkommensteuer bis hin zum Wohnungsbauprämienrecht beschäftigt hatte, wurde dem Arbeitsamt eine neue Materie übertragen mit der Folge, daß Tausende von neuen Mitarbeitern beim Arbeitsamt eingestellt werden mußten. Laufend sind Abstimmungen zwischen den Behörden erforderlich. Der Bundesanstalt für Arbeit wird notwendige Kapazität zur Bekämpfung der Arbeitslosigkeit abgezogen, bei den Finanzämtern ist über die Jahre der Frust über die Entscheidung immens gewachsen. Diese unnötige Doppelgleisigkeit führt außerdem zu zwei unterschiedlichen Rechtswegen: dem Finanz- und dem Sozialgerichtsweg.

Auch auf seiten des Bürgers ist unnötige Doppelarbeit die Folge: Die Einkommensgrenzen beim Kindergeld zwingen ihn, auch beim Arbeitsamt eine einkommensteuerähnliche Erklärung abzugeben mit dem vor allem für Geringverdiener verbundenen Risiko, daß bei Nichtausfüllen dieser Erklärung die Kindergeldsätze automatisch auf den Mindestbetrag gekürzt werden!

Sechstens: Das Ehegattensplitting ist ehe-, aber nicht familienfreundlich, diskriminiert die Einelternfamilie, belegt die Frauenerwerbstätigkeit mit einer Steuerstrafe und führt bei wachsenden Einkommen zu drastischen Steuervorteilen. Der andere Pfeiler des Familienlastenausgleiches – das Ehegattensplitting – kommt zwar auch vielen Eltern zugute. Hervorzuheben ist aber, daß die Vorteile des Splittings für die bloße Eheschließung gewährt werden. Auf Kinder in der Ehe kommt es nicht an. Nicht nur alleinerziehende Eltern beklagen dies.

Besonders auffällig tritt dies immer wieder Familienvätern vor die Augen, deren Ehefrau stirbt. Obwohl die Kosten für die Fortführung des Haushaltes z. B. durch Einstellung einer Hausgehilfin sogar noch steigen, darf das Ehegattensplitting nicht mehr beansprucht werden und die Steuer steigt ebenfalls. Die unverheiratete Mutter versteht nicht, warum die Ehe auch ohne Kinder steuerlich massiv bevorteilt wird.

Auch die erwerbstätige Ehefrau empfindet das Splitting als Strafsteuer für ihre Erwerbstätigkeit, da sich der Splitting-Vorteil der Ehe vermindert oder ganz entfällt. Insbesondere das Europäische Parlament und die EG-Kommission haben wiederholt auf die Diskriminierung der Frauenerwerbstätigkeit durch das Splitting, das es in dieser Form nur im deutschen Steuerrecht gibt, hingewiesen.

Besonders ärgerlich ist, daß der Steuervorteil aus dem Splitting mit wachsendem Einkommen wächst. Der maximale Splitting-Vorteil, der 1978 noch bei 12 742,– DM im Jahr lag, beträgt derzeit nach geltendem Recht 19 561,– DM im Jahr und wird nach der Tarifsenkung 1990 auf 22 844,– DM im Jahr steigen. Damit kann ein Höchstverdiener durch eine Eheschließung am letzten Tag des Jahres für dieses eine Jahr eine höhere Summe an Splitting-Vorteil kassieren, als eine Familie mit einem Kind in 18 Jahren an Kindergeld und Mindestentlastung aus dem Kinderfreibetrag erhält [(50 DM + 46 DM) x 12 x 18 = 20 736 DM].

Auch an diesen Sachverhalt kann die Meßlatte des von der Koalition so gern zitierten Leistungsprinzipes sehr wohl angelegt werden: Ist es denn mit dem Leistungsprinzip vereinbar, daß ein Höchstverdiener durch die bloße Heirat mit einem nichterwerbstätigen Ehepartner einen Splittingvorteil mit Beträgen im Jahr erhält, die sich z. B. eine Kassiererin kaum durch ihre Arbeit als Nettoeinkommen erarbeiten kann?

Ich verneine dies mit einem Zitat des ehemaligen Präsidenten des Bundesverfassungsgerichtes, Professor Dr. Wolfgang Zeidler: »Der Unterschied zwischen der Förderung der Ehe und der Förderung der Familie zeigt sich deutlich beim Splitting: Muß ein Unternehmer, der Einkünfte aus einem Gewerbebetrieb erzielt, die vielleicht das Vielfache dessen ausmachen, was ein braver Familienvater zu dem gemeinsamen Haushaltsbedarf beizutragen in der Lage ist, allein deswegen steuerlich erheblich bessergestellt werden, weil er seine tennisspielende Geliebte nunmehr geheiratet hat und ihr daraufhin die Hälfte seines gesamten Einkommens zugerechnet wird?«

Auch in der Union wird das Splitting angegriffen, nicht nur von den Sozialausschüssen. Der Fraktionsvorsitzende Dregger z. B. hat im Jahre 1984 vorgeschlagen, das Ehegattensplitting für Kinderlose durch Änderung des Splittingdivisors von 2 auf 1,8 einzuschränken und die Einsparungen für eine höhere Entlastung der Kinderfamilien zu verwenden.

Der Sozialbericht 1986 beziffert die jährlichen Steuerausfälle durch das Ehegattensplitting auf knapp 27 Milliarden DM für den Einkommensteuertarif 85. Der Steuerausfall ist bereits 1986 durch die geänderte Tarifstruktur weiter angewachsen und wird nach der geplanten Tarifänderung 1990 auf über 335 Milliarden DM ansteigen.

Demgegenüber beträgt der Aufwand für das Kindergeld etwa 14 Milliarde DM (ohne steigende Tendenz!), für den steuerlichen Kinderfreibetrag etwa 9 Milliarden DM, für den Kindergeldzuschlag etwa 1 Milliarde DM. Vergleicht man die einzelnen Aufwendungen für die Familienförderung untereinander, wird verständlich, warum die Bundesrepublik Deutschland international zwar als das ehefreundlichste, bei weitem aber nicht als das kinder- und kinderfamilienfreundlichste Land gilt.

Danach liegt auf der Hand: ein entscheidender Ansatz zu einer rationalen Steuerpolitik ist die Konzentration des Familienlastenausgleiches auf das für alle gleich hohe Kindergeld, seine Verwaltung beim Finanzamt und eine Reform des Ehegattensplittings:

Erstens: Das Kindergeld beträgt in Zukunft 200,– DM pro Monat für jedes Kind. Der steuerliche Kinderfreibetrag, der Kindergeldzuschlag und die Einkommensgrenzen beim Kindergeld entfallen.

Zweitens: Das Kindergeld wird unmittelbar von der zu zahlenden Lohnsteuer bzw. der Einkommensteuervorauszahlung abgezogen. Bürgern, die keine Steuern zahlen, wird das Kindergeld als sogenannte »Negativsteuer« vom Finanzamt ausgezahlt. Die Mehrbelastung von Ländern und Gemeinden durch diese »Finanzamtslösung« wird im allgemeinen Finanzausgleich zwischen Bund und Ländern ausgeglichen.

Drittens: Das Ehegattensplitting wird ersetzt durch die Individualbesteuerung der Ehegatten, verbunden mit der Möglichkeit, Unterhalt an den Ehegatten beim Unterhaltleistenden bis zu einem Höchstbetrag abzusetzen, bei gleichzeitiger Versteuerung des Unterhalts beim Unterhaltsberechtigten.

Viertens: Das Finanzvolumen in Höhe von etwa 30 Mrd. DM für ein Kindergeld von 200,– DM für jedes Kind pro Monat ergibt sich aus den Aufwendungen für das bisherige Kindergeld, der Abschaffung des steuerlichen Kinderfreibetrages und des Kindergeldzuschlages sowie der Reform des Ehegattensplittings.

Dieses System ist erheblich gerechter und einfacher als das bestehende. Für jedes Kind gibt es im Monat 200,– DM. Dem Staat ist »jedes Kind gleich lieb und gleich wert«. Für die Behörde ist klar: Jeder Bürger erhält für sein Kind das gleiche Kindergeld, und für den Bürger gilt das gleiche: das Ausfüllen des Antrages auf Kindergeld mit der Angabe des kindergeldrechtlichen Einkommens, die komplizierte Berechnung des Kindergeldzuschlages, die Unklarheit, welchen Vorteil man aus steuerlichen Kinderfreibeträgen wirklich hat, die Vorbehaltsfestsetzung und Wiederaufrollung des einkommensabhängigen Kindergeldes – alles dies fällt weg. Die Ordnungszahl eines Kindes spielt keine Rolle mehr, was insbesondere die lästige »Zählkinderproblematik« verschwinden läßt, die in Ehen von Geschiedenen, die Kinder mit in die neue Ehe bringen, eine Verwaltungserschwernis darstellt.

Lohnsteuerzahler erhalten das ihnen zustehende Kindergeld in der Weise, daß sich die von ihrem Arbeitgeber an das Finanzamt abzuführende Lohnsteuer gleich um das Kindergeld vermindert. Einkommensteuervorauszahler mindern ihre Vorauszahlung von vornherein um das ihnen zustehende Kindergeld. Auf diese Weise wird auch der Zusammenhang von Steuerzahlung und Kindergeld transparent gemacht. Bürger, die weder Lohn- noch Einkommensteuer zahlen, aber Anrecht auf Kindergeld haben, beantragen dieses beim Finanzamt und bekommen es als eine Transferleistung ausgezahlt.

In den Arbeitsämtern werden Tausende von Beamten frei für ihre eigentliche Tätigkeit. Der Bürger sieht sich nur noch einer Behörde gegenüber und – im Streitfalle – auch nur noch einem Gericht. Die Vorteile dieser Finanzamtslösung gegenüber der heutigen Arbeitsamtslösung sind derart stark, daß der Bundestag sich denn auch bereis zweimal über die Parteigrenzen hinweg für die Finanzamtslösung ausgesprochen hat.

Gegenüber den Ländern, an denen die Lösung bisher gescheitert ist, ist klarzustellen, daß sie im Finanzausgleich entschädigt werden. Der Gesetzentwurf über die entsprechende Anhebung der Beteiligung der Länder an der Mehrwertsteuer sollte zusammen mit dem Gesetzentwurf zur Einführung der Finanzamtslösung in Bundestag und Bundesrat eingebracht werden, um den Ländern einen Hebel zum Ausgleich zu verschaffen.

Gleichzeitig wird die heutige Ehegattenbesteuerung reformiert. Statt Ehegattensplitting gilt auch für Verheiratete die Individualbesteuerung verbunden mit der Möglichkeit, Unterhalt an den Ehegatten beim Unterhaltleistenden bis zu einem Höchstbetrag abzusetzen bei gleichzeitiger Versteuerung des Unterhalts durch den Unterhaltsberechtigten.

Das ähnelt dem heute schon bekannten Real-Splitting. Ebenso wie beim Real-Splitting ist der Einfachheit halber als Höchstbetrag, bis zu dem Unterhalt für den Ehegatten abgesetzt werden kann, 18 000,– DM im Jahr anzusetzen. Dies bedeutet z. B. in einer Ehe, in der der eine Partner 36 000,– DM verdient, der andere dagegen kein eigenes Einkommen hat, daß der Ehepartner mit dem höheren Einkommen bis zu 18 000,– DM von seinem zu versteuernden Einkommen abziehen kann, der andere Partner aber eben diese 18 000,– DM versteuern muß. Im vorliegenden Fall müßten beide 18 000,– DM versteuern.

In diesem Beispiel wäre die Wirkung die gleiche wie beim Ehegattensplitting. Je höher das Einkommen und je weiter auseinander die Einkommen der beiden Ehegatten liegen, desto mehr schmilzt der Splittingvorteil gegenüber der bisherigen Rechtslage ab, insbesondere wenn mindestens ein Ehepartner progressiv besteuert wird. Beträgt der maximale Splittingvorteil 19 561,– DM jährlich (Tarif 1988), so würde er nach dem hier vorgeschlagenen Modell 7 169,– DM betragen. Das halte ich für auskömmlich, weil die Kinder zusätzlich eine deutliche Förderung auslösen.

Dieser Vorschlag würde auch endlich die steuerliche Diskriminierung der Berufstätigkeit der Ehefrauen beenden: Beträgt der Unterschied zwischen den Einkommen der beiden Partner weniger als 36 000,– DM im Jahr, so ändert sich nichts gegenüber dem heutigen Splitting. Zwei Beispiele: Er verdient 80 000,– DM, sie 44 000,– DM, dann versteuert er 80 000,– DM minus 18 000,– DM gleich 62 000,– DM; sie versteuert 44 000,– DM plus 18 000,– DM gleich 62 000,– DM. Beide versteuern 62 000,– DM. Oder: Er verdient

70 000,– DM, sie verdient 50 000,– DM; er zieht 10 000,– DM von seinem zu versteuerndenEinkommen ab, sie versteuert 10 000,– DM mehr – beide versteuern 60 000,– DM. Dieses System setzt sich nach der Ehescheidung fort, wenn Unterhaltszahlungen die früheren Partner verbinden.

Schließlich ist hervorzuheben, daß dieses System der Unterhaltsbesteuerung auch auf andere Verwandtschaftsverhältnisse übertragen werden kann: es paßt (mit dann allerdings niedrigeren Höchstsätzen) auch auf den Unterhalt, der z. B. an Eltern zu leisten ist.

Ist dieses Reformkonzept verfassungsrechtlich zulässig? Ungeliebte politische Gedanken pflegen die Gegner mit dem Argument zu bekämpfen, eine Änderung des Status quo sei durch die Verfassung ausgeschlossen.

Ich habe umfassender als hier an anderer Stelle (»Für einen gerechten und einfachen Familienlastenausgleich«, in Zeitschrift für Rechtspolitik, 1988) ausgeführt, daß die neuere Rechtsprechung des Bundesverfassungsgerichts zur Berücksichtigung der steuerlichen Leistungsfähigkeit ein für alle gleich hohes Kindergeld in Höhe von 200,– DM zuläßt. Steuerliche Kinderfreibeträge statt oder neben Kindergeld sind kein verfassungsrechtliches Muß. Der Streit hierüber ist eine ideologische und keine verfassungsjuristische Auseinandersetzung. Der Gesetzgeber hat die Gestaltungsfreiheit, zum Nurkindergeld zurückzukehren, wenn dieses angemessen ist.

Unangemessen niedrige Kinderförderung, wie sie heute im dualen System für untere Einkommensgruppen vor allem beim Erstkindergeld mit Kindergeldzuschlag bzw. Minimalentlastung durch den Kinderfreibetrag zu beklagen ist, sind dagegen verfassungswidrig. Ich wage die Prognose, daß die Gerichte alsbald mit diesem Ergebnis entscheiden. Demgegenüber steht nirgendwo geschrieben, daß der Familienlastenausgleich eine dem progressiven Einkommensteuerzugriff entlehnte, d. h. mit wachsendem Einkommen steigende Wirkung entfalten müßte.

Wichtigstes Argument für diese Position ist neben dem Kindergeldbeschluß des Bundesverfassungsgerichts der Grundfreibetrag, der alle Bürger absolut um den gleichen Betrag entlastet. Wenn aber die Aufwendungen für den Steuerzahler selbst nur linear berücksichtigt werden, gibt es keinen zwingenden Grund, die Aufwendungen für die Kinder des Steuerzahlers unbedingt progressiv entlastend berücksichtigen zu müssen.

Auch die vorgeschlagene Reform des Ehegattensplittings ist verfassungsrechtlich erlaubt. Sie ist keine »beliebige Veränderung« einer »nicht beliebig veränderbaren Steuer-Vergünstigung« i. S. d. Bundesverfassungsgerichts. Vielmehr bleibt die Individualbesteuerung mit Unterhaltsabzugsbetrag eine »an dem Schutzgebot des Artikels 6 Abs. 1 GG und der wirtschaftlichen Leistungsfähigkeit der Ehepaare (Artikel 3 Abs 1 GG) orientierte sachgerechte Besteuerung«.

Die Individualbesteuerung führt Ehepartner ohne eigene Einkünfte zwar zusätzlich in die Veranlagung. Dafür gibt es aber in allen Fällen eigener Einkünfte der beiden Ehegatten keine Mehrarbeit für den Steuerbürger und die Verwaltung. Denn auch bei der Zusammenveranlagung müssen heute alle Einkünfte erst einmal getrennt erklärt und ermittelt werden, bevor sie in einem Gesamtbetrag der Einkünfte zusammengefaßt werden. Das zusätzliche Ausdrucken und Zustellen eines weiteren Bescheides je Ehepaar ist im Zeitalter der Datenverarbeitung kein Thema. Dafür entfällt aber der Splittingtarif und mit ihm die auf Verheiratung angelegten Lohnsteuerklassen III bis V.

Zugleich wäre die oft, vor allem von Frauen, beklagte Unzuträglichkeit bei der Steuerklassenkombination III/V aus der Welt, beileibe kein nur steuerrechtlicher Streitpunkt für Ehegatten. Denn obwohl das steuerliche Nettoeinkommen des Niedrigverdieners, also meist der Frauen, bei Wahl der Steuerklasse V nur vorläufig künstlich kleiner wird als bei der Regelkombination IV/IV, entstehen für Lohnersatzleistungen (Arbeitslosen- und Krankengeld) endgültige Nachteile.

Auch den Einwand, bestimmte Berufsgruppen könnten sich durch die Übertragung von Einkunftsquellen auf den geringer verdienenden Ehepartner die Wirkungen des heutigen Splittings verschaffen, halte ich nicht für durchschlagend. Übertragen von Einkunftsquellen bedeutet Weggeben von Vermögenswerten, die bei ehelichen Meinungsverschiedenheiten unwiederbringlich aus der Hand gegeben sind. Deswegen wird die Praxis auf die Individualbesteuerung m. E. nicht mit größeren Umschichtungen zwischen Eheleuten reagieren.

Im übrigen würde das Übertragen von Einkunftsquellen den Ehepartner rechtlich wie faktisch in eine bessere Position bringen. Das Ärgernis am heutigen Splitting ist doch u.a., daß zwar das Zufließen des Einkommens des Mannes an beide Partner fingiert wird, daß aber real die einkommenslose Ehefrau noch lange keinen direkten Zugriff auf die Hälfte des Einkommens hat, ja nicht einmal auf die anteilig ersparte Einkommensteuer, sondern lediglich einen Unterhaltsanspruch.

Geht nicht mit der Einführung eines gleich hohen Kindergeldes für alle Kinder eine Benachteiligung der Mehrkinderfamilie einher? Es gibt einen alten Streit: Sollen die Kindergeldsätze nach der Anzahl der Kinder unterschiedlich hoch gestaffelt sein, oder soll das Kindergeld gleich beim ersten Kind hoch einsetzen und dann gleichbleiben? Die Staffelung wird damit begründet, daß die Eltern, je größer die Familie sei, progressiv steigender Entlastung bedürfen. Die anderen begründen ein hohes Kindergeld vom ersten Kind an, weil der entscheidende finanzielle Einschnitt schon mit der Geburt des ersten Kindes z. B. durch Ausgaben für die Kinderbetreuung oder die Aufgabe der Erwerbstätigkeit durch einen der beiden Partner entsteht.

Der Streit muß an dieser Stelle nicht entschieden werden. Denn ein Vergleich der Kinderentlastung nach geltendem Recht mit der von mir vorgeschlagenen Lösung zeigt, daß ein für jedes Kind gleich hohes Kindergeld von 200,– DM nicht nur die Familien mit ein oder zwei Kindern deutlich besserstellt, sondern daß es auch die Mehrkinderfamilie in den allermeisten Fällen unterm Strich mehr fördert als heute.

Dieses für manche überraschende Ergebnis liegt am Geburtenabstand der Kinder, der statistisch mehr als drei Jahre beträgt: in den ersten Jahren ist die Mehrkinderfamilie nämlich erst einmal eine Ein- bzw. Zweikinderfamilie. Durch Herauswachsen der Kinder aus dem Förderalter wird jede Mehrkinderfamilie am Ende wieder eine Zwei- bzw. Einkinderfamilie. Die Familie mit einem Kind erhält nach geltendem Recht ein Kindergeld von 50,– DM im Monat und eine Steuerbelastung bzw. Kindergeldzuschlag von mindestens 46,– DM. Dies ergibt zusammen 96,– DM im Monat, in einem Jahr also 1152,– DM. Mein Vorschlag entlastet die gleiche Familie im Jahr um 2400,– DM, also um mehr als das Doppelte.

Kommt das zweite Kind drei Jahre nach der Geburt des ersten Kindes, so stellt sich die Rechnung folgendermaßen dar: Für das zweite Kind gibt es nach geltendem Recht eine Entlastung von 100,– DM Kindergeld plus eine Entlastung nach dem Kinderfreibetrag bzw. dem Kindergeldzuschlag von 46,– DM im Monat gleich 146,– DM, also im Jahr eine Entlastung von 1752,– DM. Nach meinem Vorschlag gibt es wiederum 2400,– DM. Vergleicht man die ersten sechs Jahre einer solchen Zweikinderfamilie, so ergibt sich: Nach geltendem Recht erhält die Familie 12 186,– DM, nach meinem Vorschlag 21 600,– DM (2400 x 3 plus 2400 x 6).

Mein Vorschlag beseitigt – anders als das geltende Recht – beim Herauswachsen älterer Kinder den Mehrkindervorteil nicht. Beispiel: Eine Familie hat drei Kinder. Das älteste Kind hat seine Ausbildung beendet, das monatliche Kindergeld für dieses Kind fällt weg. Für die beiden jüngeren Kinder gibt es dann nicht mehr 100,– DM (Zweitkind) und 220,– DM (Drittkind), sondern nur noch 50,– DM und 100,– DM. Die Familie bekommt also insgesamt im Monat 220,– DM weniger. Der Wegfall des geltenden Mehrkindervorteils trifft gerade die kinderreiche Familie besonders hart, weil der Prozeß des Herauswachsens dann relativ früh beginnt.

Auch weil mein Vorschlag diesen Nachteil vermeidet, ist er überlegen. Das zeigt der Nettoentlastungsvergleich über die gesamte Förderdauer, also z. B. bis zum Alter von 18 Jahren eines jeden Kindes: Eine Dreikinderfamilie mit einem Geburtenabstand der Kinder von je drei Jahren (Einkommensteuer 22%) würde nach geltendem Recht insgesamt: 97 488,– DM erhalten, nach meinem Vorschlag 129 600,– DM. Bleiben alle bis zum 27. Lebensjahr in der Berufsausbildung, würden sie nach geltendem Recht 152 352,– DM erhalten, nach meinem Vorschlag aber 194 400,– DM. Bei der Vierkinderfamilie ergibt sich bis zum 18. Lebensjahr eine Entlastung von 146 664,– DM nach geltendem Recht im Vergleich zu 172 800,– DM nach meinem Vorschlag bzw. – wenn alle die Berufsausbildung nach dem 27. Lebensjahr beenden – 241 944,– DM nach geltendem Recht im Vergleich zu 268 800,– DM nach meinem Vorschlag.

Sogar noch bei der Fünfkinderfamilie ergibt sich ein Vorteil bis zum 18. Lebensjahr: 195 840,– DM nach geltendem Recht im Vergleich zu 216 000,– DM nach meinem Vorschlag bzw. bis zum 27. Lebensjahr 325 440,– DM nach geltendem Recht im Vergleich zu 336 000,– DM nach meinem Vorschlag.

Dies stellt sich bei höherem Einkommen mit entsprechend höheren Grenzsteuersätzen natürlich anders dar. Wegen des Wegfalls der Einkommensgrenzen beim Kindergeld bringt mein Vorschlag jedoch selbst Spitzenverdienern keine unzumutbaren Nachteile. Die Dreikinderfamilie, die bis zum Herauswachsen des letzten im Dreijahresabstand geborenen Kindes immer nur dem Spitzensteuersatz von 56% unterlegen hat, steht sich beim Kindergeldbezug bis zum Alter von 18 Jahren nach meinem Vorschlag sogar besser: 129 600,– DM gegenüber dem höchstmöglichen Ergebnis des geltenden dualen Systems von 128 754,– DM. Erst wenn alle drei Kinder die Höchstfördermöglichkeit ausschöpfen, bleibt mein Vorschlag mit 194 400 DM leicht hinter dem geltenden Recht mit 197 631,– DM zurück.

Dafür ist der niedrigere Betrag aber unabhängig vom Einkommen sicher.

Die hier vorgeschlagene Reform des Ehegattensplittings setzt ca. 5 Mrd. DM aus den Gesamtkosten des Ehegattensplittings in Höhe von knapp 30 Mrd. DM im Jahr frei. Diese Ersparnis, aufgestockt um die heutigen Aufwendungen für das Kindergeld von etwa 14 Mrd. DM sowie um die Kosten für den Kinderfreibetrag in Höhe von 9 Mrd. DM und die Kosten für den Kindergeldzuschlag von knapp 1 Mrd. DM erbringen zusammen 29 Mrd. DM. 200,– DM Kindergeld pro Monat pro Kind bei 12,5 Millionen Kindern würde 30 Mrd. DM kosten.

Angesichts des schnellen Sinkens der Kindergeldausgaben allein aufgrund des Rückgangs der Kinderzahlen scheint mir die noch fehlende Milliarde DM ohne weiteres zu finanzieren zu sein. Geht man mit der Anhebung des Kindergeldes auf 180,– DM pro Monat pro Kind zurück, so kostet eine solche Operation »nur« noch 27 Mrd. DM. So könnte man z. B. verfahren, wenn man den Abzugsbetrag für den Ehegattenunterhalt höher als 18 000,– DM ansetzen möchte.

Ein weiterer wichtiger Ansatz für eine rationale Steuerpolitik ist die Umlegung der Kraftfahrzeugsteuer auf die Mineralölsteuer. Je nach dem Umfang der erwünschten Ausgleichsmaßnahmen käme eine Anhebung der Mineralölsteuer um zwischen 15 und 20 Pfennig pro Liter in Betracht. Der Ausgleich zwischen Bund und Ländern müßte über eine entsprechende Anhebung des Anteils der Länder an der Mehrwertsteuer erfolgen.

Die Umlegung der Kraftfahrzeugsteuer auf die Mineralölsteuer hätte mehrere wichtige Vorteile:

Erstens: Die Abschaffung der Kraftfahrzeugsteuer führt zu einer deutlichen Vereinfachung des Steuerrechts. Dies ergibt sich nicht nur daraus, daß jeder Wegfall einer Steuer an sich schon eine Steuervereinfachung darstellt. Die Kraftfahrzeugsteuer bietet darüber hinaus wegen ihrer vielen Ausnahmeregelungen ein anschauliches Beispiel dafür, wie ein an sich einfaches Besteuerungskonzept zu einem Steuerdickicht ausgebaut werden kann.

Zweitens: Die Umlegung der Kraftfahrzeugsteuer führt zu einer Vereinfachung und Verbilligung der Steuererhebung. Schätzungen besagen, daß zwischen 3500 und 4000 Angehörige der Finanzverwaltung bei Entfallen der Kraftfahrzeugsteuer für sinnvollere Tätigkeiten freigesetzt werden.

Drittens: Die Umlegung der Kraftfahrzeugsteuer führt zu mehr Steuergerechtigkeit. Die Besteuerung der Kraftfahrzeuge würde viel stärker als bisher von der Fahrleistung abhängen. Nicht mehr das Halten, sondern das Fahren eines Kraftfahrzeuges würde besteuert. Wer viel fährt, würde auch viel zahlen. Dies wäre gerecht, da Vielfahrer das hohe Kosten verursachende Straßennetz (Straßenbau, Verkehrsregelung, Unfallfolgen, Lärmbekämpfung) stärker als andere Kraftfahrer in Anspruch nehmen. Auf diese Weise könnte auch der ausländische Durchreiseverkehr – soweit er in der Bundesrepublik Deutschland tankt – zur Finanzierung herangezogen werden.

Viertens: Der Einbau der Kraftfahrzeugsteuer in die Mineralölsteuer führt zu mehr Umweltschutz. Die heutige Kraftfahrzeugsteuer bemißt sich nach dem Hubraum. Sie begünstigt damit die kleineren umweltfeindlichen Motoren. Bei einer Abschaffung der Kraftfahrzeugsteuer würde der Anreiz zum Bau von Motoren mit geringem Hubraum entfallen.

Fünftens: Der Einbau der Kraftfahrzeugsteuer in die Mineralölsteuer führt zu mehr Energieeinsparung. Höhere Treibstoffpreise regen verstärkt zum Energiesparen an, und zwar sowohl auf seiten des Verbrauchers als auch auf seiten der Hersteller.

Wegen der aufgezählten Vorteile wurde immer wieder ein Anlauf unternommen, die Kraftfahrzeugsteuer in die Mineralölsteuer einzubauen. Die Parteitage der FDP im Juni 1979 und der SPD im Dezember 1979 forderten dies einstimmig. Die Regierungserklärung von Bundeskanzler Helmut Schmidt vom 24. November 1980 griff das Vorhaben auf. Nach umfangreichen Vorarbeiten in den Regierungsfraktionen und im Bundesfinanzministerium unter aktiver Beteiligung des damaligen Finanzministers Matthöfer wurde das Vorhaben am 16. Oktober 1981 durch einen Beschluß der Finanzministerkonferenz in Saarbrücken jäh beendet: Bei einer Gegenstimme des Landes Hessen lehnten alle Landesfinanzminister die Umlegung der Kraftfahrzeugsteuer auf die Mineralölsteuer ab.

Ihre Begründung: Dies würde Vielfahrer unerträglich belasten, Zweit- und Drittfahrzeuge ungerechtfertigt entlasten, strukturschwache Gegenden benachteiligen und nur zu unzureichender Verwaltungsvereinfachung führen. Im übrigen würde die Energieeinsparung überschätzt.

Ich halte die vorgebrachten Gegenargumente alle nicht für stichhaltig, wenn ich auch verstehe, daß den Ländern eine eigene Steuer lieber als ein höherer Anteil an der Umsatzsteuer ist.

Erstens: Daß Pendler ausnahmslos und unerträglich mehr belastet würden, trifft so nicht zu. Der Durchschnittsfahrer, dessen durchschnittliche Fahrleistung heute ca. 12 500 km im Jahr ausmacht, würde überhaupt nicht belastet werden, da der Mehrbelastung an Mineralölsteuer die Entlastung durch den Wegfall der Kraftfahrzeugsteuer gegenübersteht. Ich halte außerdem eine Anhebung der Kilometerpauschale ausschließlich für Fernpendler, deren Arbeitsstätte mehr als 25 km von der Wohnung entfernt ist, für erwägenswert. Daß die Bundesregierung eine solche Anhebung für 1990 beschlossen hat, ohne sie mit der Reform zu verbinden, ist ein weiteres Beispiel für eine verpaßte Reformchance.

Bei anderen Vielfahrern (Geschäftsleute, Handelsvertreter) würden zweifellos Mehrbelastungen eintreten. Einer Sonderbehandlung dieser Berufsgruppen bedarf es aber nicht, weil sie bei betrieblich benutzten Kraftfahrzeugen die Benzinkosten voll bei der Ertragsteuer absetzen können. Hinzu kommt, daß nun einmal das Verursacherprinzip, das im Abstrakten oft gelobt und im Konkreten so oft umgangen wird, bei Vielfahrern zu einer Mehrbelastung führen muß.

Zweitens: Die Kritik, die Umlegung der Kraftfahrzeugsteuer würde zu einer Mehrbelastung für Steuerbefreite führen, ist zutreffend. Es ist aber auch nicht einzusehen, warum z. B. Fahrzeuge der Bundeswehr, Fahrzeuge beim Wegebau oder Straßenreinigungsfahrzeuge nicht den gleichen Bedingungen unterliegen sollten wie andere Kraftfahrzeuge auch. Mögliche finanzielle Verzerrungen bei Bund, Ländern und Gemeinden müßten ggf. im Finanzausgleich geregelt werden.

Von den Körperbehinderten sind heute etwa 340 000 von der Kraftfahrzeugsteuer befreit. Auch für diese Personengruppe gilt, daß ein Ausgleich an anderer Stelle nicht automatisch zu erfolgen hat. Denn wenn eine Befreiung von der Steuer dadurch wegfällt, daß die ganze Steuer abgeschafft wird, kann das ja nicht ohne weiteres bedeuten, daß der geldwerte Vorteil an anderer Stelle wieder hergestellt werden muß. Dies zeigt sich im übrigen bei der Kraftfahrzeugsteuerbefreiung für schadstoffarme Autos. Körperbehinderte, die ein schadstoffarmes Auto fahren, haben von dieser Steuerbefreiung nichts, da sie ohnehin als Körperbehinderte bereits von der Kraftfahrzeugsteuer befreit sind.

Trotzdem bin ich der Ansicht, daß sehr wohl an einen Ausgleich für die kraftfahrzeugsteuerbefreiten Körperbehinderten gedacht werden kann. Hierzu bieten sich zwei Möglichkeiten an: Entweder wird zugleich mit der Umlegung der Kraftfahrzeugsteuer eine einmalige Zulassungssteuer erhoben, die bei der Erstzulassung des Kraftfahrzeuges für Körperbehinderte entfällt, oder es gibt die Möglichkeit, eine jährliche einmalige Transferleistung einzuführen. Die Auszahlung bzw. Verrechnung der Transferleistung erfolgt durch die Landesbehörden, die Behinderte schon jetzt betreuen, so daß auch über diesen Weg das Problem relativ einfach gelöst werden kann.

Es bleibt somit das Problem, daß die wegen schadstoffarmer

Autos Steuerbefreiten in Zukunft über die Mineralölsteuer zur Kasse gebeten werden würden. Der Vertrauensschutz verbietet, ihnen die gerade erst eingeführte Entlastung wieder zu nehmen. Aber die Verwirklichung der hier vorgeschlagenen Umlegung der Kraftfahrzeugsteuer auf die Mineralölsteuer beansprucht ohnehin eine gewisse Übergangszeit. Man könnte daher mit der Umstellung bis zum Ablauf der Kraftfahrzeugsteuerbefreiung für schadstoffarme Autos warten.

Drittens: Der Einwand, die Umlegung der Kraftfahrzeugsteuer würde den ruhenden Verkehr entlasten, trifft nur zu, soweit Parken mit einer geringen Fahrleistung gleichzusetzen ist. Wo dies zutreffen sollte, gilt aber wieder das Argument: Wer viel fährt, soll viel zahlen. Wer wenig fährt, soll eben auch weniger Steuern zahlen. Im übrigen bin ich der Ansicht, daß das Freihalten der Innenstädte vom sogenannten ruhenden Verkehr nicht über die Steuer, sondern nur über verkehrslenkende Maßnahmen der Städte selber gelöst werden kann. Und soweit der ruhende Verkehr z. B. im außerstädtischen Bereich durch Parken auf dem eigenen Grundstück oder auch durch Laternengaragen wahrgenommen wird, ist schon nach dem Verursacherprinzip nicht einzusehen, warum dies mit einer Sondersteuer belegt werden soll.

Viertens: Gegen den Einwand, die Anhebung des Benzinpreises über die entsprechende Anhebung der Mineralölsteuer würde die Ölstaaten zu weiteren Preisanhebungen einladen, spricht, daß uns die Ölstaaten wiederholt zu Preiserhöhungen für Ölprodukte ermuntert haben, um zu einer stärkeren Energieeinsparung zu kommen. Außerdem ist es besser, wenn wir bestehende Preiserhöhungsspielräume selber ausschöpfen und nicht die ölerzeugenden Länder. Dies hat auch der Sachverständigenrat gefordert. Daß die Bundesregierung die Mineralölsteuer 1989 stark erhöht, ohne damit die notwendige Reform anzugehen, ist ein schweres Versäumnis.

Fünftens: Den Einwand, die Umlegung der Kraftfahrzeugsteuer würde zu Finanzausgleichsproblemen zwischen Bund und

Ländern führen, halte ich für den am wenigsten überzeugenden. Es würde nicht für das föderative System in der Bundesrepublik Deutschland sprechen, wenn eine Reform wie die Umlegung der Kraftfahrzeugsteuer, für die rundherum nur alle guten Argumente sprechen, daran scheitern sollte, daß ein Bundes- und elf Länderfinanzminister sich nicht darauf einigen könnten, wie sie im Folgejahr das Steueraufkommen sachgerecht neu verteilen.

Ein weiterer Ansatz für eine rationale Steuerpolitik ist schließlich eine Reform der Art und Weise, wie erwünschte Verhaltensweisen subventioniert werden. Ein großer Teil der heutigen Subventionen wirkt progressiv, d.h. er subventioniert diejenigen Empfänger am meisten, die es wegen ihrer Leistungsfähigkeit am wenigsten nötig haben.

Die Vorsteuerpauschale für die Landwirtschaft bei der Umsatzsteuer ist ein dafür besonders auffälliges Beispiel: Diejenigen Landwirte haben den größten Vorteil von ihr, die besonders hohe Umsätze haben, also der staatlichen Hilfe meist am wenigsten bedürfen. Diese Fehlallokation von Mitteln führt gleichzeitig dazu, daß eine solche Subvention den Staat ganz besonders teuer kommt, während es doch angesichts knapper Kassen gerade darauf ankommen muß, die beschränkten Mittel auf die wirklich Bedürftigen zu konzentrieren. Solche Steuersubventionen haben außerdem den Nachteil, daß ihr Zweck und ihre Kosten nicht offen im Bundeshaushalt ausgewiesen werden müssen.

Eine rationale Finanzpolitik müßte demgegenüber die Subventionen, die einer strengen Revision standhalten, sowohl aus Gerechtigkeits- als auch aus Haushaltsgründen nicht progressiv, sondern zumindest proportional, wenn nicht sogar degressiv und als Abzug von der Steuerschuld gestalten. Außerdem sind Subventionen grundsätzlich zeitlich zu befristen und im Bundeshaushalt offen Jahr für Jahr auszuweisen.

Eine Subvention, die aus steuerpolitischen, konjunkturpolitischen, städtebaulichen und auch sozialpolitischen Gründen in diesem Sinne umzugestalten ist, ist der § 10e des Einkommensteuergesetzes, der ehemalige § 7b: der »Häuslebauerparagraph«. Nach § 10e EStG kann das zu versteuernde Einkommen um 5 Prozent der Herstellungs- oder Anschaffungskosten eines Hauses oder einer Wohnung bis zur Höchstgrenze von 300 000,– DM jährlich, also um höchstens 15 000,– DM gemindert werden, und dies acht Jahre lang. Dies führt dazu, daß ein Bauherr mit geringem Einkommen bei einem Proportionalzonensteuersatz von 22 Prozent eine Gesamtförderung von 26 400,– DM erhält, während der Höchstverdiener mit einem Spitzensteuersatz von 56 Prozent eine Förderung von insgesamt 67 200,– DM genießt. Die Subvention wird also umgekehrt proportional zum Subventionsbedürfnis beim Vergünstigungsempfänger bemessen.

Dieses Ergebnis ist nicht nur sozialpolitisch äußerst einseitig und ungerecht; es stellt auch die Devise »Leistung muß sich lohnen« auf den Kopf! Ist doch die Leistung dessen, der über Jahre hinaus Konsumverzicht übt, um sich ein Eigenheim bauen zu können, höher als die Leistung desjenigen, der ein Eigenheim ohne jede staatliche Hilfe schon aus Vermögensbildungs- oder gar Renditegründen baut.

Ich bin übrigens der Ansicht, daß eine solch verfehlte Art der Subventionierung die Betroffenen längst auf die Barrikaden getrieben hätte, wenn die Subventionswirkung nicht im komplizierten Steuerrecht versteckt wäre. Der erhebliche Mitnahmeeffekt bei hohen und höchsten Einkommen macht diese Subvention zudem unnötig teuer.

Eine rationale Steuerpolitik müßte den heutigen § 10e EStG umgestalten in eine offene Direktförderung, als Eigenheimabzugsbetrag von der Steuerschuld. Dieses ist dem System des Einkommensteuergesetzes auch durchaus nicht fremd: Gibt es doch heute bereits das proportional wirkende Baukindergeld in Höhe von 600,– DM jährlich für jedes Kind nach § 34f EStG. Ähnlich dem entsprechenden Gesetzentwurf der SPD-Bundestagsfraktion vom November 1984 könnte demnach der heutige § 10e durch einen Eigenheimabzugsbetrag ersetzt werden. Er wird von der Steuerschuld abgezogen und wirkt deshalb bei allen Eigentümern unabhängig von der Einkommenshöhe gleich. Er könnte z. B. 2,5 Prozent der Herstellungs- und Anschaffungskosten bis zu einer Höchstgrenze von 250 000,– DM betragen. Dies würde eine jährliche Subventionierung von bis zu 6250,– DM und über einen Zeitraum von acht Jahren von bis zu 50 000,– DM bedeuten.

Eine solche Regelung ist sozial gerechter. Sie konzentriert die knappen Mittel auf die wirklich Bedürftigen. Je nach Haushaltslage und Konjunkturlage könnte die Subvention kumuliert nach vorne gezogen werden bis hin zu einer Einmalzahlung am Beginn des Baues. Zweifellos könnten zusätzliche Einkommensgruppen zum Bauen oder zum Kaufen befähigt werden, wenn man z. B. den Subventionswert aller acht Jahre kumuliert zu Baubeginn, d. h. vorgezogen 50 000,– DM, auszahlen könnte.

Eine sofortige Umstellung auf eine Einmalzahlung zu Beginn des Bauvorhabens wäre sicher am wünschenswertesten; Bevölkerungskreise, die heute mangels Eigenkapital überhaupt nicht an ein Eigenheim denken können, wären – auch im Interesse der Baukonjunktur und Beschäftigungslage – zusätzliche Nachfrager. Allerdings würde dies zu Haushaltsmehrbelastungen in den ersten Jahren führen. Zwischenschritte, bei denen die Förderung in den ersten Jahren verdrei- oder vervierfacht würde und am Ende der Förderung auslaufen würde, wären demnach realistischer, der richtige Anfang.

Robert S. McNamara

The Nuclear Age: Can We Survive It?

In 1961, Helmut Schmidt, in his book "Defense or Retaliation", wrote: NATO's use of nuclear weapons "will not defend Europe, but destroy it".

In 1987 he reiterated and expanded on this same thought. During a BBC radio broadcast he said: "In 1961, I was already convinced that flexible response was nonsense. Not out of date but nonsense. Because it put at risk the lives of 60 million Germans and some 15 million Dutch and I don't know how many million Belgian people and others who live on Continental European soil. The Western idea – which was created in the 1950s – that we should be willing to use nuclear weapons first, in order to make up for our so-called conventional deficiency, has never convinced me. I can assure you that after the use of nuclear weapons on German soil, the war would be over as far as the Germans go, because they would just throw up their hands. To fight on after nuclear destruction of your own nation has started, is a very unlikely scenario and you need to be a mathematician or a military brain to believe in such nonsense."

In this essay, I want to address several of the basic questions which follow from Helmut Schmid's comments. In particular, is the risk of nuclear war unacceptably high? If so, what can we do about it? Will the Summit meetings between General Secretary Gorbachev and President Reagan prove to be steps toward reducing that risk?

Let me begin by recalling that it is nearly fifty years since Albert Einstein sent his historical letter to President Roosevelt warning him that it was essential that the United States move quickly to develop the nuclear bomb. In that half-century the world's inventory of such weapons has increased from zero to fifty thousand. On average, each of them has a destructive power thirty times that of the Hiroshima bomb. A few hundred of the fifty thousand could destroy not only the nations of NATO and the Warsaw Pact, but, through atmospheric effects, a major part of the rest of the world as well.

The weapons are widely deployed. They are supported by war-fighting strategies. Detailed war plans for their use are in the hands of the field commanders. And the troops of each side routinely undertake exercises specifically designed to prepare for that use. General Bernard Rogers, the recently retired Supreme Allied Commander of NATO forces in Europe, has said it is likely that in the early hours or early days of a military conflict in Western Europe, he would in fact have asked for the authority to initiate such use.

This situation has evolved over the years through a series of incremental decisions. I myself participated in many of them. Each of the decisions, taken by itself, appeared rational or inescapable. But the fact is that they were made without reference to any overall master plan or long-term objective. They have led to nuclear arsenals and nuclear war plans that few of the participants either anticipated or would, in retrospect, wish to support.

Because we lack a long-run plan for the nuclear age, the number of weapons continues to multiply. And now we appear on the verge of an escalation of the arms race that may not only place weapons in space, but could seriously increase the risk that one or the other of the adversaries will be tempted, in a period of tension, to initiate a preemptive nuclear strike before the opponent can get in the first blow.

Although four decades have passed without the use of nuclear weapons, and though it is clear that both the NATO and the Warsaw Pact are aware of the dangers of nuclear war, it is equally true that for thousands of years the human race has engaged in war. There is no sign that is about to change. And history is replete with examples of occasions in such wars when emotions have taken hold and replaced reason.

I do not believe the Soviet Union wants war with the West. And certainly the West will not attack the USSR or its allies. But dangerous frictions between East and West have developed in the past and are likely to do so in the future. If deterrence fails and conflict develops, as Helmut Schmidt has implied, the present Western strategy carries with it a high risk that civilization will be destroyed.

During the seven years I served as Secretary of Defense, confrontations carrying a serious risk of military conflict developed on three separate occasions: over Berlin in August of 1961, over the introduction of Soviet missiles into Cuba in October of 1962, and in the Middle East in June of 1967. In none of these cases did either side want war. In each of them we came perilously close to it.

The Berlin crisis began, I believe, with the Bay of Pigs invasion in April 1961. Seventy days after assuming office, President Kennedy accepted the advice of the Central Intelligence Agency, supported by every one of his senior advisors in the Administration, including myself, to put into effect a plan for the invasion and liberation of Cuba on which the Agency had been working for several years. The result, closely observed by the Soviet Union, can only be described as a debacle.

Less than two months later the President met with Soviet leader Nikita Khrushchev in Vienna. Khrushchev, conditioned perhaps by the Administration's mismanagement of the Cuban operations, judged Kennedy to be both inexperienced and soft.

Based on that judgment, he apparently concluded that the Soviet Union with little risk, could remove West Berlin from the control of the West. He set out to do so.

– The Soviets began by dropping chaff (similar to large masses of tin foil) in the air corridors serving Berlin. This disrupted navigational equipment and hindered Western resupply of the city by air.

– NATO responded by increasing the numbers of convoys travelling to Berlin along the ground corridors that traversed East Germany. The Soviets instructed the East Germans to stop the convoys at the checkpoints on the border between the two Germanys.

– The Allies reinforced the convoys with military escorts and were prepared, if necessary, to force their way through the border guards.

– Sometime later the East Germans allowed a convoy with military escort to enter the ground corridor but refused it permission to exit into West Berlin. Ultimately, we forced its release, but it was clear the Soviets intended to escalate the conflict.

I asked a senior NATO commander what further moves we should expect and how we should respond. He said the Soviets would probably do a and we b; they c and we d; they e and we f; and then they would be forced to g. And when I said, "What do we do then?" he replied, "We should use nuclear weapons." When I asked how he expected the Soviets to respond, he said, "With nuclear weapons."

In that event, of course, we did no such thing. The United States called up reserves and rushed additional forces to Europe, and NATO made clear its firm intention to defend West Berlin. At that point the threat receded. But if the Soviets had continued to escalate their threats to Berlin, or if either side had interpreted actions by the other as preparations for a full-scale attack, who can say what might finally have happened?

Fourteen months later the US again found itself in a confrontation with the Soviets. On October 14, 1962, a US U-2 aircraft, flying a reconnaissance mission, obtained photographic evidence that the USSR had moved nuclear-tipped ballistic missiles into Cuba. Their range would permit them to attack the most heavily populated regions of the eastern United States.

It is true that at the time the US had a strategic nuclear force of approximately five thousand warheads compared to the Soviet's three hundred. But despite this numerical superiority of seventeen to one, we did not believe we had a capability to launch a successful "first strike" against the USSR. It is possible, nevertheless, that the Soviets feared we might do so. Driven by that fear, they may have sought to increase the size of their retaliatory force by moving relatively short-range missiles from Soviet soil to Cuba, thereby increasing the number of weapons which threatened our shores.

In any event, because the United States had been "deterred" from a first strike by the force balances that had existed prior to the introduction of weapons into Cuba, that action, in the opinion of many in the Administration, did not change the military balance. It did, however, represent a political move that, it was believed, must be reversed.

There were two schools of thought on how this should be done. One group, which included the majority of President Kennedy's advisors, believed we should seek to destroy the missiles by an air attack. It was recognized that such an attack would almost certainly require a follow-up ground invasion which might result in twenty-five thousand US casualties and a corresponding number of Cubans and Soviets dead or wounded. Further, it was believed that while our military superiority in the hemisphere would assure the success of the air attacks and the land invasion, the Soviet Union would very likely respond by military action against the flanks or even the center of NATO. Those who opposed the air attacks recommended a quarantine designed to prevent Soviet resupply of Cuba until the missiles were withdrawn.

The President chose the second option. The quarantine was put in place on October 24. On October 25 a Soviet tanker approached the designated quarantine line and refused to stop despite the presence of a US destroyer on its quarter. The immediate question was, how should the United States react? Some proposed that we force the vessel to halt by gunfire. Others suggested that we not push the Soviets into a corner at that stage but give their leadership more opportunity to react to our position and ample time to communicate their decision to all their vessels at sea.

The tanker was allowed to "pass through" the line. Diplomatic exchanges continued.

On Friday evening, October 26, we received the most extraordinary diplomatic message I have ever seen. The teletype was six or seven feet in length. It was a long, rambling message signed by Khrushchev. The text had obviously been dictated by a man under intense emotional pressure. Khrushchev said, in effect, "We are both engaged in a tug-of-war, pulling on either end of a rope and thereby tying a knot that, once tied, neither of us will ever be able to undo." He was saying that events, were they to continue, would inevitably lead to war. And he added, "If war should break out, it would not be in our power to stop it – war ends when it has rolled through cities and villages, everywhere sowing death and destruction."

On Saturday morning a second message arrived. It was tougher, more coldly threatening, and clearly the reflection of a group decision rather than the words of a single individual.

Tensions continued to rise that Saturday. New photographs suggested that the Soviets were continuing work on installing the missiles. US forces in Florida prepared for an invasion of Cuba. Another Soviet ship was heading toward the quarantine line. Meanwhile, our naval antisubmarine forces in the Caribbean were closely tracking Soviet submarines and had forced five or six of them to surface near the quarantine zone.

We then learned that one of our U-2 planes had been shot down over Cuba by a Soviet surface-to-air missile. The pilot was killed. A second U-2, flying from Alaska to the North Pole, strayed over Soviet territory and drew a crowd of Soviet fighter planes before regaining its course.

Against this background we chose to reply to Khrushchev's original, less threatening, communication, emphasizing that we had no intention of invading Cuba if the Soviet offensive forces were removed from the hemisphere. But we made clear that if they were not removed, further action by the United States would follow.

I will not speculate on what that further action might have been, but I do know that as I left the White House and walked through the garden to my car to return to the Pentagon on that beautiful fall evening, I feared I might never live to see another Saturday night.

I do not wish to indicate that there was the slightest possibility that, had military action followed, the US would have initiated the use of nuclear weapons. Nor do I wish to suggest that we believed the Politburo, even in the face of US air and sea attacks, would have authorized launching of the Cuban-based nuclear missiles against our East Coast cities. But who could say that with his forces about to be destroyed, a Soviet or Cuban lieutenant on the scene would not have given the order to fire?

On Sunday Khrushchev informed the President he had issued orders to dismantle the missile bases and remove the missiles and bomber aircraft from Cuba.

The third serious confrontation with the Soviets arose over the Middle East. Early in June 1967 it was apparent to both the British and the US that the Egyptians, who had been receiving Soviet military support and who were assisted by Soviet military advisors, were preparing to attack Israel. The Isrealis, having knowledge of Egypt's preparations, were moving toward "preemption", which President Johnson unsuccessfully sought to prevent. In the early morning hours of June 5, Israel attacked and inflicted severe losses on the Egyptian forces.

At 7 a.m. the next morning, as was my custom, I arrived at the Pentagon. Soon after, the general on duty in the War Room called to report that Soviet Prime Minister Aleksey Kosygin wished to talk with President Johnson on the "Hot Line", the direct teletype link between Washington and Moscow. I informed the President and he moved quickly to join Secretary Rusk and me in the Situation Room to receive the message. Kosygin said he would work for a cease-fire. We replied we would do the same.

While we sought a negotiated settlement, the Israelis continued to advance. By June 8 they had reached cease-fire agreements with Jordan and Egypt, but they continued fighting with Syria in the Golan Heights. In the early hours of June 10 we learned that Israel was ready to terminate hostilities with Syria. We believed that an end to the war was in sight. Suddenly, Kosygin was calling again on the Hot Line, but this time the message reflected anger and threats. It said, in effect, "if you want war, you will get war".

Kosygin may have been reacting to our earlier actions. Fearing that the Soviet Union might seek to help Egypt avenge its defeat by launching a counterattack on Israel, we had ordered the US Sixth Fleet – which had been conducting training exercises in the Mediterranean and was steaming West toward Gibraltar – to reverse course and steam East. Our intention had been to put the task force in a position to defend Israel. But the Soviets may have believed we were preparing to attack Egypt.

In the face of Kosygin's threat, the President decided we had to take a tough stance. He instructed me to move the Sixth Fleet closer to the Syrian coast in order to signal unmistakably our determination to oppose any attack on Israel.

The dialogue continued over the Hot Line and eventually a cease-fire was agreed upon. But once again the superpowers had moved close to confrontation. If the Israeli-Syrian cease-fire had failed, superpower military intervention in the region would have become a reality.

In no one of the three incidents did either side intend to act in a way which would lead to military conflict, but *on each of the occasions lack of information, misinformation, and misjudgments led to confrontation. And in each of them, as the crisis evolved, tensions heightened, emotions rose, and the danger of irrational decisions increased. It is correct to say that no well-informed, coolly rational political or military leader is likely to initiate the use of nuclear weapons. But political and military leaders, in moments of severe crisis, are likely to be neither well informed nor coolly rational.*

In 1962 President Kennedy insisted that each member of the National Security Council read Barbara Tuchman's "The Guns of August". The book is the story of how the nations of Europe inadvertently blundered into World War I. The author begins by quoting Bismarck's comment that "some damned foolish thing in the Balkans" would ignite the next war. She then relates the series of steps – following the assassination on June 28, 1914, of the Austrian heir apparent, Archduke Franz Ferdinand, by Serbian nationalists – each small and insignificant in itself, which led to the most appalling military conflict in the history of the world. Time and again, at the brink of hostilities, the chiefs of state tried to pull back, but the momentum of events dragged them forward.

President Kennedy reminded us of the 1914 conversation – perhaps apocryphal – between two German chancellors on the origins of that war. One asked, "How did it happen?" and his successor replied, "Ah, if we only knew." It was Kennedy's way of stressing the constant danger of miscalculation.

Today we face a future in which for decades we must contemplate continuing confrontation between East and West. Any one of these confrontations can escalate, through miscalculation, into military conflict. And that conflict will be between blocs that possess fifty thousand nuclear warheads – warheads that are deployed on the battlefields and integrated into the war plans. A single nuclear-armed submarine of either side could unleash more firepower than man has shot against man throughout history.

In the tense atmosphere of a crisis, each side will feel pressure to delegate authority to fire nuclear weapons to battlefield commanders. As the likelihood of attack increases, these commanders will face a desperate dilemma: use them or lose them. And because the strategic nuclear forces, and the complex systems designed to command and control them, are perceived by many to be vulnerable to a preemptive attack, they will argue the advantage of a preemptive strike.

But it is a fact that in the face of the Soviet nuclear forces the West has not found it possible to develop plans for the use of its own nuclear weapons in a conflict with the USSR in ways that would both assure a clear advantage to the West and at the same time avoid the very high risk of escalating to all-out nuclear war.

What would be the consequences of such a conflict? Studies by two of my former aides in the Pentagon conclude that even under the most favorable assumptions, there was a high risk of 100 million dead. It was studies such as these that prompted Helmut Schmidt to remark that the use of nuclear weapons will not defend the West, but destroy it.

And they led not only Field Marshal Lord Carver, but Lord Louis Mountbatten and several other of the eight retired Chiefs of the British Defense Staff to indicate that under no circumstances would they have recommended that the West initiate the use of nuclear weapons in a confrontation with the Soviet Union. Similar views were expressed by General Johannes Steinhoff, the former Luftwaffe Chief of Staff, who said: "I am not opposed to the strategic employment of [nuclear] weapons; however, I am firmly opposed to their tactical use on our soil."

The risk that military conflict in Europe will quickly evolve into nuclear war, leading to certain destruction of our civilization, is far greater than I am willing to accept on military, political, or moral grounds. And, I submit, it is far greater than Europeans should be willing to continue to accept.

The conviction that we must change course is shared by groups and individuals as diverse as the anti-nuclear movements, the majority of the world's top scientists, Soviet leader Mikhail Gorbachev and President Reagan, and such leaders of Third World and independent nations as Rajiv Gandhi and the late Olof Palme. All agree that we need a plan to reduce the long-term risk of nuclear war, but there is no consensus on what course to take. The changes of direction being advocated follow from very different diagnoses of our predicament.

Five quite different proposals have been presented to deal with this problem:

- Achieving political reconciliation between East and West.
- Eliminating all nuclear weapons through negotiation (as proposed by General Secretary Gorbachev).
- Replacing "deterrence" with "defense" – the elimination of nuclear weapons by the substitution of defensive forces for offensive forces (as proposed by President Reagan).
- Strengthening deterrence by adding defensive forces to the offense (as proposed by Henry Kissinger and others).
- Accepting the proposition that nuclar warheads have no military use whatsoever except to deter one's opponent's use of such weapons.

Do any of these alternatives offer hope that the risk of nuclear war can be significantly reduced in the second half century of the nuclear age? Before discussing the choices we face, we should erase from our minds a series of misperceptions of the nuclear balance between East and West that are widespread, both in America and in Western Europe. They include such commonly held views as:

- The Soviets possess nuclear forces superior to those of NATO.
- The Soviets possess, or are seeking to achieve, a first-strike capability.
- Regardless of NATO's actions or restraint, the Soviets will continue to expand their nuclear power as quickly as they can for as long as they can.
- If the West mobilizes its technical resources, it can achieve and maintain a militarily significant lead over the Soviets.
- Given the political confrontation between East and West, the buildup of nuclear forces to their present level was inevitable.
- Arms control agreements are worthless – the Soviets cheat and their violations are undetectable.
- Arms control agreements have only led to Soviet advances.

– Nuclear weapons, even when militarily irrelevant, may serve political ends.

All of these statements are incorrect. But the arms race in the first half century of the nuclear age has been fueled in part by myths such as these. If we continue on this path for another fifty years, we will be led not only to further increases in the numbers of weapons, but to greater danger of their use in time of tension.

Let me now turn to a discussion of alternatives to this prospect. I begin with East-West reconciliation.

The East-West military rivalry, is, of course, a function of the political conflict that divides the two blocs. Many have argued, therefore, that any long-term attempt to bring a halt to the arms race and to reduce the risk of nuclear war must begin by addressing the source of the tensions – the political rivalry. It is clear that the West – North America, Western Europe and Japan – lacks an agreed conceptual framework for the management of relations with the Soviet Union and its allies.

We need a coherent, widely supported policy, rooted in reality and pressed with conviction and determination. It must be a policy which protects vital interests, enhances political cohesion, and offers the hope of influencing the Soviets to move in a favorable direction. A long-term, stable relationship between East and West is, I believe, both desirable and attainable. Even in an atmosphere of competition and mutual suspicion there are common interests, and the pursuit of each side's competitive goals can take place in an atmosphere of moderation.

The relationship must rest on the twin pillars of firmness and flexibility. It is abundantly clear that both of these elements are essential if our policies are to command public support and have a chance of succeeding. There is not a contradiction here: détente without defense would amount to surrender on the installment plan; defense without détente would increase tensions and the risk of conflict. So the two are mutually reinforcing.

Therefore, I strongly urge that we embark upon a program of "sustained engagement" to reduce political tensions. General Secretary Gorbachev's recent statements give hope that this may be possible. But this process will require time, patience, and consistency of purpose. And there are limits to the results. It cannot be expected to eliminate the periods of confrontation which have characterized East-West relations over the past four decades. It is not, therefore, a substitute for other actions designed to reduce the risk that military conflict, rising out of such confrontation, will lead to the use of nuclear weapons. Therefore, steps to control directly and reverse the arms race must go forward in parallel with efforts to reduce political tension.

So I turn next to consideration of the four different approaches to controlling directly the "volume" and "use" of such weaponry. Mikhail Gorbachev has proposed that the United States and the Soviet Union aim at achieving the total elimination of nuclear weapons by the year 2000. Is a nuclear-free world desirable if attainable? I believe it is, and I think most Americans and most Europeans would agree.

However, NATO's current military strategy and war plans are based on the opposite premise. And many – I would say most – US military and civilian officials, as well as Western European leaders, hold the view that nuclear weapons are a necessary deterrent to Soviet aggression with conventional forces. Thus, these individuals do not favor a world without nuclear weapons. For example, Zbigniew Brzezinski, President Carter's national security advisor, said of Gorbachev's proposal, "It is a plan for making the world safe for conventional warfare. I am therefore not enthusiastic about it."

My criticism of Gorbachev's vision, however, is not that it is undesirable, but that it is infeasible under foreseeable circumstances. Unless technologies and procedures can be developed to ensure detection of any steps toward building a single nuclear bomb by any nation or terrorist group, an agreement for total nuclear disarmament will almost certainly degenerate into an unstable rearmament race. Thus, despite the desirability of a world without nuclear weapons, an agreement to that end does not appear feasible either today or for the foreseeable future.

On March 23, 1983, President Reagan proposed his solution to the problem of security in the nuclear age. He launched the Strategic Defense Initiative (SDI), a vast program that promised to create an impenetrable shield to protect the entire nation against a missile attack. With the shield in place, the President argued, we would be able to discard not just nuclear deterrence but nuclear weapons themselves. The President and his former Secretary of Defense, Caspar Weinberger, continue to promise that this strategic revolution is at hand.

Virtually all others associated with the SDI have recognized and admitted that such a leakproof defense is so far in the future, if indeed it ever proves feasible, that it offers no solution whatsoever to our present dilemma. Therefore, they are advocating missions for a Star Wars system other than a perfect "security shield". These alternative aims range from defense of hardened targets – for example, missile silos and command centers – to partial protection of our population. For the sake of clarity I will call these alternative programs Star Wars II, to distinguish them from the President's original proposal, which will be labeled Star Wars I.

It is essential to understand that Star Wars I and Star Wars II have diametrically opposite strategic objectives. The President's program, if achieved, would substitute defensive for offensive forces. In contrast, Star Wars II systems have one characteristic in common: they would all require that we continue to maintain offensive forces but add the defensive systems to them.

Until there are inventions that have not yet been imagined, a defense robust and cheap enough to replace deterrence will remain a pipe dream. Given that harsh reality, President Reagan's claims that defensive forces are "morally preferable" to offensive forces and that we have a "moral obligation" to pursue them are, as the former Secretary of Defense James Schlesinger has put it, "pernicious". Thus, "mutual assured destruction" is not, as some have alleged, an immoral policy. Mutual assured destruction – the vulnerability of each superpower to the awesome destructive power of nuclear weapons – is not a policy at all. It is a grim fact of life in the nuclear age.

Former Secretary of State Henry Kissinger agrees that achievement of Star Wars I in any time period relevant to our current problem is impossible. But Kissinger has become a supporter of Star Wars II. He believes that deploying strategic defenses, while maintaining our offensive systems, will strengthen deterrence.

The most powerful argument put forward by those who favor "offense plus defense" is that presented by Kissinger: even a partially effective defense would introduce an element of uncertainty into Soviet attack plans and would thereby enhance deterrence. This assumes that the Soviet military's sole concern is to attack us and that any uncertainty in their minds is therefore to our advantage. But any suspicions they may harbor about our wishing to achieve a first-strike capability – and they do indeed hold such views – would be inflamed by a partially effective defense.

Why will the Soviets suspect that Star Wars II is designed to support a first-strike strategy? Because a leaky umbrella offers no protection in a downpour but is quite useful in a drizzle. That is, such a defense would collapse under a full-scale Soviet first strike but might cope adequately with the depleted Soviet forces that had survived a US first strike.

And that is what causes the problem. President Reagan, in a little-remembered sentence in his March 23, 1983 speech, said, "If paired with offensive systems, [defensive systems] can be viewed as fostering an aggressive policy, and no one wants that." The President was concerned that the Soviets would regard a decision to supplement – rather than replace – our offensive forces with defenses as an attempt to achieve a first-strike capability. Reagan has subsequently said, "I think that would be the most dangerous thing in the world, for either one of us to be seen as having the capacity for a first strike." But that is exactly how the Soviets are interpreting our program.

If the Soviets do not accept the statements of those who support Star Wars II – if they don't accept that SDI is not part of a first-strike strategy but only a means of strengthening deterrence – how will they respond?

It would be foolhardy to dismiss as mere propaganda the Soviet's repeated warnings that a nationwide US strategic defense is highly provocative. Their promise to respond with countermeasures and with a large offensive buildup is no empty threat. Each side's highest priority has been a nuclear arsenal that can assuredly penetrate to its opponent's vital assets. Such a capability, each believes, is needed to deter the other from launching a nuclear attack or using a nuclear advantage for political gain. The US has said it would respond to a Soviet strategic defense plan in exactly the same way they have stated they would respond to ours.

We can safely conclude, therefore, from both the US and Soviet statements, that any attempt to strengthen deterrence by adding strategic defenses to strategic offensive forces will lead to rapid escalation of the arms race. To meet the threat of arms escalation, President Reagan's senior arms control advisor, Paul Nitze, articulated a new US "strategic concept for a cooperative shift to a Star Wars world: "What we have in mind is a jointly managed transition, one in which the United States and the Soviet Union would together phase in new defenses in a controlled manner while continuing to reduce offensive nuclear arms."

Although Nitze has made clear that strategic defensive forces should not be deployed other than in accordance with the terms of an arms control agreement, no human mind has conceived of how to write such a treaty. Nitze himself has said that the transition to Star Wars would be "tricky".

Why has no one been able to outline the content of such a treaty? Because neither US nor Soviet experts can figure out how both to reduce offensive forces and permit defensive deployment, while at the same time giving each side confidence in maintaining its highest goal: assuring an effective deterrent against nuclear attack. So it can be said without qualification: we cannot have both deployment of Star Wars and arms control. That was confirmed at the December Summit meeting in Washington.

In sum, I can see no way by which the US deployment of an anti-ballistic missile defense will strengthen deterrence. None of the rationales for Star Wars II offers a satisfactory approach to reducing the risk of nuclear war in the decades that lie ahead. And they carry the certainty of high cost and a dangerous escalation of the arms race.

We are left, then, to turn to our final option: a reexamination of the military role of nuclear weapons. Earlier I stated that no one had ever developed a plan for initiating the use of such weapons with benefit to the West. More and more military and civilian leaders are publicly acknowledging this fact.

If there is a case for NATO retaining its present strategy, that case must rest on the strategy's contribution to the deterrence of Soviet conventional force aggression being worth the risk of nuclear war in the event deterrence fails.

But as more and more Western political and military leaders recognize, and as they publicly avow, that the launch of strategic nuclear weapons against the Soviets' homeland – or even the use of battlefield nuclear weapons – would bring greater destruction to the West than any conceivable contribution they might make to its defense, there is less and less likelihood that the West would authorize the use of any nuclear weapons except in response to a Soviet nuclear attack. As this diminishing prospect becomes more and more widely perceived – and it will – whatever deterrent value still resides in the West's nuclear strategy will diminish still further. One cannot build a credible deterrence on an incredible action.

There are additional factors to be considered. Whether it contributes to deterrence or not, the threat of first use is not without its costs. It is a most contentious policy, leading to divisive debates both within Western Europe and North America; it reduces the West's preparedness for conventional war; and, as I have indicated, it greatly increases the risk of nuclear war.

The costs of whatever deterrent value remains in the West's nuclear strategy are substantial. Could not equivalent deterrence be achieved at lesser "cost"? I believe the answer is yes. Compared to the huge risks which we now run by relying on increasingly less credible nuclear threats, recent studies have pointed to ways by which the conventional forces may be strengthened at modest military, political, and economic cost. And Gorbachev has indicated it may even be possible to achieve the same result through negotiation.

The West has not moved to either strengthen its conventional forces, or to initiate negotiation with the Soviets on the conventional balance in Europe, because there is today no consensus among its military and civilian leaders on the military role of nuclear weapons.

There is, however, a slow but discernible movement toward acceptance of three facts:

- As Helmut Schmidt has been saying for a quarter of a century, the West's existing plans for initiating the use of nuclear weapons, if implemented, are far more likely to destroy Western Europe, North America, and Japan than to defend them.
- Whatever deterrent value remains in the West's nuclear strategy is eroding and is purchased at heavy cost.
- The strength, and hence the deterrent capability, of Western conventional forces can be increased substantially either by negotiation or by actions which are consistent with realistic political and financial constraints.

It is clear that nuclear warheads are not weapons in the normal sense of the term – they have no military use whatsoever except to deter one's opponent from their use. I propose, therefore, for the long run, that we base all our military plans, our defense budgets, our weapons development and deployment programs, and our arms negotiations on that proposition.

The ultimate goal should be a state of mutual deterrence at the lowest force levels consistent with stability. If NATO and the Warsaw Pact were to agree, in principle, that each side's nuclear force would be no larger than was needed to deter a nuclear attack by the other, how might the size and composition of such a limited force be determined?

When discussing Gorbachev's proposal for the total elimination of nuclear weapons, I pointed out that a nuclear-free world, while desirable in principle, was infeasible under foreseeable circumstances because the fear of cheating in such an agreement would be very great. I stressed, however, that policing an arms agreement that restricted each side to a small number of warheads is quite feasible with present verification technology. The number required for a force sufficiently large to deter cheating would be determined by the number the Soviets could build without detection by NATO. I know of no studies which point to what that number might be, but surely it would not exceed a few hundred, say at most five hundred. Very possibly it would be far less, perhaps in the tens.

Such an ultimate objective could be achieved only over a period of years. We should move toward it on the basis of a broad consensus within the Alliance. It is highly unlikely that such a consensus can be developed unless:

1. There is a lessening of political tension between East and West. We should probe the degree to which Gorbachev will move in that direction.

2. There is a reduction of the apparent imbalance in NATO and Warsaw Pact conventional forces. Here, too, we should seek to determine the meaning of Gorbachev's words. He has said the Soviets are willing to:

a) reshape their forces to achieve "reasonable sufficiency" [as contrasted to "superiority"];

b) adopt a "defensive posture" [as contrasted to an "offensive" stance].

And, recognizing that the Pact's numbers of tanks, artillery pieces, and helicopters are two to three times as great as those of NATO, the General Secretary has said the Soviets are prepared to accept "asymmetrical" [as opposed to "equal"] reductions in order to achieve conventional force balance.

I don't know what Gorbachev means by the terms "reasonable sufficiency", "defensive posture", and "asymmetrical reductions". And I don't know how fast he and his government are prepared to discuss the application of those terms to military force levels in Europe. But I do believe that the chance to move forward to explore some of the fundamental factors affecting political tensions between East and West, and the risk of military confrontation, appears greater at this time than at any other period in the past four decades.

I conclude, therefore, that the second half century of the nuclear age need not be a repetition of the first.

We can – indeed we must – move away from the ad hoc decision-making of the past several decades. It is that process which has led to a world in which the two great power blocs, not yet able to avoid continuing political conflict and potential military confrontation, face each other with nuclear war-fighting strategies and nuclear arsenals capable of destroying civilization several times over.

Through public debate, a debate in which all of our citizens – the potential victims of nuclear war – have both the capability and responsibility to participate, we can reduce the risk of catastrophe by establishing long-term objectives that will underlie and shape our political relations and military programs. That must be our goal.

Most Americans and most Europeans are simply unaware that Western strategy calls for early initiation of the use of nuclear weapons in a conflict with the Soviets. Eighty percent of the Americans indicated in a recent poll that they believe NATO would not use such weapons unless the Soviets used them first. They would be shocked to learn they are mistaken. And they would be horrified to be told that senior military commanders themselves believe that to carry out our present strategy would lead to the destruction of our society. But those are the facts.

In truth, the Emperor has no clothes. NATO's present nuclear policy is indeed bankrupt. President Reagan's intuitive reaction that we must change course – that we must recognize nuclear warheads cannot be used as military weapons – is correct. To continue as in the past would be totally irresponsible.

As I began this lecture I referred to three crises from my own term as Secretary of Defense: Soviet pressure on Berlin in 1961; the introduction of missiles into Cuba in 1962; and the Middle East War in 1967. My purpose was to provide a personal perspective on *one of the central themes of this statement: Things can go wrong. Actions can lead to unintended consequences. Signals can be misread. Technologies can fail. Crises can escalate even if neither side wants war.*

Three recent events – the shoot-down of Korean Air Lines Flight 007, leading to the death of 269 civilians; the explosion of the US space shuttle Challenger; and the nuclear reactor accident at Chernobyl – reinforce this point. They serve to remind us all how often we are the victims of misinformation, mistaken judgments, and human fallibility. It is inconceivable to me that in a crisis situation, with all its inevitable pressures, decisions regarding the use of nuclear weapons would be unaffected by such factors.

The loss of KAL 007 was a great tragedy. But a similar error in judgment leading to the launch of nuclear weapons would be an unparalleled disaster. We must act to avoid such a disaster by making less and less likely the use of these weapons. The course we have been following for nearly half a century has been taking us precisely in the opposite direction.

The arms negotiations now underway represent a historic opportunity to change course and to take the first step toward the long-term goals which I have outlined. We can lay the foundation for entering the twenty-first century with a totally different nuclear strategy, one of mutual security instead of war-fighting; with vastly smaller nuclear forces, no more than a few hundreds, or perhaps a few tens, in place of fifty thousand; and with a dramatically lower risk that civilization will be destroyed. We have reached the present dangerous and absurd confrontation by a long series of steps, many of which seemed to be rational in their time. Step-by-step, we can undo much of the damage.

The program I have presented would, I believe, initiate that process. But whether or not there is acceptance of my specific proposals, we can surely agree on this: we must develop a consensus for a long-term political and military strategy for the second half century of the nuclear age – a strategy that will reduce the unacceptable risks we now face and begin to restore confidence in the future.

Surely our first duty and our first obligation must be to assure, beyond doubt, the survival of our civilization.

Yehudi Menuhin

Als wären sie eine Art von Musik

Und so lang du das nicht hast,
Dieses: Stirb und werde,
Bist du nur ein trüber Gast
Auf der dunklen Erde.
(Goethe, West-Östlicher Divan)

Immer wieder, wenn ich Helmut Schmidt begegne oder über ihn spreche oder nachdenke, frage ich mich, warum nicht alle unsere im Staatsleben führenden Männer und Frauen die Gabe und Größe seines Geistes und Herzens haben, seines weitschauenden Blicks, seiner Menschlichkeit und seiner musikalischen Kenner- und Könnerschaft.

Gewiß hat die das nationale Bewußtsein und Gewissen erschütternde Niederlage aus dieser großen Nation heraus einige bedeutende Persönlichkeiten geprägt, bei denen sich höchster Seelenadel mit intellektueller Weite und tiefer Humanität vereint.

Wiedergeburten – auch die einer Nation – sind vielleicht die Art und Weise, wie die Natur eine neue Wesenhaftigkeit, ein neues, kräftiges Destillat schafft, das in einer neuen Zeit bedeutsam wird. Doch sind der besten Früchte solcher Art zu wenige und zu seltene.

Wir haben einige wohlmeinende Weltstaatenlenker, wir haben andere mit hervorragenden Fähigkeiten und solche von unbezweifelbarer Integrität. Aber wer von diesen kann die gegenwärtige Krise der Menschheit voll ermessen? Wer könnte das weltweite Leiden, die zunehmenden Veränderungen und unheilvollen Bedrohungen innen- und außenpolitischer, sozialer, physischer, ökonomischer und ökologischer Art erfassen, und wer könnte diesem makabren Vorgang seine möglichen Richtungen und die ihm eigene Geschwindigkeit ansehen und zuschreiben und dann dessen Gefolgschaften und die Völker der Welt einer möglichen Rettung entgegenführen, mit Hilfe therapeutischer und korrektiver Maßnahmen, die längst überfällig sind?

Wo ist unter den gegenwärtigen Führern der Welt einer, der bestimmt und klar die lähmenden Gifte erkennen könnte, die in unseren noch so glückselig freien demokratischen Körpern schon wirksam sind? Oder wer kann die tieferen Bedeutungen des Kommunismus veranschlagen – Bedeutungen, die völlig verschieden sind und im krassen Widerspruch stehen zu allem, was in der Welt heute gepredigt und praktiziert wird? Wer ist da, der entlang der Richtschnur des gemeinsamen Anliegens und auf der Grundlage wechselseitigen Verständnisses die Feinde unserer Welt zusammenfassen und isolieren könnte vor der endgültigen Katastrophe? Nach meiner Erfahrung und Überzeugung könnten es nur Männer und Frauen von der Tiefe, der Humanität und der Stärke des Charakters eines Helmut Schmidt sein.

Es ist zutiefst zu bedauern, daß in den Korridoren der Macht zur Zeit sein Beitrag nicht gefragt ist, so wie er es verdiente und wie wir, die Menschheit, seiner bedürften. Doch wir dürfen ihm, der so viel geleistet und zum allgemeinen Wohl beigetragen hat, die jetzigen Jahre des Nachdenkens, des Schreibens und Redens, des Musikmachens und Musikhörens in der Gesellschaft seiner außergewöhnlichen Frau und Gefährtin Loki, einer Frau von edler Herzensbildung, nicht mißgönnen.

Von allem, was Menschen im Wesentlichen verbindet, steht an erster Stelle die Musik. Im innersten Kern der Musik walten Resonanz und Echo. Alles, was wir hören, ist schon geschehen, klingt noch fort und ist doch auch schon aufgenommen, in gewissem Sinne überholt und einbezogen in jedes neue ›Jetzt‹. Nachhall, Resonanz ist in der Musik das, was in der Bewegung das Momentum, die Triebkraft ist.

Deshalb ist keine Tat, kein Ereignis ohne Folge. Kontinuität, Sukzession, Transformation sind von der gleichen Wesenhaftigkeit wie Materie und Energie, wie das Leben, das des Organischen und des Anorganischen. Die Alten wußten, daß alles heilig ist, denn alles hat am Ewigen teil.

Sicher ist keine Leistung der Menschen der ›Schöpfung‹ im wahrsten Sinne des Wortes so nahe, wie Musik und Sprache es sind. Jede andere Kunst oder Wissenschaft, jede ›Entdeckung‹ ist eine Anpassung an Vorhandenes oder Neufassung dessen, was entweder der Möglichkeit oder der Wirklichkeit nach schon existiert. Malerei ist eine Neuinterpretation visueller Elemente, stimmungshafter Eindrücke, die in eine sichtbare Komposition gebracht werden, je nach Lage der Dinge übertrieben, abstrahiert oder entstellt. Es gibt keine Wissenschaft, die nicht eine Erweiterung einer schon vorhandenen Erscheinung mit Hilfe der Abstraktionen des deduktiven logischen Denkens (das dem Leben innewohnt) wäre und nicht auf der Anwendbarkeit universaler Axiome basierte.

Aber Musik und Sprache sind Laute und Organisation von Lauten, die von ihrem Vorbild in der Natur weiter entrückt sind als jede andere ›Schöpfung‹.

Es gibt in der Natur eine solche Fülle von Überlebensstrategien, wie Flucht, Gift, Verstellung usw., daß sie die kühnsten menschlichen Vorstellungen weit in den Schatten stellen würde. Aber selbst das Lied der Lerche oder Nachtigall, der Gesang des Walfisches oder des Delphins, selbst das Rauschen des Windes in den Bäumen oder des Wassers in seinen zahllosen Manifestationen sind sehr weit von dem Gedanken und der Empfindung fortgerückt, die diese meine Worte ausdrücken – ganz zu schweigen etwa von der Entfernung zu Brahmsschen Symphonien.

Nun sind Reden, Lesen und Schreiben, das Komponieren und Spielen von Musik oft in der Hand von Narren, Geistlosen, Engstirnigen, Uneingeweihten – die Welt ist übervoll von Beispielen des Minderen, Trivialen, Überflüssigen – selbst in grammatisch korrekten Wendungen und Musiknotationen – unter Gebildeten wie Ungebildeten, Ehrgeizigen wie Müßigen.

Es besteht absolut keine Gewähr dafür, daß diejenigen, die zwar formal geschult, aber mit jener Dimension des Ewigen gänzlich unvertraut sind, für die Menschheit und das Leben nützlicher sind als die Ungeschulten, denen gleichfalls dieses wesentliche Vermögen fehlt. Der Gärtner, der pflanzt und kultiviert und sich der Fortdauer der Gattungen widmet, kommt vielleicht im täglichen Leben einer menschlichen und menschenwürdigen Lebensbedingung im Gleichgewicht von Jetzt und Immerdar am nächsten.

Diese intuitiven und prinzipiellen Betrachtungen kommen mir in den Sinn, wenn ich über die Persönlichkeit und den Charakter von Helmut Schmidt und seiner geliebten, wunderbaren Frau Loki, die von Beruf Botanikerin und Lehrerin ist, nachdenke. Beide betrachten sie die Probleme und Zwänge verschiedener menschlicher Gruppierungen als *organisch* determiniert und dabei ebenso bedingt durch ihre geistigen und philosophischen Überzeugungen wie durch Vererbung, Gewohnheit, Konvention, Bedingtsein, und zwar durch hochherzige Handlungen ebenso wie durch niedrige. Und dann lauschen sie diesen Bekundungen, als wären sie eine Art von Musik – Musik, die durch die Jahrhunderte hin nachklingt – und erkennen, wie wir sterblichen Geschöpfe gefangen sind in den Nachwirkungen von Taten und Ereignissen, die uns vorangehen oder folgen.

Einige Politiker hören auf die unzuverlässigen Bekundungen des Beifalls oder des Tadels – aber einige, größere, achten auf sie gleichsam unter dem Blickwinkel des Überzeitlichen, Wesentlichen – *sub specie aeternitatis* –, achten auf die Gezeiten und Winde in den Geschäften der Menschen, im Bewußtsein der Folgen vergangenen Tuns in der Voraussicht der Folgen gegenwärtiger Taten und Ereignisse.

Dies zu können ist ein Zeichen der Musikalität Helmut Schmidts, seiner musikalischen Könner- und Kennerschaft. Diese seine Leidenschaft für die Kunst, die das Wesentliche, Essentielle menschlichen Seins auszudrücken vermag, hat ihn bewogen, sich einem großen und großartigen Experiment fördernd zur Verfügung zu stellen: dem von Justus Frantz geplanten und durchgeführten schleswig-holsteinischen Musik-Festival des Jahres 1986, das in diesem Jahre seine erfolgreiche Fortsetzung gefunden hat. Das Engagement Helmut Schmidts für dies große und gelungene Projekt gibt mir Veranlassung und Mut, von der von mir 1977 ins Leben gerufenen Organisation ›Live Music Now‹ zu sprechen, weil mein Ziel bei diesem Projekt in gewissem Sinne den Zielen von Justus Frantz und seinem Förderer Helmut Schmidt entspricht.

Ich hatte schon lange den Gedanken erwogen, lebendige Musik, Musik in unmittelbarer Darbietung durch junge talentierte Künstler vor den verschiedenartigsten Zuhörerschaften spielen zu lassen. Ich sagte damals, als das Projekt gestartet wurde, das Ziel sei eine neue, heutige Form, Musik, vor allem klassische Musik, aber auch qualitativ hochstehende andere, in weitem Umfange an solche Kreise der Gemeinschaft heranzutragen, die bislang, wenn überhaupt, dann nur mit ›Konservenmusik‹ bekannt geworden waren. ›Live Music Now‹ habe zum Ziel, eine Schar ausgezeichneter junger Musiker zusammenzubringen, die ihren Lebensunterhalt verdienen müßten und ein Publikum brauchten, um die unersetzliche, für ihre Kunst ganz wesentliche Verbindung mit denjenigen Menschen zu finden, die die Erfrischung und Ermunterung durch ›lebendige Musik‹ brauchten, wo immer sie sich biete.

Zwei Ziele wurden damit gleichzeitig verfolgt: Die jungen Musiker würden Erfahrungen sammeln und feststellen, welche Bedeutung der Musik in rein menschlicher Hinsicht zukomme, was nicht immer in jenen auf Form sehenden Kreisen feststellbar ist, wo die Menschen sich entsprechend den gesellschaftlichen Gepflogenheiten benehmen. So aber würden Zuhörerschaften, unter ihnen Behinderte, Alte, in Gemeinschaften lebende Menschen, die von den Konzerten der großen Musik-Tourneen kaum oder gar nicht berührt würden, zum erstenmale Musik ›live‹ hören.

Anfangs war der Gesamtumfang der Veranstaltungen noch bescheiden: Im Jahre 1977 wurden nur 17 Konzerte verzeichnet. Acht Jahre später war ihre Zahl auf 820 gestiegen. Finanziell wird das Projekt von Zuschüssen kulturfördernder Institutionen, großen Firmen und den bescheidenen Eintrittsgeldern getragen.

Es war schon immer mein Traum gewesen, ›lebendige‹ Musik in das gewöhnliche Leben von Menschen aller Altersstufen zurückzubringen, nicht nur ins eigene Heim, sondern auch an solche Orte, wo die meisten von uns unsere Zeit verbringen, wo wir arbeiten, studieren, leiden oder feiern, sei es Fabrik oder Büro, Schule oder Gefängnis, Gemeindehaus oder Kirche. So wurden in den ersten sieben Jahren Konzerte an solch verschiedenen Orten Englands wie dem Gefängnis von Brixton und dem Britischen Museum gegeben.

Als Mitwirkende im Rahmen dieses Projektes können sich begabte junge Musiker bewerben. Sie werden zum Vorspielen oder Vorsingen vor kleine Auswahlgremien von hochqualifizierten Gutachtern geladen, die sich dieser Aufgabe freiwillig unterziehen und zu denen namhafte Künstler gehören. Diese Jury achtet dabei nicht nur auf sachgemäßes musikalisches Können, sondern auch auf die Fähigkeit des Musikers, durch seine Persönlichkeit und seine Begeisterungsfähigkeit ansteckend und mitreißend auf das unterschiedliche Publikum einzuwirken.

Die jungen Musiker erhalten ein kleines Entgelt für ein solches Engagement, sofern sie nicht einem großen Ensemble angehören oder an einer Tournee teilnehmen. Die Programme werden so zusammengestellt, daß sie in angemessener Weise auf die jeweilige Zielgruppe der Hörer zugeschnitten sind. Während klassische Musik im Vordergrund steht, wird leichtere Musik von Qualität nicht ausgeschlossen.

Viele Ensembles spielen nur Klassiker. Aber andere Gruppen bereichern ihr Programm – zum Leidwesen von Puristen – mit leichterer Musik oder auch Jazz. Die Organisatorin war anfangs besorgt, es könne zu sehr nach ›Kunst um der Kunst willen‹, nach

›l'art pour l'art‹ klingen. Später erkannte sie jedoch, daß Breite des Spektrums und Mannigfaltigkeit wesentliche Bedingungen für die Weiterentwicklung des Vorhabens waren.

Eins jedoch gilt unabdingbar für die Künstler, die in diesem großen Projekt mitwirken: Talent, Begabung, Können. Ohne diese drei gäbe es keine Rechtfertigung für die Existenz des Projekts. Ihnen soll gemäß den Grundsätzen der Institution geholfen werden, aber es käme einer Herablassung gleich, wenn man einer entlegenen Dorfgemeinde oder einer Gruppe von Alten und Behinderten nicht die besten der verfügbaren Künstler anböte.

Bei den meisten Veranstaltungen stellen die Künstler die Musik, die sie spielen, selbst vor, wobei sie sich auf die Grenzen des Verständnisses ihrer Zuhörer einstellen. Und da gerade Kinder von musikalischen Demonstrationen in lebendiger Unmittelbarkeit fasziniert sind, ist es das Bestreben, das Projekt ›Live Music Now‹ auch in die Schulen hineinzutragen.

Viele junge Künstler haben sich über den Nutzen und Gewinn geäußert, den sie durch ihre Mitwirkung in ›Live Music Now‹ empfangen hätten: dies sei der wahre Sinn und Zweck von Musik. Verantwortliche Leiter und Leiterinnen, Beschäftigungstherapeuten, Heimvorsteherinnen, Gefängnisgeistliche und Sozialarbeiter aller Arten haben durch die Einladungen junger Musiker des ›Live Music Now‹-Programms zu Konzerten die sozialen Schranken abbauen können. Diese Pioniere in den Fürsorge-Berufen sind durch die Dankesbekundungen ihrer Schutzbefohlenen reichlich belohnt worden.

Inzwischen gibt es ›Live Music Now‹ auch in Holland, Frankreich, Belgien und Spanien. Große Künstler wie Pierre Boulez oder Victoria de los Angeles, die das Projekt fördern, haben die Bereicherung des Musiklebens erkannt, die durch die wechselseitige Förderung der jungen Musiker und ihrer verschiedenen Zuhörerschaften zustande kommt.

Ich glaube, daß dieses Projekt, diese Institution, die ich hier skizziert habe, den Ansichten und Überzeugungen meines Freundes Helmut Schmidt, dieses im weitesten und wesentlichen Sinne politisch und sozial engagierten Menschenfreundes und Musikers, entgegenkommt und auch ihn zu Plänen und Projekten geführt hat, in denen die Musik des Menschen als wesenhafter Ausdruck reiner Menschlichkeit auf die Erneuerung der Welt hoffen läßt, die in Goethes Wort vom ›Stirb und werde‹ aufklingt.

Wolfgang Mischnick

Zwischen Freiheit und sozialer Sicherheit

Eigenverantwortung und soziale Absicherung werden von vielen als Gegensätze angesehen; in der Tat besteht jenes Spannungsverhältnis von Freiheit und Sicherheit, das soziale Marktwirtschaft heute kennzeichnet. Die Frage, ob Marktwirtschaft der sozialen Korrektur bedarf, ist bei uns nicht mehr streitig: Freiheit braucht soziale Sicherung. Strittig ist jedoch die Grenzziehung; denn, wie so oft, kommt es auch in dieser Frage »auf die richtige Mischung zwischen sozialer Gerechtigkeit und individueller Verantwortung«, zwischen Freiheit und sozialer Sicherheit an.

Während die einen befürchten, daß soziale Sicherheit Eigenverantwortung und Eigenvorsorge überwuchert und auf Dauer zu ersticken droht, verbirgt sich für die anderen hinter der Eigenverantwortung der Versuch, die Axt an den Baum sozialer Sicherheit zu legen und sozialpolitischen Kahlschlag vorzubereiten.

Das Idealbild des mündigen Bürgers, der aus eigener Kraft sein Leben gestaltet, allein ohne staatliche Hilfe die Wechselfälle des Lebens bewältigen kann, wird zwar sonntags beschworen, verblaßt aber in der Realität des Werktages. Zunehmendes Versorgungs- und Sicherheitsdenken gefährdet das Bewußtsein für den Wert von Freiheit und Eigenverantwortung. Unsere Verfassung mißt der Freiheit und der Eigenverantwortung als Teil der Menschenwürde besondere Bedeutung bei. Die Bereitschaft, Chancen, aber auch Risiken, die Eigenverantwortung bietet, in Anspruch zu nehmen, wird durch ein extremes Sicherheitsdenken geschwächt. Dies mag damit zusammenhängen, daß – wie Zacher 1983 mutmaßte – »die sozialen Korrekturen der Marktwirtschaft die Nutzung ihrer Chancen immer mehr zu erübrigen scheinen«.

Parallel dazu ist auch eine Erosion des Verantwortungsbewußtseins sich selbst und anderen gegenüber festzustellen. Die Kollektivierung des Risikos eigenen Handelns durch soziale Sicherung, die Beseitigung der »Lästigkeit« eigenen Fehlverhaltens, ihre Verlagerung auf andere – Versichertengemeinschaft oder Arbeitgeber – läßt die Bereitschaft, z. B. für die Konsequenzen ungesunden Lebenswandels einzustehen, abnehmen. Dies gilt insbesondere dann, wenn der Gedanke der Subsidiarität sozialer Absicherung in den Hintergrund tritt bzw. wenn soziale Sicherungssysteme kaum mehr Elemente positiver Verhaltenssteuerung enthalten. Eine Sozialpolitik, die den einzelnen aus seiner Verantwortung entläßt, schränkt letztlich auch die Freiheit des einzelnen ein.

Der »Krise der Eigenverantwortung« entspricht die »Krise des Sozialstaates, der sozialen Sicherung«. So sehen die einen die »Sozialstaatsentwicklung in der Sackgasse« und konstatieren, daß »der entwickelte Kapitalismus ebensowenig ohne den Sozialstaat leben kann – wie mit dessen weiterem Ausbau«. Andere formulieren noch schärfer: »Der Sozialstaat ist auf dem Wege, selbst zum Sozialfall zu werden.«

Was soziale Sicherheit im einzelnen ist, welchen Umfang sie hat oder haben sollte, ist umstritten. Übereinstimmung besteht jedoch in einem: Bekämpfung von Not, Sicherung des Existenzminimums; denn »die Gesellschaft ist für jene verantwortlich, die sich nicht selbst helfen können.« Der moderne Sozialstaat beschränkt sich aber nicht darauf; sondern durch die Vermehrung sozialstaatlich wahrgenommener »Besser-schlechter-Relationen« versteht er sich immer mehr als »Vermittler von Chancengleichheit und Wohlstandsteilhabe«. Zugleich wird von ihm der Schutz »gegen die sog. Wechselfälle des Lebens« erwartet. Diese Vieldeutigkeit des Begriffs des Sozialstaates, der Umfang der erwarteten und gewährten sozialen Sicherung sind mit ursächlich für sein Dilemma.

Bevor auf einzelne dieser Ursachen skizzenhaft eingegangen und Lösungen angedeutet werden, legt der Anlaß dieses Artikels es nahe, sich mit den Äußerungen Helmut Schmidts zur Sozialpolitik auseinanderzusetzen und kurz auch die Entwicklung der letzten Jahrzehnte darzustellen.

Die Auffassung Helmut Schmidts ist deshalb von besonderem Interesse, weil er in einer Zeit wirtschafts- und sozialpolitischer Turbulenzen als Bundeskanzler maßgebend das Krisenmanagement jener Jahre mitbestimmt hat. Gerade weil er nicht zur Gilde der etablierten Sozialpolitiker gehört – was ihn vor mancher Betriebsblindheit bewahrt hat –, ist es reizvoll, wenn er aus der Sicht des Ökonomen sich den Problemen und Entwicklungen der sozialen Sicherheit nähert. Denn ein bißchen mehr ökonomischer Sachverstand in der Sozialpolitik ist allemal kein Schaden.

Eines der Leitmotive seiner Reden bilden Freiheit und soziale Verantwortung; mit anderen Worten: Eigenverantwortung und solidarische Sicherheit. So verweist er zu Recht darauf, daß unsere Gesellschaft »gekennzeichnet ist durch das höchste Maß an Freiheitlichkeit« für den einzelnen und einzelne Gruppen. Er warnt davor, das, was »an konkreter Freiheit für den einzelnen Menschen erreicht wurde, geringzuschätzen«, »das soziale Netz der Sicherheit unterzubewerten«, aber auch dieses soziale Netz, das »viele Bürger besonders auch in wirtschaftlicher Krisenzeit trägt« zu überlasten. Freiheit – so wie er sie versteht – setzt nicht nur Verantwortlichkeit, sondern zugleich auch die »Verpflichtung der autonomen Kräfte auf das gemeinsame Wohl, auf das öffentliche Wohl, auf die res publica« voraus.

Von dieser Verpflichtung ausgehend darf der Sozialstaat »auch nicht zu einem Selbstbedienungsladen gemacht werden«, da er sonst »kaputtginge, wenn von ihm immer nur gefordert wird und dabei vergessen würde, daß man dazu beitragen muß, wenn man etwas von ihm haben will«. Neben der Kritik an einer wachsenden »Anspruchshaltung« und schwindender »Beitragshaltung« weist er auch auf die Gefahren der Verknöcherung der Strukturen, starker sozialer

Besitzstände hin, die »von einem Nachdenken über die Beseitigung sozialer Defizite abhalten«, und so die Möglichkeiten zur Umstrukturierung, zum Umdenken und zum Anpassen an neue Notwendigkeiten in Frage stellen.

Zugleich betont er, daß »wirtschaftliche und soziale Maßnahmen von den verfügbaren Ressourcen« abhängen und es deshalb »nüchterner Prüfung bedarf, mit welchen Mitteln diese sozialen Lebensbedingungen verbessert werden können«. Deshalb ist für ihn »eine Einschränkung der Möglichkeiten zum Mißbrauch des sozialen Netzes ein Gebot der Solidarität, auch wenn dies vielfach oberflächlich als unsozial abgetan wird«; denn »ohne Zweifel gibt es vielerlei Nassauer und Mitnehmer – hier liegen derzeit unangenehme, aber unausweichliche Aufgaben der Sozialpolitik«.

Die enorme Steigerung der Soziallasten macht Grenzen der Finanzierbarkeit des Systems deutlich, Grenzen, die er mit den Worten charakterisiert: »Wer gegenwärtig eine weitere Ausweitung der Sozialleistungen fordert, der muß wissen, daß er zwangsläufig die Belastung der aktiven Arbeitnehmer immer stärker erhöht. Mir ist klar, daß es psychologische (und politische!) Grenzen für solche Mehrbelastungen gibt, die man nicht überschreiten darf.« Daraus ergibt sich für ihn die Konsequenz, daß »die bisherige Steigerung der Sozialausgaben und Leistungen nicht mehr so fortgesetzt werden kann. Umgekehrt: Der Zuwachs muß gebremst werden«.

Die Problematik von Eigenverantwortung und sozialer Sicherheit stellt zugleich auch die Frage nach der Rolle und Funktion des Staates im System der sozialen Sicherheit. Der Schmidtsche Hinweis, daß es »keineswegs ein Naturgesetz ist und keines werden darf, daß alles, was an neuen Aufgaben zu lösen dringlich erscheint, nun gefälligst dem Staat überantwortet wird«, ist aus liberaler Sicht richtig und dahingehend zu ergänzen, daß dies selbstverständlich auch für »alte« Aufgaben zu gelten hat. Denn »eine Demokratie, die letztlich darauf vertraut, der Staat werde schon alles richten, kann schwer zu Schaden kommen. Der Staat muß Raum lassen und

Raum schaffen dafür, daß auch anderswo Entscheidungen zustande gebracht werden können als in Behörden, Regierungen oder Parlament«.

In der Praxis sind diese warnenden Worte jedoch weitgehend unbeachtet geblieben, wie ein kritischer sozialdemokratischer Betrachter der sozialpolitischen Szene jener Jahre konstatierte: »Die SPD-Sozialpolitik war immer vom Ideal der Vollversorgung bestimmt. Die Kollektivsicherung sollte so umfassend sein, daß dem einzelnen kein Eigenbetrag und keine besondere Vorsorge zur Bewältigung der Standardrisiken der Industriegesellschaft abverlangt werden mußten ... Die SPD hat ihre Philosophie der Vollversorgung keiner kritischen Prüfung unterzogen, auch nicht, als es längst eine Weltwirtschafts- und Sozialstaatskrise gab. Grund dazu hätte es schon vorher gegeben, denn Vollversorgung im eigentlichen Sinne für alle Lebensrisiken ist schon immer ökonomisch eine unrealistische Utopie gewesen. Auch hätte man sich fragen sollen, ob die Fähigkeit und Bereitschaft zu größerer Eigenvorsorge nicht inzwischen mit wachsendem Wohlstand und zunehmender Verbürgerlichung der Arbeiterschaft gewachsen war.« »Individualität, persönliche Gestaltungsfreiheit, Selbstverantwortung und Selbsthilfe konnten sie immer nur als Gegensatz zu Solidarität empfinden, nicht als etwas Positives, das sich im Schutze und auf der Basis von Solidarität entwickeln darf und soll und deshalb seinen Platz in der Arbeitswelt und in der Sozialsicherung haben muß.«

Trotz manch kritischer Bemerkungen überwiegt jedoch bei Helmut Schmidt die positive Einschätzung des Systems der sozialen Sicherheit, da dieses Modell »wirtschaftliche Prosperität und zugleich soziale Gerechtigkeit« gefördert sowie sich »prinzipiell und grundsätzlich bewährt habe«. »Die Bewahrung eines stabilen sozialen Sicherungsnetzes« ist für ihn wesentliche Voraussetzung für Leistungswillen und Verantwortungsbereitschaft der Arbeitnehmer gewesen.

Die Politik der sozialen Sicherung in den letzten Jahrzehnten ist oft von gegenläufigen, einander widersprechenden Entwicklungen und Entscheidungen bestimmt worden. Rapide Expansion sozialer Leistungen wechselte rasch mit sozialpolitischer Reduktion und Konsolidierung. Die Ursachen dafür sind bekannt: hektische, von kurzfristigen oder kurzsichtigen Finanzierungsgesichtspunkten geprägte gesetzgeberische Eingriffe, falsche Prognosen der wirtschaftlichen Entwicklung, »Verteilung inflationsbedingter Scheingewinne der Rentenversicherung im Jahre 1972«, eine Rechtsprechung, die Sozialleistungen ausweitet und immer stärker differenziert, Verschiebebahnhöfe zwischen den verschiedenen Sozialversicherungsträgern sowie ein keineswegs immer »edler Wettbewerb« um Wählerstimmen durch neue Leistungsversprechen.

Die Jahre 1975-1984 waren von einer wachsenden Inanspruchnahme von Sozialleistungen und intensiven Bemühungen um Stabilisierung und finanzielle Konsolidierung des Systems der sozialen Sicherheit gekennzeichnet. In 14 zum Teil sehr umfangreichen Gesetzen werden die notwendigen Umschichtungen und Einsparungen vorgenommen. Wie stark diese »Einsparungen« auf Dauer letztlich zu Buche schlagen, läßt sich – wenn überhaupt – nur im Wege umfangreicher Berechnungen ermitteln, zumal z. T. gleichzeitig, oft aber später Korrekturen und neue Leistungsverbesserungen erfolgten. Beispielhaft sei deshalb auf die Verkürzung der Wartezeiten in der Rentenversicherung, die Einführung des Erziehungsgeldes und -urlaubes sowie die erstmalige Berücksichtigung von Kindererziehungszeiten in der Rentenversicherung hingewiesen: neue sozialpolitische Maßnahmen von erheblichem finanziellem Volumen.

Der dauernde rasche Wandel im Bereich der sozialen Sicherheit läßt sich auch daran ablesen, daß allein in der 10. Legislaturperiode 56 Gesetze in den Bereichen Arbeit und Soziales, Jugend, Familie, Frauen und Gesundheit verkündet wurden; die Zahl der erörterten, aber nicht verabschiedeten gesetzgeberischen Initiativen ist Legion.

Diese Entwicklung wird sich auch in der 11. Wahlperiode fortsetzen, zumal notwendige langfristige Reformen anstehen.

Betrachtet man die Entwicklung des Sozialbudgets von 1965 bis 1986, so wird deutlich, daß von sozialer Demontage nicht die Rede sein kann. Denn in diesem Zeitraum stiegen die Leistungen von ca. 114 Mrd. DM auf über 603 Mrd. DM an; dabei entfiel der Großteil auf die allgemeinen Systeme der sozialen Sicherung (1965: 47,9%, 1986: 61,1%) Der Anteil des Sozialbudgets am Bruttosozialprodukt stieg von 25,01% (1965) auf 33,67% (1975) und lag 1986 bei 30,96%. Stieg im Zeitraum 1970 bis 1982 das Bruttosozialprodukt um 136%, so waren Steigerungsraten der Bruttolohn- und Gehaltssumme je beschäftigten Arbeitnehmer von 137% und der entsprechenden Nettolöhne von 112% zu verzeichnen; im gleichen Zeitraum wuchsen jedoch die Ausgaben der Sozialversicherung insgesamt um 254%, die der gesetzlichen Rentenversicherung um 213%, die der gesetzlichen Krankenversicherung um 281% und diejenigen der Bundesanstalt für Arbeit um 778%.

Die Tatsache, daß in den letzten Jahren die soziale Sicherung etwa ein Drittel des Bundeshaushaltes ausmacht, der Haushalt des BMA weiterhin Spitzenreiter mit über 60 Mrd. DM ist, zeigt einerseits, daß eine umfangreiche soziale Absicherung vorhanden ist, andererseits aber auch, daß die Dynamik der Sozialausgaben und -abgaben und damit auch der Personalzusatzkosten weiterhin anhält. Der Umfang der Sozialausgaben ist für sich allein sicherlich nicht der entscheidende Maßstab für den Erfolg der Sozialpolitik, widerlegt aber die Mär sozialpolitischen Kahlschlags. Selbstkritisch sollte man sich aber fragen, ob weniger nicht letztlich mehr wäre, insbesondere dann, wenn Leistungen nicht breitflächig gestreut, sondern gezielt und verstärkt denen zugute kämen, die ihrer besonders bedürfen.

Interessant dürfte in diesem Zusammenhang auch ein Blick auf die Vermögensbildung der privaten Haushalte sein. Nach Miegel/Wahl betrug das Nettovermögen der privaten Haushalte Mitte der 80er Jahre etwa 5,6 Billionen DM, davon entfielen etwa 50% auf

Haus- und Grundeigentum, 9% auf Betriebsvermögen, 11% auf Sachvermögen und 30% auf Geldvermögen im weitesten Sinne. Betriebliche Altersversorgung und private Lebensversicherungen machen – nach Ansicht anderer – etwas mehr als 25% des Geldvermögens aller privaten Haushalte aus. Damit wird zugleich deutlich, daß auch außerhalb der allgemeinen Systeme der sozialen Sicherheit eine nicht zu vernachlässigende private und betriebliche Vorsorge vorhanden ist.

Mit dem Ende des 2. Weltkrieges, dem wirtschaftlichen Aufschwung im Gefolge des Wiederaufbaus hat das System der sozialen Sicherung neue Aufgaben und immer größere Dimensionen angenommen. Diese Ausweitung hat zugleich Kritik und Unzufriedenheit verstärkt.

Möglicherweise deshalb, weil der Gewinn sozialer Absicherung vielen selbstverständlich geworden ist, die damit verbundenen Nachteile aber stärker empfunden werden. So fragt Benda zu Recht, ob »die gegenwärtig so große Zahl von Aussteigern aus der Gesellschaft nicht auch aus einem Gefühl der Enge, Bevormundung und Überversorgung handelt«. Möglicherweise werden aber auch die Erwartungen an das System der sozialen Sicherheit, an das, was es leisten kann und sollte, immer höher geschraubt. »Totale Sicherheit, garantierte Gesundheit, Abschaffung allen Unglücks – mit solchen schönen Versprechen lassen sich heute nicht einmal mehr Dummköpfe fangen«, diese Feststellung des französischen Philosophen André Glucksmann scheint für die soziale Sicherung vielfach nicht zu gelten. Der einzelne erwartet bei Schicksalsschlägen Kompensation von seiten des Staates bzw. des Sozialrechts. Fritz Werner hat dies treffend formuliert: »Die Formel: Schicksal als einklagbarer Rechtsverlust bezeichnet die Situation ... Der Hiob von heute, der vom Schicksal geschlagen wird, sucht nach einem Anspruchsgegner. Er findet ihn in aller Regel im Staat ... Er verlangt Entschädigung für das von ihm als Unrecht empfundene Schicksal.«

Die krisenhafte Entwicklung der sozialen Sicherheit ist allerdings kein typisch deutsches Phänomen, denn auch zahlreiche andere Industrienationen haben mit ähnlichen Schwierigkeiten zu kämpfen. So stellt das niederländische Magazin Elseviers unter der Überschrift »Das Fiasko des Wohlfahrtsstaates« fest: »Das Paradies, worin die Menschen von der Wiege bis zum Grab versorgt werden, liegt hinter uns. Die Kosten des hochgepriesenen Versorgungsstaates sind nicht mehr aufzubringen. In ganz Westeuropa nicht.«

An die Stelle der ursprünglichen Absicherung der sozial schwachen und/oder besonders schutzbedürftigen Mitbürger ist schrittweise ein soziales Sicherungsnetz – wenn man die Sozialhilfe einbezieht – für die gesamte Bevölkerung getreten.

Die Einbeziehung immer weiterer Kreise der Bevölkerung in die großen allgemeinen sozialen Sicherungssysteme – sei es durch Gesetz oder vermeintlich attraktive Angebote – hat kurzfristig mehr Beitragszahler und damit finanziellen Spielraum und Entlastung gebracht. Langfristig führt dies aber zu höheren Belastungen, da zusätzliche Ansprüche und Anwartschaften zu erfüllen sind, zumal finanzielle Spielräume, wie die Erfahrung lehrt, nicht zur Konsolidierung, sondern für neue Leistungsversprechen genutzt werden.

Diese Praktiken, Änderungen sozialpolitischer Zielvorstellungen – z. B. von der Mindestsicherung zur Lebensstandardsicherung in der Rentenversicherung – haben zu einer beträchtlichen Ausweitung sozialer Leistungen in Umfang und Höhe sowie der dadurch bedingten Kosten geführt. Diese Expansion der kollektiven Vorsorge hat – so Benda unter Hinweis auf die Alterssicherung – »dem Bürger oft die private eigenverantwortliche Vorsorge unmöglich gemacht«.

Da dies nicht wünschenswert ist, müssen Freiräume für individuelle Vorsorge erhalten bleiben bzw. wieder geschaffen werden; eine Abschaffung der Beitragsbemessungsgrenze in der Rentenversicherung – wie von manchen gefordert – wäre ebenso kontraproduktiv wie die Ausdehnung der allgemeinen Systeme der sozialen Sicherheit auf weitere Personengruppen oder gar die Schaffung einer Einheitsversorgung.

Eine Politik, die dies beherzigt, die auf mehr Eigenverantwortung und Eigenvorsorge setzt, würde gerade in schwierigen Zeiten, wenn die Finanzquellen schwächer sprudeln, Leistungen stärker als erwartet in Anspruch genommen werden, verhindern, daß die soziale Sicherung selbst in die Krise gerät und ihrerseits zur Belastung für die wirtschaftliche Entwicklung wird.

Die zuvor genannten Zahlen machen die Bedeutung der sozialen Sicherung als Wirtschafts-, aber auch als Kostenfaktor deutlich. Betriebe und Beschäftigte stöhnen unter den Sozialabgaben von derzeit etwa 35,5% der versicherungspflichtigen Entgelte. Berücksichtigt man darüber hinaus, daß in der Rentenversicherung für das Jahr 2030 Beitragssätze von 36,7% bis 41,7% prognostiziert werden und daß wegen der demographischen Entwicklung wachsende Belastungen in der GKV und bei der Pflege zu erwarten sind, so wird deutlich, daß eine solche Steigerung kollektiver sozialer Abgaben dann nicht mehr zu verkraften ist – weder vom einzelnen, dem individuelle Vorsorge praktisch unmöglich würde, noch von der Volkswirtschaft im ganzen.

Bei der »natürlichen Unendlichkeit der Sozialpolitik« muß deshalb künftig stärker als bisher die Mackenrothsche Erkenntnis beachtet werden, daß »aller Sozialaufwand immer aus dem Volkseinkommen der laufenden Periode gedeckt werden muß«. Mit anderen Worten: Im Rahmen der sozialen Sicherung kann nur das verteilt werden, was vorher erwirtschaftet worden ist. »Fehlende Leistungskraft kann nicht durch ein Mehr an Umverteilung wettgemacht werden.«

Wer etwas anderes versucht, gefährdet letztlich nicht nur die Marktwirtschaft, sondern auch die soziale Sicherheit. Denn sie hängt entscheidend von der Leistungskraft und Leistungsfähigkeit des einzelnen und der gesamten Volkswirtschaft ab. Gerade die Summe vieler kleiner, im einzelnen oft verständlicher sozialpolitischer Aktionen und Reaktionen stranguliert auf Dauer die notwendige wirtschaftliche Dynamik.

Das Unbehagen an der sozialen Sicherheit wird aber auch aus anderen Quellen gespeist. Die Klage über die Verrechtlichung aller Lebensverhältnisse ist nicht neu. Sie wird vehement im Bereich der sozialen Sicherung erhoben und mit der Kritik an überzogener Bürokratisierung, mangelnder Transparenz, Verständlichkeit und Dauerhaftigkeit verbunden.

»Versorgt, verplant, verwaltet, betreut« – so stellt sich nichtliberale Sozialpolitik vielfach dar. In der Tat scheint öfter das Schicksal des einzelnen aus dem Blickfeld der Sozialbürokratien und Vorschriften geraten zu sein. Natürlich kann sich der moderne Sozialstaat nicht allein am Leitbild des »barmherzigen Samariters« orientieren – ein wenig wäre schon schön –, sondern bedarf auch und gerade im Interesse des Bürgers der rechtlichen Absicherung und Durchdringung. Denn ohne Recht kann auch Freiheit nicht gedeihen; der einzelne wäre der Allmacht derjenigen ausgesetzt, die über soziale Mittel und Chancen zu disponieren haben. Allerdings wird man sich kritisch fragen müssen, ob der erreichte, »sozialrechtliche Überbau« in diesem Umfang zwingend ist, und ob dadurch nicht das verfassungsrechtliche Prinzip von Freiheit und Selbstverantwortung in unangemessener Weise zurückgedrängt wird.

Für den Bürger scheint sich der Satz Heraklits – alles fließt – besonders im Sozialrecht zu bewahrheiten. Die wachsende, vielfach kritisierte Normenflut ist zum Teil Ausfluß der sich ändernden wirtschaftlichen, sozialen und gesellschaftlichen Verhältnisse sowie der bestehenden Interdependenzen zu anderen Rechtsgebieten (z. B. Familienrecht, Arbeitsrecht); darüber hinaus ist sie aber zugleich Ausdruck sozialpolitischer Erwartungshaltungen der Bürger, der Forderung nach möglichst perfekter Einzelfallgerechtigkeit und

Gleichheit, nach weitgehender Kompensation tatsächlicher oder behaupteter sozialer Defizite sowie der politischen Praxis, derartige Anliegen – weil wählerwirksam – aufzugreifen.

Die Proliferation sozialrechtlicher Normierungen ist daher selbst für den Fachmann kaum mehr überschaubar und noch schwerer zu handhaben. Wenn dann – wie in den vergangenen Jahren und Jahrzehnten – der Gesetzgebungsprozeß selbst immer hektischere Formen annimmt, sind alle, Gesetzgebung, Verwaltung und Bürger überfordert. So mag es sogar dazu kommen, daß – wie Luhmann überspitzt formuliert –, da »man die Gesetze nicht mehr kennen und anwenden kann, . . . sich damit begnügen muß, im Erlassen neuer Gesetze politische Erfolge zu suchen«, zumal der Glaube, »daß das, was gesetzlich festgeschrieben ist, auch faktisch gesichert sei« weit verbreitet ist.

Unter dieser Hektik leidet zugleich die Qualität gesetzgeberischer Arbeit, was neuen Korrekturbedarf in Gang setzt. Ein wahres Perpetuum mobile, aber keineswegs geeignet, dem Bürger das Gefühl von Rechtssicherheit und Beständigkeit seiner sozialen Rechte zu vermitteln. So ist es mehr als symptomatisch, daß nur 4 Monate nach dem Inkrafttreten der Kindererziehungszeitenregelung das 6. Rentenversicherungsänderungs-Gesetz erlassen wurde, um negative Auswirkungen aufgrund der Anrechnung von Kindererziehungszeiten auf einzelne Rentenansprüche zu korrigieren.

Künftig wird man sich verstärkt fragen müssen, ob nicht auf Dauer mehr Beständigkeit und damit mehr Rechtssicherheit einer immer feineren Differenzierung sozialrechtlicher Vorschriften vorzuziehen ist und ob nicht langfristig die »Grenzen dessen, was man rechtlich adäquat behandeln kann, überschritten werden«.

Es kann dahingestellt bleiben, ob nicht gerade die Unsicherheit sozialrechtlicher Positionen oder die »Janusnatur« des Sozialstaates mit dafür ursächlich sind, daß einmal befriedigte Ansprüche in Form von Daueransprüchen registriert und als Besitzstände mit

Zähnen und Klauen verteidigt werden. Getreu dem St.-Florians-Prinzip wird zwar generell die Notwendigkeit partieller Rücknahme oder zumindest die Beschneidung der Ausuferungen des Sozialstaates kaum bestritten, im konkreten, den eigenen oder die eigene Gruppe betreffenden Fall, jedoch der Status quo hartnäckig verteidigt. Diese Tyrannei des Status quo, so hat Gutowski es zutreffend bezeichnet, ist deshalb so mächtig, weil fast jedermann glaubt, zu den Nutznießern zu zählen.

Eine Verkrustung durch nicht mehr gerechtfertigte soziale Besitzstände lähmt nicht nur die Marktwirtschaft, sondern auch das soziale Sicherungssystem, nimmt ihm die Chance, alte Aufgaben zurückzuführen und sich neuen Problemen zu widmen. Selbst wenn Korrekturen – unter Berücksichtigung der Grundsätze der Verhältnismäßigkeit, des Vertrauensschutzes etc. – rechtlich möglich sind, so bedarf es in der Regel erheblichen äußeren Drucks, des »Diktats der leeren Kassen«, um notwendige Änderungen zu erreichen.

Grenzen gesetzgeberischer Gestaltungsfreiheit und möglicher Umverteilung bestehen jedoch zu Recht – auch im Hinblick auf die Eigenverantwortung des einzelnen – bei den überwiegend auf eigener Leistung beruhenden Sozialversicherungsansprüchen und -anwartschaften. Aus liberaler Sicht stehen z. B. Rentenansprüche und -anwartschaften – in dem vorgegebenen gesetzlichen Rahmen – unter dem Schutz der verfassungsrechtlichen Eigentumsgarantie.

So ist es zu begrüßen, daß das Bundesverfassungsgericht bei der Frage, ob und welche sozialversicherungsrechtlichen Leistungsansprüche als Eigentum anzusehen sind, auf Zweck und Funktion der Eigentumsgarantie zurückgreift, wenn es ausführt: »Ihr kommt die Aufgabe zu, dem Träger des Grundrechts einen Freiheitsraum im vermögensrechtlichen Bereich zu sichern und ihm damit eine eigenverantwortliche Gestaltung des Lebens zu ermöglichen. Voraussetzung für einen Eigentumsschutz sozialrechtlicher Positionen ist eine vermögenswerte Rechtsposition, die nach Art eines Ausschließlichkeitsrechts dem Rechtsträger als privatnützig zugeordnet ist; diese genießt den Schutz der Eigentumsgarantie dann, wenn sie auf nicht unerheblichen Eigenleistungen des Versicherten beruht und zudem der Sicherung seiner Existenz dient ... Der Eigentumsschutz beruht dabei wesentlich darauf, daß die in Betracht kommende Rechtsposition durch die persönliche Arbeitsleistung des Versicherten, wie dies vor allem in den einkommensbezogenen Eigenleistungen Ausdruck findet, mitbestimmt ist ... Ein darüber hinausgehender Schutz durch die Eigentumsgarantie würde ihrer Aufgabe im Gesamtgefüge der Verfassung nicht mehr gerecht.«

Der Besorgnis, eine solche Rechtsprechung könne notwendig werdende Entwicklungen der Sozialpolitik blockieren, hält das Gericht entgegen, daß nicht jede sozialversicherungsrechtliche Position an Art. 14 GG zu messen und im übrigen der Gesetzgeber nicht gehindert sei, »den Belangen derjenigen, die noch keine Ansprüche erworben haben, zukünftig in einer dem Sozialstaatsgebot entsprechenden Weise Rechnung zu tragen«.

So hebt das Gericht einerseits zu Recht die besondere Bedeutung des Vertrauensschutzes im Rentenrecht hervor, bemerkt aber andererseits auch, der Gesetzgeber müsse »gerade im Bereich der Rentenversicherung aus Gründen des Allgemeinwohls aber auch Neuregelungen treffen können, die sich wechselnden Erfordernissen anpassen«. So sei der Gesetzgeber nicht gehindert, auch günstige Versicherungsmöglichkeiten in eine andere, ebenfalls angemessene Sicherung ermöglichende Versicherungsalternative umzugestalten. In seiner Entscheidung zur Neuregelung der Invaliditätsrenten im Haushaltbegleitgesetz 1984 hat das Gericht noch einmal bekräftigt, daß – bei angemessenen Übergangsregelungen – dem Gesetzgeber auch hinsichtlich bestehender Anwartschaften Anpassungsmöglichkeiten zur Verfügung stehen.

Ein System solidarischer Absicherung kann nur dann funktionieren, wenn es nicht – wie Helmut Schmidt formuliert hat – zum Selbstbedienungsladen wird und Mißbrauch – soweit möglich –

ausgeschlossen ist. Wenn, wie manche meinen, Appelle an Verantwortungsbewußtsein und Bürgersinn nicht ausreichen, die Entsolidarisierung weit fortgeschritten ist, so muß »eine knapper werdende soziale Moral als Steuerungsmittel notgedrungen durch den Einbau marktwirtschaftlicher, d.h. finanzieller Anreize bzw. Sanktionen oder durch staatliche Bevormundung in Form administrativen Zwangs ersetzt werden ... Überlegungen, etwa im Bereich der Sicherung im Krankheitsfalle, der Eigenverantwortung der Patienten durch stärkere Selbstbeteiligung etwas mehr Geltung zu verschaffen oder den Mißbrauch der Lohnfortzahlung einzudämmen, sind deshalb völlig legitim. Wenn sie allein tabuisiert werden, weil sie unvermeidbar auch eine Schlechterstellung der ›Gerechten‹ mit sich bringen, so halte ich dies für die Perspektive einer jedenfalls sehr einseitig verkürzten Ethik. Ist es denn eine aus ethischer Sicht unter allen Umständen vorzuziehende Alternative, die Folgen sozialer Fehlsteuerungen hinzunehmen«?

Auch wenn sich in der Vergangenheit oftmals die Fragwürdigkeit langfristiger Prognosen gezeigt hat, so gebieten jedoch Erwartungen der Bürger und Selbstbindung der Politik, die Probleme der sozialen Sicherung nicht treiben zu lassen, sondern jetzt Entscheidungen zu treffen, die längerfristige Perspektiven aufzeigen und zugleich für künftige gesellschaftliche Veränderungen offen sind.

An die Spitze des abschließenden Teils dieser Betrachtungen gehört erneut die Feststellung, daß eine florierende Wirtschaft unerläßliche Voraussetzung eines leistungsfähigen, sozialen Sicherungsnetzes ist, das seinerzeit zugleich die Grundlage für die soziale Marktwirtschaft und den sozialen Frieden bildet. Denn »je größer der gesamtwirtschaftlich erwirtschaftete Kuchen ist, je geringer der Bedarf zum sozialen Ausgleich, je besser die Voraussetzungen, den notwendigen sozialen Ausgleich vorzunehmen«. Es verstößt auch nicht gegen das Sozialstaatsprinzip, diese soziale Sicherung – soweit wie möglich – marktkonform, wettbewerblich zu gestalten, und bei der Festlegung ihres Umfangs stärker als bisher das Subsidiaritätsprinzip zu beachten.

Insofern bleibt die Forderung Lambsdorffs nach »Festlegung und Durchsetzung einer Anpassung der sozialen Sicherungssysteme an die veränderten Wachstumsmöglichkeiten und eine langfristige Sicherung ihrer Finanzierung . . ., um das Vertrauen in die dauerhafte Funktionsfähigkeit der sozialen Sicherung wiederherzustellen und zugleich der Eigenverantwortung und Selbstvorsorge wieder größeren Raum zu geben«, weiterhin aktuell.

Beherzigen sollte man auch den Abraham Lincoln zugeschriebenen Ausspruch: »Ihr werdet kein Interesse an den öffentlichen Angelegenheiten und keine Begeisterung wecken, wenn ihr dem einzelnen seine Initiative und Freiheit nehmt. Ihr könnt den Menschen nie auf Dauer helfen, wenn ihr für sie tut, was sie selber für sich tun sollten und könnten.«

Der Weg einer staatlich verordneten, staatlich finanzierten, allumfassenden Absicherung hat sich als Irrweg erwiesen. Denn Einheitsversorgungssysteme schränken Freiheit und Eigenverantwortlichkeit des einzelnen über Gebühr ein, sind vielfach durch soziale Bevormundung, bürokratische Schwerfälligkeit, Nivellierung und Konzentration gesellschaftspolitischer Macht gekennzeichnet. Daher ist es auch notwendig, an dem System der gegliederten, sozialen Sicherheit mit seiner Trägervielfalt festzuhalten. Diese Pluralität sichert zugleich individuelle Gestaltungsmöglichkeiten und bietet grundsätzlich die Chance sinnvollen Wettbewerbs.

Auf den Holzweg führen auch die Vorstellungen eines garantierten Grundeinkommens – z. B. von 1 000,– DM monatlich ab dem 14. Lebensjahr – jederzeit und für jedermann, unabhängig von seiner persönlichen Situation. Abgesehen davon, daß dieses letztlich nicht zu finanzieren ist, erstickt es zugleich jeden Impetus, für sich und die Seinen zu sorgen und begünstigt »soziales Kostgängertum« zu Lasten derjenigen, die durch ihre Leistungen dieses System finanzieren;

es programmiert zugleich den Ausstieg aus dem System vor, planiert den Einstieg in die Schwarzarbeit.

Das urliberale Prinzip »sowenig Staat wie möglich, soviel Staat wie nötig« gilt auch und gerade im Hinblick auf die soziale Sicherung. Bei der notwendigen Grenzziehung ist dafür zu sorgen, daß die heutige Mischung von sozialer Sicherheit und individueller Verantwortung durch »kräftige Zuschüsse von mehr Eigenvorsorge und zusätzliche wettbewerbliche Elemente« ergänzt wird. Eine Sozialpolitik für die 90er Jahre und darüber hinaus muß diesen Kurs steuern, wenn langfristig Akzeptanz der sozialen Sicherung sowie die Bereitschaft, die damit verbundenen Lasten zu tragen, auch künftig erhalten bleiben sollen.

Auf den ersten Blick erscheinen daher Überlegungen erwägenswert, die unter Hinweis auf den Wohlstand in breiten Kreisen der Bevölkerung weitgehend allein auf die Eigenvorsorge des einzelnen abstellen und die vorhandene kollektive Sicherung für alle auf das Existenzminimum bzw. Sozialhilfeniveau beschränken wollen. Solche Konzeptionen – wie immer sie ausgestaltet sind – begegnen beachtlichen Bedenken und lassen die politischen, gesellschaftlichen und rechtlichen Gegebenheiten außer acht. Bei allem Verständnis für ein Ausbrechen aus gewohnten sozialpolitischen Bahnen muß jedoch der durch das Machbare vorgegebene Handlungsrahmen beachtet werden. Bedenken begegnen auch den Überlegungen der Grünen, da sie die Einbeziehung aller Bürger in ein Einheitsversorgungssystem, die Einführung der Maschinensteuer und die kurzfristige Anhebung des Bundeszuschusses auf mindestens 30% der Rentenausgaben fordern.

Richtig ist jedoch, daß auf Dauer ein »faktischer Vollversorgungsstaat«, insbesondere vor dem Hintergrund der demographischen Entwicklung kaum aufrechterhalten, geschweige denn ausgebaut werden kann. Er ist – so meine ich – auch nicht wünschenswert.

Eine »Revitalisierung« der sozialen Sicherung im Sinne einer überzeugenden Abgrenzung zwischen notwendigen Leistungen der

Allgemeinheit und Aufgaben des einzelnen setzt jedoch die Möglichkeit des einzelnen, für sich selbst sorgen zu können, selbst seinen Lebensunterhalt verdienen zu können, voraus. Denn Erwerbstätigkeit bildet in unserer Gesellschaft weitgehend die »Basis der individuellen wie der gesellschaftlichen sozialen Sicherung«.

Daher hat die Bekämpfung der Arbeitslosigkeit Priorität. Allerdings muß sich Arbeit auch »lohnen«; grundsätzlich sollte daher Arbeit immer höher entlohnt werden als Nichtarbeit, damit »Leistungsanreize in genügendem Umfang bestehenbleiben«. Soziale Sicherung, die dies nicht berücksichtigt, stellt sich selbst in Frage; so z. B., wenn unkoordinierte Leistungen mehr gewähren, als der einzelne verdienen würde, oder wenn schon geringe Mehrarbeit dazu führt, daß der einzelne durch den Wegfall sozialer Leistungen letztlich weniger als zuvor erhält. Deshalb ist ernsthaft darüber nachzudenken, ob nicht durch eine Besteuerung aller Transferleistungen oder zumindest durch eine stärkere Abstimmung dieser Leistungen ein solches Arbeitsanreize minderndes Ergebnis vermieden werden kann.

Denn auch und gerade bei Arbeitslosigkeit kommt es darauf an, eigene Anstrengungen zu aktivieren; die große Inanspruchnahme von Maßnahmen der beruflichen Qualifizierung und Umschulung zeigt, daß die Bereitschaft dazu vorhanden ist. Dem im Sinne einer stärkeren Eigenverantwortung wichtigen Prinzip von Leistung und Gegenleistung entspricht es, daher den Bezug von Arbeitslosengeld stärker an der vorherigen Beitragsdauer auszurichten. Die Verlängerung der Anspruchsdauer von Arbeitslosengeld entsprechend dem Lebensalter ist daher ein erster – aber nicht ausreichender – Schritt in diese, wiederholt geforderte Richtung.

Die notwendigen Strukturreformen in der Renten- und Krankenversicherung mit dem Ziel der Aufrechterhaltung einer angemessenen, stabilen und finanzierbaren sozialen Sicherung setzen nach liberaler Auffassung auch voraus, daß Selbstverantwortung und

Eigenvorsorge nicht weiter beschnitten, sondern sachgerecht ausgeweitet werden.

Voraussetzung für mehr Eigenverantwortung in der Alterssicherung ist und bleibt die Erhaltung finanzieller Spielräume für individuelle Vorsorge; mit anderen Worten: Es darf keinen ungebremsten Anstieg der Sozialabgaben geben. Ebenso ist geboten, das Versicherungsprinzip in der gesetzlichen Rentenversicherung – also die Verknüpfung von Leistung und Gegenleistung – zu verstärken. Auch wenn die Sozialversicherung notwendigerweise Elemente des sozialen Ausgleichs enthält, so ist jedoch eine stärkere Orientierung am Versicherungsgedanken dazu angetan, Vertrauen und Akzeptanz zu sichern bzw. zu schaffen. Es kann auf Dauer nicht angehen, daß Beiträge an die Rentenversicherung und Leistungen derselben z. B. für Zeiten der Arbeitslosigkeit so erheblich auseinanderfallen wie derzeit.

Vor diesem Hintergrund muß geprüft werden, ob der jetzt geltende »soziale Ausgleich« noch in allen Punkten sachgerecht ist. Daher gehören alle sogenannten beitragsfreien und beitragsgeminderten Zeiten auf den Prüfstand der Strukturreform. Denn es ist zu bezweifeln, ob z. B. eine Berücksichtigung von maximal 13 Jahren Ausbidungsausfallzeit heute noch gerechtfertigt ist. Der Vorschlag des VDR, die Ausbildungsausfallzeiten zu kürzen und zur Vermeidung evtl. Versorgungslücken Nachentrichtungsmöglichkeiten zu schaffen, könnte – trotz aller damit verbundenen Probleme – einen Einstieg für etwas mehr Eigenvorsorge im Rentensystem bilden.

In der Diskussion um die demographische Entwicklung sollte man sich daran erinnern, daß das Problem »Rentnerberg« keineswegs neu ist, und schon in den 50er Jahren die Gemüter beschäftigt hat. So hat schon damals Wilfried Schreiber – einer der Väter der Rentenreform 1957 – unter Hinweis auf die längere Lebenserwartung es als durchaus zumutbar und vernünftig bezeichnet, »die Dauer des Arbeitslebens ein wenig heraufzusetzen . . . Das Opfer, das Rentner in den kritischen Jahren, die vor uns liegen, auf sich nehmen müßten, besteht also lediglich darin, daß sie a) im Falle anhaltender Erwerbsfähigkeit erst 1-2 Jahre später aus dem Erwerbsleben ausscheiden (große Frage, ob das ein Opfer ist!), b) für die Dauer der kritischen Periode darauf verzichten müssen, daß ihre Rente mit der allgemeinen Steigerung des Lebensstandards Schritt hält und – z. B. für eine Zeitlang auf einem Niveau, das freilich sehr viel höher liegt als das heutige – etwa konstant bleibt.«

Diese Aussagen zum Rentenzugangsalter sind um so bemerkenswerter, als damals der Großteil der Arbeitnehmer mit 65 Jahren in Rente ging, während heute das durchschnittliche Rentenzugangsalter bei etwa 59-60 Jahren – je nach Jahrgang – liegt. Wenn dieser Weg schon damals als sinnvoll und gangbar angesehen wurde, warum sollte dies bei geänderter Arbeitsmarktsituation nicht auch künftig der Fall sein? Die optimistische Einschätzung, bei geänderter Arbeitsmarktlage würde sich das Rentenzugangsalter von selbst normalisieren, erscheint bei derzeitiger Attraktivität eines früheren Ruhestandes zweifelhaft.

Dem Einwand, damit würden Wahlfreiheiten des einzelnen eingeschränkt, ist entgegenzuhalten, daß diese Freiheiten z. Z. von den länger Arbeitenden mitfinanziert werden und daß ein Ausgleich zwischen individuellen Wünschen und Interessen der Solidargemeinschaft notwendig ist. Zu Recht sollen zugleich die Wahlmöglichkeiten hinsichtlich des Übergangs vom Arbeitsleben in den Ruhestand verbessert werden. Dies darf aber nicht auf Kosten der Solidargemeinschaft geschehen. Vorgezogener Eintritt in den Ruhestand muß daher versicherungsmathematische Abschläge, späterer Ruhestand entsprechende Zuschläge zur Folge haben.

Die Rentenreform von 1957 war mit den Zielen angemessener Lebensstandardsicherung der Rentner und ihrer Teilhabe an der wirtschaftlichen Entwicklung angetreten. Diese Ziele sind nicht nur erreicht, sondern es zeigt sich auch, daß von 1957-1986 die Nettorenten um das 6,1fache stiegen, während die Nettoarbeitsentgelte wegen der Belastungen der Aktiven mit Steuern und Abgaben nur um das

5,7fache zunahmen. Ein weiterer Anstieg des Nettorentenniveaus – seit 1977 zwischen 71%-73% bei 45 Versicherungsjahren – ist vor dem Hintergrund der künftigen Entwicklung und der daraus resultierenden Belastung der Beitragszahler nicht zu finanzieren.

Längerfristig kann auch die Frage des Rentenniveaus kein Tabu sein; so sieht selbst die Strukturkommission des VDR in einer Reduzierung des Netto-Standard-Rentenniveaus eine zusätzliche Möglichkeit, um den Anstieg der Beitragssätze abzubremsen. Selbstverständlich muß auch künftig grundsätzlich bei ausreichenden Beitragszeiten (»erfülltes Arbeitsleben«) ein Alterseinkommen gewährt werden, das entscheidend über dem Sozialhilfeniveau liegt.

Ob die Rentenversicherung auch künftig und auf Dauer allein die Aufgabe der Lebensstandardsicherung übernehmen kann und sollte, braucht in diesem Zusammenhang nicht geklärt zu werden.

Erkennbar ist jedoch, daß künftig die Eigenvorsorge wachsende Bedeutung haben wird. Dies gilt insbesondere dann, wenn dem Subsidiaritätsprinzip nicht nur verbal gehuldigt, sondern tatsächlich »genügend Freiraum für eine ergänzende betriebliche und private Vorsorge« geschaffen wird. Deshalb gilt es, die Bereitschaft zu individueller Vorsorge und Vermögensbildung zu ermutigen, sowie die Zusatzversorgungssysteme, wie z. B. die betriebliche Altersversorgung, zu einer 2. Säule der Alterssicherung entsprechend auszubauen. Dazu sind zusätzliche Anreize notwendig sowie rechtliche oder tatsächliche Hemmnisse zu beseitigen; entscheidend ist auch, daß genügend Freiraum für die Gestaltung der betrieblichen Alterssicherung entsprechend den jeweiligen Gegebenheiten bleibt, und daß nicht »privatrechtliche Sicherungssysteme durch das Sozialrecht ad absurdum geführt werden«, wie dies z. B. bei einer Anrechnung von Betriebsrenten im Rahmen der Sozialversicherung der Fall wäre.

Die von vielen für notwendig erachtete Erhöhung und Änderung des Anpassungsmechanismus des Bundeszuschusses wird von anderen »als gesamtwirtschaftlich höchst problematisch« angesehen. Aber auch eine Erhöhung des Bundeszuschusses macht Sparsamkeit in der Rentenversicherung nicht überflüssig. Bei einer gravierenden Anhebung des Bundeszuschusses würde aber auch die Frage, ob »es richtig sei, daß in einer Rente von 3000,– DM 1000,– DM Bundeszuschuß stecken, in einer Rente von 1500,– DM nur 500,– DM«, bald wieder virulent werden.

Es würde in diesem Kontext zu weit führen, die Frage einer bedarfsorientierten Mindestsicherung, d. h. die Aufstockung niedriger Renten durch pauschalierte Sozialhilfeleistungen, anzusprechen; das Pro und Contra ist bekannt. Unabhängig davon müssen natürlich spezielle Notfälle im Alter weiterhin erkannt und überwunden werden.

Mit der Einführung von Kindererziehungszeiten in der Rentenversicherung und deren Finanzierung durch die Allgemeinheit ist ein wichtiger Schritt zum Abbau frauenspezifischer Benachteiligung in der Alterssicherung gemacht worden. Bedenklich ist, daß die jetzige Regelung Eigenvorsorge z. B. in Form freiwilliger Beiträge nicht honoriert, sondern faktisch bestraft.

Auch im Gesundheitswesen ist mehr Eigenverantwortung notwendig und möglich. Prävention ist der klassische Bereich eigenverantwortlichen Handelns. Die Erfahrung aber zeigt, daß obwohl in aller Munde und letztlich auch billiger, Prävention nur in unzureichendem Umfang betrieben wird. Da Appelle, Aufklärung und Bewußtseinsbildung nicht ausreichen, brauchen wir auch stärkere, materielle Anreize; denn allein mit der Zahlung des Krankenkassenbeitrages wird der Versicherte seiner Verantwortung für Prävention, aber auch für die Kostenentwicklung des Gesundheitswesens nicht gerecht.

Nach liberaler Auffassung ist daher eine sozialverträgliche Selbstbeteiligung, die nicht zu zusätzlichen Einnahmen bei Leistungserbringern und Staat führen darf, sondern zur Beitragsstabilität oder Beitragssenkung führen soll, ein geeignetes Mittel, solidarische Absicherung und Eigenverantwortung miteinander zu verbinden. Letztlich muß es sich für den einzelnen auch in seinen Beiträgen auszahlen, wenn er mit seiner Gesundheit verantwortungsbewußt umgeht.

Deshalb sollte man ernsthaft darüber nachdenken, ob es im Sinne dieser Steuerungsfunktion nicht sachgerecht wäre, den Arbeitgeberanteil zum Bestandteil von Lohn und Gehalt zu machen, um das Kostenbewußtsein zu stärken und gesundheitsbewußtes Verhalten auch voll zu honorieren. Unerläßlich im Interesse von Eigenverantwortung und Wahlfreiheit sind auch verstärkte Kostentransparenz und verbesserte Wahlmöglichkeiten zwischen den verschiedenen Trägern der Krankenversicherung. Auch auf der Seite der Leistungserbringer sind Anreize zu mehr Wettbewerb und Wirtschaftlichkeit zu schaffen; dabei dürfen allerdings die Grundsätze eines freiheitlichen Gesundheitswesens mit freier Arztwahl und Therapiefreiheit nicht in Frage gestellt werden.

Zu den noch ungelösten Problemen der Sozialpolitik zählt die Absicherung bei Pflegebedürftigkeit. Durch die steigende Lebenserwartung, die größere Anzahl an Hochbetagten gewinnt dieses Problem an Bedeutung. Die Erfahrungen mit den traditionellen Sicherungssystemen, ihre Übernutzung und auch Ausnutzung sollten Mahnung sein, der Eigenverantwortung den Vorrang vor perfektionistischer Vollsicherung einzuräumen. So weist Albers darauf hin, daß eine kräftige Erhöhung des Blindengeldes für zu Hause betreute Blinde zu einem Rückgang der Nachfrage nach Heimplätzen führte, so daß durch die in der Regel bessere familiäre Betreuung zugleich erhebliche staatliche Mittel eingespart wurden.

Da es im Interesse der Betroffenen und der Allgemeinheit liegt, auch langfristig den hohen Anteil an zu Hause Betreuten aufrechtzuerhalten und die Pflegenden zu entlasten, sind staatliche Maßnahmen darauf zu konzentrieren, die Eigenvorsorge zur Abdeckung des Pflegerisikos, z. B. durch steuerliche Anreize und flankierende Maßnahmen im Sozialhilferecht zu stärken, Sozialstationen und ambulante Dienste auszubauen sowie der Benachteiligung freiwilliger

Pflegepersonen in ihrer Alterssicherung durch sozialversicherungsrechtliche oder steuerliche Regelungen entgegenzuwirken.

Die zahlreichen Initiativen und Selbsthilfegruppen auf vielen Gebieten der Sozialpolitik signalisieren einerseits Defizite, verkrustete Strukturen des traditionellen sozialen Sicherungssystems, sind aber andererseits auch Ausdruck einer wachsenden Bereitschaft, selbst Verantwortung zu übernehmen. Diese »Hilfe zur Selbsthilfe« ist zu ermutigen und zu unterstützen. Dies darf allerdings nicht dazu führen, Eigeninitiative zu bremsen, sie in ein institutionelles Bett zu zwingen oder neue Abhängigkeiten zu schaffen. »Kleine soziale Netze« können eine wertvolle Ergänzung der großen sozialen Sicherungssysteme darstellen.

Auf die »großen« wird man allerdings auch künftig nicht verzichten können. Deshalb ist wichtig, daß der Gesetzgeber den Selbstverwaltungsgremien mehr Befugnisse – auch hinsichtlich der Festlegung des Leistungskataloges – einräumt. Mehr Eigenverantwortung und Eigenvorsorge setzen auch ein möglichst einfaches Sozialrecht mit mehr Transparenz, Verständlichkeit und Beständigkeit voraus.

Ebenso ist von der bisherigen Praxis Abstand zu nehmen, die Finanzierungslast sozialpolitischer Entscheidungen der Einfachheit halber auf Dritte zu verlagern und insbesondere je nach Kassenlage Leistungen zwischen den Sozialversicherungsträgern und im Verhältnis zur öffentlichen Hand hin und her zuschieben.

Verantwortungsbewußte, der Marktwirtschaft verpflichtete Sozialpolitiker sollten daher in erster Linie zu Eigenverantwortung und Eigenvorsorge ermutigen, das Subsidiaritätsprinzip beherzigen und neue oder zusätzliche Sozialleistungen nur dann in Aussicht stellen, wenn sie zugleich auch konkrete Finanzierungsvorschläge machen können. Geschieht dies nicht, so besteht die Gefahr, daß die wirtschaftliche Basis sozialer Sicherung binnen kurzem wieder überfordert und die Chance für mehr Eigenverantwortung vertan wird.

Notwendig ist es daher, ein neues Gleichgewicht zwischen Eigenverantwortung und solidarischer Sicherung zu schaffen. Dabei müssen wir – wie Karl Popper formuliert – »die Vernunft, die uns gegeben ist, verwenden, um, so gut wir es eben können, für beides zu planen: Nicht nur für Sicherheit, sondern zugleich auch für Freiheit«.

Darüber hinaus ist auch die Bereitschaft zu stärken, Verantwortung für den Nächsten, den Mitbürger zu übernehmen. Theodor Heuss hat dies mit den schönen Worten umschrieben:

»Wenn die Reichsversicherungsordnung in Flammen aufgeht, dann bleibt die schlichte, ewige Geschichte vom barmherzigen Samariter bestehen. Nicht wahr, das ist der Mann, der keine Recherchen machte, keine Akten anlegte, keine Rückfragen nach dem Unterstützungswohnsitz ergehen ließ, keine Bitten ins Ausland schickte um Devisen, nicht fragte, ob der Notleidende seinem Stande, seiner Klasse, seiner Konfession angehörte, ihm auch nicht eine Unterstützung aus Kasse B bewilligte, sondern ihn auf sein eigenes Tier setzte, von seinem eigenen Reisegeld pflegen ließ, nachdem er ihm die Wunden – wahrscheinlich mit seinem eigenen Taschentuch – verbunden hatte.«

Mohamed Hosny Mubarak

Acting with Wisdom and Global Vision

It gives me great pleasure to participate in honouring the brilliant German statesman Mr. Helmut Schmidt, the former Chancellor of the Federal Republic of Germany, on the occasion of his 70th birthday.

I had the chance on several occasions to meet this distinguished personality, where his full awareness of the existing international questions and their development, his skilled analysis of events and their repercussion and significance on different areas of the world, have been remarkable.

Mr. Schmidt, being one of the most talented statesmen of our modern era due to his experience in the political, strategic, economic and financial fields – all of which are equally important and interdependent – always has had his own vision in dealing with various matters.

He is known for his open-minded approach in dealing with his own country's interests as well as with international humanitarian problems – not only by drawing the world's attention to these problems but also by offering a variety of solutions with the sole purpose of strengthening international peace. Mr. Schmidt therefore has always been able to harmonize between national and international concepts which is not an easy task and requires wisdom and global vision.

Former Chancellor Schmidt has been firm and courageous in his political decisions, taking into consideration public interests, idealism and relevant rules of international law.

With regard to the Egyptian-German relations, Mr. Schmidt has contributed actively to fostering and developing them, as he had realized the importance of putting these relations on a solid basis, by adopting a clear, just and active German position towards matters of mutual interest, amongst them the Middle East problem.

Mr. Schmidt is one of the politicians who realize the impact of stability in the Middle East for both European and international peace and security, their inter-relations as well as the solid cultural and various interests.

I was impressed by the objectivity which former Chancellor Schmidt has displayed in dealing with various matters or through dialogue and consultation with friends and other parties.

For all these and other reasons Mr. Schmidt has distinguished himself among the statesmen who influenced international relations during the period of the second half of this century.

David Owen

The Future Role of Social Democracy

The tradition of Social Democracy is a rich but varied one. There is, however, much ambivalence about what the words "Social Democrat" mean and, in different countries, there are different interpretations.

The European revolutionary movements in the middle of the 19th century gave birth to the twin concepts of "social" and "democratic". There has never been, and probably never will be, total agreement as to exactly how the two concepts should be combined.

"Social Democrat" was first used in a major public way as the name for the journal of the German socialist party, the General German Workers' Association, founded by Ferdinand Lassalle in 1863. Karl Marx was pleased when his closest colleagues in 1869, at the Eisenach Congress, founded the Social Democratic Workers' Party and was annoyed when, six years later, they changed its name to the Socialist Workers' Party. Lenin was once a member of the Russian Social Democratic Party.

In Britain, there was a Social Democratic Federation before the Labour Party, though closely identified with Marxism. The Federation died along with the Independent Labour Party. So that by 1945, Labour in government had firmly established itself as the only socialist party, though perhaps because of its strong trade union links, it has demonstrated less interest in philosophical debate than its continental counterparts.

The British philosopher, Bertrand Russell, in his book *German Social Democracy*, published in 1896, quoted with approval Engels' claim that, in Germany they were proud of their descent not only from Saint-Simon, Fourier, and Owen, but also from Kant, Fichte, and Hegel. Russell said, Social Democracy "is not a mere political party, nor even a mere economic theory, it is a complete self contained philosophy of the world and human development."

The Bolshevik Revolution and the establishment of the Third International, when the Communists engineered the traumatic split between themselves and Social Democrats, has strongly influenced the politics of Europe ever since. The emphasis for Social Democrats has been on social reform within the constraints and compromises of parliamentary democracy. Nevertheless, in the 1930s and 1940s, against Fascism, Communists and Social Democrats often felt it necessary to sink their differences.

This left its legacy and, in France, the Socialists were ready to combine with French Communists, even in Government until it broke down in the early 1980s. In Italy, Social Democrats kept their distance, preferring to participate in coalition with the Right. Though the practice of Social Democracy differs between countries, the philosophy has developed in similar directions.

In Western Europe today, few Social Democrats would wish to lay claim to an all-embracing philosophy. Now, approaching the 21st century, Social Democracy has become a pluralist philosophy. Most are dismissive of any claims to a self-contained, all-pervading philosophy. But most Social Democrats have not given up their philosophical roots. It is interesting how, even as practising politicians, many Social Democratic leaders claim more than a passing interest in philosophical questions.

Helmut Schmidt openly admits to being strongly influenced in his approach to Social Democracy by the writings of Karl Popper; of his works, *The Open Society and Its Enemies* is probably the most influential. Popper writes, "If we wish to remain human, there is only one way, the way into the open society. We must go into the unknown, the uncertain and insecure, using what reason we may have to plan for both security and freedom." The writings of Isaiah Berlin have also been a particular influence on British Social Democracy. The pluralism Berlin advocates is not soft-centred, but tough-minded and intellectually bold.

The problem facing Social Democrats is that ours is a philosophy constantly evolving to grapple with a complex world. Social Democrats readily admit that most decisions are taken on the balance of advantage 6:4 or 7:3, and that only rarely are issues so clear cut that one can argue the case 10:0. The best working definition of Social Democracy that I have ever found is that by Leszek Kolakowski, writing in *Encounter* in February 1972:

"The trouble with the social democratic idea is that it does not stock and does not sell any of the exciting ideological commodities which various totalitarian movements – Communists, fascists or leftists – offer dream-hungry youth. It is no ultimate solution for all human misery and misfortunes. It has no prescription for the total salvation of mankind. It cannot promise the firework of the last revolution to settle definitely all conflicts and struggles. It invented no miraculous devices to bring about the perfect unity of man and universal brotherhood. It believes in no final victory over evil. It requires, in addition to commitment to a number of basic values, hard knowledge and rational calculation, since we need to be aware of and to investigate as exactly as possible, the historical and economic conditions in which these values are to be implemented. It is an obstinate will to erode by inches the conditions which produce avoidable suffering, oppression, hunger, wars, racial and national hatred, insatiable greed and vindictive envy."

That definition sums up not just the critical elements of Social Democracy, but reflects the character of many Social Democrats. It is not the remit of this essay to detail the life of Helmut Schmidt. But if I had to single out an episode which expresses the nitty-gritty nature of Social Democratic politics, it is his lifelong commitment to a thoughtful, collective and sustainable defence policy.

The speech which Helmut Schmidt made in March 1958 in the Bundestag in which he was labelled 'Schmidt Schnauze' was a turning point in his career. Arguing passionately against those politicians who wanted atom bombs for the Bundeswehr, he said to his CDU-CSU parliamentary opponents, "Give up your German megalomania once and for all, your German national megalomania." After receiving a standing ovation, and being widely seen as the rising star of the SPD, it would have been easy to continue to say and do what the party activists wanted to hear and see. But then, within seven months, Schmidt deeply offended many of those very same people who had cheered him by voluntarily going off to do four weeks' military service in the Bundeswehr-Reserve. It was a typically robust example of Social Democratic politics of a man who knew what he stood for and was proud of his stance.

The character of Social Democratic politicians has allowed them to forge effective Right, Left or Grand coalitions in the Federal Republic, Italy and Israel. Left of Centre coalitions with Liberal or other Centre parties are not always the preferred option. Defence and Disarmament issues have often been the ones over which Social Democratic leaders have parted company with their party colleagues. Helmut Schmidt's differences with the SPD were little different in character from those of Ernest Bevin, Clement Attlee, Hugh Gaitskell and James Callaghan with the British Labour Party.

Over a long period, Social Democratic leaders in government have distanced themselves from what Winston Churchill once called the mush and slush of disarmament. Instead Social Democratic leaders have defined a constructive, but clear-headed, negotiating strategy for nuclear arms control based as much on the principle of negotiating from strength as any political leaders on the Right. Where they have correctly differed from many political leaders on the Right is that they have been so aware of the dangers of nuclear war that they have been prepared to put arms control at the top of their political agenda.

Robust argument is another characteristic of Social Democracy. The links with the trade unions have meant a readiness to "horse trade" and an ability to make a deal. I remember once settling the last Anglo-German defence offset agreement with Helmut Schmidt on the back of an invitation card at a dinner in Buckingham Palace in 1978. Our respective diplomats could not settle it and the Chancellor had no hesitation in dealing directly with me even though I was only the Foreign Secretary and did not stand on his dignity and insist on dealing only with the Prime Minister.

I have also experienced Helmut "Schnauze" Schmidt when in Cabinet; he was reported by *Der Spiegel* to have called me "Flegel", after I had been pushing semi-publicly for his government to be more radical over the Mutual and Balanced Force Reduction talks in Vienna. It caused me no offence. I regarded it as just part of the rough and tumble of democratic politics which thankfully now in the European Community crosses national boundaries and allows Ministers within European governments to engage with each other more as politicians normally do within their own countries.

One of the great strengths of the European Community is that, as yet, at no time have all the governments of the member states belonged to one political persuasion. The Community has always reflected the breadth and tapestry of the Christian Democratic, Social Democratic and Liberal European political traditions. Another Social Democratic characteristic has been an enthusiasm for movement towards unity within the European Community.

It is over the strength of commitment to NATO that the Left has often divided. Helmut Schmidt's influence has been considerable in establishing the Federal Republic of Germany as the lynchpin of NATO. He did this both by reinforcing the decision of previous German governments never to become a nuclear weapons state, and by contributing positively to the thinking behind NATO's strategy of conventional and nuclear deterrence. It was he who linked in early 1979 the deployment of Cruise and Pershing missiles with achieving reductions in Soviet SS20s; a linkage later totally justified by the INF Treaty in 1988.

Politicians, whether of the Left or the Right, can, and often should, compromise on many political issues within their parties. The mark of true statesmanship is, however, to know when issues like defence transcend party politics; when it is unwise to corrupt complex issues; when, in a typically social democratic way, to turn away from the quick fix and work, instead, for unglamorous but steady progress. That is what Kolakowski meant when he wrote of "the obstinate will to erode by inches".

The modern Social Democrat in government, beset by conflicting pressures and interests, can all too easily be diverted from the philosophical basis of Social Democracy. Yet for all the frustrations and imperfections of trying to marry philosophy to practical politics, if we are to adapt to the future, to be alert to coming trends and to anticipate rather than merely react to events, we need constantly to re-examine the philosophical roots of Social Democracy.

In the rather sterile debate about the true significance of the labels Right and Left, the only meaningful distinction is the weight that is put on the redistribution of wealth and power. No political party can claim to be truly of the Left unless it leans towards such a redistribution. In the British debate about the philosophical basis of Social Democracy, there has been recently a conscious turning away from what is seen as the impractical mechanistic part of the message on equality of R. H Tawney and Richard Titmuss. The moral basis of their message still has much resonance, but their practical solutions have the air of an unachievable dream.

That is not surprising given that we practice politics today in a very different climate from the corporatist ethos in which the Labour Government of 1945 to 1951 operated. Today's Social Democrats are finding their way towards the modern philosophy of John Rawls and Ronald Dworkin.

Rawls is committed to an egalitarian concept of justice, but sees redistribution as being governed by what he terms the Difference Principle. In essence, the Principle says one should not redistribute if the effect is to make everyone worse off. Perhaps that appears a statement of the obvious, but all too often in the past redistributive arguments from the Left have been accompanied by an overlay of unreality and the suspicion that their motivation owes more to envy than to equality. There is no political constituency of any size in a free society for a levelling down process of redistribution, only a levelling up process of redistribution.

Dworkin draws out from Rawls' writings the essential message of *equality of concern and respect*, downplaying both equality of opportunity and equality of outcome. Unlike Rawls, he concludes that the market economy is the pre-requisite for justice as fairness, a concept which he believes cannot be fully developed within the planned economy of the Communist world. A belief that the market economy provides the background for greater social justice is part of modern social democratic thinking. But that is only part of the picture. Social Democrats sense there has to be a broader background to develop a fair society than just a market economy. Market principles have to be checked and balanced against those of a value-based society.

Two key values of Social Democracy are the spirit of generosity, and the spirit of solidarity. It is not possible to be a Social Democrat without a fairly deep attachment to the virtue of collective conscience, acting to achieve social justice. That is why Social Democratic politicians and parties usually have closer links with the trade union movement than others. It is not just that their social policies are more likely to be attuned to those who, lacking a privileged class position, have pooled their strengths to work as active trade unionists, but there is an underlying respect for, and understanding of, the collective nature of trade union activity. There is respect too for the trade union core belief that unity is strength.

Over the years, Social Democratic politicians, like others, have sought for words that can truly express through attainable policies the feelings that are inherent in the old radical cry, 'Liberty, Equality and Fraternity'. Those words today are not as evocative as they once were. Freedom has largely replaced Liberty in the lexicon of the Left. The assumption of masculinity is objectionable; yet few want to have to refer to sorority at the same time as fraternity.

In the search for a word more evocative of good neighbourliness, community is now more often used than fraternity. But for many, community has too restrictive interpretation implying geographical closeness, not a closeness of heart and mind. Altruism and equity are sometimes used to replace Equality, but neither are fully expressive. The moral philosopher, Dorothy Emmet, has called, in *The Radical Challenge*, for "a deepening of the generosity of spirit that feeds civic friendship" as the hallmark of Social Democracy. Whatever prove to be the best words, we know that it will be the spirit behind the words that will matter in the 21st century.

During the 20th Century, the philosophy and spirit of the 19th century founder of European Social Democracy has been tempered by the realities of government. In Sweden, that process started in 1932 and remained with the Swedish Social Democratic Party during 40 years of being continuously in government. In Austria, Social Democrats have been part of the government since 1945. In both countries, social progress has been the first priority in government. To achieve this, those governments have worked with the grain of the market economy. Largely as a consequence, they have achieved economic growth and expansion, providing the necessary financial resources to fund their ambitious social programmes.

In 1959, after successive electoral defeats, the attempt was made by the Labour Party in Britain and the SPD in Germany to reorientate their economic programme towards the market. Their leaders sensed the need to match the aspirations of the post-war generation of voters who were getting used to prosperity replacing austerity. In Germany, at the Bad Godesberg Conference, the SPD adopted the essentials of Ludwig Erhard's successful social market approach.

Many independent commentators have since traced the SPD's subsequent electoral success to that act of political realism within the Bad Godesberg programme. In Britain, Hugh Gaitskell tried to do the same that very year, but he failed in his attempt to rid the Labour Party of Clause IV of its Constitution which commits it to the common ownership of the means of production, distribution and exchange. Clause IV's retention has meant that ever since, Labour has avoided facing the politics of a market economy. It was, at the time, claimed as the reaffirmation that Labour was a Democratic Socialist party as distinct from a Social Democratic party.

After three successive election defeats, 1979, 1983 and 1987, there are signs that the Labour Party in Britain wants to change its public identification with nationalisation. But because of the split within it, followed by the creation of the *SPD* in 1981, Labour's claim that they are Democratic Socialists has become an article of faith. Perhaps it is sensible for the Labour Party of the 1980s to be regarded only as Democratic Socialists and allow events to determine whether in the 1990s they will re-emerge as Social Democrats. They are becoming warmer to the European Community, moving a little towards a market economy, and reviewing their unilateralist defence policies.

But Labour in government in the 1960s and 1970s acted as Social Democrats. Anthony Crosland, Labour's principal post-war theoretician, speaking on Social Democracy in Europe in October 1975 in a lecture organised by Socialist International in Costa Rica, described himself and other Labour Ministers like myself, as being "members of a Social Democratic government in Europe". He certainly used in that lecture the terms 'Social Democracy', 'Revisionist Social Democracy' and 'Socialist', interchangeably.

But after the 1979 defeat of the Labour Government, the Left within Labour won control of party policy. In 1981 I wrote, while still a member of the Labour Party, *Face the Future*. Under 'Part One: Social Democracy', the first chapter in the hard cover version was called 'The Values of Socialism'. When the paperback version came out, I had become a member of the Social Democratic Party, and felt it natural to call the same chapter 'Social Democratic Values'. That change of words was bitterly attacked as fraudulent by some members of the Labour Party. Yet my basic political position had not changed.

As any democratic party has every right to do, the Labour Party decided by Conference decision to change major policies in 1980 from that which it had previously pursued in government. In the two subsequent elections of 1983 and 1987, it was committed to unilateral nuclear disarmament, and in 1983 it actually argued to come out of the European Community without even a referendum. Nevertheless, regrettably, Socialist International, as it is called in Britain, or Social Democratic International, as it is called in some other countries, allowed the Labour Party to stop the newly formed British SPD from joining the International.

What this British example demonstrates is that a political party is an association of individuals free to change its policies in fundamental ways and the labelling may or may not always match the product. Many political parties on the Right as well as the Left find ideology attractive in Opposition, but impractical when facing the realities of Government. Policy switches, though not as fundamental as in Britain, have occurred recently in other Social Democratic Parties in Europe. Today's SPD in Germany, in part reacting to the success of the Greens – itself a reflection of a younger generation's more iconoclastic mood – is very different in its presentation of defence policy from that which was practised during the Federal Chancellorship of Helmut Schmidt. The French Socialist Party under President Mitterrand transformed its economic policies while in government, becoming far more market orientated after the world economy did not respond to their own initial budgetary expansion. The Italian Socialist Party under Prime Minister Craxi and the Spanish Socialist Party under Prime Minister Felipe Gonzáles have also gone through major policy reappraisals when in government.

That the Social Democratic identity is changing as the 21st century approaches is not of itself a bad thing. It makes, however, for difficulties when trying to project the future. It would be absurd to assume that Social Democracy, and it alone, can contribute positively to the future. There are two areas, however, where perhaps its philosophical approach and practical realism can make a valuable and possibly unique contribution.

The Western democracies may well face, particularly in Europe, a uniquely effective ideological challenge from the Soviet Union and the other Communist European countries. We do not know how long the Gorbachev era will last, but perestroika, glasnost, and demokratizatsiia preceded Mikhail Gorbachev. Radical elements within the KGB were questioning the inadequacy of Soviet economic and foreign policy in the latter part of the Brezhnev era. Then, the political head of the KGB, Yuri Andropov, was sympathetic and laid the foundations for reform when he succeeded Brezhnev. Though the pace of reform slowed with Andropov's illness and virtually stopped under Chernenko, it was logical that it should resume under Gorbachev since he was Andropov's choice to succeed him.

The unexpected element has been the cracking pace and political drive that Gorbachev has set for these reforms. If this is maintained and the Soviet economy succeeds, it will also be accompanied by a far more flexible and effective foreign policy. The ideological competition which was never switched off, even at the height of Brezhnev's détente, will probably be more vigorous under Gorbachev. There is no sign of dissent as yet from the KGB over the Gorbachev reform propaganda and it is reasonable to assume that their foreign policy agenda remains unchanged: a high priority for the denuclearisation of West Germany and the extension of Soviet influence in Europe and in the Third World.

While the Western European market economy literally delivered the goods, and the Eastern Europeans' planned economies failed to deliver the goods, there were few political liabilities in Social Democrats being linked to the capitalist system. Were the Soviet Union to start to improve their economic performance and that success spread to involve East Germany, Poland, Czechoslovakia, Bulgaria, and even Romania, which is currently in an appalling economic and social mess, then the West's easy dismissal of the ideological claims of Communism could not continue to be guaranteed.

The depths of the Soviets' economic problem offer no immediate grounds for optimism in predicting economic success, and it may be that the capitalist system will have nothing to fear. There has never been an entrepreneurial culture in the Soviet Union, even in the days of the Czar. But it is no part of a Social Democrat's long-term ideology to prevent Mikhail Gorbachev from having success in the economic area. For though economic success will strengthen their foreign policy, economic progress will erode the basis of Communism. We can expect the Soviets to concentrate on achieving ideological successes in their foreign policy and it is here where Social Democrats should prevent a Soviet success.

The challenge for Social Democrats is that if our voters can be certain that we will be vigilant in preventing the Soviets from developing or exploiting an advantage in the area of foreign policy and defence, then our voters will be more likely to give us the power to be more forthcoming over encouraging the development and improvement of the Soviet economy. The two are linked in the public's mind and rightly so. Many will want the Soviet Union to be handled by this dual approach. Many also want their own democracies to develop by humanising the market economy and safely reducing nuclear arsenals. Both are policy areas in which many voters want Western democratic governments to improve their performance. The ascendancy which the Right won in many European democracies in the 1980s need not continue into the 1990s. Because Social

Democrats sympathise with many of the social objectives of Gorbachev's reforms, we are well placed to anticipate those areas where our democracies are vulnerable to a possible Soviet ideological challenge.

It is a logical position for Social Democrats to argue for measures to help the Soviet economy for we know that if that process proceeds, it will carry its own momentum in establishing human rights and in opening up Soviet society. Communism will not disappear overnight but over the medium term its nature can be transformed. There was at the time of the flowering of Solidarity in Poland an anxiety amongst many Social Demorats in Europe that Solidarity was being encouraged to go too far and too fast by the political Right in Europe, and particularly in America. As evolutionists, we sensed the danger of pushing for too rapid a change. Many had witnessed the fierce Soviet clampdown on fellow Social Democrats immediately after the Second World War.

That fear proved to be fully justified. Even before Solidarity was crushed by the Soviet Union, a somewhat similar anxiety emerged over President Carter's Human Rights policy. In 1977, he started to be unrealistic in demanding from the ageing Brezhnev too much movement in Soviet society in relation to human rights. It was not Carter's ends which were in question, but the means. Slow patient progress, freeing up the trade union movement in Eastern Europe through contacts with our trade unions. Greater trade and cultural exchange were seen by Social Democrats as the all-important mechanisms for slowly altering the nature of the Communist States.

That is why Social Democrats also questioned the role of economic sanctions, particularly when the US attempted to stop the gas pipeline being built from the East to the West. While Americans have broadly wanted short-term action, as after the invasion of Afghanistan, which have mainly a demonstrative value, the Europeans, not just on the Left, wanted to look at the longer term effect. Western Europe did not want to close off an important economic link which carried with it political dependence but which we did not accept involved any major degree of strategic dependence.

It has to be admitted that Social Democrats are not always as logical or as far-sighted when weighing up the political impact of sanctions against South Africa. There is a definite place for carefully judged economic sanctions in the ideological battle whether to transform Communism or abolish racialism, but actual implementation has to be assessed objectively for the practical effects, not just for the emotional release in applying them.

The common ground between liberalising and democratising a Communist planned economy and decentralising and humanising the capitalist economy through the social market approach is considerable. Social Democracy will, in the 21st century, have much to contribute in both these areas. But it will not be given the power to do so by the voters if it can be projected as naive, gullible and weak in resisting Soviet foreign and defence policy initiatives aimed at undermining our security.

The Right see defence as the soft underbelly of the Social Democratic approach. In France, the Right has not been able to exploit that difference because of the national consensus on defence and the nuclear force de frappe. In the rest of Western Europe, defence has proved to be on occasions an area of electoral vulnerability for Social Democrats. It need not nor should it be so.

Social Democrats should encourage Soviet Communism in its wish to move towards a more market orientated economy. Yet we should block Soviet Communism in its wish to achieve an expansion of their ideology. From time to time, the symbol of Soviet expansionism changes. At one stage, it was the freedom of Berlin. Today, the symbol is the Soviet wish for the denuclearisation of Western Europe while they remain as a European power a nuclear weapon state. They want no nuclear weapons to be stationed in either West or East Germany and temptingly talk of their reluctantly accepting reunification of the two Germanies. They want NATO to split into two categories; where the nuclear weapon states have nuclear weapons only on their soil, and where those who are not nuclear weapons states have no nuclear weapons on their soil. The Soviets thereby hope to dissuade the non-nuclear states from supporting nuclear deterrence. It is an insidious and dangerous foreign and defence policy objective. We can expect the Soviets, against a background of nuclear and conventional force reductions, to develop a major propaganda drive on this issue of a denuclearisation.

In predicting the future of Social Democracy in Europe into the next century, I have no hesitation in saying that if Social Democrats appear to the voters to be unsound on defence and naive in their interpretation of the Soviet Union's ideological tendencies, it will not be given enough opportunities in government to influence the evolution of Soviet Communism through economic and social reforms. That would be a tragedy for one of the purposes for which Social Democracy is historically well designed – to assist the transformation of Communism so that its ideology is revised to the point that it no longer challenges the pluralist democracy that Social Democrats stand for.

Sir Karl Raimund Popper

Über das Problem der Demokratie

Mein größtes Interesse ist die Natur – und die Naturwissenschaft: die Kosmologie. Seit ich im Juli 1919 den Marxismus aufgegeben hatte, war ich an der Politik und ihrer Theorie nur als Staatsbürger interessiert – und als Demokrat. Aber die in den 20er und frühen 30er Jahren anschwellenden totalitären Bewegungen von links und rechts und schließlich die Machtergreifung Hitlers in Deutschland zwangen mich dazu, über das Problem der Demokratie nachzudenken.

Obwohl mein Buch «The Open Society and Its Enemies» (deutsch: »Die offene Gesellschaft und ihre Feinde«) Hitler und die Nazis mit keinem Wort erwähnte, war es als mein Beitrag zum Krieg gegen Hitler gedacht: Das Buch ist eine Theorie der Demokratie und eine Verteidigung der Demokratie gegen die alten und neuen Angriffe ihrer Feinde, kam 1945 heraus und wurde immer wieder aufgelegt. Aber das, was ich für seinen wichtigsten Punkt halte, wurde, so scheint mir, nur selten ganz verstanden.

Wie ein jeder weiß, heißt »Demokratie« auf deutsch »Volksherrschaft« oder »Volkssouveränität«, im Gegensatz zu »Aristokratie« (Herrschaft der Besten oder der Vornehmsten) und »Monarchie« (Herrschaft eines einzelnen). Aber der Wortsinn hilft uns nicht weiter. Denn nirgends herrscht das Volk: Überall herrschen die Regierungen (und leider auch die Bürokratie, das heißt die Beamten, die nur schwer oder gar nicht zur Verantwortung gezogen werden können). Außerdem sind Großbritannien, Dänemark, Norwegen und Schweden Monarchien und gleichzeitig sehr gute Beispiele von Demokratien (vielleicht mit Ausnahme von Schweden, wo eine unverantwortliche Steuerbürokratie jetzt die diktatorische Gewalt ausübt); ganz im Gegensatz zur DDR, die sich selbst als Demokratie bezeichnet – aber, leider, zu Unrecht.

Worauf kommt es denn wirklich an?

Es gibt eigentlich nur zwei Staatsformen: Solche, in denen es möglich ist, die Regierung ohne Blutvergießen durch eine Abstimmung loszuwerden, und solche, in denen das nicht möglich ist. Darauf kommt es an, nicht aber darauf, wie man diese Staatsform benennt. Gewöhnlich nennt man die erste Form »Demokratie« und die zweite Form »Diktatur« oder »Tyrannei«. Aber es steht nicht dafür, über Worte (wie DDR) zu streiten. Das Entscheidende ist allein die *Absetzbarkeit* der Regierung, ohne Blutvergießen.

Für diese Absetzbarkeit gibt es verschiedene Methoden. Die beste Methode ist die einer Abstimmung: Eine Neuwahl oder ein Votum in einem gewählten Parlament kann die Regierung stürzen. Darauf kommt es an.

Es ist daher falsch, wenn man die Betonung auf die Frage legt (wie es von Platon bis Marx und auch später immer wieder getan wurde): »Wer soll regieren? Das Volk (der Pöbel) oder die wenigen Besten? Die (guten) Arbeiter oder die (bösen) Kapitalisten? Die Mehrheit oder die Minderheit? Die Partei von links oder die Partei von rechts oder eine Partei der Mitte?« Alle diese Fragen sind falsch gestellt. Denn es kommt nicht darauf an, wer regiert, solange man die Regierung ohne Blutvergießen loswerden kann. Jede Regierung, die man wieder loswerden kann, hat einen starken Anreiz, sich so zu verhalten, daß man mit ihr zufrieden ist. Und dieser Anreiz fällt weg, wenn die Regierung weiß, daß man sie nicht so leicht loswerden kann.

Um zu zeigen, wie wichtig diese einfache Theorie der Demokratie in der Praxis ist, möchte ich sie auf das Problem des Proportionalwahlrechts anwenden. Wenn ich hier ein Wahlrecht kritisiere, das in der so gut bewährten Verfassung der Bundesrepublik verankert ist, so soll das nur als ein Versuch betrachtet werden, eine Diskussion über eine Ansicht zu eröffnen, die meines Wissens selten in Frage gestellt wird. Verfassungen soll man nicht leichtfertig ändern; aber es ist gut, kritisch über sie zu diskutieren, schon um das Bewußtsein ihrer Bedeutung lebendig zu erhalten.

In den Demokratien des westeuropäischen Kontinents ist ein Wahlrecht verbreitet, das sich wesentlich von jenem Wahlrecht unterscheidet, das zum Beispiel in Großbritannien und in den Vereinigten Staaten gültig ist und das auf der Idee der lokalen Repräsentation beruht. In Großbritannien entsendet jeder Wahlkreis einen Repräsentanten ins Parlament: den, der die meisten Stimmen bekommen hat. Welcher Partei und ob er einer Partei angehört oder nicht, wird offiziell nicht zur Kenntnis genommen. Seine Pflicht ist es, nach bestem Wissen und Gewissen die Interessen jener zu vertreten, die in seinem Wahlkreis wohnen, ob sie einer Partei angehören oder nicht.

Natürlich gibt es Parteien, und sie spielen eine große Rolle bei der Regierungsbildung. Aber wenn der Repräsentant eines Wahlkreises glaubt, daß es im Interesse seines Wahlkreises ist (vielleicht auch des ganzen Volkes), gegen seine Partei zu stimmen oder sogar mit ihr zu brechen, so ist er verpflichtet, es zu tun. Winston Churchill, der größte Staatsmann unseres Jahrhunderts, war niemals ein Gefolgsmann, und er hat zweimal die Partei gewechselt.

Ganz anders ist die Lage im kontinentalen Europa. Der Proporz besagt, daß jede Partei so viele Vertreter im Parlament – etwa im Bundestag – bekommt, daß die Zahl der Abgeordneten der verschiedenen Parteien in möglichst genauem Verhältnis zu den für die Parteien abgegebenen Stimmen steht.

Die Parteien sind damit von der Verfassung des Staates anerkannt und im Grundrecht verankert. Und der individuelle Abgeordnete wird ganz offiziell als Repräsentant seiner Partei gewählt. Daher kann er nicht die Pflicht haben, unter Umständen gegen seine Partei zu stimmen: Er ist, ganz im Gegenteil, moralisch an seine Partei gebunden, da er ja nur als Repräsentant dieser Partei gewählt wurde. (Und sollte er das nicht länger mit seinem Gewissen vereinbaren können, so hätte er wohl die moralische Pflicht, zurückzutreten; auch dann, wenn die Verfassung das nicht vorschreibt.)

Ich weiß natürlich, daß man Parteien braucht: Niemand hat bisher ein demokratisches System erfunden, das ohne Parteien auskommt. Aber politische Parteien sind keine allzu erfreulichen Erscheinungen. Doch ohne Parteien geht es nicht: Alle unsere Demokratien sind keine Volksregierungen, sondern Parteiregierungen. Das heißt Regierungen der Parteiführer; denn je größer eine Partei ist, um so weniger ist sie einig, um so weniger ist sie demokratisch, um so weniger Einfluß haben die, die für sie stimmen, auf die Parteiführung und auf das Parteiprogramm.

Der Glaube, ein nach dem Proporz gewählter Bundestag oder ein Parlament sei ein besserer Spiegel des Volkes und seiner Wünsche, ist falsch. Er repräsentiert nicht das Volk und seine Meinungen, sondern lediglich den Einfluß der Parteien (und der Propaganda) auf die Bevölkerung am Wahltag. Und er macht es schwieriger, daß der Wahltag zu dem wird, was er sein könnte und sollte: ein Tag des Volksgerichts über die Tätigkeit der Regierung.

Es gibt also keine gültige Theorie der Volksherrschaft; keine gültige Theorie, die den Proporz fordert. So müssen wir fragen: Wie wirkt sich der Proporz in der Praxis aus – 1. auf die Regierungsbildung, 2. auf die so entscheidend wichtige Möglichkeit, eine Regierung zu entlassen?

1. Je mehr Parteien, um so schwieriger die Regierungsbildung. Das ist erstens eine Tatsache der Erfahrung, und zweitens ist es auch eine Tatsache der Vernunft. Wenn es nur zwei Parteien gäbe, dann wäre die Regierungsbildung leicht. Aber der Proporz macht es auch kleinen Parteien möglich, einen großen – oft einen entscheidenden – Einfluß auf die Regierungsbildung zu gewinnen und damit sogar auf die politischen Entscheidungen der Regierung.

Jeder wird das zugeben; und jeder weiß, daß der Proporz die Anzahl der Parteien vermehrt. Aber solange man annimmt, daß das »Wesen« der Demokratie in der Volksherrschaft besteht, muß man, als Demokrat, diese Schwierigkeiten in Kauf nehmen, da der Proporz dann ja als »wesentlich« erscheint.

2. Aber der Proporz, und damit die Vielzahl der Parteien, wirkt sich womöglich noch schlimmer aus für die so wichtige Entlassung einer Regierung durch Volksentscheid, also zum Beispiel durch Neuwahl des Parlaments – erstens, da man weiß, daß es viele Parteien gibt und daher kaum erwarten kann, daß eine der vielen Parteien die absolute Mehrheit erreichen wird. Wenn daher diese Erwartung eintrifft, so hat sich eben der Volksentscheid gegen keine der Parteien ausgesprochen. Keine der Parteien wurde entlassen, keine der Parteien wurde verurteilt.

Zweitens, man erwartet nicht, daß der Wahltag ein Tag des Volksgerichts über die Regierung ist. Manchmal war die Regierung eine Minderheitsregierung und daher nicht in der Lage zu tun, was sie für richtig hielt, sondern zu Konzessionen gezwungen; oder sie war eine Koalitionsregierung, in der keine der regierenden Parteien voll verantwortlich war.

So gewöhnt man sich daran, keine der politischen Parteien und keinen ihrer Führer für die Entscheidungen der Regierung verantwortlich zu machen. Und daß eine Partei etwa fünf oder zehn Prozent ihrer Stimmen verliert, wird von niemandem als Schuldspruch angesehen; am wenigsten von den Wählern, den Regierten: Es deutet nur auf ein momentanes Schwanken in der Popularität.

Drittens: Auch dann, wenn die Mehrheit der Wähler eine bestehende Mehrheitsregierung entlassen will, so kann sie das nicht unbedingt erreichen. Denn selbst wenn eine Partei, die bisher die absolute Mehrheit hatte (so daß sie verantwortlich gemacht werden konnte), ihre Mehrheit verliert, so wird sie unter einem Proporz höchstwahrscheinlich noch immer die größte Partei bleiben. Daher wird sie mit Unterstützung einer der kleinsten Parteien eine Koalitionsregierung bilden können. So wird der entlassene Führer der großen Partei weiter regieren – gegen den Mehrheitsbeschluß und auf Grund der Entscheidung einer kleinen Partei, die meilenweit davon entfernt sein kann, den »Willen des Volkes« zu repräsentieren.

Natürlich kann eine solche kleine Partei auch ohne Neuwahl, ohne einen neuen Auftrag von der Wählerschaft eine Regierung stürzen und zusammen mit den Oppositionsparteien eine neue Regierung bilden – in groteskem Gegensatz zu der Idee, die dem Proporz zugrunde liegt: der Idee, daß der Einfluß einer Partei der Anzahl ihrer Wähler entsprechen soll.

Solche Dinge kommen häufig vor. Und dort, wo es eine Vielzahl von Parteien gibt und wo daher Koalitionen die Regel sind, sind sie geradezu selbstverständlich geworden.

Es ist ganz richtig, daß ähnliches auch in einem Land geschehen kann, in dem es keinen Proporz gibt. Aber in solchen Ländern – etwa in Großbritannien oder in den Vereinigten Staaten – hat sich eine Tendenz dazu entwickelt, daß sich hauptsächlich zwei große Parteien gegenüberstehen, die miteinander konkurrieren. Es ist dieses Zweiparteiensystem, von dem Winston Churchill sagte: »Die Demokratie ist die schlechteste der Regierungsformen, ausgenommen alle anderen Regierungsformen.«

Er wollte damit sagen: Keine Regierungsform ist gut oder verläßlich oder frei von Korruption. Aber wenn man das weiß, so ist die Demokratie noch immer die beste aller bisher bekannten Lösungen des Problems der Regierung.

Mir scheint eine Form, die das Zweiparteiensystem möglich macht, die beste Form der Demokratie zu sein. Denn sie führt immer wieder zur Selbstkritik der Parteien. Wenn eine der beiden großen Parteien in einer Wahl eine richtige Schlappe erlitten hat, dann kommt es gewöhnlich zu einer radikalen Reform innerhalb der Partei. Das ist eine Folge der Konkurrenz und des eindeutigen Verdammungsurteils der Wähler, das nicht übersehen werden kann.

So werden die Parteien durch dieses System von Zeit zu Zeit gezwungen, von ihren Fehlern zu lernen oder unterzugehen.

Meine Bemerkungen gegen den Proporz bedeuten nicht, daß ich allen Demokratien den Rat erteile, den Proporz aufzugeben. Ich wünsche nur der Diskussion darüber eine neue Richtung zu geben. Der Gedanke, daß aus der Idee der Demokratie die moralische Überlegenheit des Proporzsystems logisch abgeleitet werden kann und daß die kontinentalen Systeme wegen des Proporzes besser, gerechter oder demokratischer sind als die angelsächsischen Systeme, ist naiv und hält einer etwas eingehenderen Überlegung nicht stand.

Zusammenfassend: Die Ansicht, daß der Proporz demokratischer ist als das britische oder amerikanische System, ist unhaltbar, da sie sich auf eine überholte Theorie der Demokratie als Volksregierung berufen muß (die ihrerseits auf die sogenannte Souveränitätstheorie des Staates zurückgeht). Diese Theorie ist moralisch verfehlt und sogar unhaltbar: Sie ist durch die Theorie der Entlassungsgewalt der Majorität überholt.

Dieses moralische Argument ist wohl noch wichtiger als das praktische Argument, daß wir nicht mehr als zwei voll verantwortliche und konkurrierende Parteien brauchen, um den Wählern die Macht zu geben, in ihrer Wahl über die Regierung zu Gericht zu sitzen. Der Proporz schafft die Gefahr, daß der Wahlentscheid der Mehrheit bagatellisiert wird und damit auch der Einfluß einer Wahlniederlage auf die Parteien – ein wohltätiger Einfluß, den die Demokratie brauchen kann. Und für einen klaren Mehrheitsentscheid ist es wichtig, daß es eine möglichst gute und starke Oppositionspartei gibt. Sonst sind die Wähler oft gezwungen, eine schlechte Regierung weiter regieren zu lassen, weil sie Grund haben anzunehmen: »Es kommt nichts Besseres nach.«

Widerspricht nicht meine Verteidigung des Systems der zwei Parteien der Idee einer offenen Gesellschaft? Ist nicht die Toleranz einer Vielheit von Meinungen und Theorien, also ein Pluralismus, charakteristisch für die offene Gesellschaft und ihre Wahrheitssuche, und soll sich dieser Pluralismus nicht in einer Vielzahl von Parteien ausdrücken?

Meine Antwort: Es ist die Funktion einer politischen Partei, eine Regierung zu stellen oder als Opposition die Arbeit der Regierung kritisch zu überwachen. Zur kritischen Überwachung gehört es, die Toleranz der Regierung gegenüber den verschiedenen Meinungen, Ideologien und Religionen zu überwachen (soweit diese nicht intolerant sind: Denn Ideologien, die Intoleranz predigen, verlieren ihren Anspruch auf Toleranz). Manche Ideologien werden versuchen – mit oder ohne Erfolg –, eine Partei zu dominieren oder eine neue Partei zu gründen. So wird es ein Wechselspiel geben zwischen Meinungen, Ideologien, Religionen auf der einen Seite und den großen konkurrierenden Parteien auf der anderen Seite.

Aber der Gedanke, daß die Vielzahl der Ideologien oder Weltanschauungen sich in einer Vielzahl der Parteien spiegeln soll, dieser Gedanke scheint mir politisch verfehlt zu sein. Und nicht nur politisch, sondern auch weltanschaulich. Denn eine zu nahe Verbindung zur Parteipolitik verträgt sich kaum mit der Reinheit einer Lehre.

Helmut Rohde

Der Impuls des November 1966

In der Mitte der 60er Jahre verfiel in der Bundesrepublik die »Bürgerblock-Regierung« aus CDU/CSU und FDP, jenes Nachkriegsarrangement, zu dem sich Konservative und Nationalliberale nach der Hitlerdiktatur und dem Sieg der Alliierten zusammengefunden hatten. Zwei Jahrzehnte hatten sie ihren »politischen Alleinvertretungsanspruch« durchgesetzt – nach innen gegen die Sozialdemokraten und nach außen gegen neue Wege in der Deutschland- und Europa politik. Dabei hatte sich der Block zur Blockade entwickelt. Er geriet mit Washington und Paris über Kreuz und mit den Bürgern des eigenen Landes in Konflikt.

Ausgerechnet unter der Kanzlerschaft von Ludwig Erhard entwickelte sich die erste ernsthafte sozialökonomische Rezession der Bundesrepublik. In ihr verblaßte der Glaube an die Dauerhaftigkeit des Wirtschaftswunders. Längst überwunden geglaubte Sorgen kehrten zurück. Fritz Berg, damals Präsident des Industrieverbands, sprach im November 1966 von der »gefährlichsten Situation in der gesamten Zeitspanne seit der Währungsreform«. Arbeitslosenzahlen und Haushaltsmiseren nahmen zu, Investitionen und Spareinlagen gingen zurück. Strukturkrisen verunsicherten die Kohlenreviere. Das Umfeld des herkömmlichen Regierungsmilieus wurde unruhig.

Der immerwährende Glaube der Regierenden, zu ihnen gebe es keine Alternative, verfing nicht mehr. Die fast täglichen Erklärungen, Erhard sei und bleibe Kanzler, wurden überhört. Der einstigen »Wahl-Lokomotive« kamen Anhänger und politisches Zeitgefühl abhanden. Die Welt erlaubte den Deutschen keine Idylle mehr und drängte darauf, daß sie sich ernsthafter mit ihrer künftigen Rolle in der internationalen Politik beschäftigen.

In dieser Situation verließen die FDP-Minister Ende Oktober 1966 Hals über Kopf den gewohnten Regierungsblock. Wie meist, hielt sich die Partei für zu klein, um größeren Belastungen gewachsen zu sein. Helmut Schmidt vermutete unter dem Eindruck jener Tage, soziologisch sei die FDP mehr ein »parlamentarischer Klub« als eine belastungsfähige Partei.

Das Bundeshaus wurde zur Tribüne des Regierungsverfalls, geisterhaft oft und nicht frei von komödienhaften Zügen. Die einstigen Partner bewahrten nur eine Gemeinsamkeit, auf keinen Fall Neuwahlen zuzulassen und sich dem Volk zu stellen.

Diese Vorgänge entschlüsseln die Bedingungen der zweiten Hälfte der 60er Jahre. Für Sozialdemokraten hieß das: eine Änderung und Vitalisierung deutscher Politik war nur durch Regierungsbeteiligung zu erreichen. Auf diesem Wege müsse der alte Alleinvertretungsanspruch, der in Deutschland so viele Mutationen durchgemacht hatte, diese herrschsüchtige Attitüde von oben, durch den Geist demokratischen Wechsels ersetzt werden.

Ein Prozeß war in Gang zu bringen, auf dessen Etappen die SPD einen wachsenden Anteil an der Regierungsgestaltung erringt und öffentlich ausweist. Insofern war der Weg über die Große Koalition, über ein neues außenpolitisches und gesellschaftspolitisches Denken und Urteilen bis hin zur sozial-liberalen Koalition unter der Kanzlerschaft von Willy Brandt kein historischer Zufall, sondern Ergebnis politischer Bedingungen.

Viel ist darüber gerätselt worden, wann in der Bundesrepublik die Periode der Nachkriegszeit zu Ende gegangen ist. Vermutlich war es im Spätherbst des Jahres 1966.

Wieder war es eines der fast vergessenen November-Dokumente aus der Geschichte der Sozialdemokraten, das in dieser Lage Zukunft machen sollte: das sogenannte Acht-Punkte-Programm. Inspiriert von Herbert Wehner, entstand es unter der Federführung des späteren Fraktionsvorsitzenden Helmut Schmidt. Es trug weithin seine Handschrift. Ihm war es zuwenig, sich allein auf künftige

Regierungsstander am Wagen zu verlassen, von denen sich damals manche in Bonn wahre Wunder versprachen. Die Fraktionsführung wollte eine politische Plattform für ihre künftige Regierungsbeteiligung vorlegen, darin ihre hauptsächlichen Ziele und Absichten erläutern und gleichsam wie in einem Geschichtsprotokoll festhalten. »Jedwede Regierungsbildung wäre verfehlt«, so wurde erklärt, »die auf eine solide Analyse der Lage und Klärung der gegebenen Möglichkeiten verzichten würde.«

Vor allem Willy Brandt und Helmut Schmidt schätzten nüchtern die Skepsis und kritische Distanz gegenüber der Koalition mit der CDU ein, die sich auch in der eigenen Partei und Wählerschaft ausdrückten – und verstanden dies auch. Sie wollten den Zusammenhang unter den Sozialdemokraten bewahren, widerstanden der Ämtereuphorie und bemühten sich, durch ihr politisches Verhalten davon zu überzeugen, daß man nicht »Reparaturkolonne für eine marode Unionsregierung« sei, sondern auf eine sich erneuernde Politik hinarbeite.

Während im Spätherbst 1966 im Bonner Bundeshaus die Personalien und Spekulationen bevorstehender Regierungsumbildung gehandelt wurden, die Politik gleichsam zur Reportage geworden war, skizzierte im engen Bundestagsbüro von Helmut Schmidt ein kleiner Kreis in dem November-Dokument die Konturen künftiger Regierungspolitik. Dabei wurde mutiger, auch eindeutiger geschrieben, als es sonst in jener Zeit üblich war. Schmidt war ungehalten. Ihm widerstrebte es, die außenpolitischen Ziele nur zaghaft zu fassen und die sozialökonomischen Absichten im Unbestimmten zu lassen.

Ich fühlte mich in jenen Tagen an Kurt Schumacher und die erregten Auseinandersetzungen über die Prinzipien sozialdemokratischer Regierungsbeteiligung erinnert. Diesem ersten Nachkriegsvorsitzenden der SPD waren politisches Stühlerücken und Kabinettsränküne zuwider. Das Hauptinteresse müsse auf substantielle Mitbestimmung und Gestaltung konzentriert und so ein Prozeß in Gang gesetzt werden, der schließlich zur sozialdemokratischen Regierungsführung vorstoße. Nur so seien auf Dauer Überzeugungsfähigkeit und Verwurzelung zu wahren. Das aber hieß: Regierung und soziale Bewegung gleichzeitig zu sein und dabei nichts zu Lasten des anderen zu vernachlässigen. In diesem Spannungsfeld, in dem sich Gesellschaft und Staat widerspiegeln, sei sozialdemokratische Politik zu entwickeln. In den Diskussionen mit dem Fraktionskollegen Schmidt empfand ich damals, wie sehr Schumacher unsere Generation beeinflußt hatte.

Die ersten Punkte des November-Dokuments beinhalteten den außenpolitischen Anspruch. Schmidt formulierte eindeutig. »Den Frieden in Europa sicherer zu machen«, jener Satz, der in den 70er Jahren zum Regierungsprogramm der Deutschen wurde, drückte das aus. Eine neue Politik gewann ihre Sprache. Taktisches Kalkül wurde beiseite geschoben und der Inhalt künftiger Strategie konkretisiert. Wörtlich:

»Die Entspannung in der Welt zu fördern liegt im Interesse Deutschlands. Die Bundesregierung hat entsprechende Initiativen in ihrer Außen-, Verteidigungs- und Deutschlandpolitik zu ergreifen.«

»Die Bundesregierung muß darauf hinwirken, den Frieden durch innereuropäische Normalisierung und Aussöhnung sicherer zu machen, um in diesem Rahmen die Spaltung Deutschlands zu überwinden.«

»Die Bundesregierung muß sich davon leiten lassen, den Menschen im geteilten Land das Leben zu erleichtern, die nationale Substanz zu erhalten.«

»Die Bundesregierung muß aktiv für die Normalisierung unseres Verhältnisses zu den östlichen Nachbarländern und für die Versöhnung mit ihnen eintreten. Die Bundesregierung erstrebt volle diplomatische Beziehungen mit allen Staaten Osteuropas, die dafür keine unannehmbaren Bedingungen stellen.«

»Zur Normalisierung unserer Beziehungen zu Osteuropa muß die Bundesregierung eine Initiative zur Weiterentwicklung internationaler Rüstungsbegrenzung und -kontrolle und zum Austausch von rechtlich bindenden Gewaltverzichtserklärungen ergreifen. Dies muß auch für den anderen Teil Deutschlands gelten.«

»Die Bundesregierung muß versuchen, Vereinbarungen zwischen Ost und West über gleichwertige Truppenreduzierungen und Rüstungsverminderungen auf beiden Seiten herbeizuführen.«

In diesem Text wurde dargelegt, daß die Mitwirkung der USA an der europäischen Entspannung unentbehrlich sei. Mit ihr sei eine Zusammenarbeit im Geiste gleichberechtigter Partnerschaft anzustreben. Gesprochen wurde von einer »eigenständigen Entwicklung Europas«, die zu einer ihr entsprechenden Verantwortung zu führen habe. Die Stagnation der europäischen Einigungsbewegung müsse überwunden werden.

Es war vor allem Schmidt, der damals den deutsch-französischen Beziehungen einen neuen Impuls geben wollte. Frankreich habe an Gewicht und Einfluß gewonnen und sei an einer Überwindung der Spaltung Europas interessiert. Auf eine solche gemeinsame Richtung müsse sich die Bundesrepublik in ihrer Osteuropapolitik einstellen.

Besondere Bedeutung hatten in dieser Perspektive die deutsch-deutschen Beziehungen. Wer einen Prozeß der Entspannung in Europa wollte, mußte ihnen neue Chancen eröffnen: für die Beziehungen der Menschen untereinander, für Handelsaustausch, Reiseverkehr, für Informationen und kulturellen Austausch und für die künftigen Kontakte und Verhandlungen der beiden Teile Deutschlands.

Wie kein anderer unter uns hatte sich Helmut Schmidt in den langen Jahren der Opposition mit den intellektuellen Grundlagen und den politischen Voraussetzungen einer »Strategie des Gleichgewichts« in der Welt befaßt. In ihr sah er eine neue Kultur der internationalen Beziehungen. Im Herbst 1966, am Vorabend der Regierungsbeteiligung, ergriff er die Gelegenheit, diesem strategischen Konzept konkretere Chancen in der europäischen Politik zu eröffnen.

Wege wurden beschrieben und später eingeleitet, die aus der Stagnation herausführen sollten, in die sich die zerbröckelnde Blockregierung mit Hallstein-Doktrin, Ressentiments und erstarrten Formeln hineinmanövriert hatte. Zwar mehrten sich auch in den Unionsparteien die Stimmen für eine außenpolitische Erneuerung, aber stets scheuten sie vor den Konsequenzen einer europäischen Ausgleichs- und Entspannungspolitik zurück. Ihre Handlungsfähigkeit verkümmerte.

Weder Union noch FDP hatten damals außenpolitische Bestandsaufnahmen und Perspektiven vorgelegt. Sie überließen auf diesem Felde den Sozialdemokraten die intellektuelle Führung und damit die Durchsetzungsfähigkeit, nicht zuletzt auch die internationale Aufmerksamkeit.

Die Erfahrungen dieses Vorganges bleiben bedenkenswert. Nicht allein die Schwächen der alten Bundesregierung, nicht nur der Verfall ihres Alleinvertretungsanspruchs hat in den 60er Jahren den demokratischen Wechsel möglich gemacht. Viel stärker noch wirkte die Art und Weise, wie sich damals die sozialdemokratische Opposition unter Willy Brandt, Herbert Wehner und Helmut Schmidt auf ihre spätere Regierungsrolle vorbereitete und dies mit Personen und Thesen öffentlich machte. Schwächen des anderen – so erfuhren wir – bieten bestenfalls Gelegenheiten des Wechsels, aber zur Regierung eines Landes wird man nur durch sich selbst.

Die Verfasser des November-Dokuments waren sich ihrer außen- und entspannungspolitischen Sache sicher. Und sie trauten ihrer Partei zu, dafür öffentliche Unterstützung zu erreichen. Daß die Bündnissysteme vertrags- und friedensfähiger werden sollten, begann die Menschen zu bewegen. Dabei aber konnte keinen Augenblick aus dem Auge verloren werden, daß dies nicht nur zur Verminderung von Rüstung, sondern auch zu einer Vermehrung des politischen Vertrauens in der Welt führen müsse.

Das stellte hohe Anforderungen an politische Vernunft und Moral und an die Einsicht, daß die List des vermeintlichen eigenen

Vorteils unter den Rüstungsbedingungen unserer Tage stets gegen sich selbst zurückschlägt. Vor uns lag damals eine schwere Wegstrecke – mit harten innenpolitischen Auseinandersetzungen mit der konservativen Opposition und gepflastert mit den Folgen, die sich aus den Irritationen, dem Verhalten und der Stagnation in den Beziehungen der Großmächte ergeben sollten.

Rückschauend aber bleibt: die Philosophie des Gleichgewichts hat die innen- und weltpolitischen Auseinandersetzungen, auch die Spannungen in den eigenen sozialdemokratischen Reihen, den Streit der Meinungen über den jeweils richtigen strategischen Schritt überdauert, also all das, was die Durchsetzung einer solchen Philosophie unabweisbar begleitet. Sie wurde zu einem Strukturelement internationaler Politik und bewegt deren Beziehungen auch am Ende der 80er Jahre. Aber genau so wie an ihrem Anfang verlangt sie auch heute, daß sie begabt und verantwortungsfähig gehandhabt wird. Davon lebt sie, nicht allein von den vielbeschworenen objektiven Notwendigkeiten.

Der Autoritätsverfall der alten Bundesregierung war im November-Dokument auch Ausgangspunkt der innenpolitischen Beurteilungen. Der sozialökonomische Abschwung in der zweiten Hälfte der 60er Jahre erschien den Verfassern hausgemacht. Sie nutzten die Stunde des liberal-konservativen Kompetenzverlustes in deren jahrzehntelang beherrschter Domäne, um nicht nur die konjunkturpolitische Handlungsfähigkeit zu renovieren und Wachstum und Stabilität in Beziehung zu bringen. Darüber hinaus wurde der wirtschaftliche und finanzpolitische Instrumentenkasten der Regierung durchgemustert. Geschockt durch die Rezession, wollte man sich nicht mehr auf den Mythos des Wirtschaftswunders verlassen. Vorausschau, das Nachdenken über die langen Wege der Gesellschaft wurde zum innenpolitischen Horizont der Acht-Punkte-Erklärung.

In der Folge zogen mittelfristige Finanzplanung, gestützt auf quantitative Vorausschau der öffentlichen Finanzen, und eine ihr entsprechende Kooperation von Bund, Ländern und Gemeinden sowie volkswirtschaftliche Gesamtrechnungen, Sozialbudgetierung und Sozialplanung in die Bonner Ministerien ein. »Finanz-, Wirtschafts- und Sozialpolitik müssen langfristig angelegt und aufeinander abgestimmt werden«, hieß es. Aufgeklärte Marktwirtschaft nannte Professor Karl Schiller das. Zusammen mit Alex Möller und Helmut Schmidt hatte er die neue sozialökonomische Ausrichtung konzipiert.

Der Bevölkerung erschien überzeugend, wie sich diese Politik auf der Bonner Bühne durchsetzte. Haushalte und Kapitalmärkte wurden wieder funktionsfähiger, die Investitionen und Arbeitsmärkte zogen an, die Wirtschaft »fand aus der Talsohle heraus, und die Pferde wurden wieder zum Saufen gebracht«. Das November-Dokument hatte die Regierung eines marktwirtschaftlich ausgerichteten und sozialstaatlich konzipierten Industrielandes profiliert.

In den 70er Jahren errang die Bundesrepublik unter sozialdemokratischer Regierungsführung im Kreis der Industrienationen eine herausragende Position – mit ihren Arbeitsbeziehungen und ihrem sozialen Klima, durch wirtschaftlichen Aufschwung und die Entwicklung von Arbeitnehmerrechten und Sozialer Sicherung. Pralles Selbstbewußtsein breitete sich aus, nicht selten überzogen. Vielen erschien alles machbar und sozialökonomischer Fortschritt wie eine Straße ohne Ende. Trotz aller Umweltgefahren auch noch problemlos.

Das muß auf Helmut Schmidt nicht ohne Wirkung geblieben sein. Das November-Papier von 1966 war in dieser Beziehung viel kritischer gewesen und äußerte sich gegenüber den Unsicherheiten der deutschen und internationalen Wirtschaftsentwicklung bewußter.

Es verlangte damals von der Regierung ein detailliertes Programm für die Strukturpolitik, wollte die Anpassung von Wirtschaftszweigen an neue Marktverhältnisse, sprach vom Abbau sichtbarer und unsichtbarer Subventionen, um vor allem künftige

Haushalte zu entlasten, formulierte eine Neubelebung regionaler Wirtschaftspolitik und wandte sich damit frühzeitig gegen einen Verfall der sozialen Geographie der Bundesrepublik. Ohne Umschweife wurde die »Ordnung der Staatsfinanzen zur unabdingbaren Voraussetzung« der sozialökonomischen Zielsetzungen erklärt.

In der nüchternen Sprache findet sich die Illusionslosigkeit von Helmut Schmidt wieder. Zwar wurde auch antizyklische Haushaltspolitik zur Stabilisierung von Wachstum und Beschäftigung für notwendig gehalten, aber sofort hinzugefügt, daß dies etwas anderes sei als ein Verschieben von nicht gedeckten öffentlichen Belastungen auf künftige Haushaltsjahre. Insofern war der November-Text ein Plädoyer für eine couragierte Strukturpolitik.

Später dagegen wurden die einstigen Verfasser des November-Dokuments mit einer anderen Erfahrung konfrontiert: wie eine Oligarchie von Interessen und Privilegien, die sich wie ein Netzwerk über die Gesellschaft legt, auf den sich verschärfenden Strukturwandel reagiert – öffentlich und regierungsintern. Sie verdrängte die Folgen, stellte den Wandel unter Ideologieverdacht, machte schwerfällig und reformmüde und versuchte, sich seinen Konsequenzen zu entziehen. Eine Kluft brach auf zwischen dem Tempo sozialökonomischen Umbruchs und der Schwerfälligkeit und Unsicherheit der Politik. Das verfolgt uns bis in unsere Tage.

Über lange Jahre diagnostizierten Wirtschaftsinstitute und ministerielle Datenökonomen die Signale des sich verändernden Industrie-, Beschäftigungs- und Sozialsystems zumeist nur als »konjunkturelle Delle und Flaute« – ohne besonderen Handlungsbedarf, höchstens als Anlaß für fiskalische Überbrückungen. Aber die Pferde soffen nicht mehr aus den alten Tränken. Und die Wege führen nicht zurück zu den alten Ufern.

Wie künftig das soziale Gleichgewicht in der Gesellschaft angesichts neuer Produktionsökonomien, technologischer Umgestaltungen und im Blick auf europäischen Binnenmarkt und internationale Wirtschaftsbeziehungen beschaffen sein soll, wurde zur offenen

Frage. Sie ist es bis heute geblieben, wurde gleichsam zur Morgengabe der Liberalen bei ihrem Eintritt in eine konservativ geführte Regierung. Hier tickt sie seitdem wie ein Sprengsatz, trotz Lagertheorie und Beschwörung alter Blockmentalitäten. Die Bürger und die Verhältnisse sind andere und anders geworden. Aus dem einstigen Bonner Nachkriegsmilieu läßt sich heute keine Zukunft der Bundesrepublik mehr machen.

Der Impuls vom November 1966, der sich beim Nachlesen des Acht-Punkte-Programms in Erinnerung bringt, hat seine geschichtsbildende Kraft nicht verbraucht. Wenn Sozialdemokraten am Ende der 80er Jahre mit vergleichbarer Courage die Frage nach der Strategie des sozialen Gleichgewichts aufgreifen, wie sie 1966 die Strategie der Entspannung und des internationalen Ausgleichs in die Politik eingeführt haben, dann eröffnet sich ihnen eine weitere Etappe jenes Prozesses, dessen Konturen 1966 im Zimmer des Abgeordneten Helmut Schmidt formuliert wurden. Für ihn muß es noch heute viel bedeuten, daß er damals dafür die Federführung hatte. Seine Courage war und blieb ansteckend.

Adolf Schmidt

Zerreißprobe für den sozialen Konsens

Über den Zusammenhang von Sozialpolitik und Wirtschaftspolitik sind vielerlei billige Gemeinplätze im Umlauf. »Erst muß man den Kuchen backen, bevor man ihn verteilen kann«; »Nur ein Schelm gibt mehr, als er hat«; »Lieber eine ungerechte Verteilung des Wohlstands als eine gerechte Verteilung des Mangels«.

Natürlich, es steckt in solchen Sprüchen und Gedanken ein Körnchen Wahrheit. Die angestrebte Verteilungsgerechtigkeit, die in der modernen Demokratie zu einer entscheidenden Frage geworden ist, stößt allenthalben an die vorgegebenen Grenzen des ökonomisch Möglichen. Aber Sozialpolitik ist weit mehr als nur die gerechte Verteilung der Güter, die von der Wirtschaftsgesellschaft hervorgebracht werden.

Die Idee des sozialen Staates hat ihren historischen Ausgangspunkt in der »sozialen Frage« des 19. Jahrhunderts. Zeitgenossen fast aller politischen Richtungen haben sie als eine Frage von hohem ethischem Gewicht angesehen. Hatte doch die nach Deutschland übergreifende industrielle Revolution einen ganz neuen Stand hervorgebracht, den Stand des besitzlosen und weisungsabhängigen Arbeiters, die Auflösung der strengen wirtschaftlichen, rechtlichen, sozialen und persönlichen Abhängigkeiten des unfreien, leibeigenen Bauern – Abhängigkeiten, in denen er zugleich gefangen, aber auch geborgen gewesen war.

Die Verdreifachung der Bevölkerungsanzahl auf deutschem Boden im letzten Jahrhundert und die gleichzeitige Konzentration auf die entstehenden Industrieregionen Sachsens und Rheinland-Westfalens hatte einen enormen Angebotsdruck auf dem Arbeitsmarkt zur Folge. Dies führte zu Existenzbedingungen, die mit dem heute von Unkundigen belächelten Wort der »Verelendung« nur ganz unzureichend beschrieben sind.

Man denke nur an die 12-Stunden-Tage unterernährter Kinder in kalten, lichtarmen Fabrikhallen, an die Not der Heimarbeiter, an den frühen Tod von Familienernährern und die Ausbeutung des Dienstpersonals in den großen Städten, an die umschichtig im gleichen Bett schlafenden Kostgänger und an vieles andere mehr.

Von jedem fühlenden Menschen mußte dies als eine moralische Herausforderung begriffen werden. Diese Wurzel der Sozialpolitik hat insofern fast gar nichts mit gerechter Teilhabe, aber alles mit Menschenwürde, mit Nächstenhilfe, mit Solidarität zu tun.

Aber Sozialpolitik unter den Bedingungen des wuchernden Kapitalismus hatte auch eine klar umrissene politische und wirtschaftliche Funktion. Die Sozialpolitiker waren die schlecht ausgerüsteten Sanitäter, welche die schlimmen Wunden, die der ungezügelte Wachstumsprozeß aufriß, notdürftig zu flicken hatten. Sozialpolitiker waren die Reparaturkolonne des Kapitalismus. Ihr zunächst hilfloses, aber doch weithin sichtbares Wirken verhalf der kalten Ellenbogen-Gesellschaft zu jenem Anschein der Legitimität, der einen Aufstand der Unterdrückten verhinderte.

Die Bergleute trugen ihre Beschwernis »bis vor die Stufen des Throns« und hofften auf ein soziales Kaisertum, auf eine soziale Korrektur der Wirtschaftsbedingungen. Sie stützten sich auf eine lange Tradition des Beschwerdewesens. Die Vorstellung und Erwartung vom »gerechten Kaiser« als Ausdruck des Vertrauens in Wahrheitsliebe und Weisheit einer letztlich außerweltlich begründeten Herrschaftsgewalt war gerade bei den Menschen verbreitet, die mit einem gewissen Hochmut als »untere Bevölkerungsschichten« beschrieben werden. Bergarbeiterstreiks des ausgehenden 19. und beginnenden 20. Jahrhunderts zerrissen dann den Schleier solcher Illusionen und ließen die damalige Wirklichkeit sichtbar werden.

Wie meilenweit davon entfernt ist die Situation in der Bundesrepublik Deutschland! Wohlstand für alle – besonderer Wohlstand für wenige, das schien die Devise zu sein, nach der die Nachkriegswirtschaft einen von den Zeitgenossen ungläubig bestaunten Aufschwung hervorbrachte.

In der Tat: Es gab nicht nur die Negativfiguren von Herrn und Frau Neureich, deren Statussymbole – dicker Mercedes und dicke Perlenkette – von der Karikatur zu Recht aufs Korn genommen wurden; da entstand auch ein Netzwerk sozialer Sicherheit, vom Lastenausgleich für die Ostflüchtlinge bis zur dynamischen Rente.

Was darüber oft vergessen wird, ist die Tatsache, daß der soziale Konsens nicht am Ende, sondern am Anfang des Wirtschaftsaufbaus nach dem Zweiten Weltkrieg stand, daß er nicht das Ergebnis, sondern die Voraussetzung des Aufstiegs war.

Wirtschaftliche und soziale Arbeit der Betriebsräte, Einheitsgewerkschaft, überbetriebliche Mitbestimmung – dies alles ist älter als die Bundesrepublik und ihr Grundgesetz. Es entstand durch die Arbeit vieler Männer und Frauen in den ersten Jahren nach dem Krieg. Und es wurde von den wirtschaftlich immer noch Mächtigen akzeptiert, ja sogar als Alternative zu kollektivistischen Bestrebungen begrüßt.

Helmut Schmidt, Diplom-Volkswirt und Weltkriegs-Offizier, ist – nach seinen eigenen Worten – ein gelernter, nicht ein geborener Sozialdemokrat. Er hat auf der langen Durststrecke sozialdemokratischer Opposition im Bund die undankbaren und trockenen Felder der Verkehrspolitik, der Verteidigungspolitik, der Innenpolitik bestellt. Für vier Jahre, von 1961 bis 1965, zog er sich gar in die weltläufige Provinz seiner Heimatstadt Hamburg zurück. Als er im Jahre 1965 faktisch als Fraktionsführer der Opposition auf die bundespolitische Bühne zurückkehrte, war das neue Deutschland noch nicht einmal 21 Jahre, nach damaligen Maßstäben also kurz vor der Volljährigkeit. Und die Bundesrepublik befand sich in ihrer ersten wirtschaftlichen Krise. Am Vorabend der Großen Koalition galt es, die Nagelprobe auf die Haltbarkeit ihrer Sozialverfassung zu bestehen.

Viele fragten sich, ob das Ende des Wirtschaftswunders gekommen sei. Während die Zuwachsraten des Sozialproduktes in den Jahren nach 1960 noch zwischen 6,0 und 12,2% (nominal) betragen hatten, gab es 1967 einen Einbruch, Stagnation. Die Arbeitslosenquote, die fünf Jahre lang deutlich unter 1% lag, verdreifachte sich von einem Jahr auf das andere auf 2,1%. In der mir besonders am Herzen liegenden Branche des Steinkohlenbergbaus wurden seit 1958 die ersten Feierschichten gefahren, nachdem das scheinbar unaufhörlich fließende Erdöl seinen Siegeszug angetreten hatte.

Die Haltbarkeit des sozialen Systems wurde auf den Prüfstand der Krise gestellt. Seit mehr als 20 Jahren, seit der ersten Rezession der jungen deutschen Demokratie, ist die Frage nicht mehr aus der Mode gekommen, ob nicht mit dem Sozialsystem der Republik Schindluder, Mißbrauch getrieben wird. Wer so fragt, stellt sich selbst eine Falle. Mißbrauch – das ist die Kehrseite, die jeder Regelung anhaftet, ob sie nun in Staat, Gesellschaft, Verband oder Familie einvernehmlich getroffen worden ist.

Kein Mensch aber stellt die Verkehrsregeln nur deshalb in Frage, weil Rowdys die Nischen polizeilicher Überwachung nutzen. Niemand fragt nach der Legitimation unseres Steuerrechts, auch wenn Spesenritter, Nutznießer von Bauherrenmodellen und Abschreibungskünstler jeder Art ihren ganz persönlichen Schnitt machen. Selbst ganze Herden schwarzer Schafe im Gesundheitssystem haben das Vertrauensverhältnis zwischen Arzt, Krankenkasse und Patient nicht wirklich erschüttert.

Da mutet es wie ein aggressiver Zynismus an, wenn ausgerechnet den Ärmsten der Armen nachgesagt wird, daß sie sich in anstößiger Faulheit das soziale Netz zur bequemen Hängematte machten. Wer den Nutzen und Sinn eines sozialen Systems vom Tatbestand des Mißbrauchs her überprüft, gleicht jenem Demokraten, der stets nur an den Notstand denken kann und niemals die Normalität erfinderischen Bürgergeistes begriffen hat.

Worin bestanden und bestehen – noch – die Besonderheiten des deutschen Modells, wie es sich nach der alles verheerenden Niederlage des Nationalsozialismus entwickelte?

Ich nenne an erster Stelle die Einheitsgewerkschaft. Ein Begriff, der in seiner ganzen Dimension von vielen Konservativen bis heute nicht recht erfaßt worden ist. Einheitsgewerkschaft – das ist nicht nur ein Organisationsprinzip. Natürlich ist es hilfreich, wenn für jeden Betrieb nur eine, dann aber kraftvolle Gewerkschaft kompetent verhandeln und abschließen kann. Natürlich ist es eine Erleichterung, wenn Tarifverträge mit berechenbaren Partnern ausgehandelt werden können und ganze Branchen nach dem Messen der Kräfte und dem Austausch der Argumente auf überschaubare Sicht verläßlich kalkulieren und im Tariffrieden produzieren können. Natürlich ist es auch ein Vorteil für den Nutzen der Allgemeinheit, wenn Arbeiter und Angestellte gemeinsam sich den wirtschaftlichen Zwängen und Möglichkeiten ihrer Branche zuwenden. Aber das ist doch keineswegs alles.

Einheitsgewerkschaft ist auch die Befreiung vom sterilen Konflikt der Weltanschauungen, vom unfruchtbaren Streit der Ideologien. Einheitsgewerkschaft ist die Basis für tragfähige Kompromisse des Pragmatismus. Sie gibt Spielraum für die Vernunft. Sie eröffnet Aktionsfelder zur fortschrittlichen Gestaltung der alltäglichen Arbeit von Millionen. Sie nimmt den Druck und den Zwang zur ideologischen Rechtfertigung von den im demokratischen Ausleseprozeß freigewählten Repräsentanten der Arbeitnehmer.

Wer sich vergegenwärtigt, wie schwer es die Verbandsführungen der Bergleute noch in der Weimarer Republik hatten, als sich sozialdemokratische und christliche Gewerkschafter, Syndikalisten und Liberale, schließlich auch noch die Vertreter der polnischen Nationalität in jeder einzelnen Wirtschaftsfrage, vor jeder Betriebsratswahl und in jedem Tarifabschluß in Profilsucht und Wahrung des Verbandsinteresses zu bewähren hatten, der mag ermessen, was Einheitsgewerkschaft bedeutet.

Da ist kein einziger unter den Gewerkschaftsführern unseres

Vaterlandes, der nicht um den Wert und das Gewicht dieses Erbes von Hans Böckler wüßte. Man möchte wünschen, daß dies auch von allen Politikern gesagt werden könnte.

Auch für die Mitbestimmung gilt, daß man ihre zentrale Bedeutung für die Entwicklung unseres freien Gemeinwesens gar nicht oft genug in Erinnerung rufen kann. Mitbestimmung war nicht etwas, was die Arbeitnehmer den Anteilseignern abzubetteln hatten. Mitbestimmung war ein selbstverständlich erscheinendes Recht, das den Beschäftigten der Schlüsselindustrien nach dem Zusammenbruch des alten Systems zuwuchs.

Die Mitbestimmung der Arbeitnehmer in den Aufsichtsräten und Vorständen der Schwerindustrie machte es erst möglich, daß diese Industriezweige ihre Funktion als Schlüssel zum Neuaufbau der Wirtschaft wahrnehmen konnten. Keiner der Verfassungsväter und keine der Verfassungsmütter des Grundgesetzes hätte sich wohl eine Republik ohne Mitbestimmung in den Schlüsselbranchen vorstellen können. Die Montanmitbestimmung, auf die sich Hans Böckler und Konrad Adenauer mit dem Gesetz von 1951 einigten, gibt nur wieder, was der bis dahin ungeschriebene Kompromiß des demokratischen Nachkriegsdeutschland war.

Die Republik ist seither in die Jahre gekommen, aber an dieser Grundtatsache hat sich nichts geändert. Auch wenn heute kein Mensch mehr daran denken würde, Kohle und Stahl als die Schlüsselindustrien des Gemeinwesens zu bezeichnen. Ein weiterer Eckpfeiler der deutschen Sozialverfassung war fraglos die Stärke der Betriebsräte. Betriebsräte, die ihren Rückhalt, ihre Heimat, ihre Wurzeln in starken Einheitsgewerkschaften hatten.

Betriebsräte, die nicht nur über Wohnheim und Kantine, sondern über das betriebliche Geschehen insgesamt informiert, mitbestimmend und mitentscheidend tätig waren. Die Betriebsverfassung aus dem Jahre 1952, im Vorjahr von Konrad Adenauers großem Wahlsieg, brachte da einen Rückschlag, der erst 20 Jahre später durch die Sozialliberale Koalition wieder wettgemacht wurde.

Das Betriebsverfassungsgesetz von 1971/72 war zweifellos ein großer sozialpolitischer Fortschritt – trotz sicher berechtigter Einzelkritik von seiten der Gewerkschaften. Dieser Fortschritt ist um so erstaunlicher, als er unter einer Koalition mit der FDP zustande kam. Das Gesetz baute die sozialen und personellen Mitbestimmungsrechte der Betriebsräte ganz erheblich aus. Der Schutz der Betriebsratsmitglieder wurde verstärkt und ihre Tätigkeit erheblich erleichtert. Die Stellung der Gewerkschaften innerhalb der Betriebsverfassung wurde verbessert. Die bestehenden Mitbestimmungsrechte des Betriebsrats bei notwendigen sozialen Anpassungsmaßnahmen wurden durch das Gesetz bestätigt und weiter ausgebaut.

Für den Bergbau kam eine wichtige Flankierung hinzu. Noch vor Gründung der großen Einheitsgesellschaft Ruhrkohle AG hatte der Gesetzgeber im Zusammenhang mit dem Kohlegesetz von 1968 einen – übrigens bis heute fortgeltenden – Gesamtsozialplan vorgeschrieben, der die Mindestnormen festlegte, die zwischen Unternehmensleitungen und Betriebsräten zu vereinbaren waren. Dann, aber auch nur dann verbürgte sich die öffentliche Hand dafür, bestimmte finanzielle Hilfen bei Stillegungen an die Unternehmen zu gewähren. Die Stärke der Betriebsräte im Bergbaubereich fand hierin eine neuerliche Bekräftigung.

Mit Gründung der Ruhrkohle AG wurde auch das knappschaftliche Versicherungssystem neu geordnet. Mit dem Gesetz zur Errichtung der Bundesknappschaft, welches am 1.8.1969 in Kraft trat, wurde die Bundesknappschaft mit der zentralen Durchführung der einheitlichen knappschaftlichen Kranken- und Rentenversicherung aller im Bergbau Beschäftigten beauftragt – unter Wahrung und Bestätigung aller Selbstverwaltungsrechte der Versicherten.

Mustergültig wurde bei der Neuordnung des Steinkohlenbergbaus an Rhein und Ruhr damit deutlich, daß wirtschaftspolitisch sinnvolle Maßnahmen durch eine Stärkung der Arbeitnehmervertretungen nicht erschwert, sondern begünstigt werden. Ohne den sozialen Konsens, ohne die Möglichkeit, auf der Basis der Gleichberechtigung den Interessenkampf auf faire Weise auszutragen, wäre die deutsche Energiepolitik in den ausgehenden 60er Jahren am Ende gewesen.

Einheitsgewerkschaft, Mitbestimmung, Betriebsverfassung – die drei großen Marksteine der Sozialverfassung nach 1945 wurden ergänzt durch eine umfangreiche Gesetzgebung zum materiellen Sozialrecht. Die Gleichstellung von Arbeitern und Angestellten bei der Lohnfortzahlung durch den Arbeitgeber im Krankheitsfall, wie sie seit 1969 durch die Große Koalition Gesetz ist, ist ein Beispiel dafür, daß gleiche Bürgerrechte auch gleiche Sozialrechte notwendig machen.

Wichtig für den Arbeitsalltag der Menschen war das Gesetz über Betriebsärzte, Sicherheitsingenieure und andere Fachkräfte für Arbeitssicherheit im Jahre 1972. Mit der Einbeziehung des Bergbaus in dieses Gesetz fanden die 20 Jahre währenden gewerkschaftlichen Bemühungen, die erforderlichen personellen und materiellen Verbesserungen der arbeitsmedizinischen und arbeitssicherheitlichen Dienste ihren erfolgreichen Abschluß. Es war nunmehr auch sichergestellt, daß arbeitswissenschaftliche Erkenntnisse bereits im Planungsstadium berücksichtigt werden, daß menschliche Interessen nicht hinter technischen Erfordernissen zurückbleiben.

Das Wirtschaftsbarometer zeigte auf Sturm, als am 4. 5. 1976 der Deutsche Bundestag einen vorläufigen Schlußstrich unter die Diskussion um Einführung der paritätischen Mitbestimmung in allen großen Kapitalgesellschaften zog. In einer Zeit, die gekennzeichnet war durch eine Vervierfachung der Arbeitslosenzahlen innerhalb von 2 Jahren und einen deutlichen Rückgang des Bruttosozialproduktes im Jahre 1975 wurde ein Mitbestimmungsgesetz verabschiedet, das in seiner Ausgestaltung bei weitem nicht den Erwartungen der Gewerkschaften entsprach. Zu sehr war hier die Handschrift liberaler Wirtschaftstheoretiker spürbar.

Trotzdem – die Gewerkschaften schufen die organisatorischen und bildungsmäßigen Voraussetzungen, die notwendig waren, um die Möglichkeiten dieses Gesetzes voll auszuschöpfen. Eine wesentliche Stärke der Montanmitbestimmung erreichte das Mitbestimmungsgesetz 1976 jedoch nicht: die Intensivierung der Zusammenarbeit von Kapital und Arbeit bereits im Vorfeld der aktienrechtlichen Entscheidungsorgane. Sie ist nur in dem Bewußtsein möglich, daß beide Seiten durch die Stimme des neutralen Mannes in die Minderheit geraten können und deshalb ein tragfähiger Kompromiß angestrebt werden sollte. Bei allen Schwächen bot das Gesetz von 1976 den Gewerkschaften auch Chancen. Nicht zu vergessen: Es hatte Bestand vor dem höchsten deutschen Gericht.

Aus der Rückschau wird man einräumen müssen, das Mitbestimmungsgesetz von 1976 war Teil einer Wirtschafts- und Sozialpolitik aus einem Guß. Dies war für den Bundeskanzler Schmidt sehr kennzeichnend. So hat er – mehr als andere – die strategische Bedeutung einer nationalen Energiepolitik erkannt, dies aber auch stets in den Zusammenhang einer sozialen und regionalen Befriedung gestellt.

Trotz verschlechterter Wirtschaftslage wurde auch in den 70er Jahren weiterhin Sozialpolitik gestaltet. Jugendarbeitsschutz und Berufsbildung wurden verbessert, die Rechte der Mieter wurden gestärkt, der Mutterschaftsurlaub wurde eingeführt. Rechtzeitig vor der »Wende« wurde die Montanmitbestimmung zunächst für eine befristete Übergangszeit gesichert.

Geringere Wachstumsraten in unserer Volkswirtschaft verbunden mit politischen Mehrheiten, die vielfach dem freien Spiel der Kräfte Vorrang geben – dies alles hat eine Situation geschaffen, in der wir darauf achten müssen, daß diese bewährte Sozialpolitik nicht unter die Räder gerät. Der soziale Konsens wird einer harten Zerreißprobe ausgesetzt. Viele verkennen seinen Wert und tragen zu seiner Demontage mutwillig bei.

Güter und Dienstleistungen sind heute auf der ganzen Welt zu kaufen. Die Kontinente sind zusammengerückt, die Konkurrenz ist groß. Unter den wetteifernden Staaten der Völkergemeinschaft werden bald sehr viele sein, die binnen kurzem in der Lage wären, jedes gewünschte Produkt, jede gewünschte Dienstleistung zu den gewünschten Konditionen herzustellen und zu vertreiben.

Das einstmals überzeugende Gütesiegel des »Made in Germany«, das eine kurzsichtige britische Gesetzgebung vor 100 Jahren hervorbrachte, ist für sich allein keine Garantie mehr für eine florierende Exportwirtschaft. »Made in Germany« – das ist heute nicht nur die Güte eines Produkts, die Qualität seiner Materialien, die Funktionalität seiner Verwendung.

»Made in Germany« – das ist heute auch ein Begriff für ganz menschliche Tugenden wie Pünktlichkeit, Liefertreue und Zuverlässigkeit. Der kleine Stempel des Herkunftslandes sagt heute aus: Dies Produkt kommt aus einem Land, in dem sozialer Friede herrscht, in dem eine Übereinkunft der Produzierenden und der Produzenten besteht über die Art und Weise, in der Wirtschaftsgüter hergestellt werden. Dazu gehört natürlich auch die Übereinkunft, wie die Arbeitsbeziehungen gestaltet werden müssen. Und darauf kann man sich verlassen, damit kann man kalkulieren. Insofern ist Sozialpolitik, ist der soziale Konsens Teil einer dynamischen Ökonomie geworden.

Was aber ist »wirtschaftlicher Fortschritt« heute? In der Vergangenheit ist der Begriff des Bruttosozialproduktes zu einer magischen Zahl der Volkswirtschaft geworden. Sein Wachstum war Maßstab erfolgreicher Politik. Die Erhöhung galt als die Meßlatte für eine Verbesserung der Lebensqualität.

Aber der Wirtschaftsbürger weiß gar nicht und will vielleicht auch gar nicht wissen, was alles in das Bruttosozialprodukt eingeht. Sein Anspruch ist zugleich bescheiden und hochgesteckt. Er will besser, freier, gerechter und glücklicher leben. Dies aber kann nicht heißen, die bisherige wirtschaftliche und technische Entwicklung ungeprüft fortzusetzen.

Welche wirtschaftliche Entwicklung, welche Technik, welcher Umgang mit der Natur kann in den Dienst des wirtschaftlichen

Fortschritts treten – und andererseits, welche Entwicklungen gefährden ihn? Diese Gedanken aus dem Entwurf für ein neues SPD-Programm sind nicht beiseite zu wischen. Der Einsatz der modernen Technik darf nicht blind und ohne Rücksicht auf Leben und Zusammenleben der Menschen erfolgen. »Prinzip Verantwortung« nennt dies der 1987 mit dem Friedenspreis des Deutschen Buchhandels ausgezeichnete Philosoph Hans Jonas.

Nicht jedes Wachstum ist positiv. Oft ist Wahrung gemeinsamer Werte ein höheres Gut als das platte Mehr an Quantität. Nicht jeder Fortschritt läßt sich ermessen oder wägen. Was zum Beispiel bedeutet jenes »Mehr Demokratie wagen«, das die erste Regierungserklärung von Helmut Schmidts Amtsvorgänger Willy Brandt verhieß? Ich meine, daß wir diesen richtigen Gedanken in praktisches Wirtschaften umsetzen müssen. Im ausgehenden 20. Jahrhundert wird wirtschaftlicher Fortschritt nicht in Prozenten und Produkten allein gemessen.

Er wird seine Legitimation auch darin suchen müssen, daß alle Bürger ohne Ausgrenzung ganzer Gruppen an der Zielfindung für unsere Arbeit teilhaben. Dabei müssen die ökologischen, die personalen Bedürfnisse der Menschen Berücksichtigung finden. Dies ist nur möglich, wenn man Teilhabe, wenn man Partizipation, wenn man die Beteiligung der Menschen auch an ihrem Wirtschaftsschicksal ernst nimmt. Richtig verstanden, setzt dies dynamische Kräfte frei, die zur Entwicklung der Wirtschaftsgesellschaft mehr beitragen, als dies die Rechenbeispiele einer in Wachstumsprozenten denkenden Wirtschaftswissenschaft vermögen.

Dies alles bedeutet nicht, daß die Zielkonflikte einer modernen Industriegesellschaft durch Schönfärberei überwunden werden könnten. Die Gegensätze müssen auf noble Art, sachlich und offen ausgetragen werden. Es kommt darauf an, Instrumente bereitzustellen, so daß solche Auseinandersetzungen geordnet, produktiv und am Gemeinwohl orientiert ausgetragen werden können. Die Bergbauwirtschaft bietet dafür ein Beispiel, vielleicht sogar ein Vorbild.

Betriebliche Mitbestimmung, gewerkschaftliche Führung, Wahrung regionaler Interessen, Basisnähe, Legitimation gegenüber den Betroffenen – all dies ist im Bergbau Realität geworden. Aber natürlich gehört dazu auch mehr, nämlich die Bereitschaft, Konflikte aufzugreifen und auszutragen und die Fähigkeit, notwendige Kämpfe auf der Basis einer soliden, wohlgeordneten Organisation auszutragen.

Wer es unternimmt, gewissenhaft und aufrichtig die Einrichtungen und Regelungen zu prüfen, die unserer Bundesrepublik Deutschland Stabilität und wirtschaftlichen Fortschritt gebracht haben, wird zustimmen müssen:
Wir verwalten ein kostbares Erbe, um das uns viele in der Welt beneiden.

In unseren Händen liegt ein Instrumentarium, mit dem wir die Strukturkrisen der Vergangenheit bewältigen konnten und die Strukturkrisen der Zukunft bestehen werden.

Manfred Schüler

Führung in Politik und Wirtschaft

Das politische und das ökonomische System stehen in jeder Gesellschaft in enger Beziehung zueinander. In einer Festschrift für Helmut Schmidt, der sein Leben mit großem Erfolg der Politik gewidmet hat, aber ebenso Neigung wie Fähigkeit für Verantwortung und Führung im wirtschaftlichen Bereich besitzt, liegt es nahe, den Unterschieden der Willensbildung in diesen beiden Bereichen nachzugehen. Das soll hier nicht mit dem Anspruch einer wissenschaftlichen Abhandlung geschehen, sondern als Ergebnis durchaus subjektiver Wahrnehmungen. Wenn vom politischen System die Rede ist, sind die Beobachtungen auf Bundesebene gemeint, im wirtschaftlichen Bereich werden die Verhältnisse vor allem von größeren Unternehmen zugrunde gelegt.

Bei aller Komplexität hat man es bei einem Unternehmen im Vergleich zum politischen System mit relativ übersichtlichen Strukturen zu tun. Etwas vereinfachend läßt sich sagen: Unternehmen sind auf ein konkretes, recht gut definiertes Ziel – Erstellung von Gütern und Dienstleistungen – ausgerichtet. Entsprechend sind ihre Entscheidungsstrukturen – auch in Großunternehmen – übersichtlich und klar. Der Vorstand, das eigentliche Führungsorgan eines Unternehmens, besteht aus wenigen Personen, die für die laufende Geschäftsführung mit der erforderlichen Entscheidungsmacht ausgestattet sind. Sie gehen von klaren Zielvorstellungen und Strategien aus, die sie selbst entsprechend neu aufkommenden Anforderungen anpassen und weiterentwickeln.

Innerbetriebliche Mitbestimmung der Arbeitnehmer mag dieses Bild etwas verändern und ergänzen, denn die entsprechenden Prozeduren werden von vielen Beteiligten außerhalb der Arbeitnehmerschaft als kompliziert und zeitraubend verstanden. Im Ergebnis führt aber innerbetriebliche Mitbestimmung zu mehr Stabilität und Berechenbarkeit. Mitbestimmung auf dieser Ebene bezieht sich im übrigen nicht auf den unternehmerischen Kernbereich.

Weitere Entscheidungsorgane des Unternehmens sind Aufsichtsrat und Hauptversammlung. Was den Aufsichtsrat betrifft, so handelt es sich auch hier um eine begrenzte Zahl von Personen mit in aller Regel prinzipiell gleichgerichteten Interessen und Orientierungen. Auch die Mitbestimmung der Arbeitnehmer im Aufsichtsrat hat an diesem Bild entgegen anderslautenden Erwartungen oder Befürchtungen nur wenig geändert. Aus den Stimmverhältnissen auf Hauptversammlungen, die in der Regel, was die Zustimmung zu Vorschlägen der Verwaltung betrifft, auch bei breit gestreutem Aktienbesitz nur wenig unter 100 Prozent des anwesenden Stimmkapitals liegen, ergibt sich, vergleicht man sie mit den kontroversen Abstimmungen in Parlamenten, wie gleichgerichtet auch hier die Interessen zwischen den Aktionären offensichtlich sind. Die Hauptversammlung tritt zudem, anders als ein Parlament, nur einmal im Jahr zusammen.

Auswirkungen von Entscheidungen werden in Unternehmen in aller Regel schneller als in der Politik deutlich. Letztlich ist es der Markt, der die Entscheidungen der Unternehmensorgane sanktioniert und – anders als in der Politik – Fehlentscheidungen über nachprüfbare Gewinneinbußen bis hin zu Verlusten oder sinkenden Marktanteilen sehr schnell offenlegt. Zwar hat auch die Politik ihren Markt, nämlich den Wählermarkt, aber Geschäftsjahre sind kürzer als Wahlperioden, und im Unternehmen muß schneller als in der Politik gezahlt werden.

Da Fehlentscheidungen über den Sanktionsmechanismus des Marktes sehr schnell deutlich werden, besteht aber auch die Chance, Anpassungen rasch vorzunehmen. Die Entscheidungsstrukturen im Unternehmen bieten dafür gute Voraussetzungen. Man braucht keinen Parteitag, um grundsätzliche Korrekturen oder Anpassungen in seiner Politik vorzunehmen. Wer diese Möglichkeiten nicht rasch und entschieden genug nutzt, spielt mit der Existenz des Unternehmens oder begibt sich, wenn er zur Vermeidung einer möglicherweise schmerzhaften Anpassungsstrategie auf Subventionen oder sonstige staatliche Hilfen aus ist, in die Hände der Politik.

Da es für diesen Entscheidungsprozeß im Unternehmen prinzipiell auch heute noch wenig Öffentlichkeit gibt – freilich gibt es Ausnahmen, wie etwa im Bereich der Kernenergie oder bei umweltschutzrelevanten Großinvestitionen –, gibt es auch weniger Druck von außen. Das heißt nicht, daß »Kommunikation« kein Thema für Unternehmen ist.

Hier ist vom Willensbildungs- und Entscheidungssystem die Rede, nicht von den Inhalten, die mittels dieses Systems bewältigt werden müssen. Die Aufgabe der Unternehmensführung selbst ist nicht weniger als politische Verantwortung und Führung anspruchsvoll und komplex. Absatz- und Beschaffungsmärkte ändern sich schnell, technischer Wandel und Risiken der Finanzmärkte sind andere Faktoren. Auch außerhalb der wirtschaftlichen Parameter des Unternehmens gibt es vielerlei Restriktionen, die Handlungsmöglichkeiten einschränken, wie z.B. ein steigendes Umweltbewußtsein der Öffentlichkeit, wie Unternehmensführung überhaupt vom gesellschaftlichen Wertewandel immer stärker beeinflußt wird.

Dieses Bild arbeitsfähiger und effizienter Strukturen und rascher Entscheidungsfindung verändert sich in dem Maße, in dem Unternehmen von politischen Entscheidungen abhängig werden oder durch Anpassungsverzögerungen sich selbst abhängig machen. Hat ein Unternehmen – oder ein ganzer Industriezweig – die Chance rascher Anpassung nicht genutzt und wird es von staatlichen Hilfen abhängig, treten auch im Unternehmensbereich Entscheidungsabläufe auf, die sich denen der Politik annähern. Ähnliches kann sich in Unternehmen in öffentlichem Eigentum ergeben, wenn diese Eigentümer den für erfolgreiche Unternehmen erforderlichen Freiraum verstellen.

Dagegen ist die Willensbildung im politischen System erheblich komplexer. Zu einem Teil mag dies damit zusammenhängen, daß für das politische System die Zielvorgabe weit weniger klar ist als für ein Unternehmen. Kann man in diesem Sinne Wirtschaft als ein Zielerreichungssystem definieren, stellt sich Politik mehr als ein Zielfindungssystem dar. Die Frage ist, ob sich deshalb in der Politik so viele Personen auf so vielfältige Weise an Entscheidungen beteiligen müssen, wie es tatsächlich geschieht.

Es gibt im politischen System eine kaum übersehbare Zahl von relevanten Willensträgern und Entscheidungsinstanzen. Am Ende entscheiden bei politisch bedeutsamen Vorgängen in unserem System Mehrheiten im Parlament, und der Weg dorthin führt über ein hochentwickeltes und differenziertes System der Konsensbildung. Die Hauptlast auch von Spitzenpolitikern liegt, da sie in der Regel eben nicht anordnen oder – wie im Unternehmen – in einer kleinen Gruppe von Personen beschließen können, in den Mühen um die Herstellung von Konsens, zumeist in der Gestalt von Kompromissen. Darauf müssen sie den Hauptteil ihrer Zeit verwenden.

Das gilt selbst für den mit der Richtlinienkompetenz des Grundgesetzes ausgestatteten Bundeskanzler – Helmut Schmidt hat das aus leidvoller Erfahrung mehrfach artikuliert. Diese Richtlinienkompetenz reicht nämlich nur so weit wie das gemeinsame politische Verständnis einer Regierungspartei oder einer Koalition, und letztere ist in der Bundesrepublik der Normalfall. Kein Bundeskanzler kann sich innerhalb einer Legislaturperiode eine größere Zahl von Entscheidungen, die sich auf seine Richtlinienkompetenz stützen, leisten.

Das politische System in der Bundesrepublik ist ein System konsequenter Machtverteilung. Es ist schwierig zu bestimmen, wo eigentlich die Macht liegt. Das ist ein Ergebnis der von der Verfassung gewollten Machtverteilung zwischen den klassischen Gewalten, aber die faktische Differenzierung des politischen Systems mit all seinen formellen und informellen Verzweigungen und Abhängigkeiten geht darüber weit hinaus.

Parlament und Regierung: Da gibt es die Fraktionen mit einer in sich differenzierten Struktur, beginnend bei den Vorsitzenden, den stellvertretenden Vorsitzenden mit ihren Zuständigkeiten für übergreifende Fachbereiche, den Obleuten, den Arbeitskreisen und Arbeitsgruppen bis hin zum Plenum der Fraktionen. Und alle Mitglieder des Parlaments haben ein Recht auf Mitsprache und Mitwirkung, bei Gesetzesbeschlüssen das Recht der letzten Entscheidung. Hat die Bundesregierung einen Gesetzentwurf beschlossen, beginnt ein neuer Meinungsbildungsprozeß. Für Regierungsmitglieder beginnt dann ein neuer Gang durch die Institutionen, bei dem sie um Konsens werben müssen: in Parteigremien, in den Fraktionen und schließlich im Parlament und seinen Ausschüssen.

Dabei hat schon ein Gesetzentwurf in aller Regel eine lange Vorgeschichte und ein eigenes politisches Schicksal. An seinem Zustandekommen wirkt im Vorfeld von Kabinettsentscheidungen eine Vielzahl politischer und anderer Kräfte mit, eingeschlossen Interessenvertretungen, deren Einfluß mit der Verabschiedung des Gesetzentwurfes durch die Regierung nicht zu Ende ist.

Zentrale politische Richtungsentscheidungen bei der Vorbereitung der Gesetzgebung wie im Bereich des allgemeinen Regierungshandelns fallen in Einrichtungen, die weder in der Verfassung noch in Gesetzen, noch in Geschäftsordnungen vorgesehen sind. So gibt es bei Koalitionsregierungen z. B. institutionalisierte Koalitionsgespräche, in denen sich die Führungspersonen der Koalitionspartner auf Richtungsentscheidungen verständigen. Für Kabinettsentscheidungen bleibt in solchen Fällen nicht mehr viel Raum.

Eine Parallele zur Entscheidungsstruktur im Unternehmen, in denen eine überschaubare und genau abgrenzbare Zahl von Personen entscheidet, ergibt sich daraus gleichwohl nicht: auch hier sind Entscheidungen nach der Erfahrung weniger endgültig als bei Entscheidungen von Unternehmensorganen. Sie sind um so weniger endgültig, je mehr sie sich vom jeweiligen Konsens entfernen und nicht alle Interessen einfangen, die im späteren Entscheidungsprozeß sich wieder zur Geltung bringen können.

Eine weitere Schwierigkeit liegt darin, daß in solchen Zirkeln nicht alle Zielvorstellungen, alle möglichen Mittel und Wege zur Problemlösung und ihre Auswirkungen in der Praxis diskutiert werden oder diskutiert werden können. Es werden bei komplexen Problemen Scheinlösungen, Formelkompromisse zustande gebracht, hinter denen sich bei den Partnern unterschiedliche Vorstellungen verbergen, die dann erst bei der praktischen Umsetzung, z. B. in Gesetzesbestimmungen, sichtbar werden und dann vermeintliche Übereinstimmungen wieder zerbrechen lassen.

Die Gründe dafür liegen weniger im Unvermögen der Beteiligten, sie liegen vielmehr in der Komplexität der Ziele und der Mittel zu ihrer Erreichung. Die Entscheidungen zur Steuerreform aus den Jahren 1987/88 bieten dafür ein anschauliches Beispiel. Werden solche Entscheidungen sorgfältiger vorbereitet, z. B. durch eine stärkere Beteiligung der Bürokratien, oder findet eine ständige Rückkopplung mit Fraktionen oder Fraktionsteilen statt, besteht die Gefahr vorzeitiger Öffentlichkeit, und damit schwindet weiter die Möglichkeit eines Kompromisses. Isolieren sich aber solche politischen Führungsgruppen für längere Verhandlungsphasen, z. B. bei Koalitionsgesprächen zu Beginn von Legislaturperioden, vom Expertenrat der Bürokratien oder von ihrer politischen Umwelt, kann sich durch den Kompromißzwang und den eher psychologisch zu begründenden Vorgang von sich einstellender Harmonie innerhalb einer kleinen Gruppe vor dem Hintergrund einer gemeinsam zu lösenden schwierigen Aufgabe auch ein Realitätsverlust herausbilden, der zu politisch nicht tragfähigen Ergebnissen führt. Ein solcher Vorgang dürfte sich bei den Koalitionsgesprächen zu Beginn der Legislaturperiode im Herbst 1976 im Bereiche der finanziellen Konsolidierung der Rentenversicherung und der Krankenversicherung abgespielt haben.

Zurück zu den Fraktionen: auch politisch sind sie keine Einheit.

Es gibt Flügel: rechts und links, wenn diese Unterscheidung einen Sinn macht, Unternehmerflügel und Arbeitnehmerflügel und viele andere regionale und sektorale Interessen und Einflüsse machen sich geltend. Große gesellschaftliche Organisationen sind in Fraktionen vertreten und bringen ihre Interessen zur Geltung.

Neben den Fraktionen gibt es als Entscheidungsträger die Parteien, die in ihren Führungspersonen, ihren Gliederungen und ihren Flügeln politischen Einfluß geltend machen. Müssen Regierungen sich an das jeweils Machbare und Durchsetzbare halten, z. B. das, was finanzierbar ist, denken Parteien, losgelöst von solchen Begrenzungen, mehr an das nach ihrer Wertordnung Wünschbare.

Parteitage, auf denen um grundsätzliche Richtungsentscheidungen gerungen wird, werden für die Arbeit von Regierungen und Fraktionen zu neuen Orientierungspunkten. Sie können mit ihren Beschlüssen das Ende von Regierungen und Koalitionen einläuten. Parteitage führen Personen zusammen, bei denen keine faßbare Verantwortung für die Folgen solcher Beschlüsse zurückbleibt.

Es gibt das Parlament im ganzen, das wiederum eine in sich verfestigte Struktur hat mit einer Vielzahl von Ausschüssen zum Beispiel, bis hin zu Untersuchungsausschüssen. Letztere sind mehr Instrumente der politischen Auseinandersetzung als der Wahrheitsfindung, aber sie beeinflussen vorauseilend das Verhalten in bestimmten Bereichen, jedenfalls vorübergehend.

Neben dem Parlament als Institution gibt es dann die einzelnen Abgeordneten, die auch als Individuen ernst genommen werden wollen und die vielfältige politische Eigeninteressen haben, die auch das im Auge haben müssen, was im Interesse ihrer individuellen politischen Zukunft liegt. W. Michael Blumenthal hat mit Bezug auf die amerikanischen Verhältnisse die Politiker deshalb als »individual entrepreneurs« bezeichnet.

Für den Alltag politischer Funktionsträger, stärker noch für politische Führungspersonen folgen aus diesem Mechanismus Präsenzpflichten vielfältiger Art. Es ist ein zeitaufwendiges System, das zu langen Arbeitstagen und -nächten führt, noch nicht mitgerechnet Wahlkampfverpflichtungen und Verpflichtungen aus der sich immer mehr internationalisierenden Politik innerhalb und außerhalb Europas. Auf alles das muß Rücksicht genommen werden. Und wer das nicht tut, muß über kurz oder lang politisch dafür zahlen. Man kann sich nicht vorstellen, wie ein Großunternehmen in diesem Stile erfolgreich geführt werden könnte.

Ein wesentlicher Bestandteil des politischen Systems sind Bürokratien, die Eigengesetzlichkeiten haben. Auch Großunternehmen sind notwendigerweise bürokratisiert, die Bedeutung der Bürokratie im politischen System ist aber größer als im Unternehmen. An der jeweiligen Bürokratie hat sich schon mancher Minister festgebissen, der mit hochfahrenden Plänen ins Amt kam.

Bürokratien sind ein Element der Stabilität und Kontinuität. Sie tragen wohl in jedweder Ordnung konservative Züge. Politische Ordnungen, die auf Wechsel angelegt sind, sind auf sie angewiesen. In ihnen sammelt sich ein hohes Maß an Erfahrung und Sachverstand. Indem Bürokratien von der politischen Führung genutzt werden, bewahren sie vor Irrwegen, denn vieles, was sich dem neu ins Amt kommenden Politiker als neue Frage stellt, hat eine lange Geschichte, und auf solche Fragen sind oft schon viele Antworten gefunden und verworfen worden.

Fähige Politiker nutzen die in Bürokratien liegenden Potentiale: werden sie herausgefordert, beweisen sie ihr Leistungsvermögen. In die Loyalität der Beamtenschaft – kraftvolle politische Führung vorausgesetzt – sollte kein unbegründeter Zweifel gesetzt werden. Sie weiß sich, anders als in vorausgegangenen Perioden der deutschen Geschichte, einer neuen demokratisch legitimierten Regierung verpflichtet. Ausnahmen bestätigen die Regel.

Auch die Institution des politischen Beamten, deren Entstehung im übrigen auf das Kaiserreich zurückgeht und die keine Erfindung der Gegenwart ist, ändert dieses Bild nicht. Der politische Beamte ist das administrative Bindeglied zwischen einer auf Beharrung und Kontinuität orientierten Bürokratie und einer politischen Neuorientierung bei einem Regierungswechsel und der Durchsetzung dieser Politik im Verlaufe der Legislaturperiode. Der politische Beamte ist bei dem Vollzug einer neuen Politik in einer begrenzten Zahl von Schlüsselstellungen m. E. unentbehrlich. Dazu gehören auch die Seiteneinsteiger in die höheren Ränge der Beamtenschaft, aus denen sich ein Teil der politischen Beamten rekrutiert. Aber auch der politische Beamte lebt in aller Regel in dem Bewußtsein, seinen Eid nicht auf ein Parteiprogramm, sondern auf Gesetz und Verfassung geleistet zu haben. Sosehr seine Existenz unbestritten sein sollte, ist jede Regierung gut beraten, von dieser Einrichtung mit Augenmaß Gebrauch zu machen.

Die Bundesrepublik ist ein föderativer Staat. Das allein erfordert vielerlei Rücksichten. Neben der Mitwirkung der Länder an der Gesetzgebung des Bundes über den Bundesrat gibt es vielfältige Abstimmungsmechanismen, an der Regierungen, Parteien und Fraktionen beteiligt sind. Hier können die Fronten quer durch die politischen Parteien laufen, besonders dann, wenn es um Geld geht. Die regelmäßig notwendig werdende Neuverteilung des Umsatzsteueraufkommens zwischen Bund und Ländern mit einer Reihe anderer damit verbundener Finanzausgleichsprobleme kommt regelmäßig einem Verteilungskampf gleich. Ähnliches gilt, wenn es darum geht, die Konsequenzen von Steuerreformen auf das Steueraufkommen der Gebietskörperschaft zu regeln.

Führt schon die vierjährige Wahlperiode des Deutschen Bundestages zu Problemen, Politik längerfristig über den Tellerrand des Wahltages hinaus zu konzipieren, so bestimmen auch Rücksichtnahmen auf Landtagswahlen in hohem Maße politische Entscheidungen. Dies nimmt in dem Maße zu, wie Landtagswahlen zu Trend- oder gar Schicksalswahlen hochstilisiert werden. Es hat vielerlei Versuche zu geben, den Einfluß solcher Wahltermine zu reduzieren, durch Zusammenlegung von Bundestags- und Landtagswahlen, durch Verlängerung von Wahlperioden u. ä. Gelöst ist dieses

Problem bislang nicht. Es wird wohl auch keine Lösung geben können, weil durch politische Entwicklungen Wahltermine sich immer wieder ändern können. Mit diesem Problem wird man wie mit vielen anderen leben müssen.

Die Bundesrepublik ist kein geschlossenes System. Da wir auf dem Wege zu einer Weltgesellschaft sind, erlangt neben der nationalen die internationale Dimension zunehmende Bedeutung im Prozeß der politischen Willensbildung. Die fortschreitende europäische und weltweite Verflechtung hat dazu geführt, daß insbesondere außen- und verteidigungspolitische, aber mehr und mehr auch wirtschaftspolitische Entscheidungen kaum noch ohne Zutun der europäischen oder atlantischen Partner zustande kommen. Mehr oder weniger gilt das für alle Politikbereiche. Der Weg dahin hat über die Instrumente der klassischen Außenpolitik hinaus zu einem eigenständigen Geflecht von Institutionen bis hin zu parlamentarischen Versammlungen und Gipfelkonferenzen von Regierungsmitgliedern und Regierungschefs geführt.

Das politische Entscheidungssystem hat dadurch eine neue Dimension erhalten, die heute noch nicht an ihr Ende gekommen ist. Hier stellen sich neue Fragen der Willensbildung. Sosehr eine stärkere internationale Abstimmung in vielen Politikfeldern Voraussetzung für Problemlösungen wird, sosehr bleibt für den Politiker die tatsächliche Entscheidungsmacht in diesen Bereichen hinter den Entscheidungsnotwendigkeiten zurück. Ein Regierungsmitglied wie ein Regierungschef kann nach einer Gipfelkonferenz, die sich z. B. auf eine bestimmte Wirtschaftspolitik verständigt hat, die aber eine Vielzahl fiskal- und geldpolitischer Entscheidungen voraussetzt, nicht anordnen, sondern muß, um zu dem abgesprochenen Ziel zu kommen, ist er wieder in seiner Hauptstadt angekommen, einen langen Weg durch die Institutionen antreten. Die Entscheidungsstrukturen, gemessen an den jeweiligen Aufgaben, dürften für weltweite Konzerne wesentlich sachgerechter sein als für die Politik.

Stärker als auf Unternehmen wirkt auf den politischen Prozeß täglich die Öffentlichkeit ein. Dafür gibt es legitime Ansprüche der Öffentlichkeit, denn der politische Prozeß soll in demokratischen Ordnungen transparent sein. Aber auch dort, wo dem Gemeinwohl – jedenfalls zeitweilig – besser eine geringere Publizität entsprechen würde, stellt sich ein hohes Maß an Öffentlichkeit ein. Hier treffen sich die Interessen von Medien und Politikern nicht immer zum Nutzen der Sache. Gelegentlich gibt es einen Wettlauf von vorzeitigen Veröffentlichungen, auch von Indiskretionen. Ihre Quellen liegen nach aller Erfahrung eher bei den Politikern als bei der Bürokratie.

Die Gründe dafür liegen auf der Hand: Politiker sind um ihrer Wirkung, aber auch ihrer eigenen politischen Zukunft willen mehr auf Öffentlichkeit angewiesen als leitende Personen in Unternehmen und auch Spitzenbeamte. Bekannt zu sein ist für sie ein Wert an sich, ein Vehikel für die Beförderung ihrer persönlichen politischen Zukunft, und gefördert wird das noch durch eine hochentwickelte demoskopische Industrie. Im Gespräch zu bleiben läßt sich fördern durch Informationen an Medien. Die Medien dürften dafür, wenn sie solcherlei Abhängigkeiten und Zwänge nutzen, nicht zu schelten sein, jedenfalls dann nicht, wenn sie verantwortlich mit den so gewonnenen Informationen umgehen. Das ist häufiger, als es in einer weitverbreiteten Medienschelte zum Ausdruck kommt, freilich aber nicht immer der Fall.

Das Spiegelbild ist die öffentliche Kritik, der sich der Politiker stärker als eine Führungsperson im wirtschaftlichen Bereich stellen muß. Im Umgang und Ertragen öffentlicher Kritik sind Politiker ungleich geübter als Unternehmer. Leitende Personen in der Wirtschaft könnten von solchen in Politik und Verwaltung erkennen, daß man in verantwortlichen Positionen auch öffentliche Kritik ertragen können muß. Es gibt außerhalb der Politik viel mimosenhafte Empfindlichkeit. Obwohl auch Wirtschaft eine gesellschaftliche Veranstaltung und insoweit prinzipiell nicht so sehr von Politik unterschieden ist, wird hier mit verschiedenen Maßtstäben gemessen.

Sosehr Verantwortliche aus Wirtschaft und Unternehmen zu schnellem Urteil und mit Kritik gegenüber der Politik bereit sind, scheuen sie selbst die Öffentlichkeit und reagieren auf öffentliche Kritik empfindlich. Dahinter verbirgt sich oft auch Geringschätzung der Politik. Man unterschätzt, wie mühevoll es für die Politiker ist, Umstände zu schaffen, die Voraussetzung für eine erfolgreiche wirtschaftliche Betätigung sind. Ein Blick in viele Länder zeigt, wie erfolgreich letztlich das politische System bei uns es vermocht hatte, Rahmenbedingungen für wirtschaftlich erfolgreiche Arbeit zu schaffen.

Die Diskussion über wirtschaftliche Rahmenbedingungen wird, was immer geschieht, nicht zur Ruhe kommen. Ist eine Forderung erfüllt, wird es neue geben. Weniger erfolgreich ist die Politik in der Einforderung von praktischen Konsequenzen aus der Veränderung von Rahmenbedingungen, z. B. in der Beschäftigungspolitik.

Leistung gibt es gleichermaßen in Politik, Verwaltung und Wirtschaft. Hierin unterscheiden sich diese Bereiche nicht. Der Unterschied liegt nicht so sehr in den Menschen und in ihrem Leistungswillen, sondern in den unterschiedlichen Bedingungen, unter denen sie tätig werden können. Man kann – ich nenne das Beispiel Bundesbahn – nicht unternehmerische Leistungen fordern und gleichzeitig alle dafür erforderlichen Rahmenbedingungen versagen.

Leistungen werden allerdings unterschiedlich honoriert. Die Spitzen in Politik und Verwaltung werden, gemessen an vergleichbaren Leistungen in der Wirtschaft, schlecht bezahlt. Das wird auch nicht durch mehr soziale Sicherheit ausgeglichen, die jedenfalls in Großunternehmen ebenso gewährleistet ist, auch im Falle des Scheiterns.

Wenn der Prozeß der politischen Willensbildung beschwerlicher und umwegreicher als der Entscheidungsgang in wirtschaftlichen Großorganisationen ist, wundert es nicht, daß Führungspersonen aus dem wirtschaftlichen Bereich, wenn sie sich für eine politische Aufgabe entscheiden, ihren gewohnten Erfolg nicht so selbstverständlich fortsetzen und wiederholen. Sie haben in der Regel erhebliche Probleme mit den Entscheidungsstrukturen in der Politik. Die Zahl der Personen, die es in der Wirtschaft wie in der Politik gleichermaßen zu Spitzenpositionen gebracht haben, ist deshalb vergleichsweise klein.

Führungspersonen, die im wirtschaftlichen Bereich gewohnt waren, mit Erfolg zu führen, verheddern sich im politischen und administrativen Dickicht. Oft ist frühe Resignation das Ergebnis. Ob sich längerfristig daran etwas ändern würde, wenn es einen stärkeren personellen Wechsel zwischen Wirtschaft und Politik und Verwaltung gäbe, ist keineswegs sicher. Die Strukturunterschiede sind zu groß.

Zu wünschen wäre ein größerer Wechsel gleichwohl. Aber der Drang dazu ist nicht ausgeprägt, jedenfalls nicht von der Wirtschaft in die Politik. Wer möchte sich schon aus einer Lebenslage entfernen, die erfolgreiche Arbeit mit hohem Einkommen gewährleistet, wenn auf der anderen Seite ungleich längere Wege zur Durchsetzung und zum Erfolg vorgegeben sind und ein vergleichsweise karges Entgelt für diese Mühsal bereitgehalten wird. Wer es sich leisten kann, sollte es dennoch tun. Und zu diesem Schritt entschließt sich nur eine kleine Zahl derer, die es sich leisten könnten.

Wenn man die Frage stellt, ob die Entscheidungsmechanismen der Politik an die der Wirtschaft angenähert werden sollten, so fällt die Antwort auf diese Frage nicht leicht. Manche Komplizierung im politischen System ist gewiß überflüssig und funktionslos. Im Ganzen glaube ich aber, daß das so beschaffene politische System Ausdruck der Komplexität unseres sozialen Systems und seiner Interessenstruktur ist und daß da grundsätzlich mit Aussicht auf Erfolg nicht soviel zu reformieren ist.

Es wundert deshalb nicht, daß so viele Reformanläufe des parlamentarischen und administrativen Betriebes im Sande verlaufen sind. Moderne Managementtechniken, etwa mit Hilfe der Datenverarbeitung, zerschellen an den Eigengesetzlichkeiten des politischen Prozesses. Aber es bleibt ein hilfreicher Trost: da unser politisches System zu einer Atomisierung von Macht führt, wirkt es freiheitssichernd.

George P. Shultz

One of these Unusual Persons

Former Chancellor Helmut Schmidt is one of Germany's and the Western world's truly outstanding statesmen. It is rare for any individual to understand both the complexities of modern economics as well as contemporary defense and foreign policy issues. It is rarer still for such an individual to be in a position to have decisive impact on the policies of his own country as well as those of other nations.

Helmut Schmidt is one of these unusual persons. As Defense Minister, as Finance Minister, and finally as Chancellor of the Federal Republic, Helmut Schmidt's keen grasp of complex international issues, his ability to articulate and formulate policies that benefit the countries of the Atlantic alliance, and his courage in standing by those policies are the hallmarks of a man I am proud to call a friend. The Economic Summits, the European Monetary System, close European and American cooperation on defense and economic issues, and the dual-track decision on intermediate nuclear forces which has resulted in the INF Treaty are all concepts and policies which Helmut Schmidt helped devise and implement.

Helmut Schmidt has always been a valued friend of the United States. Like many good friends, he has not been afraid to criticize us when he believes we have been wrong or misguided. We know, though, that he fully supports the United States and the Federal Republic as partners, tied together by common values. While he may have retired from public office, Helmut Schmidt will never retire from public life and we hope to continue to benefit from his wisdom for years to come.

Sincerely yours

George P. Shultz

Franz Steinkühler

Mit Blick auf das nächste Jahrhundert

Erinnern wir uns: Es war Helmut Schmidt, der in seiner Rede auf dem Münchener Parteitag der Sozialdemokratischen Partei Deutschlands im April 1982 den Begriff »Neokonservatismus« in die politische Debatte der Bundesrepublik eingeführt hat. »Neokonservativ« ist demnach das Prädikat für eine Austeritätspolitik à la Margret Thatcher in Großbritannien oder für Reagonomics in den USA. Bei gleicher Stoßrichtung, aber mit gemäßigter Rhetorik signalisierte das Programm der Regierung Kohl/Genscher schon frühzeitig, was nach dem Ende der Ära der Reformen in einer Zeit der Massenarbeitslosigkeit auf der politischen Tagesordnung stehen sollte.

Für die Neokonservativen ist die Massenarbeitslosigkeit das Resultat einer langfristigen Verschlechterung der Kapitalverwertungsbedingungen, die ihre Ursache nicht in den Funktionsmechanismen des ökonomischen Systems, sondern in den wohlfahrtsstaatlichen Sicherungen hat. Die Begründung einer neuen Wachstumsperiode ist aus ihrer Sicht nur über die Absenkung des Niveaus staatlicher Interventionen in den Wirtschaftsprozeß möglich.

Deshalb haben sie gleich zu Beginn ihrer Machtübernahme das Grundmuster der Entwicklung der politischen, ökonomischen und sozialen Strukturen der Nachkriegszeit, nämlich Vollbeschäftigung, kontinuierlich steigende reale Löhne, Ausbau der sozialen Sicherung usw. als gleichwertige Ziele der Wirtschafts- und Gesellschaftspolitik anzusehen, aufgekündigt. Die Entscheidung für eine Politik der Vollbeschäftigung, der Verbesserung der materiellen Lebenslage der breiten Masse der Arbeitnehmer und eine Politik in Richtung auf Chancengleichheit, auch für sozial benachteiligte Bevölkerungsgruppen, das heißt für einen demokratischen Sozialstaat, ist seitdem als gesellschaftliche Zielorientierung nicht mehr unumstritten.

Die »Gesellschaftsreform von rechts« beabsichtigt die verstärkte Indienstnahme des Staates zur Steigerung privatwirtschaftlicher Rentabilität durch den Ab- und Umbau der Arbeits- und Sozialverfassung. Während die konservativen Kräfte in den 50er und 60er Jahren den wohlfahrtsstaatlichen Konsens im Grundsatz akzeptierten, sagen sie heute den nach der Weltwirtschaftskrise von 1929 neu herausgebildeten Formen sozialer Demokratie offensiv den Kampf an. Nicht Gleichheit und soziale Sicherung für alle stellen die politischen Ziele staatlicher Politik dar, sondern die Unterordnung des Sozialstaats unter die ökonomischen Erfordernisse. Im Rahmen des Umbaus der Arbeits- und Sozialverfassung, der Neuordnung der industriellen und sozialen Beziehungen sollen flexibilisierte und differenzierte Arbeitsbedingungen entstehen, die in den sozialpolitischen Aktivitäten eine Verlängerung finden und eine stärkere Angliederung der Lebensverhältnisse der Menschen an die private Kapitalverwertung sicherstellen.

Staatliche Sozialpolitik wird zwar nicht völlig beseitigt, der Zusammenhang zwischen Produktionssphäre und Sozialpolitik aber auf einem niedrigen Niveau durch Sozialabbau, Flexibilisierung und Diskriminierung neu organisiert. Die Privatisierung der Sozialpolitik und die Deregulierung und Flexibilisierung der Arbeitsbeziehungen und des Arbeitseinsatzes sollen den Kostenfaktor Arbeit verbilligen und die disziplinierende Wirkung der Massenarbeitslosigkeit verstärken. Die Neokonservativen demontieren dabei nicht den Staat als solchen, sondern setzen die staatlichen Apparate gezielt zum Abbau des Sozialstaates ein; sie betreiben das Programm der neokonservativen Neuordnung, aber nicht den Abbau des Staates.

Im Ergebnis der Wende-Politik hat sich in den vergangenen Jahren der Handlungsspielraum für die Gewerkschaften gleich in mehrfacher Weise entscheidend verändert:

- So lehnt die Bundesregierung jede beschäftigungspolitische Verantwortung des Staates ab. Diese Haltung hat bisher jede aktive und gezielte Bekämpfung der Arbeitslosigkeit, der Struktur- und Branchenkrisen verhindert. Die Einheitlichkeit der Lebens- und Arbeitsverhältnisse, eine von der Verfassung vorgegebene Verpflichtung, wird immer mehr zur Farce. Ganze Regionen drohen wirtschaftlich auszubluten und sozial zu verarmen.
- Die begrenzte Durchsetzung von Flexibilisierung und Differenzierung im tarifpolitischen Bereich durch geschlossenes Zusammenwirken von Arbeitgebern und Bundesregierung, die Auflockerung des Kündigungsschutzes und die Ausweitung befristeter Arbeitsverhältnisse sowie die Aushöhlung anderer Arbeitsschutzbestimmungen leisten der weiteren Aufspaltung der Belegschaften in Gruppen mit jeweils unterschiedlichen Interessen Vorschub. Auf der Ebene der Arbeitsbeziehungen werden damit kollektive Regelungen und gewerkschaftliche Vertretungsmacht zurückgedrängt, Arbeitsformen und Arbeitsverträge flexibilisiert und individualisiert, nicht zuletzt mit dem Ziel, eine wirksame Interessenvertretung zu erschweren und die Herausbildung einer »Ellenbogen-Gesellschaft« zu befördern.

Die Vorstellungen der neokonservativen Parteien in der Bundesrepublik sind unterschiedlich und widersprüchlich; gemeinsames Ziel aber ist die Nutzung der Wirtschafts- und Beschäftigungskrise für die Veränderung der gesellschaftlichen Kräfteverhältnisse zu Lasten der abhängig Beschäftigten. Die politische Schubkraft, über die der Neokonservatismus verfügt, wird dabei erst deutlich, wenn man sich den ökonomischen und gesellschaftlichen Bedingungsrahmen der nächsten Jahre näher betrachtet.

Langfristig setzen die Neokonservativen auf die Schwächung der gewerkschaftlichen Gegenmacht

- durch Arbeitslosigkeit und Beschäftigungskrise,
- durch den kapitalorientierten Modernisierungsprozeß zu Lasten der klassischen Industriebranchen und ihrer gewerkschaftlich hochorganisierten Belegschaften,
- durch die umfassende Flexibilisierung der Produktion, der Arbeitsverhältnisse und Arbeitsbeziehungen sowie der Arbeitsmarktstrukturierung.

Die verstärkte Anwendung neuer Technologien eröffnet den Unternehmen weitreichende Chancen zur Rationalisierung und Flexibilisierung der Produktion. Nicht begrenzte Teilprozesse, sondern die Gesamtabläufe einschließlich der außerbetrieblichen Produktions-, Liefer- und Verteilungsbeziehungen sind Gegenstand der unternehmerischen Modernisierungsstrategien. Damit verändern sich in völlig neuer Weise die Formen zwischenbetrieblicher Arbeitsteilung und die Struktur der Beziehungen zwischen Betrieb und Unternehmen, die auf eine umfassende Neuorganisation und Neustrukturierung der Produktions- und Sozialorganisation hinauslaufen.

Es besteht die Gefahr, daß der arbeitsorganisatorische und technische Modernisierungsprozeß die Wirksamkeit der traditionellen Mitbestimmungs- und Mitwirkungsmöglichkeiten ins Leere laufen läßt und daß die vielerorts anzutreffende Spaltung in Stamm- und Randbelegschaften noch um stärker zwischenbetriebliche Segmentierungen bei einer wachsenden Zahl längerfristig Arbeitsloser erweitert wird. Mit der Folge, daß Arbeitnehmergruppen entstehen, deren Arbeits- und Beschäftigungsverhältnisse durch zunehmende Inhomogenität charakterisiert sein werden.

Nimmt man die absehbaren Trends zusammen, dann zeigt sich eine Reihe von Problemen für die deutschen Gewerkschaften. Durch die Veränderung in den technisch-arbeitsorganisatorischen, ökonomischen, produktions- und unternehmensstrukturellen Entwicklungen werden beispielsweise die Belegschaftsstrukturen so verändert, daß sie auch den Bereich der gewerkschaftlichen Organisierbarkeit und Durchdringung der Belegschaft und ihrer Handlungs- und Streikfähigkeit tangieren.

- Der sektorale Strukturwandel und die Veränderung der Beschäftigtenstruktur – die Zahl der Arbeiter nimmt ab, die Zahl der Angestellten nimmt zu –, haben eine Ausdünnung der Bereiche mit starken Gewerkschaftstraditionen zur Folge.
- Arbeitsstrukturelle und organisatorische Veränderungsprozesse in den modernen Industrie- und Dienstleistungssektoren, deren Arbeitsprozesse durch den Einsatz neuer Produktions-, Informations- und Kommunikationstechnologien geprägt sind, lassen Beschäftigtengruppen mit planenden, steuernden, überwachenden und organisierenden Tätigkeiten entstehen, die bislang nur schwache gewerkschaftliche Bindungen aufweisen.
- Die technologischen Entwicklungen und die daraus resultierenden Differenzierungen in der sozialen Lage der Beschäftigten verstärken die Tendenz zur Spaltung der Belegschaften. Die Fortsetzung und Begründung neuer Korporatismen bleibt dabei nicht ohne negative Auswirkungen auf die Handlungs- und Durchsetzungsfähigkeit der Gewerkschaften.
- Arbeitnehmergruppen, die keine kontinuierliche und stabile Beschäftigung (Teilzeit, Zeitarbeit etc.) ausüben, werden von den betrieblichen Beteiligungsrechten weitgehend ausgeschlossen, verlieren den Kontakt zu den Gewerkschaften bzw. können ihn erst gar nicht herstellen.

Die Neokonservativen versuchen, diese strukturellen Prozesse politisch zu nutzen, indem sie das Ende einheitlicher Arbeitsverhältnisse und Tarifvertragsregelungen sowie mehr Individualisierung in den Arbeitsverhältnissen propagieren und durchzusetzen versuchen.

Die politische Absicht der Neokonservativen ist dabei nicht die Beseitigung der Gewerkschaften. Ihnen geht es darum, den politischen Handlungsspielraum der Gewerkschaften in den Betrieben und innerhalb der Politik zu verringern und zu begrenzen. Individualisierung und Differenzierung sowie die Verstärkung der Tendenzen zum Betriebssyndikalismus, die Spaltung zwischen Belegschaft und betrieblicher Interessenvertretung auf der einen Seite und der Gewerkschaften auf der anderen Seite sollen die gewerkschaftliche Repräsentanz in den Betrieben zurückdrängen, die kollektiven tarifvertraglichen Vereinbarungen unterlaufen und langfristig die gewerkschaftliche Gegenmacht im Betrieb einschränken.

Exakt hier liegt die für Helmut Schmidt 1982 noch nicht erkennbare gesellschaftspolitische Herausforderung neokonservativer Politik für die Gewerkschaften in den nächsten Jahren.

Die Gewerkschaften können einer Politik des neokonservativen Umbaus der Gesellschaft nicht mit reiner Abwehr begegnen. Unsere Politik beschränkt sich nicht auf die Reparatur der katastrophalen Auswirkungen der neokonservativen Politik; sie ist vielmehr integriert in eine Gesamtstrategie, die die Interessenlagen und Bedürfnisse der einzelnen Arbeitnehmergruppen zu einem Gesamtkonzept zur Gestaltung von Arbeit, Technik, Umwelt und Gesellschaft zusammenfaßt und für den gesamten Lebenszusammenhang der Menschen den politischen, sozialen und kulturellen Bedürfnissen nach einer Veränderung der gesellschaftlichen Verhältnisse Ausdruck gibt.

Die Gewerkschaften vertreten unter dem Dach eines Gesamtprogramms ein nach Inhalten und Beschäftigten verbreitertes Spektrum von sozialen Interessen. Wir können dabei zeigen, daß kollektive Interessenvertretung und kollektive Absicherung nicht im Widerspruch zur Entfaltung der Individualität stehen, sondern sich produktiv ergänzen.

Im Mittelpunkt unserer Reformpolitik stehen neben staatlichen Vollbeschäftigungsprogrammen, einer Politik der Arbeitszeitverkürzung und der Sicherung des Sozialstaats auch Konzepte zur Kontrolle der technologischen Entwicklung und zur Ökologisierung der Produktion, zur Gleichberechtigung der Frauen und zur Ausweitung der Mitbestimmung im Betrieb und Unternehmen – kurzum: zur Demokratisierung aller gesellschaftlichen Bereiche.

Im einzelnen fordern die Gewerkschaften die gerechtere Verteilung der Arbeit durch umfassende Verkürzung der Arbeitszeit. Hier hat die IG Metall mit der Prioritätenbildung für die 35-Stunden-Woche mit vollem Lohnausgleich programmatische Vorgaben gemacht und mit der Durchsetzung der 37-Stunden-Woche mit vollem Lohnausgleich über 200 000 Arbeitsplätze allein in der Metallindustrie neu geschaffen oder gesichert. Arbeitszeitverkürzung ist für alle innerhalb und außerhalb der Metallindustrie die wichtigste tarifpolitische Alternative zur Arbeitslosigkeit für viele und zur Flexibilisierung der Arbeitszeit nach Arbeitgeberinteressen.

Die IG Metall hat mit den Arbeitszeittarifverträgen ihre Fähigkeit zur solidarischen und demokratischen Bewältigung der Wirtschafts- und Beschäftigungskrise unter Beweis gestellt und ein Stück konkrete Zukunftsgestaltung erreicht. Die Verkürzung der wöchentlichen Arbeitszeit hat nicht nur Arbeitsplätze gesichert und geschaffen, sie leistet auch einen Beitrag zur Annäherung und Verknüpfung von Arbeit und Freizeit und zur Entwicklung einer emanzipatorischen Alltagskultur.

Die endgültige Verwirklichung der 35-Stunden-Woche innerhalb und außerhalb des Metallbereichs ist der wichtigste tarifpolitische Beitrag im Ringen um mehr Freizeit, um mehr Menschlichkeit, um mehr Arbeitsplätze in der absehbaren Zukunft. In der Arbeitszeitpolitik haben wir die Hegemonie der Neokonservativen durchbrochen und gezeigt, daß wir kompetent und durchsetzungsfähig sind, die Arbeits- und Lebensinteressen der Arbeiter und Angestellten gegen erbitterten Widerstand von Kabinett und Kapital zu wahren.

Massenarbeitslosigkeit kann nicht mit tarifpolitischen Mitteln allein erfolgreich bekämpft werden. Hinzu kommen müssen arbeitsorientierte wirtschafts- und strukturpolitische Maßnahmen der Politik. Dabei gibt es für uns zwischen der Verwirklichung der Vollbeschäftigung und der Beachtung ökologischer Belange keinen Gegensatz. Mit unseren beschäftigungspolitischen Initiativen lassen sich Umweltschutz und qualitatives Wachstum gemeinsam verwirklichen.

Als Investitionsschwerpunkte sind vor allem zu nennen:

- Energieeinsparung und rationelle Energieverwendung
- Reinhaltung von Luft und Wasser
- Natur- und Landschaftsschutz
- Wohnumfeldverbesserung und konsequenter Arbeitsschutz
- Wohnungs- und Städtebau, öffentlicher Nahverkehr und Umwelt
- bessere Qualität von Bildung und beruflicher Bildung
- Forschungs- und Technologiepolitik im Interesse der Arbeitnehmer.

Wir wollen Umweltschutz und qualitatives Wachstum darüber hinaus durch strengere Auflagen, Gebote, Verbote und Abgaben unter verstärkter Beachtung und konsequenter Anwendung des Verursacher- und Vorsorgeprinzips anregen. Der Staat hat dafür zu sorgen, daß umweltpolitische Auflagen, unverzichtbare Gebote und Verbote auch in die Praxis umgesetzt werden. Wir müssen darüber hinaus die technische Intelligenz der Arbeitnehmer mit dem Ziel einsetzen, um eine hohe wirtschaftliche Produktivität mit einem Minimum an Schadstoffbelastung und Ressourcenverbrauch zu erreichen. Alle ökonomischen Entscheidungen sind stärker an ökologischen Kriterien auszurichten, denn nur so können die fortgesetzte Zerstörung der Lebensgrundlagen aufgehalten und die vorhandenen Schädigungen beseitigt werden.

Der hohe Selbstfinanzierungseffekt des Programms für Zukunftsinvestitionen rechtfertigt die Vorfinanzierung durch zusätzliche Kreditaufnahme. Der Abbau der Massenarbeitslosigkeit durch staatliche Programme vermindert die Aufwendungen für die Bezahlung der Arbeitslosigkeit. Die Schaffung von Arbeitsplätzen durch gesellschaftliche Beschäftigungsprogramme bringt zusätzliche Steuereinnahmen und zusätzliche Beiträge für die Sozialversicherung.

Oberstes Ziel einer arbeitsorientierten Strukturpolitik ist die Sicherung und Schaffung zukunftsträchtiger Arbeitsplätze bei Wahrung menschenwürdiger Arbeits- und Lebensbedingungen. Diesem

Ziel dienen defensive strukturpolitische Maßnahmen, wie dauerhafte einkommenspolitische und beschäftigungspolitische Absicherungen der Arbeitnehmer bzw. politische Existenzgarantien für Krisenbranchen durch die Erhaltung der Standorte und den Ausschluß von Massenentlassungen bei unvermeidbarem Kapazitätsabbau. Diesem Ziel dienen auch und vor allem offensive strukturpolitische Umstellungsmaßnahmen, die die rechtzeitige Schaffung von Ersatzarbeitsplätzen in Krisenbranchen und Krisenregionen sicherstellen. Darunter fällt sowohl die Umstellung vorhandener Unternehmen auf zukunftsträchtige Produkte wie die Förderung neuer Zukunftsindustrien mit gesellschaftlich sinnvoller und umweltverträglicher Produktion.

Eine arbeitsorientierte Strukturpolitik muß verhindern, daß Branchenkrisen Regionalkrisen werden. Deshalb bekämpfen wir die neokonservative Politik, die das Gebot des Grundgesetzes nach der Einheitlichkeit der Lebensverhältnisse in allen Landesteilen ignoriert und die Arbeits- und Lebensinteressen der betroffenen Menschen mißachtet.

Der ökologische Umbau der Wirtschaft ist das Feld einer qualitativen Produktionspolitik, die zugleich die Voraussetzungen der ökonomischen Entwicklung sichert. Deshalb wollen wir Einfluß nehmen auf den Charakter des Wachstums selbst, denn nur so läßt sich der Sozialstaat sichern sowie humane und befriedigende Arbeits-, Beschäftigungs- und Lebensverhältnisse für alle durchsetzen. Arbeitszeitpolitik, Wirtschafts- und Strukturpolitik sind wichtige Bereiche der Gesellschaftsgestaltung durch die Gewerkschaften.

Die Gestaltung der Wirtschaft nach den Maßstäben von Markt und Wettbewerb ist keine akzeptable Perspektive für die Arbeitnehmer. Der Markt hat unter bestimmten Bedingungen seine unbestrittene Bedeutung als Steuerungs- und Koordinierungsinstrument. Er ist als gesellschaftliches Strukturprinzip jedoch ungeeignet. Wir lehnen unter den gegenwärtigen Bedingungen deshalb eine Politik ab, die angesichts der beschleunigten Modernisierung vor allem auf den

Export von Arbeitslosigkeit setzt. Die Überwindung binnenwirtschaftlicher Beschäftigungsprobleme kann nicht durch den Export der Arbeitslosigkeit erfolgen, mit dem die zerstörerischen Wirkungen eines weltweiten Protektionismus provoziert werden. Wir bekämpfen diese Strategie, die ökonomisch auf die Sicherung der internationalen Konkurrenzfähigkeit und die Stabilisierung der Gewinne abzielt und politisch die Zementierung der neokonservativen Herrschaft anstrebt.

Die neokonservative Politik kann die Krisen, Konflikte und Strukturprobleme, die als Folge ihrer eigenen Maßnahmen dabei auftreten, national wie international nicht lösen. Den Neokonservativen fehlt eine nationale bzw. internationale Strategie, weil sie auf beiden Parketts mit dem gleichen Muster daherkommen. Das heißt:

- Auf nationaler Ebene mit Deregulierung statt staatlicher Beschäftigungsprogramme und technokratischer Modernisierung ohne gesellschaftliche Strukturreform,
- auf internationaler Ebene mit einseitiger Hochtechnologieförderung durch staatlichen Subventionswettlauf, sozialen Druck auf die Arbeitnehmer in den Industrieländern sowie Tatenlosigkeit gegenüber dem Elend in den Entwicklungsländern.

Die neokonservative Modernisierungs- und Konkurrenzstrategie, Deregulierungs- und Spaltungsstrategie widerspricht den Interessen der Arbeitnehmer national wie international. Sie ist ungeeignet, die Strukturprobleme der Weltwirtschaft zu lösen.

Wir fordern die Verwirklichung der Vollbeschäftigung, bessere Arbeits- und Lebensbedingungen, kürzere Arbeitszeiten und gesunde Umwelt in Europa. Inhaltliche Ansatzpunkte des Politikmodells der europäischen Gewerkschaftsbewegung sind:

- stärkere Orientierung auf den nationalen und europäischen Binnenmarkt,
- internationale Koordinierung und Kooperation statt Konkurrenz,
- internationale Solidarität der Arbeitnehmer,

– wirtschaftliche Solidarität mit der Dritten Welt.

Ausgangspunkt für die Umsetzung dieses Modells kann eine koordinierte Wirtschaftspolitik in Westeuropa als erster Schritt für ein Europa der Arbeitnehmer sein. Dabei muß vor allem die Bundesrepublik, die auf den integrativen Fortschritt der Europäischen Einigung ebenso stark angewiesen ist wie die anderen Staaten, ihre ökonomische Spitzenstellung für die politische Vorreiterrolle aktiv nutzen. Helmut Schmidt hat die herausragende Rolle der Kooperation der nationalen Wirtschafts- und Währungspolitiken in Europa und der Koordination zwischen den führenden Industrienationen immer wieder betont und richtungweisende Überlegungen auch zur gewerkschaftlichen Diskussion in Europa geleistet.

Arbeitsplatzschaffende Investitionsprogramme auf europäischer Ebene sowie eine gemeinschaftliche Industriestrukturpolitik sind die Grundvoraussetzung für einen europäischen Binnenmarkt und einen europäischen Sozialraum. Vollbeschäftigung und ständige Verbesserung der Arbeits- und Lebensbedingungen müssen Schwerpunkte des europäischen Aufbaus bilden. Ohne die Lösung dieser Schlüsselfragen bleibt die europäische Einigung blockiert mit der Folge, daß weder die Wirtschafts- und Sozialpolitik besser aufeinander abgestimmt werden noch ein großer Binnenmarkt geschaffen und die Rolle Europas gegenüber dem Rest der Welt gestärkt wird.

Diese übergreifenden Zielsetzungen können jedoch nur dann erreicht werden, wenn die Arbeitnehmer selbst auf allen Stufen von Wirtschaft und Gesellschaft eine Beteiligungs- und Mitgestaltungsmöglichkeit erhalten und national und europäisch in starken Gewerkschaftsorganisationen zusammengeschlossen sind. Die europäischen Metallgewerkschaften zum Beispiel haben sich zur Solidarität verpflichtet

– durch grenzüberschreitende Solidaritätsmaßnahmen bei sozialen Konflikten und Streiks;
– durch die Organisation und Koordinierung gewerkschaftlicher

Kampf- und Druckmaßnahmen, einschließlich Kundgebungen und Arbeitsniederlegungen.

Die wirtschaftlichen und sozialen Probleme der weltweiten Krise und die soziale Beherrschung der Produktivitätsentwicklung sind nur zu bewältigen, wenn die Beteiligung der Arbeitnehmer und ihrer Gewerkschaften am Wirtschaftsprozeß erweitert wird. Ohne paritätische Mitbestimmung der Arbeitnehmer am Arbeitsplatz, im Betrieb und Unternehmen und in der Gesamtwirtschaft als wichtiger Bestandteil einer umfassenden demokratischen Umgestaltung von Wirtschaft und Gesellschaft und zur Kontrolle wirtschaftlicher Macht wird dies nicht möglich sein. Die Mitbestimmung auf allen Ebenen des Wirtschaftsprozesses stellt eine wichtige institutionale Voraussetzung für eine beschäftigungssichernde und bedarfsorientierte Reformpolitik dar.

Soziale Produktivitätsbeherrschung ist der gewerkschaftliche Ansatz einer gesellschaftlichen Modernisierungspolitik, die den technischen Wandel in den Dienst der Menschen stellt. Hier hat die IG Metall Zeichen für eine programmatische und praktische Neuorientierung gesetzt.

Die deutschen Gewerkschaften wollen Einfluß nehmen auf die Gestaltung der neuen Technologien, sowohl auf die Technikentwicklung als auch auf die Technikanwendung. Wir wollen das Flexibilitätspotential der neuen Techniken dabei so nutzen, daß es zur Anreicherung und Bereicherung der menschlichen Arbeit kommt. Der gestaltende Einfluß der Gewerkschaften auf die Technikentwicklung und -anwendung hat dabei von folgenden Zielen auszugehen:

– Technik hat die Verwirklichung der Menschenrechte und der Grundrechte zu fördern; sie hat einen Beitrag zur Emanzipation der Menschen zu leisten. Sie muß im Arbeitsprozeß ein möglichst hohes Maß an selbstbestimmter Tätigkeit, Entfaltung der Persönlichkeit ermöglichen und gleichzeitig die Mitbestimmung durch die Gewerkschaften gewährleisten.

- Neue Techniken müssen die vorhandenen Ressourcen und eingesetzten Mittel effizient nutzen. Sie müssen die Umweltbedingungen verbessern helfen. Bei der Entwicklung moderner Werkstoffe (Keramik, Verbundwerkstoffe, Halbleiter) ist auf die Begrenzung des Ressourceneinsatzes und auf die Wiederverwertbarkeit der Materialien besonders zu achten.
- Technik soll helfen, die internationalen Spannungen abzubauen. Dies ist eine klare Absage an Weltraumsysteme wie SDI und andere Rüstungsobjekte in Ost und West. Neue Techniken sollen nicht den internationalen Verteilungskampf verschärfen, sondern eine gerechte Verteilung der Ressourcen ermöglichen.

Technischer Wandel ist de facto Gestaltung der Zukunft. Die gewerkschaftliche Tarifpolitik steht dabei vor einer schwierigen doppelten Aufgabe: Einerseits die erreichten kollektiven Sicherungen zu verteidigen, andererseits eine zukunftsorientierte Arbeitspolitik zu erreichen durch

- eine Qualifikationspolitik, die der Planung der technischen Anlagen und der Arbeitsorganisation vorangeht. Dafür bedarf es der Erweiterung der Informations- und Mitbestimmungsrechte und -möglichkeiten der Arbeitnehmer;
- die Sicherung von Weiterbildungsrechten für alle Arbeitnehmer;
- den Abbau einer nicht mehr zeitgemäßen Arbeitshierarchie durch Aufgabenumverteilung und den Ausbau von Team- und Gruppenarbeitskonzepten;
- Reklamations- und Verweigerungsrechte bei gesundheitsgefährdenden Arbeitsbedingungen und umweltgefährdenden Produkten;
- Mitbestimmung bei Leistungs- und Personalbemessung, neue Entlohnungsgrundsätze und gesicherte Reklamationsrechte gegen ungerechtfertigte Leistungsanforderungen und nicht zuletzt durch

die Einführung der Mitbestimmung bei Eingruppierung, Gestaltung der Arbeitsbedingungen und der Weiterbildung.

Der technische Wandel darf nicht dem allgemeinen Nutzen des Profits und unkritischem Fortschrittsgeist unterstellt werden. Strukturwandel von Wirtschaft und Gesellschaft ist Sache demokratischer Mitbestimmung und Beteiligung.

Eine der zentralen Herausforderungen für die Gewerkschaften liegt in der Frage, wie an den Individualisierungs- und Pluralisierungsprozeß der Lebenslagen der Menschen angeschlossen werden kann. Mit der Auflösung homogener Sozialmilieus, insbesondere der Arbeiterschaft, sind die natürlichen Organisationsvoraussetzungen, an denen die gewerkschaftliche Politik ansetzen konnte, weitgehend verlorengegangen. Die Gewerkschaften sind von den Auswirkungen der im Zuge des wirtschaftlichen Wiederaufbaus erfolgten historisch beispiellosen Anhebung des Lebensstandards sowie durch den Aufbau sozialpolitischer und arbeitsrechtlicher Sicherungen, die für große Gruppen der Arbeitnehmer Veränderungen und Verbesserungen in den Lebensformen und Arbeitsverhältnissen ergeben haben, besonders betroffen. Im Ergebnis dieser Politik haben sich die kollektiven Bindungen an schichtspezifische Lebensweisen und Klassenlagen weitgehend aufgelöst, während gleichzeitig die Möglichkeiten und Räume zur Entfaltung der Privatsphäre und Persönlichkeitsentwicklung gewachsen sind.

Nach wie vor hat die materielle und soziale Existenzsicherung durch Arbeit ein besonderes Gewicht. Die Arbeitnehmer wollen nicht nur Lohn- und Gehaltssteigerungen und mehr Freizeit, sie stellen vermehrt Ansprüche an einen normalen und qualifizierten Arbeitsplatz, sie wollen mitbestimmen und mitgestalten an ihrem Arbeitsplatz und im Betrieb und suchen eine bessere Vereinbarkeit von Erwerbsarbeit und Privatleben.

Hieran knüpfen wir mit unserer Politik der sozialen und humanen Gestaltung von Arbeit und Technik an. Die Gewerkschaften greifen diese auf persönliche Entfaltung auch im Betrieb zielenden subjektbezogenen Ansprüche mit einer eigenen solidarischen Betriebskultur und betrieblichen Kommunikationsformen auf, indem sie nicht Teil- oder Einzelregelungen treffen, sondern den gesamten Betrieb als sozialen Raum zum Bezugspunkt ihrer Politik machen.

Der Individualisierung, steigendem Bildungsniveau und wachsenden Bedürfnissen nach Selbsttätigkeit und Entfaltung tragen die Gewerkschaften unter dem Gesichtspunkt der Wechselwirkung von Politikinhalt und Politikformen Rechnung, indem sie ihre organisatorischen Strukturen und Prozesse der Meinungs- und Willensbildung dieser Entwicklung anpassen.

Weite Kreise der Angestellten und jungen Arbeitnehmer signalisieren schon heute ganz neue Verhaltensweisen und veränderte soziale Milieus. Die Entscheidung, in die Gewerkschaft einzutreten, wird heute vor einem völlig anderen emotionalen und rationalen Hintergrund getroffen. Anstelle kollektiver Erfahrungen, die von Arbeitnehmergeneration zu Arbeitnehmergeneration weitergegeben werden, tritt mehr und mehr die individuelle Wahrnehmung von bzw. die persönliche Erfahrung mit Gewerkschaften und ihren Repräsentanten.

Vor diesem Hintergrund verspricht allein eine schrittweise Umorientierung der organisatorischen Formen im Sinne der Entwicklung einer neuen Interessenvertretungskultur Erfolg. Dabei geht es entscheidend darum, den Zusammenhalt der verschiedenen Beschäftigtengruppen zu stärken und verlorengegangene Bindungen neu anzuknüpfen mit dem Ziel, die bei verschiedenen Arbeitnehmergruppen sichtbare Distanz gegenüber den Gewerkschaften abzubauen.

Dazu gehört auch die Orientierung der Gewerkschaftspolitik an der Realisierung individueller Freiheitsinteressen der Arbeitnehmer. Dabei muß deutlich werden, daß Individualisierung und soziale Sicherheit keine Gegensätze sind, sondern komplementäre Grunderfordernisse der modernen Gesellschaft, in der zunehmende Individualisierung an ein ausgebautes System staatlich garantierter Sicherheiten gebunden ist. Der ideologische Gegensatz von Verstaatlichung und Privatisierung ist anachronistisch. Es gibt, wie es Helmut Schmidt auf dem Hans-Böckler-Forum »Demokratie und Sozialstaat« 1986 eindrucksvoll ausgeführt hat, keine Alternative zum solidarischen Sozialstaat.

Eine der zentralen Zukunftsaufgaben der Gewerkschaften ist die Gestaltung der Arbeit. Gewerkschaftliche Arbeits- und Technologiepolitik hat dabei den Zusammenhang zwischen Arbeit und Nichtarbeit, Beruf und Alltagsleben zu beachten, die Annäherung und Verzahnung der Lebensbereiche anzustreben und die Förderung schöpferischer Fähigkeiten und eigenkultureller Aktivitäten der Menschen in den Mittelpunkt zu stellen. Die Entfaltung der Persönlichkeit in der und durch die Arbeit läßt sich nur verwirklichen, wenn die übrigen Lebensbereiche in einem Prozeß der wechselseitigen Verstärkung der emanzipatorischen Anforderungen an Arbeit und Nichtarbeit einbezogen werden. Mit anderen Worten: Die gewerkschaftliche Gestaltungspolitik hat über den betrieblichen Handlungsrahmen hinauszuweisen.

Die Gewerkschaften sind mittendrin im Kampf um das Bewußtsein, die Lebenseinstellungen und die Verhaltensstile der Menschen. Eine ihrer zentralen Aufgaben ist es dabei, die Sicherung der kulturellen Identität der arbeitenden Menschen, die Sicherung der Voraussetzungen für eine selbstbestimmte Lebensführung und Interessenwahrnehmung zu erreichen. Wir wollen eine kulturelle Entwicklung, die Kreativität, Phantasie und politisches Bewußtsein weckt und fördert und die Menschen zu einer aktiven und solidarischen Lebensgestaltung anregt und gleichzeitig verhindert, daß der Mensch zum Objekt der Freizeit- und Mediengesellschaft wird.

Deshalb treten die deutschen Gewerkschaften der zunehmenden Sinnentleerung in der Arbeit und der wachsenden Entwertung der Sinne entgegen und kämpfen für eine Kulturpolitik, die dem Ziel dient, kulturelle Initiativen der Arbeitnehmer zu fördern und ihnen die Teilnahme am Kulturellen zu ermöglichen. Unser Ziel ist es, die umfassende Entfaltung der geistigen und sinnlichen Fähigkeiten der Menschen zu erreichen.

Die Gewerkschaften als außerparlamentarische Massenorganisationen müssen in den nächsten Jahren deshalb noch stärker zum Subjekt einer alternativen gesellschaftlichen Bewegung werden, die in der Wirtschafts-, Sozial-, Umwelt-, Technologie- und Kulturpolitik die Interessen der abhängig Beschäftigten geltend macht. Sie müssen noch mehr zum Schnittpunkt der verschiedenen Lebensbereiche werden, diese aktiv miteinander verbinden und ein neues Selbstverständnis gewerkschaftlicher Lebenskultur entwickeln.

Wenn sich der alltägliche gewerkschaftliche Kampf dabei von den Ideen Freiheit, Gleichheit, Solidarität und Brüderlichkeit leiten läßt, dann schafft der Emanzipationskampf der Arbeitenden ein Stück Utopie schon in der Gegenwart.

Gerhard Stoltenberg

Finanzpolitik als Gestaltungsaufgabe

In der Finanzpolitik bündelt sich ein großer Teil der zentralen ökonomischen und gesellschaftlichen Fragen unserer Zeit. Es gibt nur wenige wichtige Bereiche, in denen die Finanzpolitik nicht wenigstens partiell gefordert ist. Im Kern geht es immer wieder um die Zuordnung knapper volkswirtschaftlicher Ressourcen, um Prioritäten im Spannungsfeld gesellschaftlicher und individueller Ziele und damit um finanzpolitische Aufgaben.

Finanzpolitik steht im Mittelpunkt politischer Koordinierung, und sie muß zugleich selbst initiativ sein. Sie kann ihrer ordnenden Funktion nur gerecht werden, wenn von ihr selbst gestaltende Vorschläge entwickelt werden. Ihre Bedeutung reicht deshalb längst über den ursprünglichen Bereich des Verwaltens von öffentlichen Ausgaben und Einnahmen hinaus.

Erstens: Ursachen zunehmender Staatstätigkeit

Finanzpolitik beansprucht vor allem auch deshalb in den öffentlichen Diskussionen einen immer größeren Raum, weil eine lang anhaltende Tendenz staatlicher Expansion sich in den letzten Jahrzehnten zunehmend beschleunigte und damit immer stärker in Grenzbereiche des ökonomisch und politisch Vertretbaren vorstieß. Der historische Rückblick zeigt – soweit aufschlußreiche Aufzeichnungen zurückreichen – einen deutlichen Trend in Richtung auf einen immer größeren Einfluß des Staates auf die wirtschaftlichen Abläufe. Die sogenannte Staatsquote, das Verhältnis der Staatsausgaben zur gesamtwirtschaftlichen Leistung (gemessen am Bruttosozialprodukt), belief sich 1881 noch auf etwa 11 Prozent. 1913 waren es 15 Prozent, 1928 25 Prozent und 1960 rund 33 Prozent. 1975 war bereits fast die Grenze von 50 Prozent erreicht. Auf diesem hohen Niveau verharrte sie bis zum Beginn dieses Jahrzehnts und ist seitdem wieder auf etwas unter 47 Prozent zurückgegangen.

Diese Entwicklung beschreibt eindrucksvoll die Veränderungen, die das Verhältnis von Staat und Bürgern in den letzten hundert Jahren durchlaufen hat. Dabei ist der Trend zu einer immer stärkeren Ausdehnung der Staatstätigkeit so eindeutig, daß formale Einwände gegen die Verwendung der Staatsquote als Indikator staatlicher Einflußnahme dahinter zurücktreten müssen. Sicherlich trifft zu, daß in den globalen Zahlen über Staatsausgaben eine Vielzahl unterschiedlicher Kategorien berücksichtigt und daß vor allem zwischen dem eigentlichen Staatsverbrauch und den sogenannten Transferausgaben – im Hinblick auf die Steuerungsintensität – zu differenzieren ist. Richtig ist aber auch, daß die Staatsausgaben nur den Teil staatlicher Eingriffe in den Wirtschaftsablauf widerspiegeln, der unmittelbar mit staatlichen Ausgaben verbunden ist. Der weite Bereich staatlich regulierter ökonomischer Transaktionen innerhalb des privaten Sektors bleibt hier völlig unberücksichtigt.

Die scheinbar unaufhaltsame Entwicklung zu einem immer höheren Anteil der Staatstätigkeit am gesamtwirtschaftlichen Geschehen war Gegenstand zahlreicher ökonomischer Analysen und Betrachtungen. Vielfach glaubte man an eine historische Gesetzmäßigkeit, die auch unter dem »Wagnerschen Gesetz« ihren Namen fand. Im Mittelpunkt der Erklärungsansätze stand dabei die These, daß mit zunehmendem Wohlstand die nur im öffentlichen Bereich erfüllbaren Wünsche und Bedürfnisse der Bürger ein immer höheres Gewicht erlangen. Mehr soziale Sicherheit und Gerechtigkeit, Bildung, Gesundheitsfürsorge und der breite Zugang zu kulturellen Einrichtungen sind nur einige der vielfältigen Gebiete, denen sich der Staat so – neben den klassischen Bereichen der inneren und äußeren Sicherheit sowie der Rechtsordnung – in den letzten hundert Jahren zugewandt hat.

Daß diese Aufgaben grundsätzlich zum Verantwortungsbereich

des Staates in einer modernen, entwickelten Industriegesellschaft gehören sollten, darüber besteht zwischen den politischen Strömungen kein unüberbrückbarer Meinungsunterschied. Der Unterschied liegt aber in der Gewichtung der öffentlichen Aufgaben und damit vor allem in der Grenzziehung zwischen privatem und öffentlichem Bereich. Die These vom privaten Reichtum bei öffentlicher Armut – die Ende der sechziger Jahre zunehmend an Einfluß gewann – bereitete den Weg für zahlreiche Forderungen und Wünsche, die jeweils für sich genommen begründbar und sinnvoll erschienen – deren Verwirklichung in der Summe aber die Beziehungen von Staat und Bürger qualitativ wie quantitativ nachhaltig veränderte.

Bestimmte Mechanismen unserer pluralistischen Gesellschaft haben die Auswirkungen dieses Zeitgeistes verstärkt. So liegt in der grundsätzlich notwendigen Artikulation von Gruppeninteressen die Gefahr, daß Wünsche und Forderungen aus verschiedenen Bereichen sich gegenseitig verstärken, bis schließlich die Anforderungen in ihrer Summe so hoch werden, daß sie in Konflikt mit der Belastbarkeit von arbeitenden Menschen, Wirtschaft und Staat geraten.

Daß der latente Widerstreit zwischen Gruppeninteressen auf der einen und gesamtstaatlichen Notwendigkeiten auf der anderen Seite allzu häufig zuungunsten der übergeordneten Ziele entschieden wird, beruht vor allem darauf, daß Ziele einzelner Gruppen besser organisiert, artikuliert und durchgesetzt werden können. Das System der repräsentativen Demokratie stellt nicht automatisch sicher, daß dieser Forderungsdruck in gesamtstaatlich vertretbare Bahnen gelenkt wird.

Zwei Bereiche verdeutlichen besonders, wie problematisch sich das Auseinanderlaufen einzelwirtschaftlicher und gesamtwirtschaftlicher Interessen auswirken kann. Ich meine zum einen die Soziale Sicherung und zum anderen die Ausgestaltung unseres Steuersystems. Die Sozialausgaben haben entscheidend zur letzten Phase staatlicher Expansion beigetragen. Allein der Anteil der Sozialversicherungen am Bruttosozialprodukt nahm zwischen 1970 und 1980 um über 5 Prozentpunkte zu. Auch die Sozialausgaben der Gebietskörperschaften stiegen überproportional. Damit gingen rund zwei Drittel der Ausdehnung des Staatssektors in diesem Zeitraum auf das Konto der Sozialausgaben.

Diese Entwicklung ist vor dem Hintergrund zu bewerten, daß in den sechziger Jahren die Bundesrepublik bereits über ein gut ausgebautes Regelwerk der sozialen Sicherung verfügte. Die Verknüpfung mit der allgemeinen Einkommensentwicklung, gegebenenfalls noch ausstehende Abrundungsmaßnahmen und die später erheblich zunehmende Arbeitslosigkeit reichen als Begründung für eine so stark überproportionale Zunahme nicht aus. Mitentscheidend war vielmehr die weitverbreitete Einstellung, daß nicht nur die Hilfe für wirklich Bedürftige, sondern auch das Ziel einer nicht genau definierten – und wohl auch kaum zu definierenden – Umverteilung Grundlage der Sozialpolitik sei. Damit wurde einer Fülle von Forderungen der Weg bereitet, die häufig genug mit Vorteilen anderer gesellschaftlicher Gruppen begründet wurden. Finanzierungsfragen und Fragen der ökonomischen Verträglichkeit einer so geleiteten staatlichen Expansion wurden nicht oder nicht mit genügendem Nachdruck gestellt.

Eine in bestimmten Aspekten parallele Entwicklung spielte sich bei der Steuerlastverteilung, insbesondere bei der direkten Besteuerung von Einkommen und Erträgen, ab. Die stark zunehmende direkte Besteuerung wurde von den Bürgern immer mehr als unerträgliche Belastung empfunden. Die Reaktion war das erfolgreiche Einfordern von Steuervergünstigungen für bestimmte gesellschaftliche Gruppen oder für bestimmte Einkommensarten. Die damit verbundene Aushöhlung der steuerlichen Bemessungsgrundlage wurde im Ergebnis dadurch ausgeglichen, daß die Tarifprogression der Einkommensteuer – vor allem auch im Zusammenhang mit inflationären Entwicklungen – für immer mehr Steuerzahler wirksam wurde. Erst allmählich wurde sichtbar, daß so fast unmerklich ein fehlerhaftes Anreizsystem entstand, das die Leistungskraft unserer Wirtschaft nachhaltig beeinträchtigte und wertvolle volkswirtschaftliche Ressourcen in die falsche Richtung lenkte.

Obwohl die Idee der sogenannten »antizyklischen« Fiskalpolitik vom Ansatz her nicht mit einem Anstieg der Staatsquote verbunden ist, hat ihr starker Einfluß auf die Wirtschaftspolitik in den späten sechziger und in der ersten Hälfte der siebziger Jahre mit zu ihrer kräftigen Zunahme beigetragen. Das gedanklich bestechende Konzept, auftretende Schwankungen im Wirtschaftsablauf durch staatliche Ausgabenexpansion und zusätzliche Kreditaufnahme in der Rezession und Ausgabenbeschränkung und Kredittilgung bei konjunktureller Überhitzung zumindest zu dämpfen, erwies sich in der ökonomischen und politischen Realität als problematisch.

Die fachliche Diskussion darüber, ob das Konzept der Antizyklik unter idealen Bedingungen überhaupt wirksam sein kann, füllt inzwischen unzählige Seiten. Einigkeit besteht aber darüber, daß auf Dauer ein Übergewicht der Rezessionsbekämpfung – ohne einen entsprechenden Ausgleich in günstiger Konjunkturlage – nicht ohne gravierende Auswirkungen auf das Gewicht des Staates in der Wirtschaft und nicht zuletzt auf dessen Verschuldungssituation bleiben konnte.

Eine dauerhaft hohe Kreditaufnahme ist grundsätzlich weder Teil antizyklischer Fiskalpolitik, noch ist sie notwendig, um eine bewußt herbeigeführte, politisch gewollte Ausdehnung des Staatssektors zu ermöglichen. Sie ist vielmehr Ausdruck eines ungelösten Konflikts zwischen Ansprüchen an den Staat und der fehlenden Entschlossenheit, entsprechende Einschränkungen einzufordern. Sie wurde, weil sie in der sich ergebenden Höhe kaum zu begründen war, als vorübergehend gekennzeichnet und erwies sich dann vor allem auch deshalb als dauerhaft, weil sie über die Zinsausgaben selbst zu einem starken Element des Ausgabenanstiegs wurde. Allein drei Prozent des Bruttosozialprodukts werden heute für öffentliche Zinsausgaben beansprucht.

Zweitens: Grenzen zwischen Staat und Bürgern

In der Summe haben so verschiedene Faktoren den Prozeß staatlicher Aufgaben- und Ausgabenausweitungen fast zwangsläufig zu einem Wendepunkt geführt. Seit über einem Jahrzehnt wird nun die fachliche und politische Diskussion über die richtige Abgrenzung zwischen privatem und öffentlichem Bereich verstärkt geführt. Aus meiner Sicht sind aus dieser Diskussion vor allem die folgenden Gesichtspunkte besonders hervorzuheben.

Die ordnungspolitische Grenzziehung zwischen Staat und privatem Entscheidungsspielraum ist aufs engste verknüpft mit der Zukunft unserer Gesellschaftsordnung. Unser demokratisches System ist nur so lange stabil und überlebensfähig, wie die Entscheidungen der Mehrheit ihre Begrenzung im rechtlichen Schutz des Einzelnen finden. Das Rechtsstaatprinzip trägt dem Rechnung. Der rechtsstaatliche Gedanke schließt ein, daß der Einzelne in seinem ökonomischen Entscheidungsspielraum nur so weit eingeschränkt wird, wie es für die Erfüllung der dringenden Gemeinschaftsaufgaben unabdingbar ist.

Ein ausuferndes System staatlicher Reglementierungen und Eingriffe, eine immer stärkere Belastung mit Steuern und Abgaben gefährdet demgegenüber den grundlegenden Konsens, die unverzichtbare Solidarität in unserer Gesellschaft. Die starke Zunahme der legalen und illegalen Schattenwirtschaft ist bereits ein deutliches Warnzeichen. Wenn heute Steuervergehen und Schwarzarbeit weithin als Kavaliersdelikte in der öffentlichen Meinung milde Beurteilung finden, ist das vor allem auch Ausdruck der Tatsache, daß viele sich heute vom Staat überfordert fühlen.

Der zweite wichtige Punkt ist der große Bereich der sogenannten allokativen Störungen des Wirtschaftsablaufs, die von der Vielzahl staatlicher Eingriffe herrühren. Als Politiker ist uns ständig die Aufgabe gestellt, zwischen widerstreitenden Ansprüchen und Forderungen zu vermitteln und vor allem auch Kompromisse zwischen kurzfristiger Eingriffsnotwendigkeit und langfristigem Ordnungsrahmen zu finden. So ist fast jede sozialpolitische Maßnahme gleichzeitig ein Eingriff in das marktwirtschaftliche Anreizsystem. Wer kurzfristig durch Subventionen oder Handelsbarrieren Arbeitsplätze sichern will, muß sich der Probleme bewußt sein, die er unter Umständen für den Strukturwandel, die internationale Wettbewerbsfähigkeit und damit für den langfristigen Erhalt eben dieser Arbeitsplätze schafft.

Entscheidend ist, daß der Grad staatlicher Interventionen begrenzt bleibt. Neue Herausforderungen, krisenhafte Zuspitzungen in einzelnen Branchen werden immer wieder Eingriffe des Staates notwendig machen. Die Probleme von heute lassen sich nicht immer mit dem Hinweis auf die langfristig ordnende Kraft des Marktes lösen. Aber wir müssen den Weg auch freigeben, wenn staatliche Oberhoheit sich nicht mehr sachlich, sondern nur noch historisch begründen läßt. In vielen europäischen Ländern, auch bei uns, wurde diesem Teil staatlicher Wirtschaftspolitik lange Zeit zu wenig Aufmerksamkeit geschenkt. Deregulierung, der Abbau staatlicher Eingriffe im weitesten Sinne, bleibt deshalb eine der wichtigsten Aufgaben der nächsten Jahre und Jahrzehnte.

Der dritte Punkt, der mir wichtig erscheint, ist die Frage nach den prozeßpolitischen Aufgaben und Möglichkeiten des Staates. Der Gedanke der wirtschaftlichen Stimulierung durch expansive Fiskalpolitik hat – vor allem auch in der internationalen Diskussion – die Ernüchterung der späten siebziger Jahre überdauert. Die scheinbare Leichtigkeit, mit der der Staat durch die Gestaltung seiner Ausgaben und Einnahmen Einfluß auf die großen volkswirtschaftlichen Aggregate nehmen kann, ist immer wieder Anlaß zu finanzpolitischen Forderungen, wenn selbstgesteckte oder prognostizierte Wachstumserwartungen sich nicht erfüllen.

Die Gefahr bei solchen Vorstellungen liegt vor allem darin, daß ein auf eine bestimmte wirtschaftliche Situation zugeschnittenes Konzept leicht zum Allheilmittel in jeder denkbaren Situation wird. Der immer wieder angeführte, sich kumulativ verstärkende Nachfrageausfall, bei dem der Staat durch zusätzliche Ausgaben die Lücke füllen soll, ist eher ausnahmsweise als regelmäßig der Anlaß für unbefriedigende wirtschaftliche Entwicklungen. Wenn aber staatliche Regulierungen, strukturelle Verhärtungen oder gesamtwirtschaftlich unangemessene Lohnabschlüsse dem wirtschaftlichen Wachstum im Wege stehen, können auch staatliche Konjunkturprogramme unwirtschaftliche Produktionen und Investitionen nicht rentabel gestalten.

Vielmehr besteht die Gefahr, daß mehr Nachfrage vor allem in Preiserhöhungen umgesetzt wird. Die Notwendigkeit zum geldpolitischen Gegensteuern kann in einer derartigen Situation zusammen mit der verstärkten Kreditnachfrage des Staates zu stark steigenden Zinsen führen. Solche Zinsausschläge gefährden die private Investitionstätigkeit über die aktuelle Situation hinaus. Denn nur derjenige wird sein Kapital in produktiven, arbeitsplatzschaffenden Investitionen binden, der auch mittelfristig erwarten kann, daß er so einen besseren Ertrag erzielt als bei der Anlage der Mittel in Finanztiteln.

Vieles spricht so heute dafür, auf kurzfristiges Eingreifen in den Wachstumsprozeß zu verzichten und statt dessen alles zu unternehmen, um die längerfristigen Ertragserwartungen positiv zu gestalten. Wachstumsraten lassen sich nicht erzwingen – das ist die Erfahrung aus zahlreichen Konjunkturprogrammen. Aber mehr Wachstum und Beschäftigung ist möglich, wenn Kosten, Ertrag und Risiko in ein angemessenes Verhältnis gesetzt werden.

Drittens: Zentrale Aufgaben der Finanzpolitik

Die Zukunft unserer Volkswirtschaft hängt ganz entscheidend davon ab, daß wir aus erkannten Fehlentwicklungen die richtigen Schlüsse ziehen. Die Bundesrepublik ist eine offene, auf die Weltmärkte ausgerichtete Volkswirtschaft. Wir können unseren Platz – auch im Verhältnis zu den nachdrängenden jungen Industriestaaten – nur behaupten, wenn wir unser international außerordentlich hohes Lohnniveau durch hervorragende Produktivität, Flexibilität und Innovationsfähigkeit rechtfertigen können. Auf den Gebieten, auf denen wir zurückbleiben, werden uns andere Länder, in denen die Lohnkosten nur vierzig oder 50 Prozent des deutschen Niveaus betragen, unwiederbringlich Marktanteile und Arbeitsplätze abnehmen.

Die Stärkung des von Einkommen und Ertrag bestimmten marktwirtschaftlichen Anreizsystems, vor allem durch wirksame Entlastungen bei der Steuer- und Abgabelast, die sparsame Inanspruchnahme volkswirtschaftlicher Ressourcen durch Ausgabenbeschränkung, die Rückführung des Anteils öffentlicher Kreditaufnahme an der privaten Ersparnis und mehr Stetigkeit in den politischen Entscheidungen müssen im Mittelpunkt dessen stehen, was der Staat im Rahmen dieser Aufgabe zu leisten vermag. Die Qualifikation und der Arbeitswille der deutschen Arbeitnehmer ist unbestreitbar hoch. Die Produkte unserer Unternehmen genießen weltweit hohe Anerkennung. Was fehlt, ist mehr Spielraum für selbstbestimmtes Handeln, mehr Spielraum für wirtschaftliche Expansion und stärkere Verfügungsgewalt über Einkommen und Erträge, die am Markt verdient werden.

Aus unserem komplizierten Steuersystem lassen sich Spitzenbelastungen unternehmerischer Erträge von bis zu siebzig Prozent errechnen. Auch wenn in der Regel die effektive Belastung doch deutlich niedriger liegt, macht diese Ziffer eins klar: Solche Prozentsätze lassen keinen angemessenen Teil dessen zurück, was durch Initiative und Risikobereitschaft gewonnen wurde. Was der Staat hier im Übermaß nimmt, fehlt bei der Finanzierung wichtiger Investitionen, bei der Sicherung der Marktstellung und damit der Arbeitsplätze.

Die in den letzten Jahren begonnene und weiter fortzuführende umfassende Reform vor allem der Einkommen- und Körperschaftsteuer soll wieder bessere Bedingungen für die wirtschaftliche Entwicklung unseres Landes schaffen. Im Kern geht es bei der Steuerreform um zwei Aufgaben:

Zum einen müssen die überproportional gestiegene Direktbelastung von Einkommen und Erträgen, die weit überhöhte Progression des Einkommensteuertarifs und die Unternehmenssteuern auf ein tragbares Maß zurückgeführt werden. Während in den fünfziger Jahren direkte und indirekte Steuern in etwa in gleichem Maß zu den Steuereinnahmen beitrugen, hatten die direkten Steuern zu Beginn der achtziger Jahre mit rund 60 Prozent ein deutliches Übergewicht gewonnen. Eine solche Gewichtsverlagerung zwischen der Besteuerung von Leistung auf der einen und Konsum auf der anderen Seite hat mit großer Wahrscheinlichkeit mit dazu beigetragen, daß heute nur noch rund 20 Prozent der gesamtwirtschaftlichen Leistung in zukunftssichernde Investitionen, 80 Prozent dagegen in den privaten und öffentlichen Konsum fließen. In den sechziger Jahren betrug das entsprechende Verhältnis noch rund 25 zu 75 Prozent.

Die zweite Aufgabe besteht darin, die angesprochene, weit fortgeschrittene Aushöhlung der steuerlichen Bemessungsgrundlage durch eine Überzahl steuerlicher Ausnahmetatbestände und Sondervergünstigungen wieder ein gutes Stück zurückzuführen. Klare und überschaubare steuerliche Regelungen vermeiden die Verschwendung wertvoller volkswirtschaftlicher Ressourcen – etwa wie im Fall der zahlreichen Fehlinvestitionen im Zusammenhang mit den sogenannten Steuersparmodellen –, sorgen für mehr Gleichbehandlung und tragen damit letztlich maßgeblich zur Verbesserung des Klimas zwischen den Bürgern und ihrem Staat bei.

Eine spürbare Abflachung des Einkommensteuertarifs, Vereinfachung des Steuerrechts und eine deutlich verringerte Gesamtsteuerbelastung sind so die Kriterien, an denen eine wirksame Steuerpolitik zu messen ist. Erstmals soll in der Geschichte der Bundesrepublik Deutschland der Anstieg der Grenzsteuersätze im Einkommensteuerrecht nur noch einen flachen, linearen Verlauf haben. Der steile Anstieg der Grenzsteuersätze bereits bei unterdurchschnittlichen Einkommen wird der Vergangenheit angehören.

Steuersenkung und Steuerreform sind gesamtwirtschaftlich nur sinnvoll und möglich, wenn auf der anderen Seite der Staat seine Ansprüche an das Bruttosozialprodukt nachhaltig zurückführt. Es gehört zu den zentralen Aufgaben gestaltender Finanzpolitik, die Zusammenhänge zwischen staatlichen Leistungen und ihrer Finanzierung wieder deutlicher sichtbar zu machen. Entlastung bei den Steuern und Abgaben bedeuten natürlich, daß auf manches von dem, was vom Staat zusätzlich gefordert wird, verzichtet werden muß.

Es ist nicht immer leicht, diese Zusammenhänge in der Öffentlichkeit zu vertreten. Denn letztlich geht es darum, die gemeinsamen Interessen aller Bürger gegen unverändert starke Gruppeninteressen durchzusetzen. Unterstützung gewinnt nur der, der den Verzicht auf Privilegien und nicht mehr zu rechtfertigende Vorteile als klare Vorbedingung für die Schaffung individueller Freiräume begründen und belegen kann.

Die Grenzen zwischen Staat und privatem Bereich neu zu ziehen, staatlichen Wildwuchs zu beschneiden und den Wirkungszusammenhängen zwischen finanzpolitischen Entscheidungen und ökonomischen Abläufen verstärkt Rechnung zu tragen, bedeutet nicht – wie häufig fehlerhaft interpretiert wird –, die historische Entwicklung unseres Gemeinwesens, die geänderten Anschauungen und Bedürfnisse zu übersehen. Niemand will einen Nachtwächterstaat nach frühliberalen Vorstellungen. Aber der Staat trägt im Zweifelsfall die Beweislast dafür, daß nur er bestimmte Aufgaben wahrnehmen kann. In der Bundesrepublik beträgt heute die Staatsquote noch rund 46,5 Prozent. Andere Länder auf vergleichbarer Entwicklungsstufe, zum Beispiel die Vereinigten Staaten, Japan oder die Schweiz, kommen jeweils mit deutlich weniger als 40 Prozent aus. Bei allen Einschränkungen, die bei solchen Vergleichen angebracht sind, bleibt die Tatsache, daß der Staat in diesen Ländern weit weniger in den ökonomischen Kreislauf eingreift, ohne daß gravierende Defizite bei den öffentlichen Leistungen erkennbar sind.

Viertens: Finanzpolitik im Föderalismus

Spielraum für eine noch wirksamere Wahrnehmung öffentlicher Aufgaben ist sicherlich auch im Bereich der Zusammenarbeit zwischen den staatlichen Ebenen gegeben. Öffentliche Aufgaben werden heute bei Gemeinden, Ländern, beim Bund und zunehmend auch auf europäischer Ebene wahrgenommen. Entscheidend für die Funktionsfähigkeit dieses komplexen Systems ist die klare Zuordnung von Aufgaben und Ressourcen. Anderenfalls droht, vor allem auch im Zusammenhang mit dem starken Ausdehnungsdrang, der Verwaltungen wohl unvermeidlich antreibt, die Gefahr von Parallelarbeit, in sich widersprüchlichen Eingriffen und damit der Verschwendung knapper Mittel.

Die Finanzverfassung der Bundesrepublik Deutschland ist eine gute Grundlage für ein geordnetes Miteinander von Bund, Ländern und Gemeinden. Möglichkeiten der Verbesserung – vor allem auch im Verhältnis zur europäischen Ebene – müssen jedoch konsequent wahrgenommen werden. Vor allem die gemeinsame Finanzierung durch mehrere Ebenen kann zu Ergebnissen führen, die von keinem der Beteiligten letztlich gewollt sind. So notwendig es sein kann, Investitionsprojekte oder Förderungsmaßnahmen der Länder und Gemeinden gemeinsam, auch unter Beteiligung des Bundes oder der Europäischen Gemeinschaft, zu finanzieren, so notwendig ist es auch, falsche Anreize zu vermeiden. Wenn Projekte nur noch deshalb in Angriff genommen werden, weil sonst Zuschüsse verlorengehen, wenn sich finanzschwache Gemeinden erhebliche Folgekosten durch Prestigeinvestitionen aufladen, setzt sich unser föderatives System vermeidbarer Kritik aus.

Seit einigen Jahren gibt es intensive Bemühungen, Mischfinanzierungen dort abzubauen, wo sie sachlich nicht mehr gerechtfertigt sind. Im Bereich der gemeinsamen Krankenhausfinanzierung von Bund und Ländern ist dieser Schritt bereits vollzogen. Weitere Bereinigungsmöglichkeiten sind zu prüfen. Vor allem gilt es, in den noch vergleichsweise jungen Finanzbeziehungen zur Europäischen

Gemeinschaft nicht Mechanismen entstehen zu lassen, die sich im Verhältnis der nationalen Verwaltungen bereits als nachteilig erwiesen haben.

Fünftens: Finanz- und Währungspolitik im internationalen Zusammenhang

Die Finanzpolitik wächst hier und in anderen Bereichen immer stärker aus dem Rahmen allein nationaler Zusammenhänge und Aufgaben heraus. Zunehmend müssen die vielfältigen Beziehungen unserer Volkswirtschaft mit dem Weltmarkt ihren Niederschlag in der Gestaltung nationaler Politik finden.

Die Bundesrepublik ist wie kaum ein anderes großes Industrieland in die Weltwirtschaft eingebunden. Fast ein Drittel der bei uns produzierten Güter wird auf ausländischen Märkten abgesetzt. Die D-Mark hat ihre Position als zweitwichtigste Reservewährung hinter dem Dollar – mit einem Anteil an den weltweiten Devisenreserven von rund 20 Prozent – immer weiter ausgebaut. Wir sind auf den freien Fluß der Waren- und Finanzströme angewiesen. Nur in einer wachsenden Weltwirtschaft kann auch unsere Volkswirtschaft gedeihen.

Die gewachsene, wechselseitige Abhängigkeit ist gerade in der Finanzpolitik überdeutlich spürbar. Wer heute über staatliche Ausgaben und Einnahmen, wer über Steuern und Kreditfinanzierung entscheidet, kann Auswirkungen im Ausland und Rückwirkungen auf das eigene Land nicht länger unberücksichtigt lassen. Das viel diskutierte und viel kritisierte Beispiel der Vereinigten Staaten – aber auch das weitgehend gescheiterte Expansionsexperiment Frankreichs in der ersten Phase der Präsidentschaft Mitterrands – machen deutlich, wie durch expansive Fiskalpolitik zwar vorübergehend mehr Wachstum gewonnen werden kann, welche Probleme für den Außenhandel und die Wechselkurse eine solche Politik aber auch mit sich bringt.

Die erheblichen Ungleichgewichte im internationalen Warenaustausch seit Beginn der achtziger Jahre und die zeitweise extremen Schwankungen bei den realen Wechselkursen sind vor allem das Ergebnis politischer Entscheidungen, die die internationalen Abhängigkeiten noch nicht ausreichend berücksichtigten. Die Auswirkungen dieser Politik werden noch lange spürbar bleiben. So haben die dauerhaft hohen Handelsbilanzdefizite der Vereinigten Staaten eine Protektionismusdiskussion ausgelöst, die nur schwer unter Kontrolle gehalten werden kann. Die verstärkte Instabilität bei den Wechselkursen hat wichtige Prozente weltweiten Wachstums gekostet, die für den Abbau der Arbeitslosigkeit dringend erforderlich gewesen wären. Gerade die Exportwirtschaft der Bundesrepublik wurde von der starken Veränderung der Preisentwicklung im Dollarraum nachhaltig beeinträchtigt – was uns aus dem Ausland zuweilen die Kritik eintrug, wir würden uns zu wenig für die Stärkung des Wachstums im nationalen Bereich einsetzen.

Die Konsequenz aus zunehmender Abhängigkeit liegt in der zunehmenden Kooperation der politisch Verantwortlichen. Wir brauchen Verständigung darüber, wie jedes Land zum Wachstum des Welthandels beitragen kann und wie nachteilige Auswirkungen nationaler politischer Entscheidungen auf andere Staaten vermieden werden können. Internationale Institutionen und der verbesserte Austausch von Informationen können diese Verständigung erleichtern. Letztlich hängt der Erfolg der Kooperation jedoch von der Bereitschaft der Beteiligten ab, aufeinander zuzugehen und das eigene Interesse mit dem Wohl der Weltwirtschaft insgesamt zu verbinden.

Durch die bessere Abstimmung nationaler finanzpolitischer Entscheidungen auf internationaler Ebene werden zugleich die Voraussetzung für wieder stabilere Währungsrelationen geschaffen. Seit dem Scheitern des Festkurssystems von Bretton Woods, seit der weitgehenden Freigabe der Währungsparitäten waren die Finanz- und Devisenmärkte erheblichen Belastungen ausgesetzt. Die erhoffte bessere Anpassung der Austauschverhältnisse an die fundamentalen Wettbewerbsfaktoren konnte nicht immer und oft nur auf Umwegen erreicht werden.

Schon früh wurde auf europäischer Ebene unter entscheidender Beteiligung von Helmut Schmidt und Valéry Giscard d'Estaing das Europäische Währungssystem geschaffen, das in einem begrenzten Bereich für Stabilität und Vorhersehbarkeit sorgen und den Zusammenhalt der europäischen Länder stärken sollte. Nach jetzt fast zehn Jahren Erfahrungen mit dem EWS zeigt sich, daß der damals gewählte Weg der richtige war.

Notwendigen Leitkursanpassungen gingen fast immer lange und schwierige Verhandlungen voraus. Als besonders problematisch erwies sich dabei zunehmend die Verknüpfung der Leitkurse mit der Agrarpreisordnung und den daraus resultierenden direkten Auswirkungen auf die Einkommenssituation der Landwirtschaft. Aber der gewachsene Gemeinschaftsgeist und das Bewußtsein der wechselseitigen Abhängigkeit erwies sich immer wieder als stark genug, so daß tragfähige und faire Kompromisse gefunden werden konnten.

Trotz der Erfolge ist das Europäische Währungssystem nicht ohne weiteres im weltweiten Maßstab anwendbar. Selbst im europäischen Rahmen sind unterschiedliche Vorstellungen und Ziele der nationalen Wirtschaftspolitik nur unter großen Anstrengungen in einen gemeinsamen währungspolitischen Rahmen einzufügen. Die weltweite Festschreibung aller wichtigen Währungsrelationen in einem System von Zielzonen oder vergleichbaren Konstruktionen würde die finanz- und währungspolitische Kooperation zum jetzigen Zeitpunkt noch weit überfordern.

Auf der anderen Seite haben die Erfahrungen mit der finanz- und währungspolitischen Zusammenarbeit in den letzten Jahren gezeigt, daß durchaus wirksame Mittel der Verstetigung zur Verfügung stehen. Nachdem zunächst 1985, im Rahmen des sogenannten »Plaza-Treffens« der wichtigsten Industrienationen, eine gemeinsame Strategie zur Kurskorrektur beim damals weit überhöhten Dollar gefunden werden konnte, wurde Anfang 1987 die Stabilisierung der wichtigsten Währungsparitäten auf einem Niveau erreicht, das wieder besser mit den zugrundeliegenden ökonomischen Faktoren übereinstimmte.

Diese währungspolitische Zusammenarbeit wurde auf den regelmäßigen Treffen der Finanzminister und Notenbankpräsidenten wiederholt bekräftigt. Sie ist Ausdruck der gemeinsamen Einsicht, daß eine stetige Entwicklung des Welthandels und die Vermeidung erratischer Wechselkursausschläge letztlich für alle Staaten vorteilhaft sind.

Sechstens: Ausblick

In den kommenden Jahren und Jahrzehnten werden die Herausforderungen, denen sich die Finanzpolitik stellen muß, nicht geringer. In der Bundesrepublik gilt es vor allem, sich darauf einzustellen, daß die hohen Wachstumsraten der Nachkriegszeit künftig kaum noch erreicht werden können. Das damals hohe Wachstumstempo war vor allem auch Zeichen eines ökonomischen Aufholprozesses gegenüber den führenden Industrienationen, des Nachholbedarfs bei der Befriedigung elementarer Konsumwünsche und Ergebnis eines kräftigen Bevölkerungswachstums. Heute steht die Bundesrepublik selbst mit an der Spitze der führenden Industrienationen und die Bevölkerungszahl geht langsam zurück. Finanzpolitik ist vor dem Hintergrund dieser Entwicklung zweifach gefordert. Sie muß zum einen dazu beitragen, die Voraussetzungen für eine positive wirtschaftliche Entwicklung weiter zu verbessern. Zum anderen gilt es, den verringerten Verteilungsspielraum besser zu nutzen und klare Prioritäten zu setzen. In Zukunft wird es nicht immer möglich sein, neue Aufgaben und Wünsche über den leichten Weg der Verteilung des Zuwachses zu finanzieren. Neue Schwerpunkte fordern verstärkt auch Einschränkungen in weniger wichtigen Bereichen.

Mit ungünstiger werdender Altersstruktur, mit dem zunehmenden Anteil älterer Mitbürger an der Gesamtbevölkerung ergibt sich vor allem die Notwendigkeit einer grundlegenden Anpassung unserer Alterssicherungssysteme. Finanzpolitik muß dazu beitragen, daß die unvermeidlich entstehenden Belastungen gerecht verteilt werden. Nur so kann die unverzichtbare Solidarität zwischen den Generationen gewahrt werden. Vor allem dürfen die Lösungen, an denen bereits gearbeitet wird, die ökonomischen Grundlagen nicht beeinträchtigen, auf denen letztlich unser aller Wohlstand, auch derjenige der Rentner und Pensionäre, beruht.

Die Finanzpolitik ist in den vergangenen Jahren und Jahrzehnten nicht selten in ihren Möglichkeiten überschätzt und mit Aufgaben überfordert worden. Sie sollte zugleich Wachstumsdefizite im privaten Bereich ausgleichen, tatsächliche oder vorgebliche Unvollkommenheiten im Marktprozeß beseitigen und für eine gerechte Einkommensverteilung sorgen. Dabei wurde in den Hintergrund gedrängt, daß Wachstum letztlich das Ergebnis individueller Anstrengungen und individueller Leistung ist.

Mehr Wohlstand ist auf Dauer nur zu erreichen, wenn mehr oder effizienter gearbeitet wird. Auch der Staat als gemeinsame Institution seiner Bürger kann diesen elementaren Zusammenhang nicht aufheben. Finanzpolitik heißt deshalb vor allem, ein tragfähiges Fundament zu schaffen, auf dem der einzelne, wie die Gemeinschaft der Bürger, ihre wichtigen Zukunftsaufgaben erfolgreich gestalten können.

Franz Josef Strauß

Die Zukunft des Bundesstaats

Im nächsten Jahr wird die Bundesrepublik Deutschland 40 Jahre alt. Am Beginn ihres Weges standen die Grundentscheidungen für die parlamentarische Demokratie, den freiheitlichen Rechtsstaat, die föderative Ordnung und die Soziale Marktwirtschaft.

Diese vier Grundentscheidungen bilden die unveränderbaren tragenden Elemente des demokratischen und sozialen Bundesstaates Bundesrepublik Deutschland und seiner freiheitlichen, politischen, wirtschaftlichen und gesellschaftlichen Ordnung. Angesichts unserer geschichtlich bedingten besonderen politischen und soziologischen Gegebenheiten lassen sich diese vier Strukturelemente unserer freiheitlichen Ordnung nicht voneinander trennen.

Staatsrechtliche Logik verlangt allerdings nicht, daß zu Parlamentarismus und Rechtsstaatlichkeit auch die Bundesstaatlichkeit gehört. In einem zentralistisch strukturierten Staat herrscht nicht notwendig Tyrannei – ein Blick auf Frankreich und seine große demokratische Tradition beweist dies.

Auch eine föderative Verfassung allein jedoch garantiert keineswegs eine demokratische Staatsordnung, und sie sichert noch lange nicht den Bürgern ein Leben in Freiheit und Menschenwürde. Hier genügt es, auf das Beispiel der formal föderativ verfaßten, tatsächlich jedoch nach den Grundsätzen des leninistischen »demokratischen« Zentralismus regierten Sowjetunion hinzuweisen. Auch ein Blick auf Jugoslawien mit der ungewöhnlich starken Stellung der Teilrepubliken und autonomen Provinzen ist lehrreich.

Für uns Deutsche jedoch ist der Föderalismus, seitdem es eine deutsche Geschichte gibt, das durchgängige politische Gestaltungsprinzip. In Deutschland ist der Zentralismus – dies beweist die Zeit der nationalsozialistischen Gewaltherrschaft mit ihrer umfassenden Gleichschaltung hinreichend – eine gegen die deutsche Geschichte gerichtete staatliche Organisationsform. Deshalb ist für uns Deutsche nach unseren geschichtlichen Erfahrungen die Verbindung von föderativer Ordnung und Freiheitssicherung unauflösbar.

Im Parlamentarischen Rat wurde vor 40 Jahren erbittert darum gerungen, wie die föderalistische Ausgestaltung der bundesstaatlichen Ordnung auszusehen habe. Längst ist der Vorwurf widerlegt, der Föderalismus sei den Deutschen von den Alliierten damals aufgezwungen worden, damit Deutschland auf Dauer geschwächt bleibe. Aber selbst Theodor Heuss stellte in seiner ersten Ansprache vor der Bundesversammlung am 12. September 1949 nach seiner Vereidigung zum Bundespräsidenten die rhetorische Frage: »Sind wir zusammengefügt aus Staaten, oder sind wir auseinandergegliedert in Staaten?«

Dies bedeutete damals nur ein bedingtes, von Zweifeln erfülltes Bekenntnis zum Föderalismus. Jedoch bin ich überzeugt davon: Heute stünde Theodor Heuss gerade als echter, überzeugter Liberaler auf der Seite derer, die entschieden für den Föderalismus und damit für die Eigenständigkeit der Länder in unserem Bundesstaat eintreten.

Inzwischen wird nicht mehr darüber debattiert, ob und wie der Föderalismus zu rechtfertigen sei, sondern darüber, wie er sinnvoll auszugestalten und zeitgerecht weiterzuentwickeln ist.

Von Anfang an habe ich die politische Auseinandersetzung um den föderalistischen Staatsaufbau miterlebt und auch zu einem nicht unerheblichen Teil mitgestaltet. Niemals habe ich mich dabei mit einem statischen Föderalismusbegriff befreunden können, der ein für allemal unveränderlich festzuklopfen sucht, was jeder unter Föderalismus zu verstehen habe. Denn der Föderalismus ist mehr als Regionalismus und schon gar nicht Partikularismus, geschweige denn Separatismus.

All diese gleichsam chemisch reinen Begriffe gehen an der Tatsache vorbei, daß im politischen und sozialen Leben Grundsätze zu verwirklichen sind, Begriffe und Normen in politische Praxis umgesetzt werden müssen und dabei notwendig, um im »chemischen« Bild zu bleiben, Vermischungen und Verbindungen verschiedener Art auftreten.

Mit anderen Worten: der Föderalismus ist mehr als nur ein Organisationsprinzip. Er bezeichnet einen politischen Stil, eine politische Haltung. Er läßt sich rechtsstaatlich, allgemeinpolitisch und organisatorisch begründen. Überzeugte Föderalisten verweisen immer wieder darauf, daß wegen der größeren Lebens- und Problemnähe staatliches Handeln im Bundesstaat wirksamer ist als in einem großen Zentralstaat. Nicht vergessen werden darf auch die sicherlich stimulierende Konkurrenzsituation unter den Ländern.

Jedoch genügt es nicht, unsere bundesstaatliche Ordnung allein unter funktionalen und Effektivitäts-Gesichtspunkten zu betrachten und zu werten. Der Föderalismus ist in Deutschland mindestens ebenso stark legitimiert durch die Existenz geschichtlich gewachsener, sehr alter staatlicher Einheiten, wie etwa des Freistaates Bayern oder der Freien und Hansestädte.

Diese geschichtliche Argumentation ist nach dem Traditionsbruch von 1945, als Deutschland in Besatzungszonen aufgeteilt und künstliche Bindestrich-Länder entstanden, oft in Zweifel gezogen worden. Es war auch noch vor kurzer Zeit modern, landsmannschaftliche Verbundenheit und Heimatbewußtsein in der modernen Massendemokratie zu belächeln: Was sollten diese »nur« gefühlsmäßigen Bindungen angesichts der gewaltigen gesellschaftlichen Umbrüche seit 1945 noch bedeuten? Jedoch wird niemand bestreiten, daß in unserer Bevölkerung heute wieder das Verständnis für die Geschichte gewachsen ist, ebenso das Bedürfnis, in einem überschaubaren Rahmen die eigenen geschichtlichen und kulturellen Wurzeln wiederzufinden.

So ist die bundesstaatliche Ordnung die Antwort auf die Erkenntnis, daß es in einem Staat mit vielen auseinanderdriftenden

Kräften nicht ausreicht, nach der Gewaltenteilungslehre Montesquieus die Staatsgewalt in eine gesetzgebende, ausführende und rechtsprechende zur Erhaltung der Machtbalance aufzugliedern. Nur eine Ergänzung um eine weitere, vertikale Aufteilung der Macht sichert auch den von der Hauptstadt entfernt liegenden Landesteilen den Anspruch, gleichberechtigt bei Entscheidungen von gesamtstaatlicher Bedeutung mitzuwirken.

Mit dieser Dezentralisierung der Macht im Bundesstaat wird auch sichergestellt, daß der Bürger bei den sein Lebensumfeld bestimmenden Entscheidungen von lediglich regionaler oder lokaler Bedeutung ein stärkeres Mitspracherecht erhält und die Entscheidungsträger in Parlament und Verwaltung dem Ort des Geschehens näher und damit in der Regel auch sachkundiger sind.

Aber die bundesstaatliche Organisation ist auch die Frucht der Erkenntnis, daß alles soziale Leben föderalistischen Charakter hat. Dies bedeutet: Die im Bundesstaat vorgenommene Dezentralisierung der Staatsgewalt berücksichtigt die lokalen und regionalen Besonderheiten stärker. Geographische Besonderheiten, landsmannschaftliche Eigenarten, unterschiedliche Traditionen, unterschiedliche Wirtschaftsstrukturen usw. erfordern in vielen Fällen geschmeidige, ja individuelle Problemlösungen.

Zentralstaaten sind dazu nicht beweglich genug. Auch wenn es sich sonst um Rechtsstaaten handelt, wird dort der landesweiten einheitlichen Durchsetzung einer Norm oder Verwaltungsanordnung der Vorrang vor sachgerechter Lösung eines Einzelfallproblems eingeräumt. In solchen Situationen erstarken zentrifugale Kräfte, wie die zahlreichen separatistischen Bewegungen in klassischen Zentralstaaten beweisen. Vergleichbare Erscheinungen gibt es in den bundesstaatlich organisierten Ländern kaum.

Außerdem bewirkt die bundesstaatliche Ordnung, daß bei aller historisch gewachsenen Vielfalt der sozialen, wirtschaftlichen und kulturellen Strukturen die Lebensverhältnisse im ganzen in einem verhältnismäßig engen Rahmen vergleichbar bleiben, daß also der

Unterschied zwischen reichen und armen, hoch- und weniger entwickelten Regionen nicht so groß wird wie in manchen Zentralstaaten, wo von der Hauptstadt und ihrer Region aus ein wirtschaftliches und soziales Gefälle zu den entfernteren Regionen hin zu beobachten ist.

Wenngleich die Anwendung des Föderalismusprinzips notwendig zu einer bundesstaatlichen Ordnung führt, so ist damit noch nichts über die Bedeutung, das Gewicht und den Einfluß der einzelnen Gliedstaaten gesagt. Einigkeit besteht nur darin, daß sowohl der Bundesstaat wie die Länder Staatscharakter tragen. Welche Aufgaben ihnen gestellt sind, welche Kompetenzen sie im bundesstaatlichen Konzert jedoch innehaben, ist damit noch nicht entschieden.

Ein weiterer Grundsatz der politischen Ideengeschichte füllt diese Lücke: das Subsidiaritätsprinzip. Danach ist es zwingend erforderlich, innerhalb einer vertikal aufgebauten staatlichen Struktur – in der Bundesrepublik also von unten nach oben: kommunale Gebietskörperschaften, Länder, Bund – jeweils jener Ebene Zuständigkeiten zu übertragen, welche die sich daraus ergebenden Aufgaben und Probleme am sachgerechtesten zu lösen vermag. Dies soll dazu führen, daß z. B. die Länder alle Zuständigkeiten erhalten, für die es nicht zwingend erforderlich ist, daß sie vom Bund wahrgenommen werden. Dies gilt um so mehr, als die Länder den Bundesstaat erst geschaffen haben.

Bundesstaat und Föderalismus haben sich in der Bundesrepublik Deutschland seit nunmehr fast 40 Jahren bewährt. Unter den 11 Ländern herrscht ein erfreulicher Wettbewerb unterschiedlicher politischer Konzepte. Anhand vielfältigen Anschauungsmaterials kann sich der Bürger eine eigene Meinung darüber bilden, zu welchen Ergebnissen z. B. die Wirtschaftspolitiken von Bayern und Nordrhein-Westfalen geführt haben.

Der Bundesrat sichert, daß die Länder bei der Gesetzgebung des Bundes mitwirken. Seine Kompetenzen sind im Grundgesetz klar festgelegt. Jeder Versuch, sein Mitspracherecht auf die Wahrung von länderspezifischen Rechten oder Interessen zu begrenzen, ist deshalb verfassungswidrig. Er ist schließlich kein »Länder«-, sondern ein Bundesorgan. Wer den Bundesrat als »Länderorgan« bezeichnet, hat den Föderalismus nicht begriffen.

Dem ehemaligen Bayerischen Ministerpräsidenten Hans Ehard kommt das entscheidende Verdienst am Zustandekommen des Bundesrats als eines gleichberechtigten Bundesorgans zu, das er gegen den Widerstand der SPD und von Teilen der CDU durchgesetzt hat.

Die in der bundesstaatlichen Ordnung zum Ausdruck kommende Machtverteilung ist ein wesentlich stabilisierendes Element unseres Staates. Zu starke Pendelausschläge des politischen Zeitgeistes werden so praktisch vermieden. Weil es notwendig ist, in komplizierten Verfahren vielfältige Interessen abzugleichen, damit im Bundestag und Bundesrat Mehrheiten gefunden werden, werden Schnellschüsse ebenso verhindert wie rasche und unwiderrufliche Kursänderungen.

Die Nachteile einer bundesstaatlichen Ordnung fallen demgegenüber wenig ins Gewicht. Zwar müssen auch dringlichste Entscheidungen in einem zuweilen zu schwerfälligen Verfahren durchgesetzt werden. Doch hat sich im Rückblick öfter gezeigt, daß Entscheidungen, die heute noch als ungeheuer dringlich erscheinen, morgen gar nicht mehr so wichtig sind. Insoweit wirken die »gebremsten« Entscheidungsverfahren auch wie heilsame Filter, die Bleibendes von Modischem, Wichtiges von Unwichtigem trennen.

Zu den Klagen, die bundesstaatliche Ordnung führe z. B. im Bildungsbereich dazu, daß der Schulwechsel von einem Land ins andere immer schwieriger werde und zuweilen gar nicht mehr ohne Sitzenbleiben des betroffenen Schülers bewältigt werden könne, ist nur zu sagen: Der Ständigen Konferenz der Kultusminister ist es bis heute immer wieder gelungen, ein hohes Maß an Übereinstimmung im Bildungswesen herzustellen. Es besteht deshalb kein Anlaß, über die Kulturhoheit der Länder zu klagen, abgesehen davon, daß jeder

Versuch, diesen Kernbereich der Staatsqualität der Länder anzutasten, grundgesetzwidrig wäre.

Aus alledem folgt: Die bundesstaatliche Ordnung wird allen Anforderungen an einen modernen Staat auch im 21. Jahrhundert gerecht werden. Das Bedürfnis des Bürgers nach Mitsprache und Mitwirkung wächst ständig. Die neuen Medien unterrichten ihn über die öffentlichen Angelegenheiten. Er kann sich umfassend unterrichten. Mit dem größeren Wissen wird der Wunsch stärker, an der Gestaltung des öffentlichen Lebens mitzuwirken. Besonders Entscheidungen, die sein unmittelbares Lebensumfeld betreffen, will der Bürger nicht mehr als Dekret einer anonymen Bürokratie hinnehmen, sondern selbst dabei mitwirken. Es liegt auf der Hand, daß ihm dies in einer bundesstaatlichen Ordnung weit eher möglich ist als in einem Zentralstaat.

In einer föderativen Ordnung wird der Staat auch seine ständig umfangreicher und komplizierter werdenden Aufgaben sachgerecht erfüllen. In einer Welt, in der gegenseitige Abhängigkeiten immer wichtiger, für den Bürger aber immer undurchschaubarer werden, muß die entscheidende Behörde als eine Art Clearing-Stelle unterschiedliche Einzelinteressen ausgleichen, sich als Ansprechpartner dem Bürger anbieten und nachvollziehbare Entscheidungen treffen. Die Entscheidung vom fernen grünen Tisch wird heute, und dies zu Recht, weniger denn je widerspruchslos hingenommen. Es sieht nicht so aus, als ob sich daran in Zukunft etwas änderte.

Tendenzen zum Einheitsstaat haben in der Bundesrepublik Deutschland zu einer Verlagerung der Gewichte im Bund-Länder-Verhältnis zugunsten des Bundes geführt. Viele sehen darin eine unaufhaltsame Entwicklung, die letztlich zum Einheitsstaat führen müsse. Die bundesstaatliche Ordnung bleibe dann nur als staatsorganisatorische Hülse übrig.

Es ist nicht zu bestreiten, daß die über 30 Änderungen des Grundgesetzes die Zuständigkeiten der Länder beschnitten haben. Auch hat der Bund in extensiver Form von seinen Zuständigkeiten vor allem bei der konkurrierenden Gesetzgebung Gebrauch gemacht. Dies sind aber keine gottgegebenen Entwicklungen, sondern vor allem Ausdruck der politischen Schwäche vieler Länderparlamente. Hinzu kommt, daß manche Länder wegen ihrer katastrophalen Finanzpolitik zu finanziellen Kostgängern des Bundes geworden sind und eine Mehrung ihrer Aufgaben schon deswegen nicht verkraften können.

Die Länder müssen sich aus der Verflechtung in die Gemeinschaftsaufgaben, Investitionshilfen und andere Formen der Mischfinanzierung lösen, damit sie wieder eigenständige Entscheidungsspielräume gewinnen. Dies setzt natürlich eine Änderung der Finanzverfassung voraus, damit die Länder die neuen – alten – Aufgaben auch erfüllen können. Ob sich für einen solchen Kraftakt Mehrheiten finden lassen, ist ungewiß. Wenn ich an den Widerstand denke, der den Abbau der Mischfinanzierung bei der Städtebauförderung und die alleinige Zuständigkeit der Länder verhindern wollte, habe ich meine Zweifel. Trotzdem stimmt mich dieses letztlich erreichte Ergebnis, das auch eine Trendwende für den Föderalismus bedeuten kann, optimistisch.

Während wir binnenstaatlich um die Wiedergewinnung von mehr Souveränitätsrechten für die Länder kämpfen müssen, droht unserer bundesstaatlichen Ordnung weit größeres Ungemach von außen: Von den Europäischen Gemeinschaften.

Zu wenig beachtet und in der Reichweite der Kompetenzen und deren extensiver Auslegung unterschätzt, haben die Europäischen Gemeinschaften Rechte übertragen erhalten, die in der Konsequenz geeignet sind, den deutschen Bundesstaat auszuhöhlen. Ob Landwirtschaft, regionale Wirtschaftsförderung oder Universitätswesen, ob Studienförderung, Rundfunk oder AIDS-Bekämpfung, die EG hat oder konstruiert für sich Zuständigkeiten, die nach dem Grundgesetz in der überwiegenden oder ausschließlichen Zuständigkeit der Länder liegen. Die Länder ihrerseits haben keine unmittelbaren Einflußmöglichkeiten auf die Brüsseler Entscheidungen. Mitglied der EG ist die Bundesrepublik Deutschland. Die Länder gelten nur als lästige Störenfriede ohne Rechtsposition.

Der Bund kann aufgrund Art. 24 Abs. 1 GG Länderkompetenzen ohne Zustimmung der Länder auf die EG übertragen. Immer wieder stimmt die Bundesregierung in Brüssel den Ministerratsbeschlüssen zu, für die die EG keine Kompetenz hat und die in Länderrechte unmittelbar eingreifen. Chancen, solche rechtswidrigen Entscheidungen auf dem Rechtsweg zu stoppen, bestehen nicht, da der dafür zuständige Europäische Gerichtshof eine EG-freundliche und damit länderfeindliche Rechtsprechung pflegt nach dem Motto: Wo die Kommission eine europäische Aufgabe sieht, hat sie auch eine Kompetenz.

Eine politisch-psychologische Komponente verschärft die Gefahr. Von den heute 12 Mitgliedstaaten der EG ist nur die Bundesrepublik Deutschland bundesstaatlich verfaßt. Alle anderen Länder sind Zentralstaaten. Allenfalls lassen sich gewisse Dezentralisierungsbemühungen beobachten wie z. B. in Spanien oder Frankreich, auch Italien. Die aus diesen Mitgliedstaaten kommenden europäischen Beamten haben durchweg ein unitarisches Staatsverständnis. Die Besonderheiten einer bundesstaatlichen Ordnung sind ihnen fremd. Es ist sogar eher lästig, daß die Vertreter der Bundesrepublik Deutschland bei Ratsentscheidungen zuweilen nicht mitmachen können unter Verweis auf innerdeutsche Zuständigkeitsregelungen.

Ließe man die Entwicklung ungehindert weiterlaufen, würden die ohnehin nur mehr geringen Zuständigkeiten der Länder weiter unterlaufen, so daß sie auf den Rang von reinen Verwaltungsprovinzen mit parlamentarischer Garnierung absinken würden. Deshalb müssen wir den gefährlichen Entwicklungen in der EG das Konzept einer europäischen Union entgegenstellen, das sich an den Prinzipien Bundesstaat, Föderalismus und Subsidiarität orientiert.

Der Freistaat Bayern hat bei seinen Versuchen, dem Brüsseler Zentralismus einen deutschen Föderalismus entgegenzustellen, 1987 wichtige Erfolge errungen. Auf bayerisches Bemühen hin sind in dem Ratifizierungsgesetz zur Einheitlichen Europäischen Akte mehrere Vorschriften aufgenommen worden, die eine frühzeitige Information und verbesserte Mitwirkungsrechte der Länder in europäischen Angelegenheiten vorsehen.

Auf Vorschlag Bayerns haben die Ministerpräsidenten aller Länder bei ihrer Konferenz am 21. bis 23. Oktober 1987 in München 10 Thesen zur Europapolitik beschlossen. Die Regierungschefs der Länder bekennen sich darin zur Einigung Europas als Voraussetzung für eine dauerhafte europäische Friedensordnung in Freiheit. Entsprechend der feierlichen Deklaration der Staats- und Regierungschefs vom 19. Juli 1983 in Stuttgart werden sie daher auch in Zukunft im Rahmen ihrer Möglichkeiten mit aller Kraft die Weiterentwicklung der Europäischen Gemeinschaften in Richtung auf eine Europäische Union unterstützen.

Ihr Ziel ist allerdings ein Europa mit föderativen Strukturen, das die Erhaltung der kulturellen Eigenarten, der gesellschaftlichen Vielfalt, eine ausgewogene Wirtschaftsentwicklung und die Bürgernähe der Entscheidungen in den Mitgliedstaaten gewährleistet.

Die Ministerpräsidenten stellen fest, daß mit dem EWG-Vertrag Hoheitsrechte der Mitgliedstaaten und damit auch Kompetenzen der Länder auf die EG übertragen wurden. Die Regelungen des EWG-Vertrags bestimmen daher die Grundlagen und Grenzen der Tätigkeit der Europäischen Gemeinschaften. Jede Rechtsetzungsbefugnis der EG setzt deshalb eine konkrete Ermächtigung im EWG-Vertrag voraus. Die Ministerpräsidenten verlangen darüber hinaus, daß bei Auslegung und Handhabung der vertraglichen Kompetenzen auf die föderale Struktur der Bundesrepublik Deutschland Rücksicht genommen werden muß.

Zum Thema Subsidiaritätsprinzip stellen sie fest:

Die EG soll neue Aufgaben nur übernehmen, wenn ihre Erfüllung auf europäischer Ebene im Interesse der Bürger unabweisbar notwendig ist und ihre volle Wirksamkeit nur auf Gemeinschaftsebene erreicht werden kann. Den Ländern der Bundesrepublik

Deutschland muß neben dem Verwaltungsvollzug ein Kern eigener Aufgaben verbleiben, wie beispielsweise die Kultur-, Erziehungs- und Bildungspolitik, die regionale Strukturpolitik, die Gesundheitspolitik. Auch künftig sollen die Länder alle Fragen regeln, die von ihnen sachgerechter, bürgernäher und besser gelöst werden können.

Neben diesen grundsätzlichen Problemen werden auch noch Einzelfragen, wie die Sicherung der Bildungs- und Kulturhoheit der Länder, die Wahrung von Rundfunkhoheit, die Sicherung einer wettbewerbsfähigen Landwirtschaft, einer eigenständigen regionalen Strukturpolitik der Länder usw. angesprochen.

Auf diesem Weg gilt es fortzufahren. Dabei muß auch der Bund endlich erkennen, daß die Erhaltung der bundesstaatlichen Struktur und der Funktionsfähigkeit der Länder eine bleibende bundespolitische Aufgabe von hohem Rang ist. Die guten Erfahrungen, die wir mit diesen Prinzipien in der Bundesrepublik Deutschland gemacht haben, sind Auftrag und Ermutigung, auch für Europa dieses Modell der »Vielfalt in der Einheit« zur Grundlage unseres Ziels einer europäischen Union zu machen.

Wir müssen sehen: Wir brauchen Europa! Nur in einem bundesstaatlichen organisierten Europa werden wir die Bundesrepublik Deutschland als Bundesstaat erhalten können. Der Bundesstaat ist aber die Voraussetzung dafür, daß wir die Vielfalt unseres Landes und unserer Partner in der EG zum Nutzen des Ganzen erhalten und fortentwickeln können.

Gyula Trebitsch

Brief eines dankbaren Begleiters

Lieber, verehrter Herr Schmidt,

Sie haben mich unlängst in den Kreis der Hamburger Wahlkampf-Pensionäre aufgenommen, weil ich 33 Jahre lang an all Ihren Wahlkampf-Veranstaltungen in Hamburg und Umgebung teilgenommen habe.

Sie meinten weiterhin, ich könnte deshalb auch in das Guinness-Buch der Rekorde aufgenommen werden. Das war nie mein Ziel! Sondern es war für mich ein besonderes Erlebnis dabei zu sein, wie es Ihnen immer wieder gelungen ist, vor Ihren Zuhörern die schwierigsten Probleme so zu artikulieren, daß diese für alle verständlich und überzeugend waren. Ganz im Gegensatz zu vielen politischen Rednern, die durch die Unverständlichkeit in ihren Ausführungen nur Verwirrung schaffen konnten.

Das Interesse an der Politik ist nicht pensionsfähig. Und was mich betrifft, ist das Ihre Schuld, weil ich im Laufe der Zeit durch Sie immer wieder glaubwürdig erfahren habe, daß das von Ihnen vertretene positive Zeitgeschehen immer evolutionär war. Wir können nie aufhören, uns für die Umstände zu interessieren, die unser Leben bestimmen.

Auch wenn wir noch nicht 120 Jahre alt sind, hat unser jetziges Alter notwendigerweise den Vorteil, größere Abschnitte erfahrener Geschichte kennengelernt zu haben. Aus eben dieser Erinnerung weiß ich, daß zu demjenigen, der sich nicht für Politik interessiert, die Politik erst recht kommt. Und darum bin ich immer zu dem Politiker gegangen, dessen Politik mir mehr als willkommen war – zu Ihnen!

Gyula Trebitsch

Gemeinsam mit vielen Millionen Menschen bin ich dankbar, daß Sie den schwierigen Weg des Politikers auf sich genommen haben.

Heute möchte ich Ihnen auch zu Ihren neuen Aktivitäten als Verleger, der nach wie vor wesentlich zur Meinungsbildung beiträgt, viel Freude und Erfolg wünschen.

Mit herzlichen Grüssen
stets Ihr Gyula Trebitsch

Hans-Jochen Vogel

Sozialdemokratie in der Garküche der Zukunft

Die Sozialdemokratische Partei Deutschlands ist seit ihrer Gründung vor 125 Jahren eine Partei des Humanismus, der Aufklärung und der Reformen und deshalb eine Programmpartei. Das heißt, sie hat die Regierungsmacht nie um ihrer selbst willen erstrebt. Vielmehr war ihr die Regierungsmacht stets auch ein Instrument zur Verwirklichung ihres Programms. Und deshalb hat sie auch ihre politischen Zielvorstellungen von Anfang an nicht nur punktuell vertreten, sondern jeweils in einem Gesamtentwurf zusammengefaßt, aus allgemeinen Grundsätzen und Wertvorstellungen abgeleitet und in beträchtlichem Umfang zur Grundlage ihrer praktischen Politik gemacht.

Beides unterscheidet sie von den konservativen Parteien. Ihnen war und ist es zumeist eine hinlängliche Rechtfertigung ihrer Bemühungen, die Regierungsmacht innezuhaben und zu behaupten. Da sie die bestehenden Verhältnisse und Strukturen unangetastet lassen wollen, haben sie auch einen deutlich geringeren programmatischen Bedarf. Sie leiten ihre politische Kraft eher aus dem Beharrungsvermögen, aus den tradierten Interessen und aus der Tendenz zum Machterhalt her, aber auch aus den Ängsten, die Veränderungen hervorrufen können und die nicht selten in populistischer Weise gefördert werden.

Eine reformerische Partei wie die SPD muß hingegen sagen, warum und welche gesellschaftlichen Verhältnisse sie ändern will. Und sie muß stets aufs neue die politische Zustimmung der Menschen für diese Reformen zu mobilisieren suchen. Sie muß sich und ihre Glaubwürdigkeit auch sehr viel stärker als konservative Parteien an ihrem Programm messen lassen.

Zur Identität der Sozialdemokratie gehören deshalb beide Elemente: das Programm zur Erneuerung der Gesellschaft und der Wille zur politischen Gestaltung durch Übernahme der Regierungsverantwortung. Zur geschichtlichen Erfahrung der Partei gehören aber auch die Spannungen, die sich dann ergeben, wenn die realen Anforderungen der Regierungsverantwortung zu den Zielsetzungen des Programms in Widerstreit geraten. Sei es, daß Regierungsentscheidungen bestimmten Programmanforderungen direkt widersprechen. Sei es, daß Regierungserfolge nicht genügend als solche ins Bewußtsein treten, weil sie hinter den hochgesteckten Zielen des Programms zurückbleiben und deshalb als unzulänglich erscheinen. Keine Periode, in der die deutsche Sozialdemokratie während der Weimarer Republik und nach 1949 Regierungsverantwortung trug, ist von dieser Erfahrung und diesen Spannungen frei geblieben. Davon wird noch im einzelnen zu sprechen sein.

Die Programme der Partei haben von Anbeginn die Analyse der bestehenden Ordnung, die als ungerecht, ja als unerträglich empfunden wurde, mit der Beschreibung der gesellschaftlichen Ordnung verbunden, die an deren Stelle treten sollte. Und sie haben stets auch Vorstellungen darüber entwickelt, wie diese Ablösung der Ordnungen vor sich gehen müsse.

Die daraus resultierende Überzeugung, daß man für die gerechtere Sache und eine bessere Zukunft eintrete, daß man für die Menschlichkeit und das Menschenrecht kämpfe, war der Grundimpuls für das Engagement ganzer Generationen von Sozialdemokraten. Ein Grundimpuls, der sich bis in unser Jahrhundert hinein mit der Erwartung verband, der Sieg der neuen Ordnung sei mehr oder weniger zwangsläufig; die reaktionären Kräfte könnten ihn verzögern, verhindern könnten sie ihn nicht.

So hoffnungsfroh, ja – gemessen an unserem heutigen Verständnis – fast überschwenglich die sozialdemokratischen Programme deshalb in der Frühzeit auch gewesen sind, immer waren sie doch von dem Willen beseelt, unter den Menschen, an die sich das Programm wandte, eine Mehrheit für dessen Verwirklichung zu gewinnen und diese Mehrheit dann auch für einen wirklichen Neubeginn zu nutzen. Ferdinand Lassalle hat in seinem »Offenen Antwortschreiben« an den Leipziger Arbeiterverein vom 1. März 1863, einem der Ursprungsdokumente der deutschen Sozialdemokratie, dargelegt, wie gering die Zahl der Menschen sei, die Nutznießer und daher wohl auf längere Sicht alleinige Verteidiger der Ungerechtigkeiten und Privilegien sein würden, auf deren Überwindung das Programm der deutschen Arbeiterbewegung gerichtet war. Weit über 70 Prozent der Bevölkerung hingegen seien schon durch ihre soziale und ökonomische Lage als Bundesgenossen bei der Verwirklichung des auf soziale Gerechtigkeit und politische Demokratie gerichteten Programms der Arbeiterpartei zu betrachten. Entschlossene und beharrliche Überzeugungsarbeit vorausgesetzt, könnte die übergroße Mehrheit des Volkes daher schon bald für die Unterstützung der sozialdemokratischen Politik gewonnen werden.

Deshalb erschien ihm die Durchsetzung des allgemeinen und direkten Wahlrechts als das einzige Mittel, um die materielle Lage des Arbeiterstandes zu verbessern. Sei es erst einmal verwirklicht, dann werde das Prinzip der untersten Klasse der Gesellschaft zu dem herrschenden Prinzip des Staates und der Gesellschaft. Es gehörte zu den großen Enttäuschungen in Lassalles Leben, daß der Allgemeine Deutsche Arbeiterverein anderthalb Jahre später – also kurz vor seinem Tod – nicht Hunderttausende, sondern nur einige Tausende Mitglieder zählte.

Auch Marx und Engels waren anderthalb Jahrzehnte zuvor im »Manifest der Kommunistischen Partei« davon ausgegangen, daß die Erkämpfung der Demokratie als der erste Schritt in der Arbeiterrevolution auf der Tagesordnung der Geschichte stand. Denn der Sozialismus, wie sie ihn verstanden und verfochten, war ja zum ersten Mal in der Geschichte »die selbständige Bewegung der ungeheuren Mehrzahl im Interesse der ungeheuren Mehrzahl«. Die Einführung der Demokratie erschien daher auch ihnen als die Voraussetzung, deren Erfüllung das Mandat der überwältigenden Mehrheit für die demokratische und sozialistische Neugestaltung der Gesellschaft mit sich bringen würde. Das »Kommunistische Manifest« enthält deshalb auch einen sehr konkreten Katalog von Maßnahmen, die das zur politischen Herrschaft gelangte Proletariat unverzüglich ins Werk zu setzen hätte.

Im Einklang mit diesen Überzeugungen bekämpfte die Sozialdemokratie das preußische Dreiklassenwahlrecht über Jahrzehnte mit besonderem Nachdruck und wachsender Erbitterung, die sich zuletzt in der Massenstreik-Debatte niederschlug. Und aus den gleichen Gründen konzentrierte sich eine wesentliche Sorge der Sozialdemokraten bis zum Ende des Kaiserreichs auf die Befürchtung, die herrschende Klasse werde die ohnehin beschränkten Ansätze demokratischer Teilhabe – in erster Linie ging es dabei um das Reichstagswahlrecht – beseitigen, bevor die Sozialdemokratie infolge des als gesetzmäßig angenommenen Anwachsens der Zahl ihrer Wähler die absolute Mehrheit erlangt habe.

Bei dieser Annahme eines gesetzmäßigen Wachstums ihrer Wählerzahlen – Friedrich Engels hatte in den 90er Jahren exakte Berechnungen darüber angestellt, daß die 50-Prozent-Marke in absehbarer Zeit überschritten werden würde – konnte sich die Sozialdemokratie auf eindrucksvolle Fakten stützen. War es ihr doch gelungen, die Zahl ihrer Wähler unter dem Sozialistengesetz zwischen 1878 und 1890 zu vervielfachen und aus den nachfolgenden Reichstagswahlen stets als stärkste Partei hervorzugehen.

Die Zunahme der Wählerzahlen von Wahl zu Wahl schien dabei einer Entwicklung zu folgen, an deren Ende die überwältigende Mehrheit der Gesellschaft der Sozialdemokratie als ihrer Sachwalterin die Macht im Staate verschafft hätte. Diese Annahme relativierte übrigens auch die Dispute über den revolutionären Charakter der Partei und darüber, ob der Übergang in die neue Ordnung als eine Revolution anzusehen sei oder nicht.

Das Ziel der Übernahme der politischen Macht und damit der Regierungsverantwortung war dabei unstreitig. Gestritten wurde hingegen darüber, ob als Zwischenstufe auch die Beteiligung an einer bürgerlich geführten Regierung in Betracht käme. Als der französische Sozialist Alexandre Millerand diesen Schritt 1899 tat, stieß er bei den deutschen Sozialdemokraten auf entschiedenen Widerspruch. Ganz abgesehen von grundsätzlichen theoretischen Bedenken befürchtete man, eine solche Regierungsbeteiligung werde der Partei unzumutbare Kompromisse abverlangen und ihre Glaubwürdigkeit nachhaltig beschädigen.

Aus ähnlichen Gründen begegnete man der Praxis der bayerischen und der badischen Sozialdemokraten, dem Haushalt ihrer Länder unter bestimmten Voraussetzungen in den Landtagen zuzustimmen, auf den Parteitagen mit heftiger Kritik. Und auch die Frage, ob man im Reichstag mit eigenen Initiativen hervortreten oder ob ein Sozialdemokrat um den Preis in das Reichstagspräsidium eintreten sollte, daß er »zu Hofe« gehen, das heißt, daß er sich an dem zu Beginn einer Legislaturperiode üblichen Empfang des Reichstagspräsidiums durch den Kaiser beteiligen müsse, wurde dort unter den gleichen Gesichtspunkten diskutiert.

Dies waren zugleich die ersten konkreten Fälle, in denen zwischen dem Programmanspruch und einer – wenn auch geringfügigen – Beteiligung an der staatlichen Verantwortung zu entscheiden war. Die Entscheidungen fielen damals zugunsten des Programms. Um so entscheidender und folgenreicher war es, daß die Partei im August 1914 der Bewilligung der Kriegskredite zustimmte; sie setzte sich damit aus Gründen, über die wir Späteren nur mit Zurückhaltung urteilen sollten, zu einer Haltung in Widerspruch, die noch bis wenige Tage zuvor als selbstverständlicher Bestandteil sozialdemokratischer Programmatik galt.

Mit dem Ende des Ersten Weltkrieges und dem Zusammenbruch des Kaiserreichs trat die Spannung zwischen Programm und

Regierungsverantwortung in eine neue Phase. Sie wurde aktuell und konkret. Erstmals ging die Regierungsmacht – und dies in einer nach Außen und im Inneren überaus kritischen Lage – in die Hände der, allerdings infolge der Bewilligung der Kriegskredite und der anschließenden Burgfriedenspolitik der Mehrheit gespaltenen, Sozialdemokratie über.

Ihre Exponenten – die Volksbeauftragten – waren auf ihre Aufgabe kaum vorbereitet. Auch die Partei war es nicht, konnte es wohl auch nicht sein. Dennoch leistete der Rat der Volksbeauftragten innerhalb kürzester Zeit Erstaunliches. Er schaffte die Voraussetzungen für den Übergang zu einer parlamentarischen Demokratie, er gab den Frauen das Wahlrecht, er führte den Achtstunden-Tag, die Koalitionsfreiheit und die Pressefreiheit ein. Gleichzeitig wurden ein geschlagenes Millionenheer demobilisiert, die elementaren Lebensbedürfnisse eines verzweifelten und hungernden Volkes gesichert und der völlige Zusammenbruch der inneren Ordnung verhindert.

Aber dennoch wandten sich, enttäuscht von den Ergebnissen der Revolution, schon bald danach Millionen von Wählern von der Sozialdemokratie ab. Spätestens seit der Reichstagswahl von 1920 und noch stärker seit der von 1924 gewannen die Gegner der Sozialdemokratie wieder die Oberhand.

Gewiß: Die Gründe für diese Entwicklung, bei der auch der Glaube der Sozialdemokratie an die Zwangsläufigkeit ihres schließlichen Erfolges auf der Strecke blieb, waren mannigfaltig. Wahrscheinlich war neben den psychologischen Auswirkungen des Versailler Vertrages vor allem die Tatsache bedeutsam, daß die konservativen und die reaktionären Kräfte in der Justiz, in der Verwaltung und in der Reichswehr die Revolution ebenso überdauerten wie der Großgrundbesitz und die Exponenten des Großkapitals. Eine wichtige Ursache war indes auch die Diskrepanz zwischen einer Grundaussage des damals geltenden Programms und dem, was tatsächlich geschah.

Das Erfurter Programm von 1891, von der Marxschen Lehre des wissenschaftlichen Sozialismus ebenso inspiriert wie von der Hoffnung auf eine Gesellschaft ohne Konflikte, ohne Mangel, ohne Leid und Verbrechen, stellte den Anhängern der Sozialdemokratie höchste Wohlfahrt und allseitige harmonische Vervollkommnung in Aussicht, wenn nur die sozialökonomische Struktur in einem Punkt radikal verändert werde, nämlich durch »die Verwandlung des kapitalistischen Privateigentums an Produktionsmitteln – Grund und Boden, Gruben und Bergwerken, Rohstoffen, Werkzeugen, Maschinen, Verkehrsmitteln – in gesellschaftliches Eigentum und die Umwandlung der Warenproduktion in sozialistische, für und durch die Gesellschaft betriebene Produktion«. Die Vergesellschaftung der Produktionsmittel sollte der Universalschlüssel für die Lösung nahezu aller Probleme der kapitalistischen Gesellschaft sein. Sie galt bei Freund und Feind als das eigentliche programmatische Wahrzeichen der Partei.

Nun enthielt das Erfurter Programm in seinem praktischen Teil auch eine lange Liste konkreter gesellschaftspolitischer, sozialpolitischer und allgemeinpolitischer Forderungen, die zu den Wahlerfolgen im Kaiserreich beitrugen. Und die Partei hatte manche dieser Forderungen, die das Leben der arbeitenden Menschen spürbar verbesserten, auch ohne Regierungsverantwortung durch Druck und Mitarbeit ihrer Parlamentsfraktionen bereits der Verwirklichung näher bringen oder sogar verwirklichen können. Aber das alles galt als unzureichend, gemessen an der großen Hoffnung auf eine grundlegende Erneuerung der gesellschaftlichen Verhältnisse, die das Erfurter Programm zum Ausdruck brachte.

Hinzu kam ein weiteres, charakteristisches Dilemma: Das Programm sagte nämlich nichts darüber, worin die Vergesellschaftung zu bestehen hätte, wie sie praktisch organisiert und gestaltet werden könnte und welche Schritte zu gehen wären, um sie ins Werk zu setzen. Diese den Lehren des wissenschaftlichen Sozialismus entstammende Zurückhaltung, auch praktisch zu demonstrieren, was die Partei tun würde, um das große Versprechen einzulösen, beruhte auf einer von Bebel und Kautsky immer aufs neue bekräftigten Weigerung von Marx und Engels, »Rezepte aus der Garküche der Zukunft« zu liefern, weil sich die Arbeiterbewegung erst im Kampf selbst über ihre Aufgaben klarwerden könne. Die »Garküche der Zukunft« hatte aber im entscheidenden Augenblick – also in der revolutionären Situation von 1918/19 – kein Rezept verfügbar.

In der Weimarer Republik kam die Partei über Ansätze zur Überwindung dieses Konflikts zwischen programmatischer Stringenz und praktischen Erfordernissen nicht hinaus. In der Praxis boten die – jeweils auch zeitlich begrenzten – Koalitionen im Reich auch hinsichtlich der begrenzteren sozial- und arbeitsrechtlichen Forderungen kaum mehr Realisierungschancen. Die immer prekärer werdende Koalitionspolitik hat denn auch seit 1925 die Parteitage ständig beschäftigt. Ihr dramatisches Ende fand diese Koalitionspolitik, als das von dem sozialdemokratischen Reichskanzler Hermann Müller geführte Kabinett am 27. März 1930 zurücktrat, weil sich die Koalitionsparteien über die Modalitäten der Sanierung der Arbeitslosenversicherung nicht einigen konnten. Die Gewerkschaften und die Reichstagsfraktion hielten die Aufkündigung der Koalition für notwendig, um nicht in den Geruch des Verrats an der Substanz sozialdemokratischer Sozialpolitik zu geraten. Die weitere Teilhabe an der Regierungsmacht rechtfertigte ein solches Opfer nicht.

In den folgenden beiden Jahren hat dann die Partei allerdings im Bestreben, die Republik vor ihren Feinden zu retten, viel größeren Opfern zugestimmt. Sie hat insbesondere die Brüningsche Notverordnungspolitik bis zur Selbstverleugnung toleriert. Und sie hat sogar die Wiederwahl Hindenburgs zum Reichspräsidenten unterstützt. Daß sie auch den Preußenschlag Papens, das heißt die verfassungswidrige Absetzung der geschäftsführenden Preußen-Regierung des Sozialdemokraten Otto Braun im Juli 1932, ohne aktiven Widerstand hinnahm, war dann wohl nicht mehr das Ergebnis einer bewußten Entscheidung zwischen mehreren Optionen, sondern eine Konsequenz der realen Machtverhältnisse, so wie sie sich den unmittelbar Verantwortlichen darstellte.

Das Programm der Partei spielte in dieser Phase kaum mehr eine Rolle. Es kam erst wieder zum Tragen, als es nach dem 30. Januar 1933 galt, der nationalsozialistischen Gewaltherrschaft bedingungslos zu widerstehen. Die historische Rede, mit der Otto Wels am 23. März 1933 im Reichstag das Nein der Sozialdemokratie zu Hitlers Ermächtigungsgesetz begründete und sich »zu den Grundsätzen der Menschlichkeit und der Gerechtigkeit, der Freiheit und des Sozialismus« bekannte, »Ideen, die ewig und unzerstörbar sind«, legt davon ein eindrucksvolles und bewegendes Zeugnis ab.

Ob in den vorangegangenen Jahren Vergleichbares möglich gewesen wäre, ob eine geschlossene Arbeiterbewegung den Sturz in den Abgrund hätte verhindern können, wird die Geschichtswissenschaft noch lange beschäftigen. Es erscheint mehr als zweifelhaft, ob sie jemals zu der schlüssigen Antwort gelangen wird, die Spannung zwischen Programm und Verantwortung hätte im März 1930 zugunsten der Verantwortung oder in der Folgezeit zugunsten des Programms aufgelöst werden müssen. Näher liegt die Erklärung, daß es an einer überzeugenden Antwort auf die Weltwirtschaftskrise fehlte – und das weiß Gott nicht nur bei den Sozialdemokraten.

In der Emigration und im Widerstand zwischen 1933 und 1945 und dann verstärkt nach dem Zusammenbruch der nationalsozialistischen Gewaltherrschaft hat die Partei Folgerungen aus ihrer eigenen Geschichte und aus ihren bitteren Erfahrungen gezogen. Sie hat aber nicht auf ihre Programmatik verzichtet; sie ist nicht zur Allerweltspartei und auch nicht zum Wahlverein geworden. Das Godesberger Programm von 1959 hat an der Vision einer besseren und gerechteren Ordnung festgehalten.

Aber es hat ihre Verwirklichung nicht länger mehr mit einer einzigen zentralen Maßnahme verknüpft, sondern als eine dauernde

Aufgabe umschrieben, die schrittweise realisiert werden muß. Fixpunkte sind jetzt die Grundwerte der Freiheit, Gerechtigkeit und Solidarität und nicht länger mehr die Sozialisierung als solche. Sie ist ein mögliches Instrument zur Erreichung übergeordneter Ziele neben anderen – nicht mehr der Universalschlüssel für das Tor in eine bessere Zukunft.

Die Spannung zwischen Programmanspruch und Regierungsverantwortung hat sich damit verringert. Aufgehoben war und ist sie nicht. Immerhin hat die deutsche Sozialdemokratie unter der Geltung des Godesberger Programms in mehreren Bundesländern, darunter in Niedersachsen, in Hessen und in Nordrhein-Westfalen in wechselnden Koalitionen oder auch allein über Jahrzehnte hinweg – in Nordrhein-Westfalen bis zum heutigen Tage – und auf der Bundesebene drei Jahre lang in einer Großen Koalition und dreizehn Jahre in einer sozialliberalen Koalition Regierungsverantwortung getragen. Und sie hat in dieser Zeit unter der Führung von Willy Brandt und Helmut Schmidt wichtige Teile des Programms verwirklicht und auch Entwicklungen in Gang gesetzt, die zwar nicht im Programm vorgezeichnet waren, wegen ihrer engen Affinität zu den Grundwerten und zur Friedenstradition der Partei aber als Ausdruck ihrer politischen Grundüberzeugungen empfunden wurden.

So etwa die Ost- und Deutschlandpolitik, den Ausbau der Chancengleichheit im Bildungswesen, die Verbreiterung der Systeme der Sozialen Sicherheit, die Erweiterung der Mitbestimmung und die großen Rechtsreformen, die zum Teil – beispielsweise mit der Reform des § 218 oder mit dem Strafvollzugsgesetz – Forderungen des Erfurter Programms von 1891 realisierten. Vielleicht ist dieser Zusammenhang nicht immer genügend herausgestellt worden. Vielleicht war er dem einen oder anderen auch zu wenig bewußt. Daran, daß er bestand und daß die Partei darauf noch heute stolz sein kann, ändert das nichts.

Aber die sozialdemokratisch geführten Bundesregierungen stießen auch immer wieder an Grenzen. An die Grenzen dessen, was der Koalitionspartner zu akzeptieren bereit war. Und an die Grenzen dessen, was die Partei mit ihrer programmatischen Identität für vereinbar hielt.

Beides kumulierte schon in den 70er Jahren gelegentlich zu einem nicht unbeträchtlichen Unmutspotential. Daß es immer wieder entschärft wurde, war nicht zuletzt das Verdienst Herbert Wehners, der die Gestaltungsmöglichkeiten der Regierungsverantwortung besonders hoch einschätzte und deshalb sein ganzes politisches Gewicht schon für das Zustandekommen der Großen Koalition eingesetzt hatte.

Nach der Bundestagswahl 1980 nahm die Spannung zwischen den eigenen Zielvorstellungen der Partei und den Koalitionskompromissen mit einem sich aus dem Regierungsbündnis immer weiter entfernenden Partner rasch zu. Auf dem Hintergrund der Auseinandersetzungen über den Doppelbeschluß und die Nutzung der Atomkraft, die innerhalb der Partei mit zunehmender Heftigkeit geführt wurden, überschritt diese Spannung im Jahre 1982 endgültig das Maß dessen, was die Partei auf dem Gebiet der Wirtschafts- und Sozialpolitik zu tragen bereit war.

Es bleibt ein historisches Verdienst Helmut Schmidts, daß er in dieser Situation eine Koalition von sich aus beendete, deren Fortführung die programmatische Glaubwürdigkeit der deutschen Sozialdemokratie auf lange Zeit hinaus erschüttert und ihr auch die Wahrnehmung der Oppositionsfunktion für Jahre fühlbar erschwert hätte.

Die Partei wird auch in Zukunft vor die Frage gestellt werden, wie sie die Treue zum eigenen Programm und zur eigenen Identität mit dem Willen und der Bereitschaft zur Übernahme der Regierungsverantwortung auch dann verbinden will, wenn die Mehrheitsverhältnisse eine sozialdemokratische Allein-Regierung nicht erlauben. Das neue Grundsatzprogramm, an dem wir gegenwärtig arbeiten, wird den Spielraum für die Beantwortung dieser Frage aller

Voraussicht nach nicht wesentlich verändern. Es wird sich weder für eine Regierungsbeteiligung unter allen Umständen noch schlechthin gegen Koalitionsregierungen aussprechen. Es wird vielmehr die konkrete Entscheidung der sorgfältigen Abwägung im Einzelfall überlassen.

Für diese Abwägung sollten folgende Erwägungen maßgebend sein:

Kann die Partei in der betreffenden Koalition ihre Identität behaupten oder muß sie mit einer Einbuße an Vertrauen und Glaubwürdigkeit rechnen?

Kann sie in der Koalition zumindest auf Teilgebieten wichtige Zielvorstellungen verwirklichen und/oder ihren Zielvorstellungen zuwiderlaufende Verschlechterungen verhindern?

Sind bei dem jeweiligen Partner die Voraussetzungen für eine kontinuierliche und berechenbare Regierungstätigkeit gegeben?

Führt die Abwägung zu einer Bejahung dieser Fragen, dann ist von Anfang an völlige Offenheit erforderlich. Insbesondere muß deutlich gesagt werden, welche Forderungen von einer solchen Regierung erfüllt und welche in der betreffenden Legislaturperiode nicht erfüllt werden können. Nichts ist abträglicher, als wenn an die Partei in einer solchen Situation das Ansinnen gestellt wird, notwendige Kompromisse als Erfolge und Erfüllung eigener Vorstellungen auszugeben, obwohl das Gegenteil ohne weiteres ersichtlich ist.

Überhaupt ist der Umgang zwischen der Partei und ihren Exponenten der Regierung in einem derartigen Fall von wesentlicher Bedeutung. Die Partei darf es nicht als Verrat ihrer Prinzipien ansehen, wenn die Koalitionskompromisse hinter ihren Erwartungen zurückbleiben. Und sie sollte auch nicht geringschätzen, was die anständige Erledigung der Regierungsgeschäfte für das Ansehen der Partei und ihre Wirkungsmöglichkeiten auf den verschiedensten Ebenen der Politik bedeutet.

Umgekehrt dürfen es die sozialdemokratischen Regierungsmitglieder nicht als Dolchstoß in den Rücken der Regierung empfinden, wenn die Partei die Regierungshandlungen mit dem Programm vergleicht und wenn sie weiterhin Themen erörtert und Lösungen vorschlägt, die über den Tag hinausführen und zunächst nicht realisierbar erscheinen. Geschieht das und wird ein einleuchtender Zusammenhang zwischen den weiterführenden Fragestellungen und Lösungsvorschlägen der Partei auf der einen Seite und den tages- und koalitionspolitischen Möglichkeiten einer sozialdemokratischen Regierung auf der anderen Seite glaubwürdig dargestellt, dann kann dies sogar ein zusätzliches Motiv dafür liefern, die Partei bei der nächsten Wahl verstärkt zu unterstützen, damit sie ihre weiterführenden Ziele mit noch größerem Nachdruck verfolgen kann.

Das alles setzt indes voraus, daß die Regierungspersonen ihren Aufgaben professionell gewachsen sind und an sich selbst schärfste Maßstäbe anlegen. Sozialdemokraten haben dafür in der Vergangenheit hervorragende Beispiele gegeben. Und sie haben bewiesen, daß sie nicht nur die besseren Programme besitzen, sondern auch den Willen und die Fähigkeit, die Wirklichkeit im Sinne ihrer Programme zu verändern. Aber auch, daß sie Regierungsmacht nicht als Privileg, sondern als Verantwortung im Dienste ihrer Mitbürgerinnen und Mitbürger verstehen. Der 70. Geburtstag Helmut Schmidts ist ein guter Anlaß, das in Erinnerung zu rufen und von neuem zu bekräftigen.

Die Autoren

Mohammed Abalkhail ist Minister of Finance and National Economy in der Regierung des Königreichs von Saudi Arabien.

Hannes Androsch gehörte von 1970 bis 1980 als Finanzminister der Regierung der Republik Österreich an und leitete als Generaldirektor von 1981 bis 1988 die Creditanstalt-Bankverein.

Wolf Graf Baudissin, Generalleutnant a. D., war nach seinem Ausscheiden aus dem Dienst von 1971 bis 1984 Direktor des Instituts für Friedensforschung und Sicherheitspolitik der Universität Hamburg.

Karl-Wilhelm Berkhan gehörte von 1957 bis 1975 dem Deutschen Bundestag an, wurde 1969 als Parlamentarischer Staatssekretär ins Verteidigungsministerium berufen und hatte von 1975 bis 1985 das Amt des Wehrbeauftragten des Deutschen Bundestags inne.

Leonard Bernstein, amerikanischer Komponist, Dirigent, Pianist und Musikpädagoge, ist in jüngster Zeit in der Bundesrepublik Deutschland durch seine gestalterische Mitwirkung beim Schleswig-Holstein-Festival hervorgetreten.

Klaus Bölling, von 1974 bis 1981 Chef des Bundspresseamtes, war von 1981 bis 1982 Ständiger Vertreter der Bundesrepublik Deutschland in der DDR, bevor er, bis zum Ende der Sozialliberalen Koalition, in das Amt des Regierungssprechers zurückkehrte.

Lord Callaghan of Cardiff war von 1976 bis 1979 Premierminister der Regierung des Vereinigten Königreichs von Großbritannien und Nordirland.

Juan Carlos Alfonso Victor Maria von Bourbon ist seit 1975 als Juan Carlos I. König von Spanien.

Jacques Delors, französischer Wirtschafts- und Finanzminister von 1981 bis 1985, ist seit Januar 1985 Präsident der Kommission der Europäischen Gemeinschaft.

Marion Gräfin Dönhoff, von 1968 bis 1972 Chefredakteurin der Wochenzeitung DIE ZEIT, ist seither deren Herausgeberin.

Abba S. Eban, israelischer Politiker, Gelehrter und Schriftsteller, war von 1966 bis 1974 Außenminister Israels.

Ida Ehre, Schauspielerin und Regisseurin, leitet seit 1945 als Prinzipalin die von ihr gegründeten »Hamburger Kammerspiele«.

Gerald R. Ford war von 1974 bis 1976 Präsident der Vereinigten Staaten von Amerika.

Anke Fuchs, 1982 Bundesministerin für Jugend, Familie und Gesundheit, ist seit 1987 Bundesgeschäftsführerin der Sozialdemokratischen Partei Deutschlands.

Takeo Fukuda hatte von 1976 bis 1978 das Amt des Ministerpräsidenten der Regierung Japans inne.

Edward Gierek war von 1970 bis 1980 Vorsitzender der Polnischen Vereinigten Arbeiterpartei.

Valéry Giscard d'Estaing hatte von 1974 bis 1981 das Amt des Präsidenten der Französischen Republik inne.

Herbert Grünewald leitete von 1974 bis 1984 als Vorstandsvorsitzender die Bayer AG und ist seither Vorsitzender ihres Aufsichtsrates.

János Kádár war von 1956 bis 1988 Erster Sekretär der Ungarischen Sozialistischen Arbeiterpartei.

Karl Klasen war von 1969 bis 1977 Präsident der Deutschen Bundesbank.

Franz Kardinal König leitete von 1956 bis 1980 das Vatikanische »Sekretariat für die Nichtgläubigen« und ist seit 1985 Präsident der internationalen Katholischen Friedensbewegung »Pax Christi«.

Lee Kuan Yew ist seit 1959 Premierminister der Republik Singapur.

Siegfried Lenz, Schriftsteller, veröffentlichte zuletzt den Roman »Das serbische Mädchen«.

Eduard Lohse war von 1979 bis 1985 Ratsvorsitzender der Evangelischen Kirche in Deutschland.

Ingrid Matthäus-Maier, Bundestagsabgeordnete seit 1976, ist finanzpolitische Sprecherin der Sozialdemokratischen Bundestagsfraktion.

Robert S. McNamara war von 1960 bis 1968 amerikanischer Verteidigungsminister und übernahm bis 1981 das Amt des Weltbankpräsidenten.

Sir Yehudi Menuhin, amerikanisch-britischer Geiger und Musikpädagoge, ist auch als Dirigent und Förderer des musikalischen Nachwuchses hervorgetreten.

Wolfgang Mischnick, Bundestagsabgeordneter seit 1957, Bundesminister für Vertriebene, Flüchtlinge und Kriegsgeschädigte von 1961 bis 1963, ist seit 1968 Fraktionsvorsitzender der Freien Demokraten im Deutschen Bundestag.

Mohamed Hosny Mubarak hat seit 1981 als Nachfolger Anwar as-Sadats das Amt des ägyptischen Staatspräsidenten inne.

David Owen, britischer Außenminister von 1977 bis 1979 im Kabinett Callaghan, ist Mitbegründer der Sozialdemokratischen Partei Großbritanniens, deren Vorsitz er von 1983 bis 1987 innehatte.

Sir Karl Raimund Popper, britisch-österreichischer Philosoph und Soziologe, lehrte von 1945 bis 1966 an der London School of Economics.

Helmut Rohde, SPD-Bundestagsabgeordneter von 1957 bis 1987, war von 1969 bis 1974 parlamentarischer Staatssekretär im Bundesministerium für Arbeit und Sozialordnung und von 1974 bis 1978 Bundesminister für Bildung und Wissenschaft.

Adolf Schmidt war von 1969 bis 1985 Vorsitzender der Industriegewerkschaft Bergbau und Energie.

Manfred Schüler, von 1974 bis 1980 Chef des Bundeskanzleramtes, ist seit 1981 im Vorstand der Frankfurter Kreditanstalt für Wiederaufbau.

George P. Shultz, Wirtschaftswissenschaftler und Industriemanager, war von 1972 bis 1974 Finanzminister und von 1982 bis 1988 Außenminister der Vereinigten Staaten von Amerika.

Franz Steinkühler führt seit 1986 als Vorsitzender die Industriegewerkschaft Metall.

Gerhard Stoltenberg ist seit 1982 Bundesminister der Finanzen.

Franz Josef Strauß, Bundesminister in zahlreichen Kabinetten und CSU-Vorsitzender, war von 1978 bis zu seinem Tod 1988 bayerischer Ministerpräsident.

Gyula Trebitsch, deutscher Film- und Fernsehproduzent ungarischer Herkunft, leitete bis 1980 die von ihm 1960 gegründete Studio Hamburg Aterlierbetriebsgesellschaft und ist weiterhin als freier Produzent tätig.

Hans-Jochen Vogel, von 1974 bis 1981 Bundesjustizminister, führt seit 1983 die SPD-Bundestagsfraktion und ist seit 1987 Vorsitzender der Sozialdemokratischen Partei Deutschlands.

CIP-Titelaufnahme der Deutschen Bibliothek
Leidenschaft zur praktischen Vernunft.
Helmut Schmidt zum Siebzigsten –
Berlin: Siedler, 1989
ISBN 3-88680-339-2
NE: Schmidt, Helmut, Festschrift

Der Siedler Verlag ist ein gemeinsames Unternehmen
der Verlagsgruppe Bertelsmann und von Wolf Jobst Siedler

Gestaltung: Brigitte und Hans Peter Willberg, Eppstein
Satz: LibroSatz, Kriftel
Druck: Gericke, Berlin
Buchbinder: Horst Zeman
und Lüderitz & Bauer, beide Berlin
Printed in Germany 1989
ISBN 3-88680-339-2